만만찮은
여자들

세상의 룰을 깬 여성
29인의 인생수업

In Praise of
Difficult Women
Life Lessons from 29 Heroines
Who Dared to Break the Rules

만만찮은 여자들

캐런 카보 지음 | 박다솜 옮김

모멘토

일러두기

* 본문에 나오는 용어와 명칭, 사실 중 독자 편의를 위해 설명이 필요한 것은 해당 단어나 어구, 문장 뒤에 옮긴이 주를 괄호 속 작은 글자로 넣거나 각주를 달았다.

피오나와 스테파니,
그리고 모든 곳의 딸들에게 이 책을 바친다.
만만찮은 여자가 되어라.

"여러분이 무엇을 선택하든, 얼마나 많은 길을 걷게 되든,
숙녀가 되지는 않겠다고 마음먹기를 바랍니다.
어떻게든 세상의 규칙들을 깨고 다소라도 말썽을 일으킬 방법을 찾기 바랍니다.
그리고 그 말썽 중 몇몇은 여성을 위한 것이길 바랍니다."
—노라 에프론, 1996년 웰즐리 여대 졸업식 축사에서

여는 글

셰릴 스트레이드

내가 처음 알게 된 만만찮은 여자의 이름은 머틀이었다. 나이가 지긋하고 머리가 하얗게 센 머틀은 내가 다섯 살 때 이웃집에 살던 여자로, 자녀 없는 독신이었다. 어느 날 아버지는 나에게 그녀가 '노처녀'라고 했다. 그 말투에서 어찌나 경멸이 흘러넘치던지, 흥미가 일었다. 아버지는 말했다. "저 여자는 자기가 하고 싶은 건 뭐든 할 수 있다고 생각해." 그런 태도는, 어디 적혀 있진 않지만 모두가 아는 '여자로서 지켜야 할 것들' 가운데 핵심 규칙을 위반하는 것임을, 고작 다섯 살이었던 나도 직감할 수 있었다.

호기심에 사로잡힌 나는 멀찍이서 머틀을 관찰했다. 자기가 하고 싶은 건 뭐든 할 수 있다고 생각하는 여자가 과연 무엇을 하는지 아주 궁금했던 것이다. 하지만 관찰 결과는 실망스러웠다. 적어도 머틀의 경우엔 '하고 싶은 걸 하기'란 초저녁에 피아노를 치는 것에 불과했다. 마당에서 여

* 셰릴 스트레이드(Cheryl Strayed)는 소설가이자 수필가로, 한국에도 번역된 회고록 『와일드(*Wild: From Lost to Found on the Pacific Crest Trail*)』와 에세이집 『안녕, 누구나의 인생(*Tiny Beautiful Things: Advice on Love and Life from Dear Sugar*)』의 저자다. 『와일드』는 리즈 위더스푼 주연의 동명 영화(2014년)로도 만들어졌다.

동생과 체조를 하는 척하면서 이웃집을 염탐하노라면, 그 집 창문에서 천둥 같은 멜로디가 쏟아져 나오곤 했다. 나는 머틀과 말 한마디 섞은 기억이 없지만, 그녀의 존재는 까슬까슬한 씨앗처럼 내 마음에 들러붙어 떨어지지 않았다. 그 어린 나이부터, 나 또한 하고 싶은 건 뭐든 하는 여자가 되고 싶다는 걸 알았기 때문일지 모른다.

20대 때 나는 트럭을 한 대 몰게 되었다. 그 차를 나는 머틀이라고 불렀다. 나는 원래 차에 인간적 속성을 부여하는 유형이 아니지만 그 트럭은 좀 달랐고, 그 이름이 어울렸다. 1979년형 쉐보레 LUV 픽업트럭인 머틀은 단순한 탈것이 아니라 동반자에 가까웠고, 기계장치가 붙은 쇳덩어리에 그치지 않고 절친한 친구가 되었다. 머틀을 타고 나는 어디든 갈 수 있었으며 실제로 그렇게 했다. 뉴욕에서 앨라배마로, 미네소타, 와이오밍으로, 애리조나, 캘리포니아, 오리건으로, 그리고 그 사이의 온갖 장소로 훌쩍 저예산 장거리 여행을 떠날 때마다 머틀은 몇 주 동안 나의 집이 되어 주었다. 나는 광막한 어둠이 덮인 국유림 안에 트럭을 대고 기다란 짐칸에 자리를 펴고 잤다. 조그만 마을 공원에 머물 때면 짐칸 뒷문을 수평으로 내리고 그 위에 캠핑용 버너를 설치해 혼자서 저녁을 지어 먹었다. 녹슨 차체에 '페미니즘은 여자도 사람이라는 급진적인 관념이다', '권위에 의문을 제기하라', '정숙한 여자가 역사를 바꾸는 일은 드물다' 따위의 범퍼 스티커를 덕지덕지 붙인 머틀을 타고 다니며 나는 그 이름의 원래 주인 머틀처럼 사는 기분을 처음 맛보았다. 나 역시, 어디에도 적히지 않았으나 모두가 아는 '여자로서 지켜야 할 것들' 가운데 핵심적인 규칙 하나를 거부했다. 가장 거친 장소들로 홀로 모험을 떠났으니까.

규칙은 지키는 사람이 없으면 힘을 잃는다. 자신의 삶으로써 그 사실을 증명한 여자들이 줄줄이 등장하는 이 책을 읽으면서 나는 사람 머틀과 트럭 머틀, 그리고 그들을 만났던 어린 시절과 젊은 시절의 나를 떠올렸다. 이 책에 실린 매혹적이고, 감동적이고, 재미있으면서 영감을 주는 29편의 이야기는 '만만찮은' 여자로 산다는 것—바꾸어 말하면 '자신의 모든 것을 한껏 표출할 만큼 용감한' 여자로 산다는 것—의 여러 측면을 탐구한다. 이 책에서 소개된 뛰어난 여자들은 남들이 바라는 대로 살지 않고, 자신이 하고 싶은 일을 하고 싶은 방식으로 했다. 야심차고 대담하고, 패기 있고 감성적이고, 똑똑하고 반항적이고, 제멋대로이고 독특하고, 단호하고 드센 그들은 자신의 만만찮음에 대해 결코 변명하거나 양해를 구하지 않았다.

그들은 여자가 '예'라고 답하기를 기대하는 세상에 대고 '아니'라고 말했고, 여성에겐 질문조차 하지 않는 세상에 적극 '예'라고 말했다.

그들의 이야기가 중요한 까닭은 우리에게 사는 법을 가르치기 때문이다. 애초부터 구태의연했던 '여자로 살기'의 규칙들 역시 우리에게 사는 법을 가르치고자 했다. 그러나 이 책에 실린 이야기들은 여성을 보는 다른 관점과 여자로 사는 새로운 길을 다양하게 보여준다.

그 얘기들은 아주 재미있기도 하다. 각 장을 읽을 때마다 나는 수수께끼의 옆집 여자가 숨겼던 비밀을 드디어 알게 된 기분이 들었다. 중앙아프리카의 숲속에서 어머니와 함께 캠핑하며 첫 연구를 하던 젊은 제인 구달을 생생하게 볼 수 있고, 프리다 칼로의 가장 강렬한 작품들에 서려든 그녀의 부단한 고통을 상상할 수 있다. 라번 콕스가 트랜스젠더 여성으로 살며 발휘한 불굴의 용기와, 리나 더넘이 남들에게 부족하게 여겨지는 자신의 면모를 오히려 과시하면서 보여준 대담성에 대해 곰곰 생각하게 된다. 엘리자베스 워런의 끈기와 빌리 진 킹의 도전 정신, 에바 페론의 광신적 열정의 진수가 무엇이었는지도 탐구할 수 있다.

그리고 이 책에서 통찰력 있게 그려진 개개인의 초상들을 통해 우리는 저자인 캐런 카보 자신의 모습을 엿보게 된다. 내가 알기로, 그녀 역시 여자로서 지켜야 할 규칙이 적힌 책을 집어던진 사람이다. 그리고 그것을 대신하도록 이 책을 썼다.

들어가며

당신이 지금 손에 들고 있는 책은 만만찮게 살기를 고집한 여자들에 대한 책이다.

내가 정의하는 만만찮은 여자란, 자신의 필요와 열정과 목표가 주변 사람들의 필요나 열정, 목표 못잖게 중요하다고 믿는 사람이다. 많은 경우 그녀는 전자가 더 중요하다고 여기지는 않으며—이 책에 나오는 여성 중 여럿이 헌신적이고 다정한 아내이자 어머니였다—단지 '똑같이' 중요하다고 생각한다. 만만찮은 여자는 또한 자기에게 주어지는 사회문화적인 기대가 자신이 스스로에 대해 알고 있는 진실보다 더 중요하다고 믿지 않는 여자다. 그리고 자신이라는 인간을 온전히 실현하는 대가로 가끔은 남들을 언짢게 만들 수도 있다는 사실을 받아들인다.

만만찮은 여자는 '쌍년(bitch)'이 아니지만 어떤 상황에선 그런 여자일 수도 있다. 잔인하거나 이기적이거나 비열하지도 않지만, 역시 상황에 따라 그럴 수 있다. 다른 모든 사람과 마찬가지로 (그러니까, 남자들과 마찬가지로) 그녀도 운수 나쁜 날이 있고, 실수를 하거나 성질을 내기도 한다. 만만찮은 여자는 이런 것들까지 포함하여 자신의 인간됨을 전방위적

14

으로 살아 내겠다고 고집한다.

만만찮은 여자는 기다림의 시녀가 아니다. 사랑이 찾아오기를, 남들이 나의 훌륭한 업무 능력을 알아주기를, 아이들이 잠자리에 들거나 학교에 가기를, 살을 빼서 스키니진이 맞는 날이 오기를 마냥 기다리지 않는다. 그들은 내면의 에너지를 동력으로 삼아 앞으로 나아간다. 그리고 '다른 사람들'을 기다리게 한다. 남들이 걱정하고 보채고 실망하고 욕해도 대수롭지 않게 여긴다. 만만찮은 여자라도 논란을 일으키는 걸 즐기지 않을 수 있고(대부분은 즐기는 듯해 보이긴 한다), 가끔은 마음을 다치기도 하지만, 목표를 향해 가는 길에 걸림돌이 몇 개 있다 해서 포기하는 일은 없다.

이 책에서 다룬 상징적인 여성 스물아홉 명은 내가 살아오는 동안 영감을 주었고 지금도 그러한 이들이다. 물론 세상에 널리 알릴 만한 만만찮은 여자는 이들 말고도 많지만, 내 마음에 말을 걸어온 사람들은 이 스물아홉 명이다.

열일곱 살 때 어머니가 돌아가시고 아버지가 금세 재혼을 한 뒤 나는 대체로 혼자였다. 대학 시절 내내 나는 뛰어난 여자들의 전기를 탐독하며 외로움을 달랬다. 그렇게 마사 겔혼, 코코 샤넬, 조세핀 베이커가 내 인생에 들어왔다. 독특하고 대담하며 남들과 다르고 만만찮은 그들은 지난 시대에 속해 있었지만, 내게는 살아 숨 쉬는 사람으로 느껴졌다. 나는 글로리아 스타이넘, 제인 구달, 노라 에프론을 살아 있는 전설의 전당에 모셨고, 요즘은 마거릿 조와 레이철 매도, 리나 더넘이 자신이 믿는 길을 가면서 수많은 사람을 격분하게 (그리고 트윗을 쏟아내게) 만드는 걸 지켜보고 있다.

자료를 찾아 읽고 책을 쓰면서 알게 된 건데, 만만찮은 여자로 사는 방식은 정신이 혼미해질 만큼 각양각색이다.

그들은 성품이 온화하면서도 강한 도전 정신에 불탈 수 있고(빌리 진 킹), 냉소적이지만 상처받기 쉬울 수도 있다(캐리 피셔). 조용하고 품행 단정하되 웬만한 남성보다 용감할 수 있다(어밀리아 에어하트). 자신이 가져 마땅한 모든 것을 미안한 기색 전혀 없이 차지하기도 한다(숀다 라임스). 엉뚱한 데다 재능이 워낙 대단해서 사람들이 그녀를 어떻게 받아들여야 할지를 모르기도 하고(케이 톰슨), 측정 불가능한 야심을 품을 수도 있다(힐러리 클린턴).

나의 만만찮은 여자들은 출신 배경과 자랄 때의 경험 또한 아주 다양하다. 집안이 부유했으나 방치되기도 했고(비타 색빌웨스트), 서민 가정에서 자랐지만 사랑과 애착만큼은 충분하기도 했으며(엘리자베스 워런), 그냥 성실한 중산층 출신도 있다(재니스 조플린). 많은 이들이 안정적인 유년기를 보냈지만, 아버지가 가정을 떠나거나 일찍 사망한 경우엔 남은 가족이 빈곤에 시달리기도 했다(헬렌 걸리 브라운, 에바 페론, 어밀리아 에어하트). 전통적인 미녀도 있고(엘리자베스 테일러, 글로리아 스타이넘), 예쁘지는 않으나 매력적인 여자들도 있다(다이애나 브릴랜드, 프리다 칼로).

성장 배경은 달라도 그들은 모두 자신의 헝클어지고 흥미로운 인생을 적극 끌어안았다. 그리고 나 같은 사람들, 즉 순응적으로 살아왔지만 보다 용감해지고, 대담해지고, 솔직해지고, 기존의 세상을 뒤엎을 의지가 더 강해지기를 갈망하는 여자들에게 영감과 자극을 주는 존재가 되었다.

내가 그들을 사랑하는 이유는 그들이 나로 하여금 진정한 내 모습과 그 가치를 받아들이도록 고무하기 때문이다. 그들은 남들과 어울리기 위해 나다움을 버리지 않아도 문제 될 게 전혀 없다고 가르치고, 자신의 의견을 내세우기를 꺼리지 말아야 한다는 걸 솔선수범으로 보여준다. 그들의 인생은 완벽하지 않다. 고통이 있었고, 실수도 있었다. 그러나 그들이 세상과의 불화를 피하기 위해 자신의 본질을 저버리는 일은 드물었다. 그들은 주위의 누구든 불편하게 만들어서는 안 된다는 압박감을 느끼지 않았다.

이 책에서 소개한 만만찮은 여자들은 우리에게 세상 속 공간을 점유하고, 생각하는 바를 솔직하게 말하고, 자기주장을 굳게 지켜도 된다고 알려준다. 야심차고, 열정적이고, 괴팍하고, 솔직하고, 고집스럽고, 시건방지고, 분노한 여자가 되라고 허락한다. 우리의 인간됨을 마음껏 드러내도 괜찮다고 말과 행동으로써 일러준다.

내가 그랬듯 독자 여러분도 이 여성들을 존경하게 되기를, 그리고 이들에게서 영감을 얻게 되기를 소망한다.

제1장

J. K. 롤링

거침없는 여자

대단한 문학적 성공, 자상한 스코틀랜드인 의사 남편과의 행복한 결혼 생활, 아름다운 세 아이, 영국 곳곳에 마련한 우아한 집들, 영국 미인다운 외모와 금발, 달랑거리는 귀걸이를 완벽하게 소화하는 능력—. J. K. 롤링은 굳이 까칠하게 굴 이유가 없어 보인다. 하지만 그녀는 만만하지 않다. 자주 발끈해서 트위터에 글을 올리고, 당당하게 정치적 진보 성향을 드러낸다. 스스로를 '조(Jo)'라고 부르는 그녀는 문학의 역사를 통틀어 가장 사랑받은 허구의 세계를 창조해낸 사람이라는 역할에 갇혀 있을 생각이 없다. 그보다는 싸움판에 참여해서 이것저것 들쑤시기를 즐긴다.

조는 언제나 논쟁하기를 좋아했다. 그러니 세 살 적 버릇 여든까지 가는 것일 수도 있겠고, 이제 와서 성격을 바꿀 필요를 못 느끼기 때문일지도 모른다. 조 자신의 초년 삶에 관한 이야기는 해리 포터의 탄생에 관한 이야기만큼이나 잘 알려져 있다. 조는 성장기를 영국의 전형적인 중산층 동네에서 보냈다. 처음엔 브리스틀 외곽에 살다가 나중엔 더 서쪽인 포리스트오브딘으로 이사했다. (포리스트오브딘이라니, 혹시 내가 인디 록밴드를 만들게 되면 쓰고 싶은 이름이다.) 아버지 피터는 롤스로이스 비행기 엔진 정비사였고 어머니 앤은 조와 여동생이 다니던 고등학교에서 화학 보조교사로 일했다. 조가 15세 되던 해에 어머니가 다발경화증을 진단받았고, 온실 속 책벌레로서의 안온한 삶은 급작스럽게 막을 내렸다. 조는 아이라이너를 짙게 칠하고 헤드폰에서 흘러나오는 더 스미스의 음악을 들으며 톨킨을 탐독하는 소녀로 변신했다.

조는 1982년에 옥스퍼드 대학에 지원했지만 불합격했고, 엑서터 대학에서 프랑스어와 고전을 공부했다. 1986년 대학을 졸업한 뒤에는 국제사면위원회(Amnesty International)에서 일했다. 4년 뒤, 조는 출발이 지연된 런던행 열차에 앉아 있다가 마법 기차를 타고 마법 기숙학교로 떠나는 소년 마법사를 주인공으로 한 소설의 아이디어를 떠올렸다. 하지만 원고를 쓰기 시작하고 얼마 지나지 않아 1990년 연말에 어머니가 돌아가시면서 집필은 지지부진해졌다.

갑자기 갈 곳을 잃은 스물다섯 살 조는 1991년 즉흥적으로 포르투갈 포르투로 이사했고, 거기서 기자인 조르즈 아란테스를 만나 결혼했다. 1993년에 딸 제시카가 태어났지만 결혼생활은 짧게 끝났다. 그녀는 고작 세 챕터를 써 둔 '마법사 책' 외에는 거의 빈손으로 갓난아기를 안고 영국에 돌아왔다. "직업도 없고, 싱글맘인 데다가, 홈리스는 아니었어도 현대 영국에서 더 이상 가난할 수 없을 정도였다…. 모든 통상적인 기준으로 나는 내가 아는 최악의 실패자였다." 조는 훗날 이렇게 털어놓았다.

1993년 말, 조는 새로운 시작을 꿈꾸며 스코틀랜드로 이사했다. 아기를 돌보며 겨우 입에 풀칠이나 하는 생활이었지만 짬이 나면 에든버러의 카페에 앉아 글을 썼다. 『해리 포터와 마법사의 돌(Harry Potter and the Philosopher's Stone)』은 그렇게 탄생했다. 완성된 원고는 출판사 열두 군데에서 퇴짜를 맞았다. 기숙학교를 배경으로 한 소설은 이제 진부하다는 것이었다. 보통 기숙학교가 아니라 '목이 달랑달랑한 닉'이라는 이름의 머리가 반만 잘린 유령이 돌아다니는 마법 기숙학교인데도 말이다.

그러던 중 '출판계에서 가장 똑똑한 사람'이라 불러야 마땅할 블룸즈버리 출판사의 한 편집자가 2,250달러에 원고를 샀다. 이후 『해리 포터』는 갖가지 최고 기록을 다 거머쥐게 된다. 모두 일곱 권이 나오면서 역사상 가장 잘 팔린 소설 시리즈로 등극했다. 4권, 5권, 6권, 7권은 가장 빨리 팔린 책으로 기록을 세웠다. 73개 언어로 출판되었고(반쯤은 재미 삼아 낸 라틴어판과 고대 그리스어판도 있다), 대략 4억 5,000만 부가 팔렸다.

책은 영화를 낳았고 영화는 테마파크의 놀이기구를 낳았다. 60만 편 이

상의 팬픽션이 쏟아져 나왔으며, 내가 지금 이 문장을 쓰는 동안 인터넷에 100편가량이 더 업로드되었다. 2016년에는 2부로 구성된 연극 〈해리 포터와 저주받은 아이(Harry Potter and the Cursed Child)〉가 런던 웨스트엔드에서 상연되었다. 시리즈 마지막 권인 『해리 포터와 죽음의 성물(Harry Potter and the Deathly Hallows)』 이후 19년이 지난 미래를 배경으로 한 이 연극에서 해리는 정부의 마법부 직원이 되어 있다. 나는 연극을 보지 않았지만, 그렇게 엄청난 유년기와 청소년기를 보낸 해리가 사실상 공무원이 되었다는 생각을 하면 조금 낙심하게 된다.

하지만 이게 다는 아니다. 2001년에 조는 해리 포터 세계관을 호그와트에서 사용하는 '교과서'로까지 확장해, 『퀴디치의 역사(Quidditch Through the Ages)』와 (가상의 마법동물학자 뉴트 스캐맨더를 저자로 내세운) 『신비한 동물사전(Fantastic Beasts and Where to Find Them)』을 펴냈다. 그리고 2012년에는 첫 성인 소설 『캐주얼 베이컨시(The Casual Vacancy)』를 출판했다. 조는 현재 로버트 갤브레이스라는 필명으로 범죄소설인 코모란 스트라이크 시리즈를 쓰고 있다. (출판사는 로버트 갤브레이스가 "영국 육군 헌병대의 사복 수사관 출신으로, 2003년에 퇴직한 뒤 민간 보안업체에서 근무 중"이라고 소개했다.) 이 모든 활동 덕분에 조는 문자 그대로 영국 여왕보다도 더 부자가 되었다. 사람들은 『해리 포터』 시리즈 이전과 이후에 그녀의 재산 상태가 얼마나 달라졌는지 궁금해하기 시작했다. 2016년에 《뉴욕 타임스》에서 심도 있는 분석 자료를 내놓았는데, 결론은 이렇다.

과거엔, 땡전 한 푼 없었다.

지금은, 막대한 기부액들을 포함시키느냐 마느냐에 따라 백만장자라 할 수도 있고 억만장자라 할 수도 있다.

롤링은 2007년 초에 『해리 포터』 시리즈 마지막 권의 집필을 마쳤다. 이제 시리즈의 굴레에서 풀려난 롤링에게는 새로이 '예민한(thin-skinned)' 사람이라는 꼬리표가 붙게 됐다. 요즘엔 '예민하다'가 일상적인 모욕의 말로 쓰이지만, 2007년은 서로 뜻이 맞지 않는 정치인이라든지 젠체하는 이른바 전문가들이 툭하면 상대방을 '예민하다'고 매도하기 한참 전이었다. 그 해에 《타임》 지에서는 조를 "에너지가 넘치고 도화선이 짧은 여자"라고 묘사했다. 2012년 《뉴요커》에서도 한마디 거들었다. "그녀는 호감 가지만 수줍고 예민하다는 평판이 있다."

여자로서 예민하다는 평을 듣는다는 것은 마음에 들지 않는 상황에 때로 강하게 반응한다는 뜻, 문제가 생길까 봐 의견을 속에만 담아두는 대신 입 밖으로 내뱉는다는 뜻이다. 참 단순하지 않은가? 예민한 사람은 마음에 안 드는 어떤 일을 그냥 참지 않고 이야기한다. 심지어 약간 화를 낼 수도 있다. 괜찮은 척하거나, (가끔 내가 그러는 것처럼) 저쪽의 관점을 이해해 보려 애쓰거나, 마술 부리듯이 분노를 공감으로 바꾸려 들지 않는다 (헤르미온느라면 그런 주문을 알 게 틀림없지만).

2004년, 롤링은 (2001년에 재혼한 남편 닐 머리와의 사이에서 얻은) 19개월 된 아들 데이비드를 유모차에 태우고 산책을 하다가 망원렌즈를 든 파파라치에게 아이의 사진을 찍혔다. 그러자 롤링은 사생활 침해로 고소 가능한 모든 사람을 고소했다. (이때 내려진 획기적인 판결 덕분에 영국에선 프라이버시 법이 강화되었고, 자녀를 대중의 시선에 노출시키기를 원치 않는 유명인들이 법의 보호를 받게 되었다.) 짐작건대, '저 사진사는 그냥 자기 일을 하고 있는 거야'라는 생각은 조의 머릿속을 스치지도 않았을 것 같다.

롤링은 또한 '은둔 생활을 하는 것으로 유명한' 사람이라는 평판을 얻었는데, 이 표현은 그 자체로 미묘하게 부정적이다. 디지털 시대에 새롭게 정의되어야 할 단어를 하나만 꼽으라면 '은둔'을 들겠다. 롤링이 동네 사람들과 포틀럭 파티를 열거나 동네 술집에서 진탕 취해 한 곡조 뽑지 않는 건 사실이다. 하지만 그녀는 팔로워가 거의 천만 명에 달하는 트위터 계정에 하루에도 여러 차례 트윗을 올리면서 럭비라든지 스코틀랜드의 정치, 좋아하는 자선단체, 『해리 포터』 세계의 알려지지 않은 신비로운 사실들(예를 들어 호그와트에 유대교를 믿는 학생은 있지만 이상하게도 마법 숭배교를 믿는 학생은 없다는 것) 따위에 대해 이야기하지 않던가.

다음 이야기로 넘어가기 전에 나 자신은 트위터 애호가가 아니라는 걸 밝혀야겠다. 트위터를 즐기려면 유명인이거나 실존적 마조히스트여야 하는 게 아닌가 싶다. 자신이 은하계의 외딴 구석 그저 그런 항성의 둘레를 공전하는 특별할 것 없는 행성에서 별 볼 일 없는 하루를 보내고 있는 외로운 영혼이라는 사실을 실감하고 싶으면, 트위터에 짓궂은 통찰을 담았거나 재치 있는 트윗을 올리고, 거기에 대한 반응이… 전혀 없는 걸 확인하면 된다.

롤링의 문제는 그런 게 아니다. 롤링의 문제는 그녀가 워낙 눈길을 끌고 영향력 큰 사람이라서 생긴 것이다. 롤링은 품위 있는 어린이 책 작가답게(즉, 주일학교 교사와 전업 문맹퇴치 운동가를 적당히 섞은 것 같이) 행동하려 들지 않는다고 자주 비판을 받고 있다.

영국 소도시 패그포드의 시의회 선거를 둘러싸고 벌어지는 일을 다룬 두툼한 성인 소설 『캐주얼 베이컨시』가 출판되었을 때, 『해리 포터』 팬인 자녀를 둔 부모들은 롤링이 노골적인 성인 소설(내용 중 '질'이라는 단어가 나온다는 뜻이다)을 썼다며 분개했다. 논란에 휘말린 롤링의 대응은 이후 그녀가 터뜨릴 폭탄의 달콤한 맛보기였다. 그녀는 트윗했다. "제가 당신 아이들의 베이비시터나 교사라고 자기소개를 한 적은 전혀 없는 것 같은데요."

이건 워밍업에 불과했다. 2016년 미국 대선 기간 중 롤링은 꾸준히 트럼프에 대한 경멸을 내비쳤다. 제3차 TV 토론이 끝났을 때 그녀는 트윗했다. "자, 이렇게 됐군요. 대단히 똑똑하고 노련한 여자가 거대한 주황색 트위터 알(과거 트위터에서는 기본 프로필 사진이 여러 색깔의 알이었다.-옮긴이)과 막 토론을 마쳤어요. 미국, 이제 당신들 차례예요. #토론" 트럼프를 지지하는 악플러들이 『해리 포터』 책과 DVD를 전부 불태우고 다시는 그녀의 책을 읽지 않겠다고 을러대자 롤링은 그들의 화를 더욱 돋웠다.

"DVD 태울 때 나는 연기는 아마 유독성일 테고, 당신들이 내게 쓴 돈은 여전히 내 주머니에 있으니까, 좋고말고요. 기꺼이 라이터를 빌려드리죠."

물론 여자는 크게 성공할수록 더욱 복잡한 상황에 처한다. 가끔은 여자에겐 승리할 방도가 없는 것처럼 느껴질 정도다—수많은 페미니스트, 사회학자, 심리학자, 문화인류학자들이 평생을 바쳐 분석한 심오한, 그리고 심오하게 짜증나는 이유들로 인해서.

2016년 《슬레이트(Slate)》에는 「J. K. 롤링의 트윗들은 내가 J. K. 롤링에 관해 사랑했던 모든 것을 천천히 망치고 있다」라는 제목의 글이 실렸다. 장난스러운 어조였지만 메시지는 분명했다. 조, 잘 처신해야 해. 자신의 생각과 감정이 있는 성인 여자의 모습을 드러내면 우리의 어린 시절 최고의 책을 써 준 마음씨 곱고 약간 괴짜 같은 작가의 이미지를 망치게 돼. 그러지 말아 줘. 계속 『해리 포터』의 특사로만 살아 줘.

하지만 블로그 사이트인 《고커(Gawker)》에서는 오히려 롤링이 바로 그렇게 산다며 여러 차례 조롱하면서, 「오 제발, 당신 인생을 좀 살아요!!!」라는 제목 아래 롤링이 『해리 포터』 책을 낭독하거나 들어 보이는 사진을 시시때때로 올렸다. 작가들이 예사로 하는 일인데도 말이다.

다행스럽게도 롤링은 예민하다는 말을 괘념치 않는다. 그냥 인정한다. 즉 그녀는 예민하다고 불리는 것에 대해 예민하게 굴지 않는다.

남들이 단점으로 지적하는 것에 무감하게 대응하는 것은 순도 100% 만만찮은 여자의 태도다. 사고 실험을 하나 해 보지 않겠는가? 당신이 스스로에 대해 싫어하는 점 말인데, 지금 당장 그걸 받아들여라. 핑계는 사절한다. 롤링을 본받아 당신이 복잡한 사람이라는 사실을 인정해라! 롤링을 지켜보는 대중처럼, 당신의 대중도 당신이라는 복잡한 사람을 그저 받아들일 도리밖엔 없을 테니까.

제2장

엘리자베스 테일러

악명 높은 여자

만만찮은 여자들에겐 여러 공통점이 있지만, 그들 모두에게서 찾아볼 수 있는 한 가지 특성은 타인의 평가에 완전히 무관심하다는 것이다. 그걸 제일 잘 보여주는 이가 엘리자베스 테일러다.

미국에서 가장 섹시한 배우이자 가장 많이 입방아에 오른 배우. 스포트라이트 아래에서 70년을 산 엘리자베스 테일러는 남들이 뭐라 하든 개의치 않고 정확히 자기가 하고 싶은 일을 했다. 남의 기분을 달래려고 자신의 행동을 변명하거나 해명한 일은 거의 없었다. 여론에 통제되기엔 너무 자유로웠던, 지극히 여성스럽고 관능적이었던 그녀는 경이롭고도 무시무시한 존재였다. 엘리자베스 같은, 주홍 글씨를 당당히 자랑하고 다니는 여자가 된다는 건 까다롭고 위험하고 힘 있는 여자가 된다는 뜻이다.

엘리자베스 테일러는 워낙 유명해서 경력을 따로 설명할 필요가 있을까 싶지만, 세월이 흐르긴 흐른 모양이다. 스물네 살 난 딸에게 엘리자베스 테일러에 대해서 뭘 아느냐고 물었더니 남편이 여럿 있었고 영화 〈클레오파트라(Cleopatra)〉에서 아이라인이 끝내줬다는 대답이 돌아왔다. 사실이다! 하지만 그녀가 스타가 된 건 (말을 좋아하는 내 딸이 재미있게 보고선 까맣게 잊어버린 모양인) 〈내셔널 벨벳(National Velvet)〉(1944년)에서 명연기를 펼친 열두 살 때였다. 그녀는 그 어린 나이부터 2011년 79세로 세상을 떠나기까지 가장 밝게 빛나는 별이었다.

엘리자베스는 〈젊은이의 양지(A Place in the Sun)〉(1951년), 〈자이언트(Giant)〉(1956년), 〈버터필드 8(BUtterfield 8)〉(1960년), 〈누가 버지니아 울프를 두려워하랴(Who's Afraid of Virginia Woolf?)〉(1966년) 같은 고전 영화들에 출연했고, 뒤의 두 편으로는 오스카(아카데미상) 여우주연상을 받았다. 그러나 진짜로 사람들의 시선을 사로잡은 건 스크린 바깥에서의 행동이었다. 엘리자베스는 남자에 대한 자신의 입맛을 조금도 감추려 들지 않는 섹시한 여자였고, 모두가 점잔을 빼던 1950년내에 사신의 일거수일부족을 지켜보는 대중 앞에서 열정적이고 회한 없는 삶을 살았다.

1964년에 그녀는 〈클레오파트라〉에서 함께 연기했던 배우 리처드 버튼과 결혼했다. 그리고 그와 이혼하고, 재혼했다가, 1976년에 마지막으로 이혼했다. 두 사람의 공개적인 말싸움과 별거, 눈물 젖은 재회는 신문 1면 단골 기사였다.

두 사람의 애칭을 딴 '리즈와 딕' 시절과 그 이후에 엘리자베스는 훌륭한 영화와 끔찍한 영화를 찍었고(혹시 〈닥터 파우스투스(Doctor Faustus)〉를 아시는 분? 레나타 애들러는 《뉴욕 타임스》에 쓴 혹평에 이렇게 적었다. "[버튼은] 라틴어로 고함을 지르거나 테일러 양의 귀에 대고 소리칠 때 아주 행복해 보인다.") 알코올과 처방 진통제에 중독되어 두 차례 치료소에 다녀왔으며, 살이 쪘고, 살이 빠졌고, 두 번 더 결혼을 했고(상대는 공화당 상원의원 존 워너와 장발을 휘날리는 공사장 인부 래리 포텐스키였다), 자신의 이름을 붙인 향수들을 내놓아 떼돈을 벌었으며, 에이즈에 맞서는 최초의 주요한 조직을 설립했다. 그녀의 인생은 하이라이트 몇 개만 소개해도 이 정도다.

엘리자베스 로즈먼드 테일러는 1932년 런던에서 태어났다. 미국인이었던 그녀의 부모는 상류사회 사람들과 교유했다. 아버지 프랜시스는 본드 스트리트의 고급 갤러리에서 미술품 딜러로 일했고, 어머니 세라는 한때 무대에서 연기를 했다. 엘리자베스는 아기 적부터 예쁘다는 칭찬을 달고 살았다. 새카만 머리, 설화석고 같은 피부, 언젠가부터 사람들이 보라색으로 보기 시작했지만 실상은 아름다운 푸른빛인 강렬한 눈(못 믿겠으면 구글에서 '보라색(violet)'을 검색해 보라). 엘리자베스는 두줄속눈썹이라는 유전적 변이를 타고났다(나도 정말 딱하다고 생각한다). 1943년에 엘리자베스는 로디 맥다월과 〈래시의 귀환(Lassie Come Home)〉을 찍었다. 맥다월이 즐겨 했던 이야기에 따르면 촬영 첫날 감독이 엘리자베스에게 마스카라를 지우고 오라고 시켰다고 한다. 그런데 엘리자베스는 눈 화장을 하지 않은 채였다.

인생이 불공평하다는 또 하나의 불필요한 증거다.

엘리자베스의 눈은 아름다웠지만 두려움을 자아내기도 했다. 그녀와 짧게 계약을 맺었던 유니버설 스튜디오의 책임자들은 그녀가 도통 아이다워 보이지 않고 "나이 든 눈"을 가지고 있다고 말했다. 당시 영화사들은 소시지처럼 말린 곱슬머리에 경쾌한 점퍼스커트 차림으로 「굿 십 롤리팝(Good Ship Lollipop)」을 지저귀듯 부르는 셜리 템플 같은 소녀 배우를 찾고 있었다. 엘리자베스 테일러는 그런 소녀가 아니었다. 무언가 알고 있는 눈빛으로 사람을 어쩐지 동요하게 만드는 조금은 야성적인 소녀였다.

11세의 엘리자베스는 영국 작가 이니드 배그널드의 1935년 소설 『내셔널 벨벳』의 열혈 팬이었다. 엘리자베스와 어머니는 MGM 영화사의 제작 책임자였던 팬드로 S. 버먼에게 주연 중 하나인 벨벳 브라운 역을 맡게 해 달라고 로비를 했지만 버먼은 단칼에 거절했다. 남성 기수인 척 위장하고 사람들을 속이는 장면을 소화하기엔 엘리자베스가 너무 작다는 것이었다. 엘리자베스 테일러가 얼마나 고집 센 여자였는지를 강조하기 위한 출처 미상의 일화에 따르면, 그녀는 집으로 돌아가 키를 8cm쯤 키우겠다고 마음먹고 기어이 성공한 뒤 영화사에 다시 가서 배역을 따냈다고 한다.

영국의 어린 소녀 벨벳 브라운은 래플 복권에서 상품으로 말 한 마리를 받고, 그랜드 내셔널 장거리 장애물 경주에 출전한다는 목표에 도전한다. 미키 루니가 배역을 맡은 불운한 기수가(영화 속 기수는 늘 그렇지 않은 가) 벨벳 브라운의 모험을 돕는다. 그랜드 내셔널 경마에 여자는 출전이 금지됐기 때문에 벨벳은 남장을 하고 우승을 거머쥔다. 이 영화의 스타는 표면상으로는 루니이지만, 관객의 눈길을 붙드는 건 엘리자베스다. 사춘기도 안 된 아이에서 아무도 무시할 수 없는 성인 여자로 성큼 자라기 전 찰나의 엘리자베스가 영상으로 남아 있다는 건 특별한 선물 같다.

엘리자베스 테일러의 대단한 점은 바로 이것이다. 성인 여성의 변두리에 머무는 미숙한 시기가 없었다는 것. 그녀는 아이였다가, 하룻밤 사이에 '짜자잔' 하고 섹시한 여자가 되었다. 1949년에 엘리자베스는 〈음모자(Conspirator)〉에서 38세의 로버트 테일러와 협연하며 그 시대치고는 아주 격정적인 러브신을 찍었는데, 촬영 당시 나이가 고작 16세였다.

요즘은 '소녀' 같다는 말을 듣는 것에 자부심을 느끼는 여자들이 있다. 10대용(심지어는 아동복) 코너에서 옷 쇼핑을 하고, 출산 후 늘어난 뱃살을 인력으로 가능한 한 빠르게 없애려 한다. 그러나 테일러는 모래시계 같은 몸매를 한껏 누리며, 최대한 빨리 성인 여자로서 돈을 벌고자 했다.

스타였지만 아직 어렸던 엘리자베스는 부모님에게 보호받고 영화사의 관리를 받았기에 진짜 친구가 한 사람도 없었다. 1987년에 출판된 두툼한 회고록 겸 자기계발서 『엘리자베스의 도전: 체중 증가, 체중 감량, 자아상, 자존감에 대하여(Elizabeth Takes Off: On Weight Gain, Weight Loss, Self-Image, and Self-Esteem)』에는 이런 말이 나온다. "대부분의 십대가 스스로를 정의하는 기준으로 삼는 수많은 또래 친구들이 내겐 없었으므로, 나는 더 빨리 성장해야 한다는 걸 알았다. 부모님의 집과 영화사에서 벗어날 장소가 내게 필요하다는 건 천재가 아니라도 알 수 있었다. 몇 차례 실패를 겪고 나는 탈출할 수 있는 유일한 길이 결혼이라는 걸 깨달았다."

그리하여 1950년에 엘리자베스는 콘래드 '니키' 힐튼과 결혼했다(니키는 힐튼호텔 체인 창업자의 아들이다.—옮긴이). 18세라는 어린 나이였음에도 엘리자베스에게 결혼은 우리 평범한 사람들이 생각하는 개념과는 달랐다. 결혼은 그녀에게 이를테면 강화된 연애에 가까웠다. 엘리자베스는 여생 동안 타잔이 한 덩굴에서 다음 덩굴로 넘어가듯 한 남자에서 다른 남자로 가볍게 건너 다녔다. 지금 안성맞춤인 남자가 영원히 안성맞춤인 건 아니었다. 엘리자베스는 언젠가 말했다. "저는 제가 결혼한 사람과만 잤어요. 이렇게 당당하게 말할 수 있는 여자가 얼마나 될까요?" 그 말이 사실이라면 세간의 평가보다는 정숙한 여자였던 셈이다.

엘리자베스의 세계를 흔들어 놓은 '중요한 남편들'(마이클 와일딩[최장기간 남편이었다는 점을 쳐 주었다], 마이크 토드, 리처드 버튼, 또 한 번의 리처드 버튼)이 있었고, 단지 그녀의 침대를 덥혀 준 '덜 중요한 남편들'(콘래드 힐튼, 에디 피셔, 존 워너, 래리 포텐스키)이 있었다. 엘리자베스는 그들을 사랑이 식을 때까지 사랑했고, 그다음엔 다른 사람으로 넘어갔다. 엘리자베스는 낭만적이고, 열정적이고, 충동적이었지만 어려운 시기를 견뎌내는 건 적성이 아니었다. 굳이 그래야 한다고 생각지도 않았다.

니키 힐튼과의 약혼엔 여러 목적이 있었는데, 그중 하나가 세상을 깜짝 놀라게 함으로써 서로 홍보 효과를 누리는 것이었다. 영화사 홍보 담당자들은 싸구려 마케팅의 일환으로 배우들 간의 로맨스에 대한 가십을 주기적으로 흘리곤 했는데, 실제로 사랑이 싹트고 결실을 맺는 일은 드물었다. 1950년 봄 엘리자베스는 스펜서 트레이시가 출연하는 영화 〈신부의 아버지(Father of the Bride)〉를 촬영 중이었다. 배역은 두말 할 필요 없이 신부였다. MGM에서는 5월로 예정된 엘리자베스의 결혼식 비용을 기쁘게 지불했다(드레스 값을 포함해서). 결혼식이 열린 교회는 영화 속 결혼식이 열리는 교회와 똑같이 단장되었다. 식은 영화 개봉 한 달 전에 치러졌다. 영화는 히트를 쳤지만 결혼은 그러지 못했고, 두 사람은 8개월 뒤 이혼했다. 엘리자베스는 아직 열여덟이었다.

1951년에 엘리자베스는 고전이 된 작품 〈젊은이의 양지〉에 출연했다. 이해하기 어려운 수준으로 영화를 검열한 헤이스 규약(Hays Code)의 전횡이 정점에 달한 시기였다. 1930년부터 1968년까지 할리우드를 지배한 헤이스 규약(정식 명칭은 영화제작규약[Motion Picture Production Code])은 특히 엘리자베스의 초기작이 제작된 시기에 엄격하게 적용되었다. 모든 각본의 매 페이지가 신체 노출, 불경한 언어, 두 사람 이상이 침대에 누운 장면, 또는 '성적 도착(倒着)'의 요소(예컨대 결혼이나 사법 당국, 종교에 대한 공개적·암시적 비판, 동성애) 따위가 들어가 있는지 여부를 검사받았다. 그리고 '가슴 검사관(Bust Inspector)'이라고 불린 특별한 직책의 사람들이 가슴골 노출을 검사했다.

〈젊은이의 양지〉에서 조지 이스트먼(몽고메리 클리프트 분)은 여성용 수영복을 제작하는 부유한 삼촌을 둔 가난한 젊은이다. 그는 삼촌이 연 파티에서 숨 막히게 아름답고 발랄한 사교계 명사 앤절라 비커스(엘리자베스 테일러 분)를 만난다. 조지는 차마 앤절라를 욕심 내지 못하고, 셸리 윈터스가 완벽하게 연기한 순진한 공장 동료 앨리스 트립에 안주하기로 한다. 조지와 앤절라는 다시 만나 사랑에 빠지지만, 바로 그때 앨리스는 자신이 임신했음을 알게 된다. 조지가 공중전화로 두어 군데 통화를 한 뒤 우울한 표정으로 구겨진 종이쪽지에 의사 이름을 적는 장면에서 미루어 짐작건대, 그는 앨리스가 임신중절을 하길 원한다. 앨리스는 억지로 의사를 찾아가지만 의사는 그녀를 도와줄 수 없다(건강한 어머니가 될 수 있다는 엄한 꾸짖음을 '도움'으로 간주하지 않는다면 말이다). 앨리스는 조지에게 자신과 결혼하라고 협박한다. 그러나 조지는 생각을 바꾸어, 앨리스를 물에 빠뜨려 죽이기로 결정한다. 그는 즉시 체포되고 전기의자에 앉게 된다. 끝.

이 영화가 당대에 도발적이라는 평을 받은 것은 감히 혼외 임신이라는 심각한 문제를 다루었기 때문이다. 하지만 〈젊은이의 양지〉는 쉽게 안주하는 남성에게 어떤 일이 벌어지는지를 부지불식간에 경고하는 영화이기도 하다. 선생, 응낙하는 첫 여자와 피임 없이 섹스를 하지 마시오. 당신은 그보다 나은 사람입니다! 자신을 좀 존중하세요! 잘생긴 얼굴에 머리숱도 풍성한 당신은 화려하고 멍청한 앤절라 비커스를 가질 수 있습니다.

〈젊은이의 양지〉는 오스카상을 여러 개 탔고 클리프트와 윈터스 둘 다 주연상 후보에 올랐다. 엘리자베스는 후보에 오르지 못했는데, 마땅한 이유가 있었다. 연예업계지인 《버라이어티》에서는 이렇게 평했다. "[테일러의] 과장된 연기는 지금껏 그녀가 해온 것 중에선 단연 최고라서, 고삐를 쥔 스티븐스 감독의 노련한 솜씨가 작은 기적을 낳았다고 해야 할 정도다."

하지만 상관없었다. 엘리자베스에겐 눈곱만큼도 신경 쓸 일이 아니었다. 오스카를 받아 마땅한 명연기를 펼쳤든 한물 간 전문대 연극학과 공연에서나 볼 법한 연기를 했든, 은막의 엘리자베스 테일러, 하트 모양의 얼굴과 잘록한 19인치 허리를 지닌 그녀는 결코 무시할 수 없는 여자였다.

엘리자베스 테일러는 세상에서 가장 아름다운 여자라고 불렸지만, 한번 생각해 보자. 아름다움이란 세상에서 가장 주관적인 것이 아니던가(계란 요리에 대한 취향 다음으로). 엘리자베스와 나이가 비슷했던 그레이스 켈리만 해도 엘리자베스 뺨치게 아름다웠다. 하지만 엘리자베스는 제멋대로 구는 우리의 인간적인 심장에서 무언가를 들끓게 한다. 탐사보도 기자이자 문화 비평가인 M. G. 로드는 저서『뜻밖의 페미니스트(The Accidental Feminist)』에서 원시적이고 비언어적인 감정을 일으키는 엘리자베스의 천부적 재능에 대해 언급한다. "테일러는 우리가 아득한 옛날부터 지녀 온 사랑과 혐오, 공포와 욕망의 저장소인 대뇌 안쪽의 편도체에 직접 말을 건다." 인문학자이자 사회 비평가인 커밀 팔리아는 언제나처럼 격앙된 문투로 썼다. "그녀의 얼굴과 렌즈 사이의 공간에서는 자극적이고 에로틱한 전하(電荷)가 진동한다." 엘리자베스는 실로 헤이스 규약 시대 은막의 완벽한 세이렌이었다―단지 가만히 서 있는 것만으로도 깊고 외설적이며 혼란스러운 생각을 일으킬 수 있었으므로.

참으로 여성스러웠던 엘리자베스는 임신의 천재이기도 했다. 힐튼을 떠나고 한 해가 지난 1952년 그녀는 영국 배우 마이클 와일딩과 등기소에서 소박한 결혼식을 올렸다. 와일딩은 40세였고, 엘리자베스는 20세 생일을 한 달 앞두고 있었다. 와일딩은 친구이자 보호자 유형의 남편이었다. 1년 뒤 두 사람의 아들 마이클 주니어가 태어났고, 2년 뒤 차남 크리스토퍼가 태어났다. 후계자와 예비 후계자까지 탄생했으니 충분하고도 남았다.

엘리자베스는 늘 최선을 다해 영화를 찍었다. 그런데 임신으로 인해 커리어에 지장이 생겼다. 결혼식은 최고의 홍보 수단이었지만 결혼에 이어지는 임신은 별로 그렇지 않았다. 임신은 낭만적이지 않았다. 헤이스 규약에 맞춰 재포장할 수 있는 것도 아니었고, 말벌처럼 가느다란 허리의 미인이 두 차례의 임신 때마다 20여kg씩 몸무게가 불어서 오는 광경은 형언할 수 없이 처참했다. 영화사 계약서에는 출산휴가 조항이 없었다. 겁 없이 임신을 한 여배우들은 일감을 받지 못했고 급여도 없었다. 다시 잘록한 허리로 복귀한 뒤에도, 말 잘 듣고 임신하지 않은 여배우들이 거절한 형편없는 배역에 만족해야 했다. 이건 일반화한 얘기이긴 하지만 심한 일반화는 아니다. 엘리자베스도 두 아들을 낳은 뒤 일을 해야 해서 허접한 영화 몇 편에 의무적으로 출연했다. 와일딩은 평범한 배우였고, 런던에서는 나름대로 존경받았지만 로스앤젤레스에서는 무명이었다. 안타깝게도 두 사람에겐 돈이 필요했다.

엘리자베스는 23세라는 어린 나이에 할리우드가 지긋지긋하다며, 은퇴 후 가정에 전념하는 걸 고려 중이라고 언론에 밝혔다. 만일 그 발언이 현실이 되었더라면, 우리에겐 유명인의 사생활이 엔터테인먼트가 되고 그들이 만들어내는 모든 것이—영화, 연극, 그림, 향수, 인스타그램 계정까지—헌신적이고 완전히 비논리적인 애착을 느낄 핑계가 되어주는 현대 유명인 문화의 기틀을 깔아 줄 다른 여배우가 필요했을 것이다.

1956년, 제3호 남편이 되는 연극·영화 제작자 마이크 토드가 무대에 등장했다. 엘리자베스와 마이클 와일딩의 성급했던 결혼은 누더기가 되어 있었다. 와일딩은 할리우드에서의 커리어나 테일러의 남편 역할이나 무엇 하나 마음에 들지 않았다. 그는 스트리퍼들과 놀면서 절망을 달랬다. 그 역시 시대를 앞서가는 남자였던 것이다.

나이 든 마이클이 가고 더 나이 든 마이크가 왔다. 엘리자베스는 24세, 마이크는 47세였다. 영화 〈80일 간의 세계일주(Around the World in 80 Days)〉 제작과, 영화 관람 경험을 개선시키는 대형 화면 방식인 토드-AO의 개발로 잘 알려진 마이크는 전형적인 연예 사업가이자 시끄러운 사람이었고, 알려진 바로는 아주 끔찍한 인물이었던 듯하다. 그는 대규모 디너

36

파티에서 닭다리를 들고 아내에게 손짓을 하고선 "이걸 먹고, 당신도 먹을 거야"라고 말하며 눈을 찡긋하는 부류의 남자였다.

토드는 엘리자베스에게 결혼하자고 청유가 아닌 선언을 했다. 그는 MGM에 있는 자기 사무실로 엘리자베스를 불렀다. 엘리자베스의 회상은 이러했다. "그는 자기가 나와 결혼할 거라고 했다. 내게 묻지 않고, 그냥 말했다. 나는 그에게 저항할 수 없었다."

과연 그게 엘리자베스의 진심이었을까?

그녀는 명백히 이 거래에서 무언가를 보았다. 과연, 마이크 토드는 그녀가 '특급의 만만찮은 여자'로 변신할 수 있는 밑거름을 깔아 주었다. 그는 남편이자 마술사로서 엘리자베스에게 그녀의 타고난 아름다움과 원하는 것은 뭐든 가질 자격이 있다는 의식, 사생활 보호를 딱히 기대하지 않는 성격을 이용할 길을 열어 주었다. 특별한 노력 없이도 사람들이 계속 그녀를 지켜보고 그녀에게 무슨 일이 일어날지를 궁금해하도록 만들고, 그래서 더더욱 유명인사가 되는 방법을 가르쳐준 것이다. 엘리자베스가 〈클레오파트라〉 출연료로 거금 100만 달러를 부를 수 있었던 것도 결국 그 덕분이었지만, 아직은 그 얘기를 할 때가 아니다.

마케팅 기회를 놓칠 위인이 아니었던 토드는 〈80일 간의 세계일주〉 개봉일에 약혼을 발표하고 엘리자베스의 손가락에 29.4캐럿짜리 다이아몬드 반지를 끼워 주었다. 한 나라의 여왕이나 소유할 법한 엘리자베스의 화려한 보석 컬렉션은 우표와 맞먹는 크기의 이 다이아몬드로 시작되었다 (사소한 사실을 하나 짚고 넘어가자면, 그때 엘리자베스는 아직 마이클 와일딩과 혼인관계였다! 엘리자베스는 와일딩과 빠르게 이혼하고 1957년 2월 2일에 마이크 토드와 결혼했다. 독신인 기간은 일주일이 채 되지 않았다). 그 뒤로 토드는 거의 매주 엘리자베스에게 경이로운 새 보석을 선물했다. 루비와 다이아몬드가 박힌 까르띠에 세트(목걸이, 팔찌, 귀걸이). 다이아몬드 티아라(엘리자베스는 몬테카를로 외곽의 렌트한 빌라 수영장가에서 이 티아라를 즐겨 썼다). 4만 2,000달러짜리 흑진주 반지.

엘리자베스에게서 우리 모두가 배울 수 있는 것 하나는, 우리가 보석을 누릴 자격이 있는 사람이라는 믿음이다. 엘리자베스가 "여보! 내가 티아라를 어디에 쓰겠어요?! 환불해서 여행이나 갑시다/부엌 리모델링이나 합시다/자선단체에 기부합시다"라고 말했다는 얘기는 듣도 보도 못했을 것이다. 엘리자베스가 그 긴 인생 동안 한 번도 하지 않은 말은 "아이, 이럴 것까진 없는데요"였다. 우리 역시 그렇게 말하지 않아도 된다.

엘리자베스가 최근에 받은 검은색 벨벳 상자에 또 어떤 귀중한 보석이 들어 있었는지를 알리는 뉴스들 사이사이에는 그녀의 건강에 관한 속보들이 끼어들었다. 이 두 종류의 뉴스는 항상 관심을 자석처럼 끌어모았다. 아주 비싸고 반짝이는 애정 표현과 불안한 병원행이 한데 얽혔다. 1957년에 엘리자베스가 딸 라이자를 낳으면서 두 사람의 러브스토리에는 한결 광택이 더해졌다.

극적인 애정사와 세계적 수준의 보석 컬렉션과 마찬가지로, 엘리자베스의 건강 문제도 실제보다 부풀려졌다. 엘리자베스는 정말로 긴 고통을 겪은 적도 많았지만, 우리 보통 사람들이 애드빌 몇 알과 병가 하루로 다스릴 발목 염좌나 가래 기침으로도 병원에 실려 갔다. 엘리자베스 테일러에게는 어느 의사도 아스피린을 두 알 먹고 아침에 다시 전화하라는 말을 하지 않았던 모양이다.

엘리자베스는 〈래시의 귀환〉 촬영 중 발이 부러졌고, 눈에 들어간 이물질을 제거하느라 수술을 받아야 했으며, 흔히들 받는 맹장 수술과 편도선 수술도 받았다. 독감으로 입원을 했고 신경 압박으로도 입원을 했다(이 불쌍한 어린 양은 스물세 살에 좌골신경통을 진단받았다. 나는 예순이 목전인 주름 자글자글한 노파인데도 좌골신경통 따위는 없다… 아이고, 부정 탈라!). 출산은 전부 제왕절개였다. 마이크 토드를 만난 뒤에는 계단에서 굴러 허리 디스크가 파열된 탓에 수 시간이 걸리는 큰 허리 수술을 받았다. 24세가 되기 전의 의료기록에서 하이라이트만 뽑아도 이 정도다.

그런데 부실한 건강이 되레 엘리자베스의 목숨을 살렸다. 1958년 3월, 엘리자베스는 독감으로 앓아눕는 바람에 무슨 상을 받으러 뉴욕으로 향하는 남편과 동행하지 못했다. 마이크 토드의 전용기 럭키 리즈는 뉴욕으로 가는 길에 뉴멕시코에서 추락했고 탑승자 전원이 사망했다.

엘리자베스는 비탄에 잠겼다. 당연하지 않은가? 온갖 언론 매체가 세상 사람들에게 상기시켰듯이, 두 사람은 결혼한 지 고작 417일째였다. 엘리자베스는 〈뜨거운 양철 지붕 위의 고양이(Cat on a Hot Tin Roof)〉를 한창 촬영 중이었다. 그녀가 세 어린 자녀가 딸린 과부로서 새 삶에 적응할 때까지 촬영은 중단되었다. 하지만 혼자인 시간이 길지는 않았다. 그건 엘리자베스가 사는 방식이 아닌 걸 이미 알지 않는가.

유행가 가수로 많은 사랑을 받고 있던 (그리고 29장에서 다룰 캐리 피셔의 아버지이기도 한) 에디 피셔가 이때 등장한다. 아니, 에디 피셔와 데비 레이놀즈라고 말하는 게 옳겠다. 피셔 부부는 엘리자베스, 마이크 토드 부부와 친하게 지냈다. 엘리자베스와 데비는 MGM과 계약하고 촬영소 안에 있는 학교에 같이 다니던 아역 배우 시절부터 서로를 알았다. 에디와 마이크도 친구였다. 두 커플은 엘리자베스와 마이크의 결혼식에서 데비가 신부 들러리를, 에디는 신랑 들러리를 맡을 정도로 가까운 친구들이었다.

마이크 토드가 사망하고 에디 역시 비탄에 잠겼다. 데비도 심란했겠지만 돌보아야 할 어린아이가 둘이나 있었고 자기 커리어도 챙겨야 했다. 다음에 일어난 일은 캐리 피셔의 입으로 들어 보자.

"뭐, 당연히 우리 아버지는 엘리자베스의 곁으로 달려갔고, 천천히 그녀의 앞으로 자리를 옮겼습니다. 손수건으로 눈물을 닦아 주고 꽃으로 마음을 달래 주더니 나중엔 페니스로 달래 주었지요. 그렇게 되고 보니 우리 어머니와 혼인관계인 게 난감해져서, 일주일도 지나지 않아 집을 나갔습니다."

내가 이해할 수 없는 건, 마이크 토드가 죽었을 때 어째서 데비가 엘리자베스의 곁으로 달려가지 않았느냐는 것이다. 생각해 보라. 세상에서 제일 아름다운 여자로 꼽히는 절친한 친구가 예기치 않게 남편상을 당했다. 자기 남편이 그녀에게 달려가게 놔두다니, 말이 되는가?

여러 해 뒤에 엘리자베스는 그녀로서는 드물게도 상식적인 설명을 내놓았다. 데비와 에디 사이의 결혼은 이미 끝이 나 있었다는 것이다. 하지만 온 세상 사람들이 엘리자베스가 가정을 파탄 낸 부정한 여자라고 믿고 있었다. 사건 당시에 그녀가 내놓은 해명은 헤다 호퍼의 가십란에 실린 게 유일했다. "마이크는 죽었고 난 살아 있어요. 그럼 나더러 어쩌라는 거죠? 혼자 자라고?"

그 말이 대중에게 얼마나 잘 통했을지는 상상에 맡기겠다. (그녀가 형제처럼 사랑한 로디 맥다월, 몽고메리 클리프트, 록 허드슨 같은 게이 남자들을 제외하고) 세상의 어떤 남자라도 가질 수 있을 여자가, 절친한 친구의 남편이자 두 어린아이의 아버지인 남자를 가져야만 행복해질 수 있다니!

변명이 불가능했다. 엘리자베스는 아무런 변명도 내놓지 않았다.

만만찮은 여자에 대해 생각하면 제일 보편적으로 떠오르는 이미지는 자기 의견이 강하고, 따발총처럼 말을 쏘아붙이고, 거절은 받아들이지 않는 여자일 것이다. 입 닥치고 앉아 있기를 거부하는 여자, 그럼에도 불구하고 고집스럽게 버티는 여자일 것이다. 그러나 엘리자베스는 아무 말도 하지 않았다. 딱히 말할 필요가 없었으니까.

전화를 받으려면 집에 있어야 하고 할리우드 최신 가십을 소비하기 위해 월간지가 나오는 날을 기다려야 했던 느린 시대였지만 엘리자베스의 평판은 불과 몇 주 만에 수심에 잠긴 젊은 과부에서 바빌론의 창녀로 추락했다. 한편 〈뜨거운 양철 지붕 위의 고양이〉는 개봉해서 돈을 긁어모았다. 상중이라서 평소 연기에 덧입히곤 했던 여배우다운 과장을 자제했을지도 모르겠다. 이유야 어떻든 엘리자베스는 강렬한 연기를 펼쳤고, 오스카 여우주연상 후보에 올랐다.

토드가 사망하고 1년 2개월 뒤인 1959년 5월에 엘리자베스와 에디는 라스베이거스에서 식을 올렸다. 엘리자베스는 갈색 드레스를 입고 토드에게 받은 아름다운 보석 장신구들을 치렁치렁 걸쳤다. 이듬해 그녀는 〈버터필드 8〉에 고급 콜걸 글로리아 원드러스 역으로 출연했다. 〈뜨거운 양철 지붕 위의 고양이〉에서 불후의 상징이 된 슬립 차림이었다. 흰 새틴 슬립을 입은 '남편 도둑년'을 보러 사람들이 떼 지어 영화관으로 몰려갔다. 엘리자베스는 이 영화에서 맡은 배역을 싫어했다고 알려졌으나, 어쨌거나 영화는 또 한 번 히트를 쳤고 그 덕분에 엘리자베스는 〈클레오파트라〉 출연료로 대담하게 100만 달러를 부를 수 있었다.

에디 피셔의 커리어는 엘리자베스와 보조를 맞추지 못했다. 그의 이름을 건 TV 쇼가 폐지되었고 음반사에서도 버림받았다. 그가 친구의 죽음으로 아무리 슬펐다 한들, 가족을 버렸으니 개자식이라는 여론이 팽배했다. 그것도 고작 여왕의 '부군'이 되기 위해서였으니.

❀

엘리자베스가 리처드 버튼을 만난 건 1962년 〈클레오파트라〉 촬영장에서였다. 둘 다 배우자가 있었다. 천하의 엘리자베스라 해도 또 한 번의 명백한 불륜이라는 가십을 버텨낼 수는 없을 것 같았다. 하지만 엘리자베스는 그 바로 전해에 죽음의 문턱에 다녀왔고, 죽다 살아난 유명인만큼 사람들에게 사랑받는 존재는 없다. 대중이 탐탁찮게 여기는 문란한 여자라면 더욱 그러한 듯하다.

영국에서 영화를 촬영하던 중, 엘리자베스는 심한 폐렴에 걸려 런던의 병원으로 실려 갔다. 한 순간은 호흡이 멎기까지 했다. 의사가 빠르게 판단을 내려 세상에서 가장 아름다운 목에 기관 절개술을 시행하여 가까스로 그녀의 목숨을 살렸다. 하지만 언론에서는 섣불리 엘리자베스 테일러가 사망했다는 오보를 냈고, 그녀처럼 모래시계 같은 몸매에 연한 색 눈동자를 지닌 갈색머리 미인 존 콜린스가 대역으로 정해졌다.

하지만 엘리자베스는 죽지 않았다. 여기서 인간의 재미있는 습성이 나타난다. 죽었다는 건 오보였을 뿐인데 엘리자베스는 마치 부활한 사람처럼 대접받았다. 여왕이 아니라 여신으로 추앙받기 시작했다. 갑자기 모든 죄가 사해졌다. 엘리자베스는 더 이상 바빌론의 창녀가 아니었다. 그녀는 〈뜨거운 양철 지붕 위의 고양이〉에서보다 못한 연기를 보여준 〈버터필드 8〉로 오스카 여우주연상을 받았다. 엘리자베스도 바보는 아니라서 동정상이라는 걸 알았을 테지만, 감사히 상을 받았다. 원래 그러는 법이다.

엘리자베스가 완전히 회복했을 무렵 〈클레오파트라〉는 로마로 촬영지를 옮겼다. 엘리자베스는 세 자녀와 개 다섯 마리, 고양이 두 마리, 미용사, 주치의, 그리고 제작사 측에서 엘리자베스를 정시에 촬영장에 도착시키라는 임무를 맡긴 에디까지(두 사람의 결혼생활에서 낭만이 빠져나가는 소리가 들리는지?) 대규모 수행단을 이끌고 로마에 도착했다. 엘리자베스 일행은 아피아 가도 바로 옆의 방 열네 개짜리 빌라에서 지냈다.

리처드 버튼은 엘리자베스보다 겨우 일곱 살 연상이었다. 강한 웨일스 억양을 지닌 그는 셰익스피어 전문 배우로, 런던 무대에서 햄릿과 헨리 5세를 연기하여 이름을 알렸다(그는 나중에 〈베킷(Becket)〉, 〈추운 곳에서 온 스파이(The Spy Who Came in from the Cold)〉, 엘리자베스와 찍은 〈누가 버지니아 울프를 두려워하랴〉 등등 20세기 중반의 히트작에 출연하게 된다). 버튼은 영화 촬영 중이 아닐 때에는 주로 술에 취해서 잠자리 상대를 물색했다. 착하고 인내심 많은 그의 아내 시빌은 영국식으로 남편의 허튼 짓을 눈감아 주었다. 단, 남편이 조심스럽게 행동한다는 전제 하에. 버튼은 상대역과 잠자리를 하는 게 일상이었고, 보통 사람들이 피트니스 센터에 가듯이 눈에 들어오는 여자와 침대로 갔다(일주일에 세 번 미만으로 피트니스 센터에 가는 사람이 러닝머신에 오르는 횟수보다 딕이 섹스를 하는 횟수가 더 잦았을 것이다).

리즈와 딕이 '파파라치'라는 단어가 발명된 나라에서 사랑에 빠지고 불륜을 벌였다는 걸 생각하면, 자기들 딴엔 밀회라고 여긴 것이 온 세상 앞에 까발려진 것도 놀랄 일은 아니다.

에디 피셔를 생각하면 안쓰럽기 짝이 없다. 그는 엘리자베스에게 소문을 부정하라고 간청했고, 거절당했다. 그는 격분해서, 오쟁이 진 남편인 걸 감안해도 지극히 못난 행동을 했다. 버튼의 착하고 인내심 많은 아내에게 전화로 고자질을 한 것이다. 이에 화가 난 버튼은 놀랍게도 엘리자베스를 차 버렸다. 엘리자베스로서는 처음 겪는 일이었다. 그녀의 반응은 덜 놀랍다. 병원에 실려 간 것이다. 병명에 대해선 말이 엇갈렸는데 식중독이라는 얘기도 있었고 수면제 과다 복용이라는 얘기도 있었다.

그리고 두 사람은 재결합했다.

오늘날에는 유명인의 연애 스캔들이 미디어를 도배해도 다들 그러려니 한다. 웬만한 스캔들은 뉴스거리도 못 된다. 하지만 1960년대 중반에는 상황이 달라서, 리즈와 딕의 연애가 대단한 화제였다. 영화사에서는 엘리자베스에게 버튼과의 애정 행각을 '중단'하라고 요청했고, 계약서의 품위 유지 조항을 위반했다며 그녀를 고소하려 했다. 엘리자베스는 헛기침을 하고 말했다. "아무도 내게 누굴 사랑하라거나 사랑하지 말라고 명령할 수 없어요." 바티칸에서는 '공개서한'을 발표해 압박을 가했는데, 솔직히 말해 귀엽지만 완전히 헛소리인 주장이었다(500단어짜리 이 공개서한은 1962년 4월 교황청 반(半)공식 신문 《로세르바토레 로마노》의 일요판 부록에 실렸다. 필자 서명은 'X. Y.'로만 되어 있었다. ─옮긴이). "그녀에게는 자연적 해법으로 연이 다한 남편을 제외하고도, 오로지 더 큰 사랑이 이전의 사랑을 죽였다는 동기만으로 매장당한 남편이 셋이나 더 있다." 이후 〈이구아나의 밤(The Night of the Iguana)〉을 찍으러 멕시코의 푸에르토 바야르타에 간 리즈와 딕은 리조트에 살림을 차렸다(딕의 상대역이 에바 가드너였으니, 엘리자베스가 딕 홀로 가게 놔둘 리 없었다. 엘리자베스는 전용기에 74개의 짐 가방을 싣고 따라갔다). 그러자 현지 수녀원에서는 아무도 기억 못할 정도로 오래전부터 지켜온 침묵의 서약을 깨고, 대죄를 범한 두 사람을 규탄했다.

리즈와 딕은 각기 배우자와 이혼하고 1964년에 결혼했다. 에디 피셔는 딱하게도 영영 회복하지 못했다. 몇 차례 재혼을 했고 심각한 메스암페타민(일본에서 이 성분으로 만든 약이 '필로폰'이다. -옮긴이) 중독에 시달렸고 결국은 파산을 선언했다.

우리 어머니는 리즈와 딕 커플의 엄청난 팬이었다. 두 사람이 내 의식에 포착된 건 아마 초등학교 2학년 때의 일이었을 것이다. 우리 아버지는 이름이 리처드고 애칭이 딕이었으며 우리 삼촌도 이름이 리처드고 애칭이 딕이었기 때문에, 나는 막 헛갈려서 혹시 리즈도 우리 친척이 아닌가 생각했다. 어머니가 특히 좋아한 영화는 〈누가 버지니아 울프를 두려워하랴〉였다. 아버지가 출장으로 집을 비우고 베이비시터가 약속을 어긴 날, 어머니는 나를 데리고 극장에 가서 그 영화를 봤다. 나는 눈앞에 펼쳐진 장면에 겁을 집어먹었다. 어쩌면 그리 소리를 질러 대던지. 어쩌면 그리 지루하던지. 내가 알던 리즈는 젊고 태닝한 피부를 지닌 미인이었는데(나처럼 캘리포니아에 사는 그녀가 가끔 커다란 털모자를 쓴 사진이 찍히는 이유는 이해할 수 없었지만), 영화에서는 나이 들고 화난 모습으로 나오는 게 이상했다.

극장에서 나와, 어머니가 모는 갤럭시 500 컨버터블을 타고 휘티어 대로를 달리던 게 기억난다. 컨버터블 지붕을 열었으니 여름이었을 테다. 내가 영화가 무슨 내용이었느냐고 묻자 어머니는 대답했다. "여자가 아무것도 가진 게 없을 때 일어나는 일을 그린 거란다." 나는 물었다. "리즈가 아무것도 가진 게 없어요?"

그때 우리 어머니의 웃음소리를 당신이 들었어야 하는데.

자칫하면 정신 나간 음주 이야기를 빼놓을 뻔했다. 알려진 바와 같이 덕은 대단한 술꾼이었고 리즈도 홀로 몇 잔쯤 원샷 하는 걸 즐겼다. 두 사람은 함께 고주망태가 되어 많은 시간을 보냈고, 그 결과는 숱한 말다툼과 깨진 접시들이었다. 우리가 알다시피 리즈는 거의 언제나 모종의 수술에서 회복 중이었기에(1964년에는 무릎 수술을 받았고 1966년에는 엄지발가락 골절상을 당했다) 진통제를 달고 살았다. 세상에서 가장 화려한 사건이었던 리즈와 덕의 로맨스는 공공장소에서의 다툼과 리즈의 입원, 마이크 토드의 선물 따위는 염가 잡화점에서 산 것처럼 보이게 만드는 놀라운 가격의 보석들 등이 켜켜이 쌓인 아주 맛있는 케이크와 같았다. 덕이 리즈에게 선물한 보석들은 어찌나 대단한지 이름마저 붙어 있었다. 33.19캐럿짜리 크루프 다이아몬드, 69캐럿의 버튼-까르띠에 다이아몬드. 그리고 세상에서 제일 유명한 진주인 55.95캐럿짜리 라 페레그리나(스페인어로 '순례자, 방랑자'란 뜻이다.—옮긴이). 16세기에 아프리카인 노예가 파나마만의 산타마르그리타섬에서 발견한 이 진주는 여러 왕과 여왕을 거쳐 소더비에서 버튼에게 판매되었다. 리즈를 위한 밸런타인데이 선물이었다. 라 페레그리나는 배달 직후 잠시 행방불명이 되었다가 리즈의 강아지 입 안에서 발견되었고, 이후 까르띠에에서 진주와 다이아몬드, 루비를 곁들여 디자인한 목걸이에 세팅되었다.

그러나 그 무엇도 두 사람을 하나로 묶기엔 부족했다. 리즈와 덕은 1974년에 이혼하고 1975년에 재혼했다. 그즈음 두 사람은 링 한복판에서 부둥켜안고 있는 한 쌍의 나이 든 권투선수와 같았다. 둘은 1976년에 다시 이혼했고, 같은 해에 리즈는 공화당 상원의원 존 워너와 결혼했다. 그리고 살이 붙었는데, 그 덕분에 더 많은 사랑을 받았다. 세상에서 가장 아름다운 여자가 알고 보니 우리와 다를 바 없는 사람이었기에.

엘리자베스는 일생 동안 게이 남성 몇 사람과 깊은 우정을 유지했다. 엘리자베스의 전기를 쓴 작가 몇 사람은 그녀가 게이를 친구로 사귄 건 그녀의 아버지가 남성인 세트 디자이너와 장기간 관계를 맺었으며 적어도 양성애자였기 때문일 거라고 추정한다. 어떤 사람은 게이 남성은 엘리자베스가 가질 수 없는 남자였기 때문이라고 말한다. 나는 일반적인 이성애자 남성은 엘리자베스의 아름다움에만 반응했기 때문이라고 생각하고 싶다. 남자들은 섹스의 가능성이 배제된 경우에만 엘리자베스에게 다른 존경할 만한 인간적 장점들이 있다는 걸 볼 수 있었다. 예를 들면 친구와 가족, 매니저의 만류에도 불구하고 에이즈에 대해 대담하게 목소리를 높인 용기 같은 것 말이다.

록 허드슨과 엘리자베스는 〈자이언트〉를 찍던 시절 빠르게 친구가 되었다. 1985년 여름, 허드슨은 파리의 한 병원에서 에이즈로 사경을 헤매고 있었다. 계속 명칭이 바뀌었지만 비공식적으로는 '게이 역병'이라고 불렸던 에이즈에 대해 당시 일반 대중은 아는 게 거의 없었다. 할리우드에도 환자가 넘쳐났지만 사람들은 모른 척했다. 엘리자베스는 이에 성이 났고, 만만찮은 여자답게 굳이 자신의 분노를 누그러뜨리지 않았다.

엘리자베스는 이제 53세의 중년이었고 외모도 그만큼 나이가 들어 보였다. 이태 전에 중독 치료소 베티 포드 센터에 들어갔다 나왔고, 직전 해에는 버튼이 뇌출혈로 세상을 떠났다. 엘리자베스가 버튼과 상대역으로 연기한 1967년 작 〈말괄량이 길들이기(The Taming of the Shrew)〉는 그녀가 마지막으로 출연한 대작이었다. 엘리자베스도 인생의 쓴맛을 볼 만큼 본 뒤였다.

할리우드의 무관심과 동성애 혐오에 엘리자베스는 정말이지 화가 머리 끝까지 났다.

1985년 9월, 그녀는 미국 에이즈연구재단을 설립했다. 그녀가 새로 열정을 품은 이 주제는 잘 팔리지 않았다. 대의에 공감하는 친구들조차 조심스러운 태도를 보였다. 제일 가까운 친구들과 아군들은 굳이 지뢰밭으로 걸어가지 말라고 조언했다. 엘리자베스는 일생 처음으로 전화를 걸었다가 회신을 받지 못하는 경험을 하고 마음을 더욱 다부지게 먹었다. 텔레비전 광고에 나왔고, 의회에서 증언을 했다. 모금회에 참석했고 정치인들을 민망하게 만들어 대의로 끌어들였다. 레이건 대통령에게 참여를 촉구하는 공개서한을 보내기도 했다.

"두 분이 만찬에 참여해 주시길 진심으로 부탁드리고자 이 편지를 씁니다. 그리고 대통령님께서 기조연설을 맡아 주시면 좋겠습니다. 대통령님이 에이즈 문제에 대해 발언해 주신 것에 무척 기뻤습니다." 사실 레이건은 그 시점까지 에이즈 문제를 에둘러 가고 있었다. 그러나 이전의 수많은 남성들이 그랬듯, 레이건 역시 엘리자베스 테일러를 거역할 수는 없었다.

결과적으로 엘리자베스는 에이즈 연구기금으로 1억 달러를 모금했다.

사실상 여자에게 타임머신을 타고 1950년대로 돌아가 남편을 따르라고 조언하는 책 『알파우먼을 위한 남자와 결혼 안내서(The Alpha Female's Guide to Men and Marriage)』의 저자 수잔 벵커는 최근 이렇게 썼다. "여성스럽다는 것은 본질적으로 상냥하다는 의미다."

뭐라 말해도 괜찮지만, 지난 세기에 가장 여성스러웠던 스타에겐 결코 '상냥한'이라는 수식어가 붙지 않았다는 사실을 기억하자. 엘리자베스는 남자들이 오레오만 한 다이아몬드를 바치려고 줄을 서게 만드는 지극히 여성스러운 여신이었다. 하지만 동시에 복잡하고, 이기적이고, 열정적이고, 요구할 건 요구하는 사람이었다. 그녀는 자기 생각을 주저 없이 밝히고 자신의 힘을 사용하는 걸 겁내지 않았다. 사람들은 엘리자베스 테일러의 카리스마가 단지 아름다움에서 우러나온 것이었다고 평가절하 하는 경향이 있다. 그러나 그녀가 시대를 초월하는 매력을 발산할 수 있었던 비결은 그 복잡하고 만만찮은 성품에 있었다.

제3장

글로리아 스타이넘

행동하는 여자

2016년 10월 7일, 《뉴욕 타임스》에는 글로리아 스타이넘과 그녀의 뉴욕 사랑에 대한 기사가 실렸다. 첫 문장은 이러했다. "글로리아 스타이넘은 CIA 요원으로 커리어를 시작했고, 플레이보이 버니로서 기회를 잡았으며, 크리스천 베일의 아버지와 결혼했고, 지금은 케이블 채널 바이스랜드에서 프로그램을 제작하고 있다…" 기사의 요점은 스타이넘이 82세의 나이에도 행사를 조직하고, 강연을 하고, 모금 활동에 나서고, 선거에 나온 정치인을 위해 지지 연설을 하고, 회고록 『길 위의 인생(*My Life on the Road*)』을 홍보하느라 "록 스타 같은 스케줄을 소화하고 있다"라는 것이었다. 기사는 약간 가벼웠지만 대체로 균형 잡힌 관점에서 쓰였고 긍정적이었다. 만일 내가 글로리아처럼 캐리어를 끌고 이 도시에서 저 도시로 종횡무진 북투어를 하는 중이었다면, 나는 이 기사에 별 생각이 없었을 것이다. 그래, 첫 문장이 글로리아의 인생을 멍청할 지경으로 단순화한 건 맞지만 그 정도는 호텔 미니바에서 달랠 만했다. 미니어처 듀어스 위스키가 바닥을 보일 때쯤엔 신경질을 내지 않은 스스로를 칭찬할 것이다. 여하튼 그게 뭐가 중요하다고?

하지만 바로 여기에 글로리아 스타이넘이 만만찮은 여자인 까닭이 있다. 그녀에게 중요하지 않은 일은 없다. 언어는 중요하다. 역사도 중요하다. 진실도 중요하다. 그녀는 기사가 나간 주에 바로 편집자에게 사실관계를 조목조목 따지는 편지를 보냈다. 그녀는 CIA 요원으로 활동한 게 아니라, 1960년대에 소련이 후원한 청년 축제 두 개에 CIA가 보조금을 주는 재단의 여행비 지원을 받고 참여했던 것일 뿐이다. 그녀는 플레이보이 버니로 일한 게 아니라, 폭로 기사를 쓰느라 열흘 동안 위장 취직을 해서 토끼 의상을 입었던 것일 뿐이다. 세상을 하직한 그녀의 남편 데이비드 베일은 단지 유명 배우의 아버지가 아니라 사업가이자 동물권 운동가라는 어엿한 자기만의 정체성이 있었다.

　그야말로 글로리아 스타이넘다운 어조였다. 쿨하고, 차갑고, 재치 있는―. 문제의 문장은 오해의 소지가 있긴 해도 아예 틀린 사실을 말한 건 아니었다. 그런데도 그녀가 시간을 들여 바로잡는 편지를 썼다는 것에 나는 감명받았다. 비공식적으로 '세상에서 가장 유명한 페미니스트'로 알려진 글로리아는 55년째 여성해방이라는 바위를 끊임없이 산꼭대기로 밀어 올리고 있다. 여느 나이 든 여자들처럼 퍼질러 앉아 밀린 TV 드라마를 몰아서 보는 모습이 포착될 징조는 전무하다.

　글로리아 본인의 유년기야말로 유료 케이블 채널 프로그램으로 제작되기에 적격이다. 글로리아는 대공황의 절정기였던 1934년 3월 25일 오하이오주 털리도에서 태어났다. 사교적인 아버지 리오는 '골동품 외판원'이었다. 버젓한 직업처럼 들리지만 사실 그는 병적으로 한 장소에 머물지 못하는 매력적인 유목민으로, 아내 루스와 두 딸을 트레일러에 태워 전국을 돌아다녔다. 골동품을 사고파는 건 단지 다음 장소로 이동하기 위한 빌미였다.

　어린 글로리아에게는 신나는 경험이었다. 그녀는 『길 위의 인생』에서 니하이 포도소다를 사 마시려고 외딴 주유소에 차를 세우고, 샤워를 해야 할 때만 호텔에 체크인하는 생활의 즐거움을 이야기한다. 털리도의 집에 머물 때면 글로리아의 아버지는 길을 나서고 싶은 열렬한 갈망에 시달리다가, 저녁 먹은 접시들을 싱크대에 놔둔 채 가족을 이끌고 그냥 떠나 버리곤 했다고 한다. 다음 번 식사의 출처 등 책임감 있는 여자들이 늘 걱정하는 것들을 걱정해야 했던 글로리아의 어머니에게 그 생활은 지옥이나 다름없었다. 루스는 정신적으로 불안한 사람이었고, 글로리아가 태어나기 전에도 한두 번 신경쇠약을 겪었다.

글로리아가 열 살 때 부모님이 이혼했다. 글로리아의 언니는 이미 매사추세츠주의 스미스 대학교에 다니고 있었다. 아버지가 캘리포니아로 훌쩍 떠나자 어머니를 돌볼 사람은 글로리아밖에 없었다. 글로리아와 어머니의 관계는 어렵고 쓰라렸다. 글로리아는 의사들이 어머니의 명백한 심적 고통과 정신질환을 무시하는 것을 거듭 목격했고, 그 덕에 페미니스트가 되기 오래전에 이미 여성에 대한 편견들을 바로바로 간파할 수 있게 되었다.

글로리아는 스미스 대학교에 입학했고, 1956년 파이베타카파 클럽의 일원으로 졸업했다(파이베타카파는 미국 대학의 10%쯤에 지부를 둔 최우수 대학생들의 클럽으로 대부분 4학년 때, 소수는 3학년 때 회원으로 선발된다.—옮긴이). 졸업 후 그녀는 뉴욕에 가서 기자로 일했다. 글로리아가 처음 쓴 제대로 된 기사는 월간지《에스콰이어》에 실린 피임 관련 기사였다. 그해 1962년에 경구 피임약은 대단한 뉴스였다—결혼 여부와 무관하게 모든 여자가 피임약을 먹을 수 있기까지는 10년이 더 걸렸지만. '악명 높은' 플레이보이 버니 기사는 그로부터 1년 뒤 잡지《쇼》에 실렸다. 휴 헤프너의 뉴욕 플레이보이 클럽에서 버니들이 어떻게 이용당하고 성희롱을 당하는지 밝히는 게 글로리아의 목표였다. 그녀의 급진적인 결론은 이러했다: 버니들이 발정 난 사업가들에게 하이볼과 미디엄레어 스테이크를 서빙 한다고 해서, 몸을 더듬는 것까지 허락한 건 아니었다.

1969년에 글로리아는 잡지《뉴욕》에 임신중절에 관한 대화 모임 기사를 실었다. 여성의 임신중절 선택권이 1973년에야 인정되며(이 해에 미국 연방 대법원은 '로 대 웨이드' 사건의 판결에서 여성이 임신 후 6개월까지 임신중절을 선택할 헌법상의 권리를 가진다고 했다. -옮긴이), 그리니치빌리지의 교회 지하실에 모여 자기 이야기를 공유한 여자들은 사실상 살아 있는 것만도 감사해야 할 범죄자들이었음을 기억하자. 글로리아도 22살 때 런던에서 비밀리에 임신 중절 수술을 받았고, 그때 집도했던 의사에게 『길 위의 인생』을 헌정했다. 글로리아는 이 대화 모임에 참석하고 그에 관한 기사를 쓴 것을 계기로 페미니즘을 적극 수용하게 되었다고 밝힌 바 있다.

1971년, 글로리아는 아프리카계 미국인 운동가 도러시 피트먼 휴스와 손잡고 잡지 《미즈(Ms.)》를 창간했다. 이후 20년 동안 그녀는 며칠에 한 번꼴로 비행기에 올라 여성의 삶이 남성의 삶과 똑같이 소중한 이유를 설파하러 다녔다.

베티 프리단은 저서 『여성의 신비(The Feminine Mystique)』에서 자신의 야망과 정체성을 양보하고 교외의 집과 가정을 가꾸라고 강요당하는 교육받은 중산층 백인 여성이 느끼는 권태에 대해 썼다. 하지만 글로리아의 관점은 언제나 전 세계를 아우르는 것이었다. 그녀는 인종과 계급, 카스트(그녀는 대학 졸업 후 2년 동안 인도를 여행했다)가 여성에게 가해지는 억압을 두 배, 세 배로 강화시킨다는 사실을 이해했다. 그녀 자신도 '아가씨 기자'라고 무시당했고, 미혼 여성은 무책임해서 금전적으로 신용할 수 없다고 믿는 지주들의 편견으로 인해 아파트를 임차하는 데 어려움을 겪었다(그들은 어떤 기적이 일어나서 매달 제때 월세를 내는 미혼 여성은 창녀거나 남자의 정부일 거라고 믿었다). 그런 편견은 정말 화나는 것이었지만, 글로리아는 자신이 겪는 어려움이 유색인종 여성과 개발도상국 여성들이 당하는 불의에 비하면 아무것도 아니라는 걸 잘 알고 있었다.

어떤 만만찮은 여자들은 이렇게 하나 저렇게 하나 욕을 먹는다. 글로리아는 남에게 공감할 줄 아는 선한 마음을 지녔고, 합의를 도출해내는 능력이 있었으며, 건조하고 자기비하적인 유머 감각의 소유자였다. 똑똑했으며 남들의 평에 의하면 친절한 사람이기도 했다. 그녀는 타인의 말을 경청했다. 지인들이 원할 때마다 자신이 맨해튼에 소유한 멋진 브라운스톤 아파트에 머물게 해 줬다. 정말로, 이런 사람을 싫어할 이유가 있었을까? ('브라운스톤'이란 표면에 적갈색 사암 벽돌을 붙인 고풍스러운 건물을 말한다. —옮긴이)

있을 뿐더러, 엄청나게 많았다.

《미즈》를 창간한 1970년대 초반부터 글로리아는 소위 '페미니즘의 얼굴'이 되었다. 《에스콰이어》에서는 그녀를 "지식인의 핀업걸"이라고 불렀다('핀업걸'은 사진을 벽에 걸어두고 볼 만큼 아름답고 섹시한 여자를 말한다.—옮긴이).

그녀는 (페미니즘이 국가를 전복시킬 능력이 있는 해악이라 믿기도 하는) 보수주의자들에게 경멸받았다(지금도 그렇다). 그런데 같은 페미니스트 자매들도 미디어의 관심을 독차지하는 글로리아가 마뜩찮았다. 페미니즘이라는 배를 띄우는 연료는 새로운 사고와 급진적 아이디어, 대담한 분석, 사람들의 고취된 의식이어야지 미니스커트가 끝내주게 어울리는 한 여자여서는 안 될 일이었다. (불공평하지만 어쩌겠는가? 딱 하나만 말하겠다. 그 모든 부당함 앞에서 추하게 울부짖는 건 하등 도움이 되지 않는다—아무리 정당한 이유가 있더라도, 성질을 부리는 것 역시 마찬가지다.)

글로리아에 대한 반발의 상당 부분은 1963년의 《쇼》 기사에 연원을 둔 것이었다. 머리부터 발끝까지 플레이보이 버니 복장(끈 없는 새틴 원피스, 자그마한 검은색 보타이가 달린 기묘한 칼라, 여기에 딱 어울리는 새틴 커프스, 솔직히 말해 우스꽝스러운 커다란 새틴 귀를 단 머리띠)을 갖춰 입은 글로리아의 사진도 함께 끌려 나왔다. 플레이보이 버니 기사의 여파는 수십 년을 갔다. 글로리아는 탐사보도, 정치적 운동, 잡지 창간, 편집, 무엇을 하든 너무 매력적이라서 폄하되었다. 말도 안 되는 난센스다. 여자의 매력은—좋든 싫든, 지금이나 그때나, 아마 앞으로도 영원히—우리의 패에서 가장 점수가 높은 카드이니 말이다.

페미니즘에 대해 (아직도) 퍼져 있는 억지스러운 생각 하나는 남편감을 구할 매력이 없는 평범하게 생긴 여자만이 동등한 권리를 원한다는 것이다. 이는 바꿔 말하면, 그들도 충분한 매력이 있었더라면 가부장제의 게임에 동참했으리라는 뜻이다. 1970년대에 2세대 페미니즘에 대해 온갖 열변을 토한 박식한 사람들이 그렇게 멍청한 생각을 했다고 믿기는 쉽지 않을 것이다. 인생이 그렇게 단순하지 않다는 걸 몰랐단 말인가. (잡지《뉴욕》을 창간한 사람이자 한때 글로리아의 상사였던 클레이 펠커는 여자의 진짜 문제는 오직 육아뿐이라고 말했다. 외국에서 보모를 더 들여오면 모든 게 해결될 거라나.)

결혼에 성공한 아름다운 여자의 남편이 죽거나, 아내를 떠나거나, 결혼생활을 유지할 수 없을 정도로 학대를 일삼는 개자식으로 판명되었다면 어쩔 텐가? 아주 예쁜데도 불구하고 자기 이름으로 된 신용카드를 원할 만큼 똑똑한 여자가 있다면 어쩔 텐가? (1974년까지 여자는 신용카드를 발급받기가 거의 불가능했다.) 그녀의 직장 상사가 업무 중에 몸을 밀착시킨다면 어쩔 텐가? (1977년까지는 성희롱으로 소송을 걸 수 없었다.) 임신을 하면 어쩔 텐가? ('로 대 웨이드' 판결은 1973년에 내려졌다.) 과거에나 지금이나 매일 일어나는 일이다. 여자들이 자신을 보호할 법을 원하는 것이 당연하지 않은가?

초등학교 때 친구의 어머니가 쌍둥이를 임신했었다. 그녀의 불어난 체구를 보고 겁을 먹었던 기억이 난다. 그녀는 두 사람의 도움을 받지 않고서는 앉거나 일어설 수 없었고, 발이 하도 부어서 신발 옆면이 터질 정도였다. 나는 어머니에게 임신을 하고 싶지 않다고 말했다. 이유를 묻기에 이렇게 답했다. "누가 날 쫓아오면 도망갈 수가 없잖아요!" 어머니는 말했다. "그래서 남편이 필요한 거란다." 나는 어머니를 쳐다보며 말했다. "그건 말도 안 돼요." 나는 여덟 살이었고, 그 나이에도 남자에게 의지하는 것으론 충분치 않다는 걸 알았다.

결국 글로리아의 미모는 페미니즘의 대의에 보탬이 되었다. 그녀는 적었다. "어떤 기자가 내가 할 수 있는 말들보다 내 외모가 더 중요하지 않느냐는 식의 질문을 던지자, 객석에 앉아 있던 한 나이 든 여자가 일어나 내게 말했다. '걱정 말아요, 자기. 누군가 게임에 참여하고 이긴 다음에, 이 게임은 개똥같다고 말할 수 있는 것도 중요하니까.'"

글로리아는 페미니즘의 얼굴이 되었고, 세상이 돌아가는 원리에 의해 자연스럽게 페미니즘의 목소리가 되었다. "여자는 물고기가 자전거를 필요로 하는 만큼 남자를 필요로 한다." 글로리아의 말로 알려져 있지만, 사실 호주의 활동가 이라나 던의 말이다. "남성이 임신할 수 있었더라면 낙태는 성사(聖事)가 되었을 것이다" 역시 글로리아가 아니라 아일랜드의 여자택시 운전사의 발언이다.

글로리아 스타이넘의 미모는 연애사에는 별로 도움이 되지 않았다. 규칙에 순응하는 여자들은 변덕을 부려도 용서받게 마련이다—멍청한 여자들이 원래 그렇지 뭐! 소파를 여기로 옮겨 봐. 아니, 저기로. 저녁은 인도 음식점에 가자—아니 잠깐, 멕시코 음식이 낫겠어. 사랑해, 하지만 널 사랑하는 건 아닌데, 아니 사실은 널 사랑하는 걸지도 몰라.

사람들은 만만찮은 여자에겐 훨씬 덜 너그럽다. 정치적 믿음이나 다른 믿음을 위해—심지어 그저 자신에 대한 믿음을 위해서일지라도—모래 위에 자신의 깃발을 꽂기를 고집하면 당신은 온갖 것에 대해 지적을 받게 될 것이다. 생각이나 입장이 발전했다고, 무언가를 다시 생각했다고, 마음을 바꿨다고, 모순되는 언행을 했다고, 혹은 단지 설명 불가능한 인간적인 방식으로 행동한 데 대해서도 해명을 요구받을 것이다. 당신은 남들의 상투적인 기대를 무시했을 뿐, 불가능한 기준을 지키며 살겠다고 동의한 건 아닌데도 말이다.

1990년대 초반에 글로리아는 뉴욕의 부동산 개발업자 모트 주커먼과 연애를 했다. 어려운 시기였다. 글로리아는 책을 집필 중이었고, 유방암을 막 이겨냈고, 60세가 코앞이었다. 사람들은 글로리아가 주커먼을 선택한 것에 기겁했다. 주커먼은 부유한 자본가로, 강연 여행을 마치고 돌아오는 글로리아에게 리무진을 보내주곤 하는 것으로 알려졌다. 사람들은 글로리아를 눈꼴사나운 위선자로 간주했다. 페미니스트는 지쳐서도, 우울해서도 안 되고, 차를 보내줄 만큼 돈이 있는 연인의 애정 표현을 받아들여서도 안 된다는 듯이 비난을 퍼부었다.

그러다 소문 하나가 삽시간에 들불처럼 퍼져 나갔다. 맨해튼이 타버리

글로리아 스타이넘 59

지 않은 게 신기할 정도였다. 완전히 허황된 그 소문의 골자는 글로리아가 모트 주커먼에게서 아기를 낳아 주면 결혼하겠다는 말을 듣고 미친 듯이 난임 전문가들을 찾아다니고 있다는 것이었다. 글로리아가 미친 듯이 전문가를 찾아다니고 있었던 건 사실이지만, 문제의 전문가들은 난임이 아닌 암 전문이었다. 두 사람의 연애가 오래가지 못한 것에 비해, 사람들의 반감은 지속되었다. 2000년에 글로리아는 연하의 남편을 얻었다(데이비드 베일은 59세, 글로리아는 66세였다). 성토의 목소리가 다시 높아졌다. 글로리아 스타이넘은 결혼을 혐오하는 줄 알았는데!

글로리아는 말했다. "저는 변하지 않았습니다. 결혼이 변했죠. 우리는 미국의 결혼 관련 법률들을 바꾸려고 30년 동안 노력했습니다. 만일 제가 이른바 적령기에 결혼을 했더라면 제 성과 법적 거주지, 신용 등급, 시민으로서의 여러 권리를 잃었을 겁니다. 지금은 그렇지 않죠. 평등한 결혼을 할 수 있게 된 겁니다."

❦

이제 80대인 글로리아는 나이 듦에 대한 나의 롤 모델이다. 2014년 3월 25일 그녀는 80번째 생일 기념으로 보츠와나에서 코끼리를 탔다. 다음 목적지는 인도였고, 그다음으론 캘리포니아에 갔다. 아직도 머리를 염색하지만 성형수술은 하지 않았다. 그녀의 얼굴은 여전히 멋진 골격을 유지하고 있다. 그녀는 나이 듦의 장점 하나가 성욕 감소라고 말한다. "성욕에 사로잡혀 있던 뇌세포들이 이제 풀려나서 갖가지 대단한 일을 할 수 있어요. 젊은 여자들에게 이 얘기를 해 줬더니 안 믿더군요."

만만찮은 여자 중엔 나이가 들면서 더 까다로워지는 이들도 있지만, 글로리아는 그럴 필요조차 없다. 아직 멀쩡히 살아 있다는 사실만으로 사람들의 속을 긁는 유형의 여자니까. 여기까지 읽은 독자는 지금 우리 문화에서 글로리아를 쿨한 할머니로, 색깔 넣은 에이비에이터 안경이 유행의 첨단을 달리던 지난 시대를 살아낸 여성 원로로 대우할 거라고 생각하기 쉽다. (에이비에이터 안경이란 비행기 조종사들이 흔히 쓰던 가는 쇠테의 선글라스, 혹은 그 형태의 일반 안경을 말한다. 대표적인 상표는 레이밴이다. 스타이넘도 젊었을 때 이 형태의 선글라스를 즐겨 썼다. —옮긴이) 하지만 슬프게도 현실은 그렇지 않다. 논란을 일으킨 늙은 남자들은 면죄를 받지만(입양한 딸과 결혼한 우디 앨런을 보라) 운동을 이끄는 목소리 큰 여자들은 용서받지 못하는 듯하다.

미국인 절반에게 글로리아는 사랑받는 우상이다. (글로리아의 팬이 머리 희끗한 베이비붐 세대에 국한되어 있다고 생각한다면, 영화 〈해리 포터〉 시리즈에서 헤르미온느 역을 연기한 에마 왓슨이 트위터 북클럽을 시작할 때 첫 책으로 『길 위의 인생』을 선정했다는 사실을 알려주고 싶다.) 나머지 절반에게 그녀는 문제 있는 정치적 신념을 가진 사람이다. 2016년 봄, 전통 미국 의류 브랜드 랜즈엔드에서는 끝내주게 쿨한 브랜드 돌체앤가바나의 미국 지사장이던 페데리카 마르키오니를 CEO로 데려왔다. 브랜드에 스타일을 더해 보겠다는 의도였다. 마르키오니는 랜즈엔드 카탈로그 책과 웹사이트에서, '전설들(Legends)'이라는 인터뷰 시리즈를 시작하며 이런 설명을 붙였다. "자신의 업계와 더 큰 세계에서 변화를 이끌어낸 개인들에게 바치는 우리의 송가다. 뒤따라올 많은 사람을 위해 길을 닦아준 그들에게 존경과 감사를 보낸다."

글로리아 스타이넘은 이 시리즈의 첫 '전설'로 초대받아 아주 점잖은 블레이저와 스카프 차림으로 화보를 찍었다. 마르키오니와의 인터뷰는 여성들을 격려하는 전형적인 내용으로서, 평등한 권리와 직장 내 여직원의 대우

같은 주류 이슈를 다루었다. 임신중절의 자유는 언급되지 않았다. 그건 관계없었으니까.

그런데 이에 불만을 품은 한 고객이 랜즈엔드의 페이스북 페이지에 글을 남겼다. "가족에게 옷을 팔겠다면서 임신중절에 찬성하는 페미니스트를 미화하다니, 대체 무슨 생각입니까?"

랜즈엔드 측에서는 어차피 엎질러진 물이라는 생각은 미처 못 했는지 글로리아의 인터뷰 기사를 내리고 사과했다. 그리하여 결과적으로는 모든 사람의 눈 밖에 났다. 애초에 글로리아를 전설로 추앙하려 했다는 사실을 영영 용서하지 못한 사람들과 임신중절에 찬성하는 진보적인 여자들 양쪽이 다 랜즈엔드에 눈총을 보냈다. 한 여자는 이런 이메일을 보냈다. "극우파의 압박에 굴복함으로써 당신들은 저라는 고객을 잃었습니다. 저는 40년 동안 랜즈엔드에서 옷을 사 왔어요. 글로리아 스타이넘은 존경받아 마땅한 사람이 맞고요." (나도 이메일을 보냈다. "입장을 고수하세요. 글로리아 스타이넘은 변화를 이끌어내고 길을 닦은 사람이 확실합니다. 모든 사람이 그녀의 모든 생각에 동의하지는 않는다고 해서 그 사실이 바뀌는 건 아니에요!")

오래 지나지 않아 페데리카 마르키오니는 랜즈엔드에서 물러났다.

당시 글로리아는 길 위에 있었기 때문에 직접 의견을 말할 수 없었지만, 비서를 통해 이렇게 전했다. "모든 이슈에 대한 저의 입장은 전과 동일합니다."

나는 이 말을 읽고 웃었다. 글로리아 스타이넘은 이제 와서 의류 브랜드 하나 달래겠다고 논조를 바꿀 사람이 아니다. 아니, 다른 누구를 위해서라도 마찬가지다. 그리고 그녀는 그 사실을 이렇게 가볍고 유쾌한 말로 표현할 줄 안다! 글로리아가 우리에게 가르쳐 준 것은, 우리가 마음껏 입장을 고수하고, 자신이 믿는 진실을 말하고, 가치 있는 싸움에 뛰어들 수 있다는 것—그리고 그러기 위해 우리의 유머 감각이나 멋진 헤어스타일을 희생시키지 않아도 된다는 것일 테다.

제4장

에이미 폴러

불온한 여자

나는 요즘 활동하는 여자 코미디언들을 잘 구별하지 못하는데, 에이미 폴러는 확실히 안다. 그녀가 이상한 나라의 앨리스와 흉악한 범죄를 꾸미는 만화 속 귀여운 개구리를 섞어놓은 것처럼 생겼기 때문일지도 모르겠다. 치켜세우곤 하는 한쪽 눈썹, 무표정한 응시, 말려 올라간 입꼬리. 무척 귀여운 얼굴이다. 하지만 조심할 것. 에이미는 사랑스러운 얼굴로 위장하고 있지만 잘못 건드리면 "〈새터데이 나이트 라이브〉, 뉴욕입니다"를 말하는 것보다 더 빠르게 세계 최상급의 욕설을 퍼부을 수 있는 사람이니까.

일종의 회고록인 『예스 플리즈(Yes Please)』에서 그녀는 영화 〈퀸카로 살아남는 법(Mean Girls)〉을 촬영하러 티나 페이, 애나 개스타이어와 함께 토론토 행 비행기에 올랐을 때의 일화를 들려준다. 그들은 일등석에 앉았고, 한 시간의 비행 동안 여자들이 자주 그러듯 발랄하게(즉, 큰 소리로) 대화를 나누었다. '고급 정장을 입은 나이깨나 먹은 백인 비즈니스맨'이 그들 근처에 앉아 있었는데, 그는 일등석이 도서관이라고 착각한 모양이었다. 고급 정장 씨는 도서관에서 시끄럽게 구는 여자들에게 짜증이 났다. 비행기가 착륙하자 그는 에이미를 세게 밀치고 지나갔다. 에이미는 "실례합니다!"라고 외쳤다. '이봐요, 당신 지금 제게 실례했어요'라고 말하고 싶을 때 쓰는 말투였다.

그러자 고급 정장 씨가 말했다. "실례한 사람은 당신이죠!" 그리고 그는 비행 내내 시끄럽게 떠드는 당신네 무리는 일등석에 탈 자격이 없다고 말했다.

에이미는 격분했다. 그녀는 몸을 돌려 그에게 'F'로 시작하는 쌍욕 몇 마디를 던졌다.

남자는 이 미친 여자에게서 벗어나야겠다고 생각했는지 몸을 홱 돌려 걷기 시작했지만 에이미는 그의 뒤를 따라가면서 당신이 나보다 뭐가 그렇게 잘났느냐고, 고귀한 당신 의견은 마음속에나 담아두라고 소리를 지르고 욕을 해댔다.

여담으로 성차별에 대해 짧게 이야기해 보자. 남자라면 이렇게 얼토당토않은 일을 겪지 않았을 테다. 어째서 여자에게만 이런 일이 일어나는 걸까? 에이미, 티나, 애나가 말쑥한 옷차림의 세 남자였고 스포츠 얘기를 하고 있었더라면, 고급 정장 씨도 대화에 끼어들어 지난 주말 경기에 대해 이러쿵저러쿵 아는 척을 하고 통계 지식을 뽐내고 슈퍼볼 광고 이야기를 하고 싶지 않았을까(방금 고급 정장 씨가 광고계에서 일하면 어울리겠다는 생각이 들었다).

이 소동이 벌어진 건 2000년대 초반, 사람들이 아이폰으로 무장하기 전이었다. 공항에서 정신 줄을 놓은 유명인의 모습을 핸드폰 카메라에 열심히 담는 '시민 기자'들이 아직 없었다는 뜻이다(요즘이었다면 인터넷에 '짤'과 '움짤'이 퍼져나가고 #SNL스타의공항추적극 같은 해시태그가 만들어졌을 것이다). 그렇긴 해도 에이미 폴러는 주말마다 〈새터데이 나이트 라이브(SNL)〉에 출연하는 젊은 여자로서, 널리 알려진 인물이었다. 타블로이드 신문들도 있고, 누군가 뚜껑이 열린 그녀의 사진을 찍었을 가능성도 분명히 없지 않았다.

에이미에게는 (나를 포함해) 많은 여자들처럼 속으로만 불만을 터뜨리고, 훈계를 당한 것에 대해 거부감을 표출하지 않는 방법도 있었다.

사실 우리는 자주 그런다. 누군가를 무빙워크까지 쫓아가며 욕을 퍼부어 대는 대신, 침묵을 지킨다. 고집 세고 용감하고 할 말을 다 하고 거절을 받아들이지 않는 만만찮은 여자들도 이런 종류의 일은 그냥 넘기곤 한다. 하지만 남자들은 그러지 않는다. 그게 술집에서 허구한 날 싸움이 일어나고 중동 상황이 이 지경에 이른 이유일 테다.

여자들이 상황을 들쑤시기보다 그냥 눈감는 걸 선호하게 된 데에는 복잡한 생물학적 · 사회적 이유가 있다(추측이다). 하지만 여자들을 순식간에 고분고분하게 만드는 효과 만점의 무기가 하나 있는데, 바로 여자에게만 할 수 있는 그 욕설—'쌍년(bitch)'이다*. 어째서인지 우리 여자들은 그 말을 들으면 자신이 『오즈의 마법사』에 나오는 못된 서쪽 마녀처럼 단숨에 녹아 버릴 거라고 생각하는 모양이다. 쌍년이라는 말을 듣는 게 괜찮은 상황은 섹시한 남자가 당신과 침대로 향하면서 "쌍년아, 너 되게 섹시해"라고 말할 때뿐이다.

으, 아니다. 취소한다. 그런 때도 싫다.

2008년에 SNL에 호스트로 출연한 티나 페이는 가상 뉴스 코너인 '주말 업데이트'에서 이 단어의 독소를 제거하고 오히려 여자들의 전투 구호로 바꾸고자 최선을 다했다. 참고로, 힐러리 클린턴에게도 이 단어가 꼬리표로 따라붙었다. 놀랄 일은 아니다.

"어떤 사람들은 힐러리를 '쌍년'이라고 부릅니다. 저도 쌍년이고 [에이미를 향해 고갯짓을 하며] 이 사람도 쌍년이에요. 쌍년은 일을 해냅니다. 쌍년이 요새 트렌드죠."

하지만 별 효과는 없었다. 당장 오늘 아침에 나는 스타벅스에서 줄을 서 있다가 열아홉 살쯤 되어 보이는 여자 둘이 나누는 대화를 들었다. 한

---

* 본디 '암캐'를 뜻하는 'bitch'는 영어 속어에서 여자에 대한 가장 경멸적인 호칭으로 오랫동안 쓰여 왔다. '말하는 이가 보기에' 공격적이거나 심술궂거나 분별없이 구는 여자, 까탈스럽거나 잘난 척하는 여자, 주변 일에 멋대로 끼어들고 뭐든 자기 뜻대로만 하려 드는 여자, 음란하게 구는 여자 등을 가리킨다. 사용된 맥락에 따라 '년, 계집, 쌍년, 못된 년, 개 같은 년, 음탕한 년(계집)' 따위로 번역한다. 반면 페미니스트들은 이 말을 비방자들에게서 뺏어 오고자 '강한 여성, 자기주장이 뚜렷한 똑똑하고 노련한 여성, 허튼소리를 허용하지 않는 여성' 등의 긍정적인 의미로 쓰기도 한다.—옮긴이

여자가 남자친구에게 자기가 보는 앞에서 다른 여자에게 추파를 던지는 게 별로였다고 말을 해야 할지 말지 고민하고 있었다. "나를 '썅년'이라고 생각할까봐 걱정이야." 그리고 그녀는 한숨을 쉬었다. 에이미라면 욕을 한 바탕 퍼부으면서 남자친구를 뒤쫓으라고 조언했을 것이다.

❀

　　1971년 매사추세츠주 뉴턴에서 태어난 에이미 폴러는 어려서부터 재미있는 여자였다. 그녀는 보스턴 칼리지를 졸업한 뒤 1990년대 시카고에서 공동 창립한 즉흥 코미디 극단 업라이트 시티즌스 브리게이드(Upright Citizens Brigade)에서 코미디 감각을 익혔다. 즉흥 코미디는 상황을 읽고, 그 순간을 음미하고, 그때그때 알맞게 느껴지는 행동을 하는 것이다. 에이미의 친구이자 동료 배우인 너태샤 리온은 그녀를 두고 말했다. "초현실적 무정부주의자 펑크 코미디언 같았어요. … 완전히 반골이었죠."
　　에이미는 9/11 테러 일주일 뒤 〈새터데이 나이트 라이브〉에 출연했다. 촌극을 벌이기에 좋은 시점은 아니었지만, 그럼에도 에이미는 사람들이 콧구멍에서 맥주를 뿜게 할 최고의 방법을 찾아냈다. 그녀는 특별 출연자에서 고정 멤버로 빠르게 승격되었고, '주말 업데이트' 공동 진행자로 뽑혔다. 처음에는 프로그램의 수석 작가이자 그녀의 '코미디 와이프'였던 티나 페이와, 다음에는 세스 마이어스와 짝을 이루었다. 2008년에 첫 아들을 낳은 뒤 에이미는 SNL을 떠나 드라마 〈파크스 앤드 레크리에이션(Parks and Recreation)〉에서 미국에서 가장 긍정적이지만 절대 타협하지 않는 시의 중간 간부 레슬리 노프를 연기했다. (페미니스트라면 누구나 레슬리에게서 교훈을 얻을 수 있다. "내 방식 알잖아요. 형제보다 자매가, '남자궁

(duderus)'보다 자궁이, '남소(brovary)'보다 난소가 우선!")* 에이미는 그 해 티나 페이와 공동 진행한 골든 글로브 시상식에서 모두의 예상대로 상을 받았다.

지금 에이미 폴러는 온갖 분야에서 활동한다. 제작, 감독, 각본에서 TV(지상파 · 케이블 · 디지털)와 장편 영화 출연까지. 2008년에 그녀는 제작자 메러디스 워커와 함께 '파티의 똑똑한 여자들(Smart Girls at the Party)'이라는 이름의 온라인 커뮤니티를 개설했다. 솔직히 말해 맞춰줄 가치가 없는 다른 여자들에게 맞춰주는 대신 마음 맞는 여자들끼리 지성과 상상력을 발휘할 수 있는 공간을 만든 것이다. 커뮤니티 모토는 "자기 자신이 됨으로써 세상을 바꾸자"였다. 만만찮은 여자의 신조라 할 만하다.

같은 해 에이미는 기네스북에 오를 만한 일을 해냈다. '출산을 몇 시간 앞둔 여자가 공연한 최고의 서사 랩' 부문이 있다면 우승은 에이미의 차지였을 것이다. 2008년 10월 SNL에 출연한 에이미는 어찌나 배가 나왔던지, 방송 중 양수가 터지지 않은 게 인체의 기적으로 느껴질 정도였다. 공화당 부통령 후보 세라 페일린이 게스트로 출연해서 에이미와 세스 마이어스가 공동 진행하는 '주말 업데이트' 데스크에 앉았다. (윤기 나는 머리를 틀어 올리고 반짝이는 치아를 지닌 섹시한 선생님처럼 꾸민) 페일린은 선거유세에 불리할 거라며 어떤 코너에서 발뺌을 했고, 그로 인해 마이어스와 실랑이를 벌이고 있었다. 그 시점에 에이미가 자비롭게 끼어들어 끝내주는 랩을 시작했다. 에스키모 두 사람이 코러스로 등장했다.

에이미는 완전히 만삭이라 배가 둥그런 상태를 지나 바지선(船)을 연상

---

* 신조어인 'duderus'는 'dude와 uterus', 'brovary'는 'brother와 ovary'를 합성한 것으로, 여성의 자궁과 난소에 상응하는 가상의 남성 기관을 이른다. 'duderus'를 게이 남성의 항문을 뜻하는 말로, 'brovary'는 고환을 뜻하는 말로 쓰기도 한다.—옮긴이

케 하는 타원형이었다—아기가 양수 속에 편안하게 떠 있는 게 아니라 이코노미 석에 앉은 스모 선수처럼 쭈그리고 있을 때 배가 그런 모양이 된다. 에이미는 꽤나 지쳐 보였지만 그럼에도 완전히 좌중을 장악했다. 마치 지난 몇 년 동안 수백 번의 공연을 한 사람이 아니라, 답답한 고향에서 벗어나게 해줄 유일한 기회를 잡은 사람처럼 열심이었다.

임산부가 우리 문화에서 주장하는 것처럼 섬세한 꽃이 아니라는 사실을 더 잘 보여주는 증거가 있다면 소개해 달라. 번쩍거리는 잡지 표지에 실린 임신한 연예인들이—둥글게 부푼 배와 튀어나온 배꼽을 대담하게 드러내고 촉촉한 입술로 모나리자처럼 미소를 짓고 있는 그들이—세상에 예비 엄마의 모습을 보여주고 있다고 생각한다면, 틀렸다. 예비 엄마의 모습은 '내 이름은 세라 페일린 / 모두 나를 알지 / 부통령 후보 / 공화당에서 왔지'를 열창하는 에이미 폴러에게서 찾을 수 있다.

바로 앞에 앉아 있는 페일린을 희화화하는 기분이 이상하지 않았느냐는 《피플》 지의 질문을 받고 에이미는 어떠한 부끄러움이나 수치심도 느끼지 못했다고 대답했다. "그냥 그 자리에서 애를 낳지 않으려고 노력하고 있었어요—그게 제 목표였어요."

만만찮은 에이미가 우리에게 영감을 주는 까닭은 그녀가 재미있고 매력적인 사람인 동시에 자기 자신과 인생에 무척 진지하기 때문이다. 언젠가 영화 홍보 차 칸 영화제에 간 에이미는 기자에게서 칸에 가는 걸 꿈이라도 꿔 보았느냐는 질문을 받았다. 지금 칸에 있는 게 얼마나 놀랍고 짜릿하고 감사할 일인지를 할리우드의 선배들이 그랬듯 호들갑스럽게 고백하라고 판을 깔아 주는 질문이었다. 하지만 에이미는 기자를 보고—내기하건대 한쪽 눈썹을 높이 치켜세운 얼굴이었을 거다—말했다. "물론 꿈꿨죠."

이보다 더 만만찮을 수는 없다.

제5장

루스 베이더 긴즈버그

지칠 줄 모르는 여자

85세의 연방 대법원 대법관 루스 베이더 긴즈버그는 '여성용' 팔굽혀펴기를 하지 않는다. 그녀는 주 2회 대법원 체육관으로 운동을 하러 가서 일단 표준 팔굽혀펴기 10회를 휴식 없이 2세트 하고, 30kg 레그프레스를 한다. 한 팔만 이용하는 사이드 플랭크, 한 다리만 이용하는 스쿼트, 메디신볼 던지기 모두 그녀에겐 식은 죽 먹기다. 루스의 남편 마틴은 2010년에 세상을 떠났고, 대법원에서 그녀와 가장 가까웠던 앤터닌 스칼리아 대법관도 2016년에 세상을 떠났다. 루스는 이제 인생에서 제일 중요한 사람이 개인 운동 트레이너 브라이언트 존슨이라고 말한다. 사실 긴즈버그 대법관은 익살꾼은 아니다. 이 말도 남들이 아마 재미있어 하리라고 생각했을 것은 틀림없지만, 사실 그 이면에는 진지한 본심이 있었다.

　1933년에 뉴욕 브루클린에서 태어난 루스 베이더 긴즈버그는 하버드 로스쿨에서 수학했다. 그 해 입학생 500명 중 9명에 불과한 여학생의 하나였던 그녀는 《하버드 로 리뷰》의 첫 번째 여성 편집 멤버가 되었다. 컬럼비아 로스쿨로 편입하고 1959년에 최우등으로 학교를 졸업한 뒤에는 조용하지만 충직한 젠더 평등의 옹호자로 널리 이름을 알렸다. 루스는 1972년 미국시민자유연맹(American Civil Liberties Union, ACLU) 여성의 권리 프로젝트를 공동 창립했고, 컬럼비아 로스쿨에서 여성 최초의 종신교수가 되었다. 1973년부터 1976년까지 연방 대법원에 성차별 소송 6건을 제기하여 5건에서 승소했다. 1980년에 카터 대통령에 의해 컬럼비아 특별구(D.C.) 연방 항소법원 판사로 임명되었고, 1993년 클린턴 대통령에 의해 연방 대법원 판사로 임명되었다. 샌드라 데이 오코너에 이어 두 번째로 대법관직에 오른 여성이었다.

　만일 독자가 1970년 이후 출생한 사람이라면, 루스 베이더 긴즈버그가 힘써 바꾼 법률들의 혜택을 보며 살았다고 할 수 있다. 그러니 그녀의 승진이 에스컬레이터를 타듯 수월했을 거라고 착각할지도 모르겠다—지금 세상은 그렇게 똑똑한 여자에게 그런 결실이 주어지는 것이 당연하니까. (1960년대 초에 루스는 큰 관심을 가졌던 분야인 민사소송법을 연구하러 스웨덴에 갔는데, 그러려고 스웨덴어를 공부했다.) 하지만 대공황 시기에 나거나 자란 세대의 여자들은 성차별을 공기처럼 호흡해야 했음을 잊지 말자. 대다수는 사회적 기준에 순응했고, 여성의 몸을 타고났다는 사실이 개인의 지성, 적성, 야망, 남의 더러운 양말이나 주우며 사는 인생에서 벗어나기를 원하는 당연한 인간적 욕구 등등을 전부 초월한다는 그릇된 생각을 받아들였다. 루스가 커리어를 쌓는 동안 맞닥뜨린 노골적이고 실망스러운 차별 경험들은 전혀 특이한 게 아니었다. 하지만 많은 여자들이 좌절한 반면, 루스는 끈질기게 버텼다. 여성 혐오는 그녀가 넘어야 하는 또 하나의 산이었을 뿐이다. 루스의 만만찮음은 그녀가 낙담하길 거부했다는 데 있다. 그녀는 한 발짝 한 발짝 조금씩 내디디며 끈기 있게 나아갔다.

러시아계 유대인 이민자 부부의 딸인 존 루스 베이더는 대공황 최악의 해에 태어났다. 아버지 네이선은 모피를 살 여유 따위는 없던 시대의 모피 상이었다. 여자라서 대학 교육을 받지 못한 어머니 실리아는 딸의 교육을 특히 중시했고, 루스가 열심히 공부해서 교사가 되기를 바랐다. 루스가 고등학생 때 암 진단을 받은 그녀는 딸의 졸업식을 단 하루 앞두고 세상을 떠났다.

루스는 코넬 대학교에서 마틴 긴즈버그를 만났고, 1954년 졸업하고 며칠 뒤 그와 결혼식을 올렸다. 두 사람은 함께 하버드 로스쿨에 진학했다. 루스는 한 디너파티에서 학장에게 그녀가 남자의 자리를 빼앗았다는 꾸지람을 들었다. 동기 500명 중 남성이 491명이었는데도, 네가 합격함으로써 탈락한 남성 지원자 한 사람의 인생이 꼬였으니 죄책감을 느끼라는 얘기였다. 로스쿨 2학년 때 마틴이 고환암을 진단받았다. 두 사람 사이에는 아기 제인도 있었다. 루스는 수술과 항암화학요법을 받는 남편을 내내 돌보았고, 그를 대신해 수업에 출석했고, 그가 불러주는 리포트를 타자로 쳤고, 딸까지 키웠다. 이 모든 걸 하는 와중에 자신의 성적도 훌륭하게 유지하면서 《하버드 로 리뷰》를 편집했다.

마틴은 암을 이겨내고 졸업한 뒤 뉴욕의 로펌에서 채용 제의를 받고 수락했다. 루스는 충실하게 남편을 따라가 뉴욕의 컬럼비아 로스쿨에 편입해서 1959년 졸업했다. 그녀는 '린 인'* 개념이 등장하기도 전에 이미 그렇게 했으며, 여자들이 모든 걸 원할 수 있다는 걸 알기도 전에 모든 걸 가졌다. 이렇게 성공할 수 있었던 것은 남편이 동등한 동반자였고, 육아에 있어서도—최근 그녀 이름의 머리글자를 따서 붙여진 별명 'RBG'의 거의 모든 것이 그러하듯—시대를 앞서 갔기 때문이었다. "처음 로스쿨에 입학했을 때 제 딸 제인은 14개월이었습니다. 제가 로스쿨에서 성공할 수 있었던 데는 제인의 공이 큽니다. 저는 오전 8시 30분쯤 등교해서 오후 4시쯤 집에 돌아왔습니다. 그때부턴 아이를 위한 시간이었죠. 제 일과의 휴식과 같았어요. 제인이 자러 가면 아이를 위한 시간은 끝나고, 그때부턴 즐겁게 책을 펼쳤습니다. 그렇게 제 인생의 각 부분은 서로에게 휴식이 되었습니다."

루스는 컬럼비아 로스쿨을 최우등으로 졸업했지만 직장을 구하지 못했다. 동기 중 1등을 한 루스에게 단 한 건도 채용 제의가 들어오지 않은 것

---

* 'lean in'이란 여성들에게 주저하지 말고 기회를 움켜잡으라고 권하는 자기계발 구호이자 지침이다. 이 말을 내세운 셰릴 샌드버그의 TED 강연과 저서가 히트를 치면서 유행하기 시작했다. 'lean in'이라는 비유는 회의 같은 데서 몸을 뒤로 젖히고(lean back) 방관만 하지 않고, 앞으로 기울인 자세로 논의에 적극 참여한다는 데서 온 것이다.—옮긴이

이다! 유대인, 여자, 아이 엄마라는 건 차별 조건의 3관왕을 달성한 셈이었기 때문이다. 진보적 사고방식을 지닌 교수 제럴드 건서는 루스의 능력을 믿고, 맨해튼 연방법원 판사 에드먼드 팔미에리에게 그녀를 채용하라고 강권했다. "그는 제게 기회를 주지 않으면 다시는 컬럼비아 로스쿨 학생을 추천하지 않을 거라고 통보했다고 합니다." 루스가 2013년 《뉴요커》 인터뷰에서 밝힌 내용이다.

그러나 난관은 계속되었다. 1963년에 루스는 러트거스 로스쿨 최초의 여교수가 되었는데, 학장은 그녀의 남편이 돈을 잘 버니 남성 동료들만큼 연봉을 줄 필요가 없다고 친절하게 설명했다. 1964년에 아들 제임스를 임신한 루스는 임신 사실을 숨겼다.

루스가 밤에 잠을 못 자고 뒤척이면서 자신이 감내해야 하는 극악무도한 불의들을 곱씹었는지는 알 수 없는 노릇이나, 설령 그랬다 하더라도 그녀의 법에 대한 태도에서는 그런 티가 전혀 나지 않았다. 그녀는 차근차근 단계를 밟아 나가야 한다고 믿는 사람이었다. 괴테는 글쓰기에 대해 이렇게 적은 바 있다. "서두르지도 말고, 쉬지도 말라." 루스 베이더 긴즈버그의 법학도 같은 말로 설명될 수 있다. 대법관이 된 뒤 하루는 루스의 비서가 의견서를 타이핑하다가 '성차별(sex discrimination)'을 '젠더 차별(gender discrimination)'로 바꾸는 게 어떻겠느냐고 제안했다. 문제는 '섹스'라는 단어였다. 비서는 남성 대법관들이 글에서 반복되는 '섹스'라는 단어를 듣고 다람쥐에게 혼이 팔린 개처럼 정신이 산만해져서 논지를 놓칠 게 분명하다고 지적했다. 루스는 '젠더 차별'이라는 용어를 도입했고, 이 어구는 이후 법정 용어로 자리매김했다.

루스의 급진주의는 1950년대식 예의 바름의 깃발 아래 날개를 활짝 폈다. 소송을 그토록 힘차게 밀어붙이는 사람임을 믿기 어려울 만큼 그녀는 우아하고 말투가 부드러운 여자였다. 루스의 시어머니는 행복한 결혼의 비결은 때때로 약간 귀가 먹은 척하는 거라고 조언했다고 한다. 루스는 여성 연방 대법관으로 사는 비결도 그것이었다고 말했다. "무례하거나 불친절한 말을 들으면, 못 들은 척하는 게 답입니다. 화를 내거나 짜증으로 맞받아치는 건 제 설득력을 높이는 데 도움이 안 되거든요."

인터넷을 휩쓴 유행어 'Notorious(악명 높은) RBG'의 열풍을 추적한 《슬레이트》의 글에서 저널리스트인 달리아 리스윅은 이렇게 적었다. "대법관으로서 보낸 첫 10년 동안 긴즈버그는 제도에 충실했고 앞에 나서길 꺼렸다. 그래서 그녀를 대법원에서의 가열찬 소송들을 통해 … 미국의 젠더 관련 법을 영영 바꿔 놓은 괴물급 법률가의 이미지와 연결시키기는 쉽지 않다. 판사석에 앉았을 때나 사석에서나, 긴즈버그는 기껏해야 감자 쿠겔 정도나 무기로 휘두를 수 있을 사람처럼 보였다." 진정으로 만만찮은 여자가 되기 위해 굳이 여전사 지나처럼 드세 보이는 모습을 취하지 않아도 된다는 증거다(증거가 필요한지도 모르겠지만).

장담하는데, 루스 베이더 긴즈버그가 대법관으로 임명받고서 상상한 자신의 미래에 대중문화의 아이콘으로 등극하는 건 없었을 테다. 2013년에 뉴욕 대학교 로스쿨 학생이던 셔나 크니즈닉은 그즈음 대법원이 다수 의견에 따라 내린 판결들에 대해 루스가 제기한 반대의견들을 읽고 감명을 받았다. 샌드라 데이 오코너가 2006년에 퇴임하자 루스는 연방대법원 유일의 여자 대법관으로 남았는데, 그녀의 마음에 드는 상황은 아니었다(루스는 2009년 소니아 소토마요르가 임명되기까지 3년간 그런 상태로 지냈다). 루스는 자신이 젠더 평등을 위해 기울인 노력의 결과들이 상당 부분 침식되고 있다고 느끼고 점점 더 통렬한 반대의견을 냈다. 그녀는 법정에서 자신의 의견을 작고 부드러운 목소리로 읽곤 했다. 어떤 사람들에게는 이런 모습이 그녀에게 영 어울리지 않는 것으로 느껴졌을 것 같다. 긴즈버그 대법관이 이렇게 왜소하고 얌전한 사람이라니! 하지만 나는 역사적인 판결문을 쓰고 읽는 데에 젖 먹던 힘과 나대는 용기가 필요하다고 생각지는 않는다. 루스는 자신의 능력을 발휘할 권리를 위해 싸우며 평생을 보낸 사람이다. 그러면서 자기도 모르게 바로 이 순간을 위해 단련해 온 것일 테다.

크니즈닉은 루스의 반대의견들을 하나하나 찾아 읽다가 영감을 얻어('Notorious B.I.G.'로 알려진 래퍼 고[故] 비기 스몰스에게 심심한 사의를 표하며) 루스 베이더 긴즈버그 대법관에게 '노토리어스 RBG'라는 별명을 붙이고 동명의 텀블러(tumblr) 블로그를 시작했다. '루스 베이더 긴즈버그 대법관의 영광을 기리며'라는 부제가 붙은 이 블로그는 인터넷 상에서 널리 공유되었고(그렇게 멋진 이름을 붙였으니 어찌 인기가 없겠는가?), 크니즈닉은 쿨한 티셔츠 몇 종을 만들었다. 그렇게 하나의 인터넷 열풍이 시작되었다. 문신, 핼러윈 의상, 컬러링북, 축하 카드, 머그컵, 타로 카드가 만들어지기까지 오랜 시간이 걸리지 않았다. 2015년에 크니즈닉은 MSNBC 기자 이린 카먼과 함께 재치 있는 전기 『노토리어스 RBG: 루스 베이더 긴즈버그의 삶과 시대(Notorious RBG: The Life and Times of Ruth Bader Ginsburg)』를 출간했다. 책은 《뉴욕 타임스》 베스트셀러가 되었다.

대중매체들은 긴즈버그의 패션에도 관심을 보였다. 루스는 진중한 검은색 판사복을 레이스 등의 화려한 목 장식으로 꾸미는 것으로 유명하다. 웹사이트 〈버슬(Bustle)〉에서는 루스에게 액세서리 호더(hoarder, 물건을 버리지 못하고 강박적으로 모아두는 사람을 일컫는 단어—옮긴이)라는 별명을 붙이는 게 어떻겠느냐고 정중하게 제안했다. 루스가 일상적으로 착용하는 대단히 시크한 목 장식은 남아프리카공화국 케이프타운에서 제작된 것으로서,

흰색 구슬이 달려 있다. 반대의견을 낭독하는 날에는 검은색 벨벳과 금빛 귀금속이 조화를 이룬 장식을 착용한다. 클레오파트라에게 잘 어울릴 액세서리로서, 작은 단검이라도 숨겨져 있을 듯이 보인다. 다수의견을 낭독하는 날에는 서기들이 선물한 구슬이 달랑거리는 금색 장식을 걸친다. 무해한 할머니 같은 패션이지만 상대편 법관들에게 한 방 먹이는 날에는 이렇듯 손뜨개 도일리 비슷한 걸 두른 작은 노부인처럼 보이는 것이 전술적으로 나은 선택일지도 모르겠다.

루스 베이더 긴즈버그가 우리의 문화적 상상력에 포착된 덕분에 그러지 않았으면 몰랐을 사실들이 밝혀지고 있다. 루스는 오페라를 사랑한다. 요리는 싫어한다(세상을 떠난 남편 마틴이 가정의 요리사를 담당했다). 루스는 70대에 급류 래프팅에 재미를 붙였다. 자신을 향한 대중의 관심을 즐기고, '노터리어스 RBG' 티셔츠를 집에 쌓아 두고 있다. (그녀가 특히 좋아하는 티셔츠는 "루스(Ruth) 없이는 진실(truth)을 적을 수 없다"라는 문구가 박힌 것이다.) 루스는 공개적으로 트럼프 대통령에 대한 반감을 표출해 왔다. 선거 기간에 그녀는 트럼프를 '사기꾼'이라고 불렀는데, 평소 감정 표현을 자제하는 그녀의 기준에선 대폭발이나 마찬가지였다. 나중에 사과하긴 했지만 형식상의 사과에 그쳤다. 어쨌든 그 악명 높은 RBG 아닌가.

언제나 단호하고, 절도 있고, 예의 바른 루스 베이더 긴즈버그는 그토록 늦은 나이에 만만찮은 여자가 되었다. 그리고 세상은 그녀를 사랑한다.

제6장

조세핀 베이커

배짱 있는 여자

1925년 10월 2일 샹젤리제 극장 무대에 등장한 조세핀 베이커는 즉시 파리의 뜨거운 유명인사가 되었다. 그녀는 다리를 벌리고 누운 자세로 파트너 조 알렉스의 등에 업혀 등장했다. 공연 제목은 〈당스 소바주(*Danse Sauvage*, 야만의 춤)〉. 두 사람이 똑같이 착용한 '야만적' 의상은 조개와 콩 꼬투리로 만든 팔찌와 목걸이, 깃털 스커트였다. 조는 깃털 머리장식을 착용했다. 조세핀은 트레이드마크인 윤기 나는 검은 머리를 하고 1달러 은화 크기의 곱슬거리는 앞머리를 이마에 붙였다. 또한 무슨 이유에선지 검은색 플랫슈즈를 신고 있었다(아프리카 가장 깊숙한 동네 사람들도 신는다고 알려진 신발이었을까).

조세핀은 조의 등에서 굴러 내려와서, 지금껏 아무도 본 적 없는—세련된 1920년대의 파리에서조차 전례가 없던—열광적인 춤사위를 시작했다. 흔들 수 있는 줄도 몰랐던 신체 부위를 흔들었다. 힙합 아티스트의 원형이랄까, 관절들을 분리시켜 움직이고, 팝핑과 락킹을 하고, 골반은 이쪽으로 배는 저쪽으로 갈비뼈는 또 다른 방향으로 움직였다. 양 팔이 마구 흔들렸고 길고 우아한 목 위에서 고개가 이리저리 돌아갔다. 뮤직비디오, 시상식, 록 콘서트, 슈퍼볼 하프타임 쇼, 대학 남학생 사교클럽에서 주관하는 파티에서 볼 수 있는 격한 춤사위들—그 모든 것의 원조가 조세핀 베이커다. 유명한 미국계 프랑스인 가수이자 댄서로서, 2차 세계대전 중 프랑스측 스파이로 활동했고, 1950~1960년대에는 미국에서 민권운동을 했으며, 1975년 68세의 나이로 세상을 떠나기 나흘 전까지도 관객들을 매혹시킨 여자 말이다.

1926년에 그녀는 명성 높은 카바레 폴리 베르제르(Folie Bergère)에서 〈당스 소바주〉의 후속작 〈엉 방 드 폴리(*Un Vent de Folie*, 광기의 바람)〉를 선보였다. 조세핀의 일생에서 가장 강렬한 공연으로, '바나나 스커트 댄스'라는 별명으로도 잘 알려졌다. (비욘세는 「데자뷔(déjà vu)」와 「비데이(B'day)」 뮤직비디오에서 조세핀과 바나나 스커트에 경의를 표했다.) 이 공연으로 조세핀은 세계에서 가장 유명한 아프리카계 미국인 스타가 되었다. "그때 저는 정말로 벌거벗은 건 아니었습니다. 단지 옷을 하나도 입지 않았을 뿐이죠." 조세핀은 후에 이렇게 해명했지만, 이 말은 비유적 차원에서조차 사실이 아니다. 조세핀은 관객 앞에서 맨 몸을 온전히 드러냄으로써 엄청난 카리스마를 내뿜었다.

조세핀 맥도널드는 1906년 미주리주 세인트루이스에서 태어났다. 극심한 빈곤은 아이들을 젖니가 다 빠지기도 전에 어른으로 만들었다. 부모님은 세인트루이스 흑인 구역의 극장에서 노래하고 춤추는 연예인이었다. 아버지 에디는 드럼을 쳤고 어머니 캐리는 발재간과 기교로 이름을 날렸다. 가난하지만 행복했던 부부는 아기 조세핀이 태어나자 그저 가난한 부부가 되었다. 에디는 조세핀이 한 돌이 되기도 전에 드럼 세트와 작별해야 했다. 캐리는 춤을 포기하고 남들의 세탁물을 맡기 시작했다. 캐리는 에디와 헤어지고 아서라는 남자를 만나 아이를 셋 더 낳았는데, 아서는 집에 머물렀다. 정말로 집에만 있었다. 좀 더 정확히 말해, 결코 안락의자를 떠나는 법이 없었다. 물론 일하러 가지도 않았다.

조세핀과 어머니, 새아버지, 세 남매는 다 같이 한 침대에서 잤다. 새아버지의 발에서는 훗날 조세핀이 사랑하게 되는 냄새 지독한 프랑스 치즈보다 더 고약한 냄새가 났다. 조세핀은 신문을 담요 삼아 덮고 바닥에서 자는 편을 선호했다. 여덟 살이 되자 조세핀은 백인 여자의 하녀로 보내졌고, 획기적으로 나아진 잠자리를 누리게 되었다—지하실에서 개와 함께 자게 된 것이다. 조세핀은 그 개와, 마당에 사는 타이니 팀이라는 이름의 닭에게 정을 붙였다. 그러나 주인에게서 닭을 죽이라는 명령이 떨어지자 닭의 이마에 다정하게 입을 맞추고 성실하게 임무를 수행했다.

내 주관적인 생각인데, 극한적인 유년기를 겪은 소녀들은 만만찮은 여자로 자라기 쉽다. 물론 잘 보호받고 좋은 음식을 먹고, 애정 넘치는 부모에게서 너는 세상에 발자취를 남길 권리가 있는 복잡하고 능력 있는 사람이라는 믿음을 받는 소녀들도 만만찮은 여자가 될 가능성이 있다. 그러지 못할 이유가 없지 않은가? 자신이 믿는 진실을 말하고, 목표를 위해서라면 끝장을 보겠다고 마음먹고, 전력을 다하면서 중요한 인물로 성장하면 되니까. 하지만 비참하고 형편없는 유년기 역시 아이를 만만찮은 여자로 키워낸다. 문화적으로 승인된 여성적 특성들이—수용하는 것, 순응하는 것, 예쁘장한 머리로 아무 걱정도 하지 않는 태도가—매일의 생존을 위해 싸워야 하는 상황에서는 사치이기 때문일지도 모르겠다. 조세핀 베이커의 경우는 확실히 그랬다. 미국에서 보낸 그녀의 유년기는 그림 동화 뺨치게 무시무시했다.

동네 바깥의 세상도 무섭기는 매한가지였다. 조세핀이 11살이 되던 1917년에 (세인트루이스와 강 하나를 사이에 둔 일리노이주의) 이스트 세인트루이스에서 인종 폭동이 일어났다. 흔한 상황이었다. 백인들은 유색인종이 일자리를 전부 차지할까 봐 겁내고 있었다(농촌의 흑인들이 도시로 이주해서 알루미늄 광석회사나 아메리칸스틸 사의 멋지고 섹시한 계약직을 차지하고 있었으므로). 어린 날의 이 경험이 조세핀의 마음속에 씨앗을 뿌렸다. 조세핀은 십대 시절엔 미국의 인종차별로부터 달아났지만, 남은 일생을 편견과 맞서 싸웠다.

조세핀은 열세 살 즈음에 학교를 그만뒀다. 1919년에 세인트루이스의 올드쇼퍼스 클럽에서 웨이트리스 일자리를 얻었고, 남편도 얻었다. 윌리 웰스라는 이름의 남자였다. 그런데 조세핀네 집안의 여자들에겐 무슨 신비로운 능력이 있는 모양인지, 그들이 고르는 남자는 하나같이 결혼만 했다 하면 안락의자에 몸이 붙은 양 여자가 자길 부양하고 시중들길 바라는 유형이었다. 조세핀도 게으름뱅이가 들러붙는 자석이었다. 두 사람의 결혼생활은 얼마 지속되지 못했다.

조세핀은 곧 거리 공연 패와 어울렸고, 자연스럽게 비공식적으로 춤을 배우게 됐다. 자유롭게 몸을 움직이는 택 애니(Tack Annie), 이치(Itch), 메스 어라운드(Mess Around), 트러킹(Trucking) 등 당대 유행하는 춤들을 배운 그녀는 인기 있는 흑인 보드빌(노래와 춤, 촌극 등을 엮은 버라이어티 공연으로, 대개 가볍고 풍자적인 통속 희극의 형태를 취한다.-옮긴이) 공연장이었던 부커 T. 워싱턴 극장 앞에서 모자를 놓고 공연을 하는 팀인 존스 패밀리에 합류했다. 하루는 딕시 스테퍼스라는 보드빌 극단이 부커 T. 워싱턴 극장에서 공연하기로 되어 있었는데, 오프닝 무대를 맡은 그룹이 나타나지 않았다. 딕시 스테퍼스는 존스 패밀리에게 그 무대를 맡겼다. 십대였던 조세핀은 눈을 사시로 뜨고 춤을 추면서 동시에 트롬본을 불 수 있었다(잠깐 멈추고 그 모습을 상상해 보자). 딕시 스테퍼스의 매니저는 조세핀을 보고 눈물이 나도록 웃었고, 세인트루이스를 떠나 뉴욕으로 향하면서 조세핀을 데려갔다.

1921년에 조세핀은 〈셔플 얼롱(Shuffle Along)〉이라는 레뷰(revue)에서 배역을 맡게 되었다(레뷰 역시 춤과 노래 따위를 곁들인 풍자적인 통속 희극 위주의 공연인데, 대개 보드빌보다 상층의 관객을 대상으로 했다.-옮긴이). 아프리카계 미국인들이 각본을 쓰고, 감독하고, 연기하는 선구적인 공연이었다. 조세핀의 배역은 코러스 제일 구석에서 유독 동작을 따라하지 못하는 얼뜨기 역이었다. 내내 자기 발에 걸려 넘어지고 우스꽝스러운 행동을 하던 그녀는 막판에 갑자기 나머지 코러스를 창피하게 만들 정도로 화려한 춤을 선보인다.

조세핀에겐 자신이 잘 하는 단 한 가지를 최고 수준으로 끌어올리는 큰 능력이 있었다. 그녀가 잘하는 건 거리낌 없이 춤추고 사람들을 웃게 만드는 것이었다. 우리가 스스로 잘 한다고 생각하는 단 한 가지에 100%를 투자하면 인생이 어떻게 바뀔지, 한 번 상상해 보는 것도 유익하리라 본다.

❀

4년 뒤, 조세핀은 파리의 샹젤리제 극장에서 열릴 '전원 아프리카인'으로 구성된 레뷰에 출연자로 뽑혔다. 조세핀의 삶의 철학 제1조는 "왜 안 돼 (pourquoi pas)?"였기에, 그녀는 프랑스로 향했다. 조세핀이 훗날 밝히길, 그녀가 파리 데뷔 공연에 대해 기억하는 유일한 것은 환한 조명도, 공연을 하며 느낀 신체적 희열도, 박수갈채를 들으며 느낀 전율도 아니었다고 한다. 그녀의 기억에 남은 건 공연이 끝난 뒤 "생전 처음으로 백인과 같은 식탁에 앉아 식사를 하라고 초대받은 일"이었다. 프랑스인들은 조세핀을 사랑했고 조세핀도 프랑스인들을 사랑했다. 프랑스인들은 조세핀이 눈부시게 매력적이고 섹시하다고 여겼으며, 그녀의 짙은 피부색을 아름답다고 평했다. 그렇지만 프랑스인들과 조세핀 사이의 사랑은 복잡했고 솔직히 말하자면 조금 기묘했다. 프랑스인들은 조세핀의 정체성에 대해 제 마음대로 심각한 착각을 해서, 그녀를 끝없는 빈곤과 잔인한 인종차별을 피해 도망쳐온 미주리 출신 미국인이 아니라 아프리카 정글 깊은 곳에서 발견된 이국적이고 섹시한 한 송이 꽃으로 보았다.

순전한 환상이었지만 아무에게도 해롭지 않았다. 양차 세계대전 사이에 파리는 모든 '원시적'인 것들과 미친 듯한 사랑에 빠져 있었다. 《뉴요커》의 파리 통신원인 재닛 플래너는 1925년 조세핀의 데뷔 공연을 보고 이렇게 요약했다. "… 분명하고 기억에 남는 구체적인 요소가 두 개 있었다—하나는 프랑스인들에게 검은 것이 아름답다는 새로운 명제를 증명해 보인 짙은 빛의 참으로 아름다운 몸, 또 하나는 유럽 내 쾌락주의의 수도라 할 수 있는 이곳 파리에서 백인 남성 관객들이 보인 격렬한 반응."

조세핀은 1926년에 바나나 스커트 댄스로 명성을 굳혔다. 그녀는 16개의 고무 바나나로 만들어진 '스커트' 하나만 달랑 걸친 채 "배를 내밀고, 엉덩이를 돌리고, 팔다리를 비틀고, 엉덩이를 쳐들면서 양 주먹을 꼭 쥔 채로 두 팔을 마치 달리는 것처럼 움직이되 두 발은 제자리에 둔 채로 바나나를 앞뒤로 흔들어 180도까지 움직이게 만들었다." 당대의 한 평론가가 관찰한 내용이다.

조세핀은 파리의 하늘에 떠오른 새로운 별이었다. 유흥을 즐기는 부르주아, 예술가, 지식인들에게 두루 포용되었고 재즈 시대와 아르데코, 자유, 즐거움, 그리고 모든 모던한 것과 동의어가 되었다. 그녀는 인종적 편견을 전복해 흑인 여자도 아름답고 섹시하고 발칙하고 영리할 수 있다는 사실을 증명했다. 헤밍웨이는 그녀를 "지금까지 존재한 그 누구보다도 굉장한 여자"라고 불렀다. 프랑스에서 가장 저명한 패션 디자이너 마담 비오네와 폴 푸아레가 조세핀의 의상을 맡았다. 다이아몬드 팔찌가 조세핀의 손목을 장식했다. 어떤 클럽 소유주는 그녀의 공연에 진짜 치타를 투입하면 재미있을 거라고 생각했다. 공연이 끝난 뒤 조세핀은 그 치타를 입양해 치키타라는 이름을 붙였고, 다이아몬드를 박은 목줄을 채워 흰 롤스로이스 뒷자리에 태우고 다녔다.

"나는 이미 아주 많은 돈을 벌고 있었지만 더 벌고 싶었다." 조세핀은 자서전에 적었다. "손가락 사이로 물처럼 빠져나가는 돈 자체를 원해서가 아니라, 세상이 부를 중시하기 때문이었다. '너 한 사람이 세상을 바꿀 수는 없어.' 좋다, 그럼 적의 무기로 싸워 보겠다고 한 거다."

그 해 조세핀은 몽마르트르의 한 바에서 페피토 아바티노를 만났다. 한때 시칠리아에서 석공으로 일했으나 지금은 여자들의 돈으로 먹고사는 제비였던 아바티노는 왕족 행세를 즐겨 했다. 조세핀은 그런 농간에 신경 쓰지 않았다. 그녀도 진실보다는 재미있는 이야기를 언제든 선호하는 사람이었으니까. 두 사람은 사랑에 빠졌고, 조세핀은 스스로 '디(di) 아바티노'라고 칭하는 남자를 세 번째 남편으로 맞을 뻔했다—한데 그녀는 두 번째 남편 윌리 베이커와 아직 혼인한 상태였다. 이혼을 하기도 귀찮았던 거다.

페피토는 에이전트나 매니저로 훈련받은 적이 없었지만 깨어 있는 시간의 매분 매초를 조세핀을 홍보할 방법을 고민하며 보냈다. 조세핀에 대한 그의 헌신은 굳건했다. 그는 지치지 않고 영화 계약을 따내고자 분투했고 (오로지 조세핀을 위해 각본을 쓴 1934년작 〈주주(Zou-Zou)〉와 1935년작 〈탐탐 공주(Princess Tam-Tam)〉는 프랑스에서는 인기를 끌었지만 대체로 죽을 쑤었다), 더 많은 후원자를 찾아 나섰다(그 덕분에 조세핀은 주류회사 페르노의 광고 모델이 되었다). 조세핀이 머리칼을 붙이는 데 사용하는 포마드를 상품화하겠다고 나선 회사와 계약을 맺기도 했다. 베이커픽스(Bakerfix)라는 이름의 포마드 신제품은 조세핀의 재산을 몇 배로 불려 주었다.

1930년대 중반에 이르자 조세핀 베이커는 유럽에서 가장 성공한 흑인 여자로 자리매김했다. 보통 사람이라면 유럽을 정복한 것으로 만족하고도 남았겠지만, 조세핀은 보기보다 야망 있는 사람이었다. 그녀는 미국에서도 '흑인 연기자'가 아닌 '연기자'로 인정받길 원했다. 브로드웨이에서 기립박수를 받길 원했다.

이 시점에 조세핀은 벌써 10년째 프랑스에서 거주 중이었다. 프랑스어를 썼고, 연기도 프랑스어로 했고, 과거에 꿈도 꾸지 못한 재산을 모았다. 하지만 1935년, 서른 가까이 된 그녀는 이제 조국을 정복할 때라고 결정했다.

조세핀의 아이 같은 흥겨움과 자유분방함은 대중의 마음을 사로잡았지만, 무대 아래의 조세핀은 바로 그 같은 특성으로 인해 만만찮은 사람이 되었다. 그녀는 아이처럼 원하는 것을 원하는 때에 반드시 하려 들었다. 외부 현실은—때로는 남들의 감정마저도—그녀의 계산에 들어가지 않았다. 계산이 있기나 했는지 모르겠다. 조세핀이 목숨을 걸고 프랑스 레지스탕스에 합류하는 용감하고 담대한 선택을 할 수 있었던 건 바로 그런 성격 때문이었지만, 일상에서 그녀의 요구 사항들은 짜증스러울 수 있었다. 파티에선 재미있고 집에선 지옥 같은 사람—조세핀 베이커를 한마디로 요약하면 이랬다(나는 엘리사 샤펠의 트위터 프로필에서 이 수식어를 발견하고, 허락 하에 빌려 쓰고 있다. 메르시, 엘리사!).

조세핀은 페피토에게 미국에서 뭔가 일을 만들어 보라고 졸랐다. 페피토는 있는 수 없는 수를 다 동원해서 1936년 〈지그펠드 폴리스(*Ziegfeld Follies*)〉 공연의 배역을 따냈다(〈지그펠드 폴리스〉는 브로드웨이의 공연 기획자 플로렌즈 지그펠드가 1907년부터 30년대 중반까지 매년 무대에 올려 큰 인기를 끌었던 레뷰 시리즈다.—옮긴이). 〈폴리스〉 사상 최고로 화려하게 제작될 공연이었다. 세트와 의상은 빈센트 미넬리, 발레 마스터는 조지 발란친, 작사는 아이라 거슈윈이 담당했다. 조세핀을 스타로 만들었던 파리의 카바레 뮤직홀 폴리 베르제르에서 영감을 얻은 이 세련된 보드빌 버라이어티 쇼는 조세핀의 금의환향을 위한 완벽한 무대가 될 듯했다. 적어도 겉보기엔 그랬다.

그러나 뉴욕에 도착해서 호화 호텔 세인트 모리츠에 들어가려다가 종업원용 출구를 이용해야 한다는 말을 들은 순간부터(고향에 오신 것을 환영합니다!) 공연에 대한 혹평까지, 조세핀과 페피토의 뉴욕 여행은 재난 그 자체였다.

《타임》지의 리뷰에서 조세핀에 대한 미국의 전형적인 반응을 엿볼 수 있다. "조세핀 베이커는 세인트루이스 세탁부의 딸로서, 니그로 벌레스크 쇼를 거쳐 1920년대 호황기의 파리에서 과찬과 호사를 누렸다. 재즈를 사랑하는 권태로운 유럽인들에게 성적 매력을 보여주는 데 있어 흑인 여자는 항상 유리한 출발점에 선다. 특히, 키 크고 근골이 튼튼한 조세핀 베이커의 황갈색 맨살은 프랑스인들의 맥박을 뛰게 했다. 하지만 지난 주 맨해튼의 공연 애호가들에게 그녀는 어느 나이트클럽 쇼에서 흔히 볼 수 있는 몸매에 사실상 프랑스 밖의 어느 나라에서나 특출하지 않은 것으로 평가받을 춤과 노래 실력을 지닌, 뻐드렁니가 있는 젊은 니그로 여자일 뿐이었다."

상심에 잠긴 조세핀은 페피토를 탓했다. 더 나은 계약 조건을 얻어냈어야 했다, 그녀의 목소리가 그런 극장 무대에는 어울리지 않는다는 걸 미리 알았어야 했다는 식이었다. 조세핀은 충견처럼 헌신하는 페피토에게 냉담하고 괴팍한 면을 마음껏 드러냈다. 1936년 2월 첫 혹평들이 나온 후 조세핀은 할렘의 나이트클럽에서 마주친 초면의 프랑스 남자와 눈이 맞아서

는, 페피토가 세인트 모리츠 호텔의 스위트룸에서 홀로 자신의 죄를 반성
하도록 버려두었다. 페피토는 조세핀의 마음을 다시 얻으려는 시도를 포
기하고 배가 아프다며 급작스럽게 프랑스로 귀국했다. 조세핀은 나중에
파리로 돌아가면 자신의 과오를 바로잡을 수 있으리라 믿었다.

조세핀의 성생활에 대해 한마디 짚고 넘어가겠다. 그녀는 잡지《코스모
폴리탄》보다 수십 년 앞서 섹스가 훌륭한 운동이라고 믿은 사람이었다.
섹스는 재밌었고, 기분 좋았고, 찰스턴 스텝을 밟는 것의 좋은 대안이었
다. 기회 균등을 믿는 유혹자였던 조세핀은 그날그날 기분에 따라 남자
를 만나기도 하고, 여자를 만나기도 했다. 조세핀과 페피토는 혼인관계는
아니었으나 페피토는 구식이라서 조세핀이 적어도 정절을 지키는 시늉이
라도 하기를 기대했다. 두 사람 사이에서 자주 벌어진 말싸움은 페피토의
이른바 '비이성적인' 질투에서 기인했다. 조세핀이 누군가와 몸을 비비고
온 걸 알면 페피토는 얼굴이 시뻘개져서 침 튀기며 소리를 질러 댔고, 그
러면 조세핀은 질세라 조용히 미소 짓는 어느 연인의 품으로 직행했다. 그
러면 페피토는 또다시 얼굴이 시뻘개져서 침 튀기며 소리를 지르고, 조세핀
은 다시 한 번 조용히 미소 짓는 또 다른 누군가의 품으로 직행하는 식이
었다.

뉴욕에서 조세핀은 계약대로 나머지 공연을 충실히 이행했다. 공연이
막을 내리기 몇 주 전, 조세핀은 페피토가 죽었다는 소식을 들었다. 그에
게 복통을 안겨준 건 조세핀의 분노와 잔인함이 아니라 암이었다.

누군가에게 못되게 굴고 그 잘못을 보상하기 전에 상대가 죽어버리는
것만큼 스스로를 못된 사람으로 느끼게 하는 일은 많지 않을 것이다. 고
향에서 자존심에 상처를 입고 크게 실망한 데다 최고의 아군마저 잃은 조
세핀은 대단히 충격을 받았다. 하지만 여파가 오래가지는 않았다. 그녀는

긍정적인 사람이었고, 자신이 아직 서른 살밖에 안 되었다는 사실을 기억해냈다!

파리로 돌아간 조세핀은 또 한 번 폴리 베르제르의 누드 공연에서 배역을 맡았다. 퇴보인가 싶긴 했지만, 상관없었다. 그해 프랑스인 '기업가'(해석하자면 '무언가 지루한 일을 하면서 엄청난 돈을 버는 사람') 장 리옹이 그녀에게 애정 공세를 펼쳤다. 조세핀은 미국에서 윌리 베이커와의 이혼을 마무리 지은 참이었다. 1937년 11월, 장 리옹은 조세핀의 세 번째 남편이 되었다. 장은 늠름하고 세련된 모험 애호가였다. 그가 조세핀과 결혼한 이유도 기본적으로는 고리타분한 부르주아인 자기 가족들이 집단 심장발작을 일으킬 걸 알아서였다. 리옹 가에서 반대한 건 조세핀의 피부색이 아니라 직업이었다. 스트립 댄서는 아무리 유명인일지라도 정부로나 괜찮지, 아내로는 못쓸 일이었다.

장이 조세핀에게 펼친 구애는 황홀했다. 조세핀은 암울한 현실을 피부로 경험한 사람인데도—혹은 도리어 그렇기 때문에—쉽게 사랑에 빠졌다. 로맨스와 뻑적지근한 애정 표현이라면 사족을 못 썼다. 장은 그녀를 자기 비행기에 태우고 세계를 돌아다녔다. 두 사람은 파리의 불로뉴 숲에서 말을 탔다. '여우 사냥'까지 다녔다고 한다, 세상에나.

두 사람은 한 몸 같은 '장세핀' 부부가 될 태세를 갖춘 듯이 보였다. 하지만 그들은 파리에서 가장 뜨거운 커플이 되기는커녕, "빨리 결혼하면 남은 시간에 후회한다"는 속담의 살아 있는 예시가 되었다. 까 보니 장과 조세핀은 '결혼'을 하고 싶었지, '결혼생활'을 하고 싶진 않았던 것이다. 장은 낮 내내 일했고 조세핀은 밤 내내 일했다. 장은 부르주아 기업가의 일상도 바람둥이의 삶도 바꿀 생각이 없었다. 추측건대 그는 새신부가 자기에게 맞춰 스케줄을 바꾸기를 기대했던 것 같다. 20세기 초중반의 남편들은 보통 그랬으니까.

조세핀의 전기를 쓴 작가들은 그녀가 결혼하고 어머니가 되기를 열망했다고 말한다. 그러나 두 사람이 한 지붕 아래에서 함께 시간을 보낼 수 있도록 장이 조금이나마 양보하지 않는다면, 조세핀도 양보할 생각은 없었다. 아내에게 맞추지 않겠다는 장의 의지에 맞춰 주지 않겠다는 확고한 의지를 보임으로써 조세핀은 아담과 이브 시절부터 내려온 유서 깊은 유형의 아주 골치 아픈 여자가 되었다. (집안의 여자가 자기 입장을 고수하며 생각을 도통 바꾸지 않고 그럼으로써 가정불화를 야기한다면, 거참 얼마나 만만찮은 여자인가!) 겨우 14개월 만에 조세핀은 참을 만큼 참았다고 판단했다. 조세핀은 미적거리는 여자가 아니었다. 개인적으로 나는 그게 조세핀의 큰 장점 중 하나라고 생각한다. 그녀는 이혼 소송을 걸고 장을 떠났다. 그러나 그녀에게 가장 의미 있는 것은 여전히 그녀의 손에 있었다. 프랑스 시민권 말이다.

❦

두 해가 지난 1940년에 조세핀은 장 리옹과의 이혼이 마무리되기를 기다리면서 폴리 베르제르에서 객석이 꽉꽉 차는 공연을 펼치고 있었다. 그러다가 난데없이, 그리고 일말의 망설임도 없이, 독일 점령군에 저항하라는 샤를 드골의 외침에 부응해 레지스탕스에 자원했다. 최면술을 이용한 전생 체험이 한창 인기였던 때를 기억하는가? 예컨대 자신의 전생이 이가 들끓는 문맹의 거지가 아니라 여공작이자 두 나라의 왕비였던 엘레오노르 다키텐이었음을 알게 되었던 때 말이다. 프랑스의 레지스탕스도 이와 비슷하다. 전후에 거의 모든 사람이 자기가 레지스탕스를 위해 일했다고 주장했지만 실제 통계를 보면 레지스탕스에 가담한 사람은 그 해 여름 프랑스에 거주하고 있던 인구의 2% 안팎에 불과했다.

그러나 조세핀 베이커는 진짜배기였다. 복잡한 정치에는 관심이 없었지만 인종차별주의자는 한눈에 알아볼 수 있었던 그녀에게 나치는 불구대천의 원수였다. 여기에 프랑스에 대한 헌신(그녀는 프랑스 관중에게 쉽게 애정을 느꼈듯 프랑스 국가에도 자연스레 애정을 품었다)이 더해지자, 조세핀은 강력한 정보 요원으로 거듭났다. 그녀는 인생을 망칠 위험을 무릅써야 한다는 걸 알면서도 기꺼이 자신의 명성을 이용했다.

'만만찮은 여자'라고 할 때 나는 생각을 분명히 표현하고, 거침없이 발언하고, (많은 의미가 담긴 말이지만) '으스대는' 사람이 떠오른다. 조세핀은 이 세 가지에 하나도 해당되지 않았다. 겉보기에는 참으로 다정하고 친절한 사람이었으니까. 하지만 언제나 마음이 시키는 대로 따랐기에 그녀는 결과적으로 짜증스럽게 행동할 수도 있었고(공연에서 혹평을 받고 페피토에게 했던 짓을 생각해 보라), 동시에 놀랍도록 용감해질 수도 있었다. 마음이 시키는 일들에는 쉴 틈이 없었다. 조세핀은 스스로를 위기에 몰아넣으면서까지 몸을 내던졌다.

전쟁이 유럽을 집어삼키고 있던 1940년대 초반에 조세핀은 영사관이나 대사관에서 열린 파티에 초대장도 없이 나타나서, 독일인과 친나치 프랑스인들 앞에서 속눈썹을 깜박이며 그들이 마음껏 '맨스플레인' 하도록 놔두었다. 그러고선 여자 화장실에 가서 방금 들은 정보를 쪽지에 적고 팬티에 핀으로 꽂았다. "내 쪽지를 들켰다면 크게 의심을 받았겠지만, 누가 감히 조세핀 베이커의 맨몸을 뒤지겠는가? 게다가 세관원들과의 만남은 언제나 무척 편안한 분위기에서 이루어졌다. 종이쪽지를 달라는 그들의 요청은 대개 내 사인을 받기 위한 것이었다." 조세핀은 자서전에 이렇게 썼다. 그녀는 그렇게 얻은 정보를 파리의 방첩 조직 책임자이자 그녀의 활동을 관리하는 자크 압테에게 넘겼다.

고급 승용차를 타고 나치들이 행군해 들어오는 파리를 떠나는 조세핀이 있다. 뒷자리에는 최대한 많은 수의 유대인 난민을 태웠고, 트렁크는 품귀한 가솔린을 담은 샴페인 병으로 가득하다. 갑작스럽게 포르투갈에서 순회공연을 열겠다고 공지하는 조세핀이 있다. 사실은 군부대들의 이동에 관한 전략적 정보를 악보에 투명 잉크로 적어 밀반출하려는 목적이다. 이 정보는 런던을 거점으로 자유프랑스운동을 지휘하는 샤를 드골에게 전해질 것이다. (그는 뒤에 프랑스인들에게 몹시 사랑받는 대통령이 되었다. "치즈 종류가 246가지나 되는 국가를 어떻게 통치한단 말인가?"라는 말을 했음에도.) 프랑스 식민지에 주둔한 영국 · 미국 · 프랑스 군인들을 위문한다며 모로코를 찾은 조세핀이 있다. 그러나 진짜 목적은 레지스탕스 기지 설립을 돕는 것이다. 그리고 세 번째 전 남편인 장 리옹이 유대인 수용소에 끌려가는 일을 막기 위해 연줄을 이용하여 그에게 남아메리카 비자를 얻어주는 조세핀이 있다.

전쟁이 끝나고 해방을 맞은 프랑스 정부는 조세핀에게 그녀의 용기를 기리는 많은 훈장을 수여했다. 무공십자훈장, 레지스탕스 메달, 그리고 프랑스의 최고 훈장인 레지옹 도뇌르까지. 그로부터 거의 20년이 지난 1963년에 그녀는 '직업과 자유를 위한 워싱턴 행진'에 유일한 여자 연사로서 참가했다. 눈알이 녹아 버릴 정도로 푹푹 찌는 8월 말이었는데도 조세핀은 모직 소재의 프랑스 레지스탕스 제복을 견장과 짙은 색 타이까지 갖추어 입었다. 가슴에는 자랑스러운 훈장들이 한 줄로 달려 있었다.

1947년, 조세핀은 41세의 나이로 프랑스인 오케스트라 지휘자 조 부용과 결혼했다. 이번엔 드디어 알맞은 배우자를 찾은 듯했다. 그는 페피토처럼 조세핀에게 헌신했고, 그녀의 꿈을 지지했다. 그는 장 리옹처럼 안정된 프랑스 부르주아 가정 출신이라서 조세핀을 현실에 묶어둘 수 있었다. 적어도 한동안은 그랬다.

재앙에 가까웠던 미국 여행을 다녀온 1936년, 조세핀은 베이커픽스로 얻은 수익으로 전원에 레 밀랑드(Les Milandes)라는 이름의 집 한 채를 샀다. 프랑스의 외딴 지역 도르도뉴의 험준한 지형에 숨겨진, 낭만적이긴 하지만 꽤나 노후한 성이었다. 조세핀은 조 부용과 결혼한 뒤 이 성을 개조하여 (마이클 잭슨의 네버랜드 랜치와 다운튼 애비를 섞은 것과 비슷한) 관광지로 만들겠다는 계획을 세웠다. 조세핀은 엉덩이를 흔드는 것보다 더 빠르게 돈을 써댔기에 레 밀랑드가 훌륭한 수입원이 되어 주기를 기대하고 있었다. 그녀의 머릿속에는 호텔, 레스토랑, 마구간, 미니어처 골프 코스, 공작들이 한가로이 산책하는 농장, J 자 모양의 대형 수영장, 그리고 조세핀의 생애에서 극적인 장면들을 재현한 밀랍인형 박물관이 그려져 있었다. 조세핀은 성을 둘러싼 마을에 레 밀랑드를 운영해 줄 가족들을 이주시켰고, 매우 친절하고 관대한 사람답게 그들에게 냉온수가 다 나오는 괜찮은 집을 제공했다.

상상할 수 있겠지만 이런 종류의 프로젝트에는 막대한 비용이 든다. 조세핀은 전쟁 중 장병 위문 공연을 무료로 벌였고, 저금을 갉아먹으며 살았다. 이제 그녀는 빈털터리였다. '레 밀랑드 주식회사'(이름하자면 그렇다는 거다)의 자금을 대기 위해 조세핀은 무대로 돌아갔다. 그녀는 역사에

한 획을 그을 자신의 꿈을 현실로 만들겠다는 결의에 차서, 돈이 되는 곳이라면 어디든 갔다. 유럽은 세계대전으로 아직 만신창이였지만 미국 전역의 나이트클럽은 호황을 누리고 있었다. 그녀가 지그펠드 폴리스 공연에서 겪은 실패는 전쟁 전의 먼 기억이 된 지 오래였다. 나이트클럽 소유주들은 기쁘게 조세핀의 공연을 잡았다.

이후 그녀에게 생긴 일은 아마 독자들에게 별로 놀랍지 않을 것이다. 온 세상을 집어삼킨 전쟁의 여파가 가시지 않은 시기였음에도, 프랑스에서는 대단히 존경받는 시민이던 조세핀은 고국의 '백인' 호텔에 투숙할 수 없었다. 어떤 설명에 의하면 조세핀과 조 부부는 36차례나 호텔에서 투숙을 거부당했다고 한다. 조세핀은 이번에는 고통과 분노를 숨기려고 아무 프랑스 남자와 하룻밤을 보내는 대신(사실 기분전환을 위한 최악의 방법은 아니다) 대놓고 무시무시하게 화를 냈다. 길길이 화를 내는 고집 센 여자는 그야말로 만만찮은 여자다. 어떤 도시에서 예약 요청을 거부당하면, 그녀는 공연을 취소하고 언론에 그 이유를 알렸다. 그녀는 객석을 인종 통합으로 운영하는 공연만 하겠다고 고집했고, 무대 근처의 대형 테이블을 그 지역의 전미유색인종지위향상협회(NAACP) 회원들을 위해 예약했다. 조세핀은 그들이 모두 착석한 뒤에야 무대에 나타났다.

45세가 된 조세핀은 이국적인 미개인이라는 이미지의 잔재를 완전히 극복한 뒤였다. 흑인이 누구 못지않게 세련되고 세상사에 정통할 수 있음을 보여주는 공연을 펼치는 것도 조세핀이 펼친 운동의 한 부분이었다. 그녀는 디오르, 발망, 발렌시아가의 의상을 입고(그녀는 저녁 공연에서 의상을 13벌씩 갈아입곤 했다) 프랑스어, 이탈리아어, 포르투갈어, 심지어 이디시어로까지 노래하면서 언어 능력을 과시했다. 그녀는 관객들에게 먼 과거 이야기를 꺼내며 말을 걸었다. 조세핀은 사랑스러웠지만 동시에 강렬했고 결코 꺾이지 않았다. 한 번은 레스토랑에서 누군가 흑인을 비하하는 '깜둥이(nigger)'라는 말을 하는 걸 듣고 경찰을 부른 일도 있었다. 그녀의 전기를 쓴 작가 필리스 로즈는 평했다. "조세핀은 만화책 속 슈퍼우먼처럼 한 순간에는 식사를 하는 무해한 유명인이었다가, 바로 다음 순간 (머릿속의 보이지 않는 공중전화 부스에서 마음을 빠르게 바꿔 먹은 다음) 민권을 위한 용맹한 전사로 변신해서 자유 프랑스 여군의 제복을 입고 싸움에 뛰어들곤 했다."

전미유색인종지위향상협회 뉴욕 지부는 1951년 5월 20일을 '조세핀 베이커의 날'이라고 이름 붙였고, 잡지 《라이프》에서는 "'라(La) 베이커'가 돌아왔다"라고 선언하는 특집 기사를 실었다(프랑스인들은 그녀의 성 앞에 정관사를 붙여 'La Baker'라고 부르며 애정을 표하곤 했다.-옮긴이). 6개월 뒤—대중의 긍정적 반응으로 더욱 대담해져서인지—조세핀은 맨해튼의 명성 높은 스토크 클럽(Stork Club)을 인종차별로 고소했다. 스테이크를 주문한 지 한 시간 뒤에야 내줬다는 이유였다. 클럽 측에서 정말로 인종적 편견에 의거한 수동공격을 가한 것인지 아니면 그저 서비스가 형편없었을 뿐인지에 대해서는 의견이 엇갈린다(역사는 확고하게 조세핀의 손을 들어 주었다). 하지만 이 시점에 조세핀은 이미 인종차별의 천적으로 명성이 자자했으므로, 스토크 클럽은 끝내 평판을 회복하지 못했다.

조세핀은 언제나 어머니가 되고 싶다는 희망을 표현해 왔으나 (어긋난 타이밍과 여성 질환 등) 몇 가지 이유로 그녀의 바람은 이루어지지 않았다. 부용과 결혼하고 7년이 지난 1954년에 조세핀은 가족을 만들되, 그럼으로써 동시에 정치적 주장을 펼치고 싶다고 마음먹었다. 그녀의 가족은 레 밀랑드에 모여 살면서 방문객들에게 사랑과 관용을 보여줄 것이다. 부용은 회고록에 적었다. "조와 나는 홍인, 황인, 백인, 흑인, 네 명의 아기를 입양하기로 계획했다. 나의 아름다운 시골 도르도뉴에서 네 자녀를 키우기로 한 것이다. 아이들은 진정한 민주주의의 사례가 될 것이며, 사람들에게 평화를 주면 나머지는 자연이 알아서 한다는 사실을 보여줄 살아 있는 증거가 될 것이다."

하지만 조세핀과 부용은 깔끔하게 네 아기를 입양하는 것으로 끝내지 않았다. 그들의 행동은 아기 수집에 가까웠다. 사람들이 문신을 딱 하나만 하려다가 자기도 모르게 10개나 12개쯤 더 하고 마는 것처럼, 조세핀은 기분이 내킬 때마다 여기저기서 아기들을 모으기 시작했다.

베이커-부용 부부가 제일 먼저 입양한 네 아기는 일본 고아원에서 데려온 미국인과 동양인의 피가 반반 섞인 아기 둘(아마도 아버지가 미군이었을 것이다), 헬싱키에서 온 핀란드인 '백인' 아기, 인종을 정확히 알 수 없는 '흑인' 아기였다. 그런데 여기엔 조세핀이 바라던 '홍인'은 없었다. 조세핀은 환상을 완벽하게 이루고자 하는 의지가 강했기에 아메리카 원주민 아기를 입양할 때까지는 자기 가족이 완전하지 못하다고 여겼다.

'홍인'이라고 불리는 아메리카 원주민이 실은 갈색 계통의 피부를 지녔다는 사실을 조세핀은 무시했다(아예 알지 못했을지도 모르겠다). 어쨌든 전후 서유럽의 고아원에 아메리카 원주민 아기는 흔치 않았다(한 명이라도 있었을지 의문이다). 본래의 목표를 쉽게 달성할 수 없게 되자, 조세핀에게 새로운 아이디어가 떠올랐다. 그녀의 가족은 여러 인종뿐 아니라, 여러 종교로 구성될 것이다. 얼마나 넓은 가능성이 펼쳐지는지 상상해 보라!

두 사람은 유대인인 모이즈를 입양했다. 무슬림인 브라힘을 입양했다. 가톨릭은 한두 명을 더 데려오기로 해서, 장클로드와 마리안을 입양했다. 벌써 아이가 여덟이었다. 돈을 관리하던 부용은 차츰 유머 감각을 잃어 갔다. 익숙한 이유에서였다. 조세핀은 남들이 받는 영향은 개의치 않고 자신의 마음이 이끄는 대로 행동했다. 그 많은 아이들을 키우는 데 드는 비용은 생각하지 않으려 했다. 전통적인 부부싸움이 시작되었고, 조는 조세핀을 충동적이고 무책임한 사람이라고, 조세핀은 조를 쩨쩨하게 돈만 따지는 사람이라고 비난했다. 1961년에 조는 조세핀을 떠났다. 두 사람의 결혼생활은 14년이었으니, 충동적이고 만만찮은 조세핀 기준으로는 썩 오래간 관계였다.

조세핀은 아이들에게 유일한 집이었던 레 밀랑드를 구하려고 1960년대 내내 애썼지만 1968년에 결국 퇴거 명령을 받았다. 그녀는 성의 부엌에서 버티다 질질 끌려나와, 맨발로 현관에 앉았다. 무릎엔 조각보 담요를 덮고 머리에는 급식 담당자 같은 보닛을 쓴 채로, 사진사들이 그녀가 당한 불의와 굴욕을 후세를 위해 기록하길 기다렸다. 그녀는 마치 이렇게 말하는 듯했다. '여기, 나를 봐라. 세상에 좋은 것들을 주고자 한 베이커의 선의를 세상이 어떻게 되갚는지 똑똑히 봐라.' 그녀는 이 상황에 대해 자신은 전혀 책임질 것이 없다고 생각하는 것 같았다.

하지만 조세핀은 다른 무엇이기 이전에 생존자였다. 레 밀랑드에서 쫓겨난 바로 그해에 그녀는 또 한 번 무대로 복귀했다. 파리 올랭피아에서 노래하고 춤을 췄다. 5년 후 카네기홀에서 열린 그녀의 공연은 매진되었다. 1975년 뇌출혈로 세상을 떠나기 나흘 전, 그녀는 무대에서 보낸 지난 50년을 기념하는 공연 〈조세핀 아 보비노(*Joséphine à Bobino*)〉를 무대에 올렸다('보비노'는 파리에 있는 유명한 뮤직홀로, 조세핀도 1920년대부터 이곳에서 많은 공연을 했다. —옮긴이). 공연은 매진되었고 믹 재거, 소피아 로렌, 재키 오나 시스가 개막 공연을 보러 왔다. 68세의 조세핀은 여전히 짓궂고 매혹적인, 황금의 심장을 지닌 무대의 여왕이었다.

제7장

레이철 매도

똑똑한 여자

레이철 매도가 스스로를 소개했을 방식으로 레이철 매도를 소개해 보겠다. 천천히 시간을 들여 그녀가 어떻게 언론 보도의 규칙을 깼고, 지금도 매일 새로이 규칙을 타파해 나가고 있는지를 이야기해 보겠다는 뜻이다. 최고의 인기를 구가하는 MSNBC의 스타 앵커 레이철은 자신이 방 안에서 (즉, 이 케이블 TV 뉴스룸에서) 제일 똑똑한 사람이라는 사실 앞에 당당하다. 그녀는 남을 이해시키려고 진실을 단순화하기를 거부한다. 설명을 따라오지 못하는 사람이 있다 해도 상관없다.

새천년이 열리고 거의 20년이 지난 오늘날, 미국의 두 정당은 퇴화를 거듭하여 민주 정부의 핵심 요소라기보다는 프로레슬링에서 파생된 게임의 라이벌 팀 같은 모습을 보이고 있다. 이제 정치란 '레드 팀' 공화당 대 '블루 팀' 민주당의 싸움에 불과하고, 중요한 건 토론이 아니라 게임을 장악하는 능력이다. 모르는 사이에 우리는 보이지 않는 득점판에 보이지 않는 점수들이 기록되는 평행우주로 미끄러져 들어온 것 같다. 그리고 그 우주에서 국가와 민중의 건강과 행복은 점수에 영향을 미치지 못한다.

늘 이랬던 건 아니다. 나는 평생 민주당을 지지했고 부모님은 확고한 공화당 지지자였다. 나는 종교가 없는 구식 우파로서 자유지상주의(libertarianism) 쪽을 기웃거리기도 하는 우리 아버지와 식전에 마티니 한 잔(혹은 두 잔)을 곁들이며 한 시간(혹은 두 시간) 동안 정치적 토론을 벌이곤 했다. 우리의 토론은 교과서에서 튀어나온 것 같은 좌파 대 우파의 논쟁이었다. 아버지와 나는 그날 뉴스에서 주워 모은 기본적인 사실 몇 가지를 전제로 하고 토론을 벌였다. 만일 상대가 부정할 수 없는 주장을 펼치면, 인정했다. 우리는 반대편에 섰지만, 사실을 존중해야 한다는 믿음을 공유하고 있었다. 돌이켜 보면 아버지와 나의 토론은 정중하고 품위 있었다. 정말이지 옛날 스타일이었다!

블루 팀의 특징적인 전략은 인신공격이다. (이러한 공격이 어디까지 갈 수 있는지를 내가 실감한 건 2016년 대선에 이르러서였다. 인신공격[ad hominem attack]이란 어떤 이슈에 있어서 한 사람이 취한 입장이 아니라 그 사람 자체를 공격한다는 뜻이다.) 이에 맞서는 레드 팀의 대응은 동의하지 않는 모든 것에 '가짜 뉴스(fake news)'라는 딱지를 붙이는 것이다. 한데 레드 팀의 대변인이 '가짜'라고 부른 사건이나 설명을 블루 팀이 사실이라고 입증하는 경우가 있다. 그러면 레드 팀은 태세를 전환해서 자신들이 진실이라고 믿는 것이 틀린 게 아니라 '대안적 사실(alternative fact)'이라고 주장한다.

그러면 블루 팀은 미치고 팔짝 뛸 수밖에 없고, 레드 팀은 깊고도 긴 기쁨에 잠긴다. 우리 블루 팀은 사실을 존중한다. 세상이 복잡하며 정치와 정부는 더더욱 복잡하다고 믿는다. 그림자의 빛깔이 50가지를 훨씬 넘는다고 믿는다.

그게 사람들이 레이철 매도를 사랑하는 이유다. 그녀는 깊은 사고에서 우러나온 끈기 있는 설명을 통해 점점 더 미쳐 돌아가는 우리 미국을 넓은 관점에서 조망하게 해 준다. 그녀는 당당하고 똑똑하다. 힘들이지 않고 발언을 오래 이어갈 수 있는 그녀는 현대 정부와 정치의 지극히 복잡 미묘한 굴곡들을 최대한 속속들이 설명하고자 한다. 한마디로, "잘 알지도 못하면서 아는 척만 잘 하는 사람"(우리 엄마가 날 그렇게 불렀다)과는 정반대의 인물이라 할 수 있다. 확신하건대, 레이철은 정치에 대해 알아야 할 건 전부 안다. 그리고 그녀는 정치에 대한 관심을 필요할 뿐 아니라 '힙(hip)한' 것으로 보이게 만들었다.

2008년부터 MSNBC에서 〈레이철 매도 쇼〉를 진행해 온 그녀는 선머슴 같은 외양의 이른바 '너드(nerd, 지능이 뛰어나 과학기술 등의 분야를 깊이 파고들지만 사회성은 떨어지는 사람-옮긴이)'다. 그녀가 스스로 말하는 정치적 성향은 이렇다. "저는 의심의 여지 없이 진보주의자로서, 아이젠하워 시대의 공화당 정강에 거의 완벽하게 동의합니다." 블루 팀 지지자들은 그녀의 짙은 색 커트 머리, 힙한 검은 뿔테 안경, 검은 재킷, 보이프렌드 진, 컨버스 운동화에 열광한다. 그녀의 멋쟁이 부치(butch) 스타일은 미인대회 여왕처럼 과하게 치장한 다른 뉴스캐스터들과 확실히 차별화된다.

레이철이 학업에서 뛰어난 성취를 거뒀다는 건 놀랄 일이 아니다. 그녀는 1994년 스탠퍼드 대학교에서 공공정책 학위를 받았고, 2001년에는 옥스퍼드 대학교에서 정치학 박사 학위를 받았다. 그녀는 옥스퍼드에서 로즈 장학금(Rhodes Scholarship)을 받았는데, 동성애자임을 밝힌 사람으로서는 최초였다. 레드 팀의 일각에서는 이런 고도의 학문적 탐구를 두고 일종의 엘리트주의이며 믿음직스럽지 못하다고 깎아내리기도 한다. 그러나 블루 팀에서는 레이철이 이렇게 박학다식한 사람이라서 더더욱 믿음직스럽다고 여긴다. 레이철이 뉴스계에 등장한 뒤로 나와 내 친구들에게도 변화가 생겼다. 예전이라면 샤르도네 포도주를 홀짝이며 딴생각을 했을 자리에서 좀 더 자유롭고 대담하게 우리의 주장을 펼칠 수 있게 된 것이다.

레이철 매도는 뉴스를 그냥 보도하지 않는다. 권력자들이 의도적으로 숨겼거나 혹은 상황이 너무 복잡해서 주목받지 못하는 수면 아래의 연결 고리들을 차근히 이어 나가면서 뉴스를 설명한다. 레이철은 정치·사회 현상을 파고드는 공부벌레 중의 공부벌레로서 겉보기에는 서로 무관한 사실들을 엮어서 복잡한(그녀를 비판하는 사람들은 "난해하고 억지로 갖다 붙인" 것이라고 깎아내리는) 서사를 들려준다. 그렇게 레이철의 설명을 통해 첫눈에는 드러나지 않았던 큰 그림이 드러난다. 그녀의 뉴스 프로그램은 기사를 처음부터 끝까지 읽는다는, 요새는 아무도 하지 않는 듯한 행위를 케이블 TV로 옮긴 것과 같다.

예를 들어 보자. 2017년 초 어느 날 레이철은 150년 전 미국이 러시아로부터 알래스카를 매입한 사실에 관해 간략하게 설명하면서 방송의 문을 열었다. 다음으로는 오바마 정부가 2011년에 도입한 (시민들이 정책 전문가에게 직접 청원할 수 있는) 청원 제도 '위 더 피플(We the People)'을 소개하면서 마리화나를 합법화하라는 청원이 900만 건이나 쏟아진 것에 대해 가벼운 농담을 한 뒤, 2014년에 등장한 대단히 기이한 청원 이야기를 꺼냈다. 알래스카를 러시아에 반환하라는 청원이었다. 이 청원이 기이한 이유는 (우리 모두가 받아본, 멍청하고 속임수인 게 명백한 스팸 메일들처럼) 외국어에서 번역한 게 틀림없는 문장으로 되어 있었기 때문만이 아니고, 순식간에 3만 9,000명이 서명을 했기 때문이기도 했다. "그저 장난으로 서명한 사람이 그렇게 많을 리는 없었습니다." 그날 방송의 핵심 논점은 2016년 미국 대선에 영향을 주기 위해 러시아에서 가한 사이버 공격에서 봇(bot, 특정 작업을 반복 수행하는 프로그램)이 한 역할이었다. 레이철이 본론에 다다르기까지 걸린 시간은 10분, 뉴스 기준으로는 체감 한 시간쯤 되는 시간이었다.

레이철은 매일 밤 뉴스에서 어떤 사건을 다룰 때든 결코 화를 내지 않는다. 화가 난 것처럼 보인 적도 없고, 무언가에 화가 났다고 말한 적도 없다. 시청자들이 아는 한 레이철은 평생 화를 낸 적이 없다. 그녀는 언제나 살짝 놀란 어조로 상냥하게 뉴스를 설명한다. "믿어지십니까?" 마치 이웃에 대한 자극적인 소문을 공유하는 듯한 말투다.

세상 어딘가에서는 한 여자가 목소리를 높이면 온 마을이 그녀 주위에 모여 귀를 기울일지도 모른다. 여자가 저렇게까지 화를 낸다면 한번 이야기를 들어 볼 가치가 있다고 믿으면서 말이다. 그런 문화가 세상 어딘가에는 반드시 존재하겠지만, 미국 케이블 TV 뉴스는 그런 장소가 아니다. 사실을 말하자면 미국 어디에도 그런 곳은 없다. 기껏해야 피트니스 센터의 스피닝 클래스 정도가 예외일까? 레이철은 명랑한 태도를 선택했다. 채널을 돌리지 않게 하는 편이 나으니까. 레이철의 밝은 어조는 그녀가 들려주고 싶은, 다른 누구도 하지 않은 이야기들을 시청자에게 전달하기 위한 일종의 속임수다. 여기엔 끈기와 절제력이 필요하다. 그녀의 이야기를 듣고 있자면, 의도가 드러난다.

2016년에 레이철은 도널드 트럼프가 공개를 거부한 소득신고서에 대해 보도하면서 레드 팀과 블루 팀 양측에서 맹비난을 받았다. 경제기자 데이비드 케이 존스턴이 메일로 소득신고서 일부를 입수하고, 레이철에게 관심이 있느냐고 물었다. 레이철이 이 건을 물지 않을 리가 없었다.

내가 책을 쓰고 있는 이 시점까지 트럼프가 공개를 거부한 이유는 베일에 싸여 있다. 블루 팀 지지자들이 소득신고서를 두고 군침을 흘리는 건 트럼프가 스스로 주장하는 만큼 부유하지 않거나, 혹은 외국 은행 투자 내용이 드러나서 그가 재정적으로 상충되는 이해관계에 놓여 있다는 사실이 까발려질 거라고 확신하기 때문이다. 반면 레드 팀 지지자들은 뭐가 그렇게 문제인지 모르겠다는 반응이다.

자, 나도 이제야 본론에 다다랐다. 레이철 매도가 진정 얼마나 만만찮은 여자인지 보여주는 일화가 여기 있다. 방송을 90분쯤 앞두고 그녀는 도널드 트럼프의 소득신고서를 입수했다고 트윗했다. 몇 년도 것인지, 몇 쪽이나 입수했는지는 밝히지 않았다. 끝내주는 예고편이었다. 그날 밤 400만 명이 넘는 사람들이 TV 앞에 앉았다. 평소 같은 시간대에 시청률이 더 높은 방송은 폭스 뉴스의 터커 칼슨이 진행하는 뉴스인데, 그날은 레이철 매도의 시청자가 110만이나 더 많았다.

레이철은 자신이 입수한 소득신고서를 특종 보도 방식으로 다루기를 거부했다. 여느 뉴스처럼 이야기를 꺼냈다. 신중하게 배경을 설명하고, 정치 마니아들이나 재미있게 여길 법한 세세한 디테일을 느긋하게 설명했다. 닉슨 시절부터 모든 대통령이 당연히 소득신고서를 공개했다는 사실을 시청자들에게 환기시키고, 이번 대통령이 고집스럽게 공개를 거부하는 것이 무슨 의미인지 숙고했다. (프로그램 시작 전 백악관에서는 레이철이 입수한 트럼프의 2005년 소득신고서 두 페이지가 진짜라고 확인했으나, 트럼프는 곧 그게 가짜 뉴스라고 트윗했다.)

트위터에서는 방송이 끝나기도 전에 비난이 빗발쳤다. 기자들은 지지 정당과 관계없이 레이철을 질책했다. 미끼 트윗을 올린 것과, 예고편에 값하지 못하는 시시한 보도 내용이 욕을 먹었다(TV 뉴스에서는 종종 있는 일인데도 말이다). 어떤 사람들은 레이철이 뉴스거리를 "망쳤다"라고도 했다. 내 페이스북 피드는 격하고 급한 비난이 쏟아지는 인터넷 세계의 축소판이었다. 진보적인 친구들은 레이철을 시청률에 목 맨 창녀라고 부르거나, 본론을 강렬하게 터뜨리지 못한 책임으로 총살당해도 싸다고 말했다. 한 레드 팀 뉴스 사이트에는 "역대급으로 거품 낀 생방송이 대실패를 하다!"라는 글이 올라왔다.

하지만 그 말들은 다 틀렸다. 사실 레이철 매도는 그저 만만찮은 여자 레이철 매도답게 행동한 것뿐이다. 남들이 얼마나 관심을 보이든 관계없이 언제나처럼 냉정한 태도로 뉴스를 보도한 것뿐이다. 사람들의 아우성은 그녀의 보도 방식에 영향을 주지 못했다. 그녀는 뉴스를 망치지 않았다. 시청자들의 욕구에 부응하려고 자신의 스타일을 바꾸는 걸 거부했을 뿐이다.

우리 아버지는 2000년 7월에 돌아가셨다. 부시가 앨 고어에게 일반 투표수에서는 뒤졌으나 선거인단 투표수에서 앞서서 대통령으로 선출되기 전, 레드 팀 대 블루 팀의 진흙탕 싸움이 제대로 펼쳐지기 전의 일이었다. 아버지라면 레이철 매도가 내놓는 도표와 그래프와 통계를 즐겁게 음미했으리라고 상상한다. 내겐 분명한 연결고리로 보이는 것을 논리의 비약이라며 미심쩍어했을 거라고도 생각한다.

레이철 매도의 시청자는 2016년부터 꾸준히 증가해 왔다. 2016년 3월에서 2017년 3월 사이에는 107퍼센트나 증가했는데, 이는 전례 없는 수치다. 이 책을 쓰는 지금 그녀의 프로그램은 동시간대에서 수월하게 1위를 차지하고 있다. 레이철이 첫눈에 호감이 가지는 않고 인지도 낮은 너드 여성 앵커로 머물러 있었을 땐 그녀의 보도 방식에 대해 왈가왈부하는 사람이 없었다. 하지만 이제 인기가 많아진 그녀에게 사람들은 마치 무언가를—편안함이나 단순화 같은 것을—맡겨 놓은 듯이 굴고 있다. 레이철은 개성을 버리고 본론으로 직행하라는 압박을 받는다. 그러나 레이철의 정신이 작동하는 방식은 그 반대라서, 본론보다 본론으로 향하는 '여정'에 더 끌린다. 너무 똑똑하고 너무 분석적이라고 남들에게 핍박받는 여자들을 위해 여기 레이철이 있다. 모든 걸 다 알면서, 마음껏 까다롭게 구는 여자.

제8장

코코 샤넬

도도한 여자

1910년 전후의 어느 쌀쌀한 날, 코코 샤넬은 연인 아서 '보이' 카펠의 풀 오버 스웨터를 빌렸다. 짙은 색 눈에 자그마한 체구의 그녀는 스물일곱 살쯤 되었지만, 열두 살이라고 해도 믿을 정도로 어려 보였다. 코코는 명성 높은 영국 폴로 선수였던 카펠의 옷을 즐겨 빌려 입었다(한마디 덧붙이자면, 그 시대의 보통 여자들은 꿈도 못 꿀 일이었다). 하지만 풀오버를 입으려고 뒤집어쓰면 머리가 헝클어진다는 부작용이 있었다. 문제를 해결하기 위해 그녀는 전지가위로 카펠에게 빌린 스웨터의 한가운데를 자르고, 벨트를 묶었다. 짜잔! 카디건의 탄생이었다.

　　코코 샤넬은 《타임》에서 선정한 20세기의 가장 영향력 있는 인물 100인에 패션 디자이너로서는 유일하게 선정되었다. 현대의 거의 모든 스타일이 어떤 식으로든 샤넬에게서 기인했다고 말해도 과장이 아니다. 박시(boxy)한 재킷. 블랙 미니드레스. 펜슬 스커트, (카디건과 스웨터의) 트윈세트, 바지. 주머니가 달려서 마음에 드는 원피스. 액세서리를 잔뜩 휘감아야 하는 원피스—그리고 액세서리 그 자체까지(코코는 모든 여자에게 일상에서 멋 낼 기회를 주기 위해 모조 보석 액세서리를 만들었다). 코코는 옷이 여자에게 아름다워지는 기분을 느끼게 해야 한다고 믿었다. 그리고 스스로 아름답다고 '느끼는' 여자는 '정말로' 아름답다고 믿었다. 간단해 보이지만 급진적인 이 철학은 남성의 시선이 가장 중요하다는 원칙을 대담하게 깨뜨렸다. 그게 코코가 아주 만만찮은 여자인 이유다.

　　프랑스 여자에게 따라붙는 경고문이 있다. 그들은 만만찮게 태어났고, 만만찮게 길러졌다는 것. 게다가 만만찮다는 말이 그들에겐 칭찬이라서, 인생이 여러 모로 쉬워진다는 것. 예를 들어 프랑스 여자는 미국 여자와 달리 '친절해야' 한다는 문화적 압박을 전혀 받지 않는다. 웃지 않고, 상냥하게 굴지 않고, 자신의 기벽을 억누르지 않는 것에 전혀 죄책감을 느끼지 않는다. "농, 메르시(아니요, 됐어요)"라고 말하는 것도 거리낌 없다(타르트 타탱을 한 조각 더 먹겠느냐는 권유에 대해선 특히 그럴 거다. 프랑스 여자들은 친절해야 한다는 압박은 받지 않지만, 날씬해야 한다는 압박은 받으니까). 프랑스 여자처럼 되는 법을 논하는 책들은 사실 만만찮은 여자가 되는 방법을 이야기한다.

코코 샤넬은 지극히 프랑스 여자다운, 그야말로 초(超)프랑스적인 여자였다. 웬만해선 따라올 자가 없을 만큼 도도했다. 자신의 시간을 거의 광적으로 소중히 여겼기에 아무에게나 시간을 내주지 않았다. 완벽주의자였던 그녀는 캉봉 가의 아틀리에에서 의류 하나하나에 심혈을 기울이며 긴 시간을 일했다(드레스는 외부만큼이나 내부도 흠결 하나 없어야 한다는 것이 그녀의 철학이었다). 최고의 고객들조차 그녀를 만나기란 하늘의 별 따기였다. 자기 자신이나 옷 만드는 공정이나 전부 베일로 덮어 두는 게 낫다고 생각한 것이다. 모든 이메일과 게시물에 즉각적인 답장을 기대하게 된 디지털 시대에는 시대착오적인 개념일지도 모르겠다. 하지만 나는 코코가 옳았다고 생각하고 싶다. 시간을 끌 것. 만나기 어려운 사람이 될 것. 사람들의 궁금증을 자아낼 것.

가브리엘 보뇌르 샤넬은 1883년 8월 19일 프랑스 멘에루아르주 소뮈르의 구빈원에서 태어났다. 소뮈르는 10세기에 지어진 성과 기병학교와 희끄무레한 돌로 지어진 그림 같은 집들(석재 채굴로 인해 뚫린 터널에는 지역 특산 포도주가 저장되었다)을 자랑하는 고풍스러운 도시였다. 가브리엘의 어머니 잔은 세탁부였고 아버지 알베르는 행상이었다. 알베르가 집에 머무는 날은 드물었는데도 아이가 다섯이나 생긴 걸 보면 둘은 썩 잘 통한 모양이다.

1895년에 잔이 기관지염으로 세상을 떠났다. 그녀의 나이 32세였다. 육아를 감당하지 못한 알베르는 세 아들을 숙식을 제공하는 농장으로 보내고, 딸들은 오바진의 수도원에 딸린 고아원으로 보냈다. 그곳에서 가브리엘은 바느질을 배웠다.

18세가 넘은 소녀들은 수녀회에 가입하지 않으면 수녀원에 머물 수 없었다. 가브리엘은 요새 도시 물랭으로 가 재봉사로 일하면서, 모든 '모던 걸'이 그랬듯 훗날의 록 스타에 해당하는 음악 카페(café-concert) 가수가 되겠다는 막연한 꿈을 키웠다. 그 꿈이 이루어져 가브리엘은 카페 라 로통드에서 스타 가수들의 공연 막간에 노래를 하게 되었다. '코코'라는 별명으로 불리게 된 가브리엘은 꼭 매력적이고 천진한 아이 같았다. (어쩌다 '코코'가 된 걸까? 여기엔 '첩'을 뜻하는 프랑스어 'cocotte'의 준말이라는 설과, 그녀의 애창곡 「Qui qu'a vu Coco[누가 코코를 보았나]」에서 딴 것이라는 설이 있다. 나는 그녀가 누구에게나 붙일 수 있는 일반적이고 업신여기는 명칭을 자기 별명으로 받아들였다고 상상하기 어렵다. 판단은 독자의 몫이다.) 그러나 사실 음악 카페의 가수들은 매춘부나 애첩과 함께 화류계의 일원으로 간주되었다. 오바진의 수녀들이 생각한 소녀 가브리엘의 미래는 그보다는 밝았겠지만, 코코는 규칙을 무시하는 DNA를 타고난 사람이었다. 그녀에게 중요한 건 스스로 만든 규칙뿐이었다. 코코는 이렇게 말한 적이 있다. "당신이 나에 대해 뭐라 생각하든 신경 안 써요. 나는 당신에 대해 아예 생각하지 않으니까." (원래의 프랑스어로는 덜 가혹하게 들렸을지도 모르겠으나 존경스러울 만큼 확신에 찬 말임은 분명하다.) 이런 사고방식으로 살아간다는 게, 타인의 판단과 기대라는 족쇄에서 벗어난 여자로 살아간다는 게 어떤 걸지 한 번 상상해 보라.

1903년, 스무 살이 된 코코는 전직 기병장교였던 에티엔 발장의 눈에 들었다. 말 사육자이며 섬유업계 부호의 후계자인 발장은 대부분의 시간을 자기 소유의 성이 있는 북프랑스 루아얄리외에서 말을 키우며 보냈다. 23세가 된 코코는 공식적으로 발장의 정부로 성에 들어갔다. 솔직히 말하자면 약간 지루한 환경이었고, 코코는 대부분의 시간을 마구간에서 승마를 배우며 보냈다. 발장에겐 좀 더 전통적 의미에서 매력적인 다른 정부들도 여럿 있었다—르누아르 그림에 등장하는 관능적인 코르셋 차림의 미인들을 생각하면 된다. 납작한 상체와 소년 같은 외모를 지닌 코코는 그들과 전연 달랐고, 분홍빛 살결에 가슴이 풍만한 여자들과 자신을 차별화할 방법을 찾아야 한다는 걸 깨달았다. 코코는 뛰어난 승마 실력과 그녀가 키워가던 야심으로 발장의 흥미를 붙들었다. 여성용 모자 제작자가 되는 게 코코의 목표였다(그녀는 젊은 종마를 타고 숲 속을 누비고, 근사한 모자를 만드는 솜씨도 있는 별난 정부로 알려졌다).

자비로운 연인 외에는 의지할 돈도 인맥도 명성도 없었던 당시 코코가 보여준 태도는 훗날 그녀의 철학이 된다. "무언가가 아니라 '누군가'가 되기로 결정한 사람은 얼마나 많은 걱정에서 벗어나게 되는가." 여자로서 자신의 능력으로 누군가가 된다는 건, 타인과의 관계로써 정의되기를 거부한다는 뜻이다. 영화 속에서 핵탄두 하나가 사라져서 상황실에 모인 사람들이 전부 허둥지둥하며 공포로 숨을 헐떡이는 장면을 본 적 있는가? 누군가가 되기를 고집하는 여자는 그와 같은 종류의 히스테리를 유발한다. 코코는 언제나 그런 여자였다.

코코는 발장을 사랑했지만 그와 '사랑에 빠진' 건 아니었다. 첩으로 사는 게 지겹기도 했다. 그리하여 몇 년 뒤, 코코는 앞서 말한 전설의 스웨터를 빌려 준 남자이자 발장의 가까운 친구였던 '보이' 카펠과 사랑에 빠졌다. 영국 상류층 출신의 카펠은 대위 계급의 군 정보장교였고, 자수성가한 대사업가이자 폴로 선수이기도 했다. 상황의 전개에 많은 눈물이나 깨진 포도주 잔이 따르지는 않았던 모양이다. 1908년에 코코는 발장과 루아알리외를 떠나 파리에 있는 카펠의 아파트로 이사했다. 카펠은 발장과 마찬가지로 코코의 야심에 매혹되었다. 코코는 그의 자금을 지원받아 모자부티크를 열었고, 2년 뒤에는 두 군데에 의상점을 냈다—하나는 파리 캉봉가 31번지, 다음 하나는 도빌의 고급 사교장 바로 옆이었다(코코는 부자가 된 뒤 카펠에게 빌린 돈을 전부 갚았다).

세상사에서 무엇보다도 중요한 건 타이밍이다. 코코의 천재적 재능은 벨에포크 시대의 무게 10kg에 육박하는 큰 접시 모양 모자와 풍성한 드레스를 버릴 때가 되었다는 걸 감지한 데에도 있었다('Belle Époque'는 프랑스어로 '좋은 시대'라는 뜻으로, 1870년대부터 제1차 세계대전이 일어난 1914년까지 프랑스 파리를 중심으로 서유럽이 평화 속에 경제, 과학기술, 문화 등 모든 분야에서 번성했던 시기를 이른다.—옮긴이). 사람들이 흔히 착각하는 것과 달리 코르셋을 버린 건 코코가 아니라 10년은 더 먼저 활동한 디자이너 폴 푸아레였지만, 역사의 흐름은 완벽히 코코의 편이었다.

1914년 여름, 독일이 프랑스에 선전포고를 했다. 남자들은 전선으로 떠났고 재산이 있는 여자들은 파리를 떠나 도빌로 향했다. 도빌에 위치한 코코의 의상점에서는 편안한 천으로 만든 단순한 셔츠와 스커트를 팔았다. 이제 남자들이 없으니, 그들 보라고 힘들여 치장할 필요가 없었다. 여자들은 전쟁에 보탤 돈을 모금하거나 자전거를 타고 병원으로 가서 붕대를 감곤 했다. 코코는 새로운 시대에 어울리는 모던한 패션의 선봉에 섰다. 과하게 정교한 장식과 부자연스러운 선, 불편한 천은 순식간에 과거의 유산이 되었다.

코코는 이후에도 여러 사람에게 구애를 받지만, 그녀가 일생 사랑한 남자는 보이 카펠이었다(구글에서 그의 이름을 검색해 보면 바로 이유를 알 수 있을 거다). 그는 코코에게 읽는 법과 생각하는 법을 가르쳤고 그녀의 재능과 꿈을 믿었다. 두 사람은 파리에서 9년 동안 조용히—그 대부분의 시간을 행복하게—살았다. 하지만 1918년, 카펠은 코코를 버리고 자신의 사회적 지위에 좀 더 어울리는 영국 귀족 다이애나 윈덤과 결혼했다. 그 해 35세였던 마드무아젤 샤넬은 비아리츠와 파리에 부티크를 열어 연이어 성공을 거두었고, 제 힘으로 재산을 모았고, 차츰 명성을 얻어 가고 있었지만 하류층 출신의 고아라는 신분을 부정할 수는 없었다. 그녀는 카펠의 짝이 되기에 충분하지 못했다.

코코와 카펠이 남몰래 만남을 지속하지 않았다는 뜻은 아니다(왜, 프랑스인들이 그렇잖은가). 그러나 1919년 12월, 카펠은 가족과 크리스마스를 보내기 전 코코를 만나러 가던 길에 교통사고를 당해 사망했다. 코코는 절망했다. 그녀 안의 무언가가 딱딱하게 굳어 버렸다. 그녀는 남자들이 그러듯이 (혹은 만만찮은 여자들이 그러듯이) 위안을 찾으려고 일에 더더욱 몰두했다.

1920년대는 코코의 시대였다. 사교계 여자들은 너나 할 것 없이 샤넬을 입었고, 런던과 뉴욕에서 온 부유한 고객들이 옷을 한번 걸쳐 보고자 그녀의 양장점을 찾았다. 코코의 친구인 작가 콜레트는 그녀가 일하는 모습을 이렇게 평했다. "모든 사람의 얼굴이 어떤 동물을 닮았다고 치면, 마드무

아젤 샤넬의 얼굴은 자그마한 검은색 황소를 닮았다. 눈썹 위를 지나 속 눈썹까지 길게 떨어지는 검은 곱슬머리 몇 가닥은 그녀의 손이 움직이는 대로 따라 춤춘다."

샤넬 이전에 의상 디자이너들은 숙련된 서비스직으로 간주되었다. 스타일리시한 삶을 위해 필수이되, 구두 판매원 정도의 대우밖에 못 받는 존재. 코코는 유명한 예술 후원자 미시아 세르와 우정을 쌓으며 그런 인식을 영영 바꿔 놓았다. 샤넬의 모던한 미학은 아방가르드와 완벽한 조화를 이루었고, 미시아는 친구를 당대의 첨단을 달리던 예술가들에게 부지런히 소개했다. 코코는 댜길레프가 이끄는 급진적인 무용단 발레 뤼스의 1920년 공연작과 장 콕토의 연극 〈오르페우스〉에서 의상을 맡았다. 스트라빈스키, 피카소와 친구가 되었고, 할리우드에 잠시 체류하며 새뮤얼 골드윈이 제작하는 영화의 의상을 디자인했다―남이 이래라저래라 하는 건 질색이었던 코코가 끔찍이 싫어한 일이었다.

코코의 만만찮은 성격을 내가 면면이 낭만적으로 기술하고 있다는 걸 부인하진 않겠다. 그녀는 고집스럽고, 기회주의적이고 전투적인 성격이었으며 그 방식이 특별히 멋지거나 활기찬 것도 아니었다. 하지만 솔직히 말해 나는 그게 문제라고 생각지 않는다. 그녀와 똑같은 성격의 남자들은 지도자로 칭송받고, 혁신가로 추앙받고, TED에서 강연을 한다. 그들도 코코 샤넬보다 딱히 착하진 않다.

1920년대 초반에 코코는 뛰어난 조향사 에르네스트 보와 협업하여 샤넬 No.5 향수를 만들었다. 훗날 세계에서 가장 인기 있는 향수가 되는 No.5의 생산 비용을 대기 위해 코코는 저명한 향수 회사 부르주아 (Bourjois)의 공동 CEO인 피에르 베르트하이머, 폴 베르트하이머 형제와 라이선스 계약을 맺었다. 베르트하이머 형제가 생산 비용을 전부 대는 대신 수익의 70%를 가져가는 거래였다. 거래를 성사시킨 브로커가 20%를 가져가니 코코의 몫으로 떨어지는 건 10%에 불과했다.

샤넬 향수는 코코를 부자로 만들어주었지만—계속 의상만 만들었을 경우에 비하면 실로 엄청난 부자가 되지만—코코는 이용당했다고 느꼈다. 이용당한 게 사실이었다. 당대 여자들은 어떤 우려가 들더라도 일단 남성의 보호를 받는 것에 감사해야 마땅했다. 하지만 코코에게는 해당 사항이 없는 얘기였다. 코코는 그때부터 사실상 여생 전부를 베르트하이머 형제를 고소하고 맞고소하는 데 썼다. 한 시점에는 피에르를 "나를 등쳐 먹은 강도"라고 부르기도 했다.

수많은 서류와 변호사가 등장하는 대전투였다. 코코는 2차 세계대전 중엔 유대인이 사업체를 소유할 수 없도록 하는 법을 이용해 베르트하이머 형제에게서 소유권을 빼앗으려 시도하기까지 했다(하지만 한 발 늦었다. 베르트하이머 형제는 날카로운 선견지명을 발휘하여 믿음직스러운 프랑스인 사업가 펠릭스 아미오에게 소유권을 임시로 이전해 놓은 뒤였다).

그런데 이 이야기에서 가장 흥미로운 건, 코코가 시작한 끝없는 소동에도 불구하고 베르트하이머 형제가 코코를 싫어하지 않았다는 사실이다. 자, 여기서 중요한 질문을 던져보겠다. 만만찮은 여자로 살려면, 남에게 호감을 사는 건 포기해야 할까? 따지기 좋아하고 남들이 눈치를 주건 말건 자신의 이해관계를 주장하는 사람은 친구 한 명 없이 고독사할 운명일까?

코코와 베르트하이머 형제의 관계를 통해 보건대 답은 '그렇지 않다'다. 피에르 베르트하이머는 코코의 가장 오랜 친구가 되었다(두 사람은 샤넬 향수를 둘러싼 논란을 함께했을 뿐 아니라, 순종 말 경마에 대한 사랑으로도 하나가 되었다). 1960년대에 피에르는 샤넬 브랜드의 제1 소유주가 되어 노년의 코코를 부양했다. (피에르의 친절함은 보답을 받았다. 그의 손자 제라르와 알랭이 현재 190억 달러 가치가 있는 샤넬의 소유주다.)

1927년에 이르자 코코는 자기 힘으로 세계에서 가장 유명한 여자가 되었다. 그녀는 필요에 의해서가 아니라 오로지 자신의 선택에 의해서만 행동했다. 그리고 패션에 관한 한 온 세상이 그녀의 지시를 따랐다. 모두가 진짜 진주를 걸치고 다닐 때 코코는 모조 보석 액세서리를 디자인해서 운동복과 함께 착용하라고 선포했다. 모두가 모조 보석을 휘감고 다니던 미국 대공황의 절정기에는 백금에 다이아몬드를 세팅한 고급 장신구 컬렉션을 발표했다. 이유는, 단지 그러고 싶어서였다.

코코는 보이 카펠의 죽음을 진정 극복하지 못했다. 하지만 인생은 계속되었고, 코코는 사랑을 영영 포기할 사람은 아니었다. 1923년에 그녀는 제2대 웨스트민스터 공작이자 자연히 세계에서 가장 부유한 남자였던 휴 그로브너를 소개받았다. 두 사람은 코코가 젊었을 때 에티앙 발장과 루 아얄리외에서 즐긴 사냥, 승마, 낚시 같은 왕족들의 야외 취미생활을 공유할 수 있었다. 누가 봐도 잘 어울리는 한 쌍이었다. '벤더(Bendor)'라는 별명으로 불리던 휴 그로브너는 코코에게 보석 세례를 퍼부었고, 남프랑스의 땅을 좀 주어 그녀가 훗날 명성이 자자해진 빌라 라 파우사를 지을 수 있도록 했다. 코코를 친구 윈스턴 처칠에게 소개하기도 했다. 처칠은 그녀가 자기 친구에게 괜찮은 짝이라고 생각했다. 하지만, 코코는 벤더에게 청혼을 받고 답했다. "웨스트민스터 공작 부인은 지금껏 몇 사람이 있었지만, 샤넬은 한 사람뿐이에요."

10년쯤 뒤, 아직 그로브너와의 관계를 이어나가고 있던 코코는 인기 높은 정치 일러스트레이터 폴 이리브와 어울리기 시작했다. 세련되고 재치 있는 폴은 코코처럼 모던한 감수성을 지닌 사람이었다(벤더는 막대한 부와 영향력을 지녔으나 확실히 19세기의 남자였다―아침 신문을 반듯하게 다려주는 하인을 둔 유형의 구식 부자 말이다).

코코는 이제 40대 후반에 접어든 참이었다. 미모는 그대로였지만, 흐르는 시간을 의식하지 않기란 어려웠다. 그녀의 삶에 자녀는 없을 듯했다. 결혼은 어떨까? 라 파우사에 머물곤 하던 친구들 사이에서 약혼 발표가 임박했다는 소문이 떠돌았다. 그러던 1935년 9월의 어느 날, 코코와 이리브가 테니스를 치던 중 사건이 일어났다. 네트 건너편에 있던 이리브가 코코가 보는 앞에서 휘청거리다가 쓰러져 사망한 것이다.

이리브의 사망은 코코에게 여러 해 전 카펠을 잃은 경험을 환기시켰다. 두 번째 트라우마라고 하면 코코는 헛소리로 치부했겠지만, 연인의 죽음으로 수심에 잠긴 것은 사실이었을 테다. 설상가상으로 코코의 디자인은 예전만큼 유행의 첨단을 달리지 못했다. 생기발랄하고 장난스러운 이탈리아 디자이너 엘사 스키아파렐리에게 역전당할 위험에 처해 있었던 것이다. 스키아파렐리는 운동복과 지퍼, '쇼킹한' 분홍색을 유행시킨 장본인으로서, 1937년에는 살바도르 달리와 협업하여 '랍스터' 드레스, 양고기 커틀릿 모자, 서랍 모양의 주머니들이 달린 드레스를 만들었다. 한마디로 대담하고 제정신이 아닌 듯하고, 코코의 보다 정갈한 미학에는 완전히 반하는 디자인이었다. 그에 비하면 코코의 단순한 정장들은 다소 칙칙해 보였다. 코코가 약간 우울했을 거라고 생각한다.

2차 세계대전이 발발한 1939년, 코코는 한스 귄터 폰 딩클라게 남작과 연애를 시작했다. 그는 영국인 어머니를 두었으나 독일 대사관의 주재관으로서 나치 수하에서 일하고 있었다. 코코는 56세였다. 43세의 폰 딩클라게는 잘생겼고, 코코보다 한참 젊었으며, 그녀에게 사랑받는 기분을 느끼게 해 주었다. 두 사람이 리츠 호텔의 코코 소유 아파트에서 살림을 차렸을 때 코코는 이미 가게를 닫고 직원들을 해고한 뒤였다. 아파트에 틀어박혀 전쟁이 끝나기를 기다리기로 한 것이었다.

프랑스가 해방된 후 정부에서는 부역자들을 못마땅하게 보았는데, 특히 문자 그대로 '적과 동침한' 여자들을 가혹하게 대했다. 이른바 '통되르 (tondeur, 머리 미는 사람)'를 자임한 무리들이 돌아다니면서 나치에 부역한 여자들을 붙잡아 머리를 민 뒤 때로는 벌거벗겨 맨몸에 타르를 칠한 채 거리를 걷게 했다. 코코는 그런 치욕을 당하는 건 피했으나—아마 그녀의 친구였던 처칠의 입김이 있었을 것이다—1945년에 스위스로 망명했다. 거기서 그녀는 조용히 지냈다.

1940년대 말, 전쟁에서 회복해 가던 프랑스는 크리스티앙 디오르의 화려한 디자인을 수용하기 시작했다. 지긋지긋한 배급 시대가 끝났으니만큼 천을 몇 야드고 원하는 만큼 사용할 수 있었다. 그리하여 몸판에 골조를 대고 허리를 잘록하게 집고 엉덩이를 빵빵하게 부풀린 풍성한 드레스가 유행하기 시작했다.

코코가 이렇게 생각하지 않았을까 상상해 본다. "오 하느님, 내가 파리로 돌아가서 여성복은 편안해야 한다고 또 한 번 모두를 가르쳐야 하겠어? 여자는 치마를 입고 길거리를 활보할 수 있어야 한다고, 우아함은 곧 거부라고, 호화로움은 복잡함이 아니라 그 반대인 단순함에서 우러나온다고 알려줘야겠어?"

코코는 70이 넘은 나이에 파리로 복귀했고, 1954년에 오래된 적이자 친구인 피에르 베르트하이머의 자금 지원을 받아 몇 차례 컬렉션을 발표했다. 파리지앵들은 구식으로 보이는 그녀의 새 디자인을 마음에 들어 하지 않았지만 1960년대 초반에 이르자 재키 케네디를 비롯한 미국인들이 샤넬의 편안한 정장과 똑 떨어지는 스커트와 카디건 재킷을 발견했다. 코코는 업계 정상으로 귀환했다. 다시 워커홀릭이 되어, 비싼 옷값을 감당할 수 있는 멋쟁이 여자들을 위한 멋진 옷을 만들었다.

1971년 1월 10일, 코코는 봄 신상품 피팅을 마무리하느라 바쁜 하루를 보냈다. 일과를 마치고 일찍 잠자리에 들기로 한 그녀는 리츠의 아파트 침대에 누웠고, 그대로 영영 눈을 감았다.

2009년에 나는 코코의 인생과 스타일, 철학을 기리는 책 『코코 샤넬 복음서(The Gospel According to Coco Chanel)』를 펴냈다(번역본은 『워너비 샤넬─우아한 여자를 만드는 11가지 자기창조법』이다.─옮긴이). 이 책의 낭독회 후 질의 응답 시간이면 누군가 꼭 코코 샤넬이 별로 착한 사람은 아니었던 것 같다는 평을 하곤 했다. 그러면 나는 대답했다. 그게 무슨 상관이지요? 아니면, 이렇게 대답했다. 코코는 자신이 소중히 여기는 이들에겐 착한 사람이었습니다. 다음과 같이 대답할 때도 있었다. 샤넬은 복잡하고, 고집스럽고, 야심찬 선지자로서 우리가 옷을 입는 방식과 패션을 대하는 방식, 세상을 헤쳐 나가는 방식을 바꾼 사람입니다. 여기에 더해서 착하기까지 해야 한다고요? 너무한 거 아니에요?

그러고 나서 나는 날 선 분위기를 무마하고자 웃음을 터뜨리곤 했다. 코코라면 물론 웃지 않았을 것이다. 그녀는 만만찮은 여자로 생각되는 걸 즐겼다. 우리도 그녀를 본받아야 한다.

제9장

마사 겔혼

용감한 여자

20세기의 탁월한 종군기자 마사 겔혼을 처음 발견했을 때, 나는 배낭을 짊어지고 유레일패스를 들고 머릿속에는 파리에 가서 작가가 될 생각만 가득한 대학생이었다. 어느 여름날 오후에 나는 파리의 서점 '셰익스피어 앤드 컴퍼니'에서 마사의 유명한 회고록 『나 자신 그리고 타인과 여행하기(Travels With Myself and Another)』를 집어 들었다. 그 책이 서점에 진열된 이유는 겔혼이 이곳의 제일 이름난 단골이었던 어니스트 헤밍웨이의 세 번째 부인이라서가 명백했다. 마사가 알면 질색했을 것이다. 그녀는 《시카고 트리뷴》 기자에게 불평한 적이 있었다. "저는 그를 만나기 전에도 작가였고, 그 뒤로도 45년째 글을 쓰고 있습니다. 어째서 제가 다른 사람의 인생에 달린 주석 취급을 받아야 하죠?"

수사적 질문이었지만 사실 그대로 답한다면, 서사를 지배할 가치가 있는 남자들의 아내나 누이나 딸들이 언제나 거주해 온 공간이 바로 주석이기 때문이다. 그러나 마사는 자기 이야기의 주인공이 되겠다고, 자신의 성취와 재난과 승리에 대해 스스로 책임지겠다고 고집했다. 그리하여 그녀는 만만찮은 여자가 되었다. 독립적이고, 당황스러울 정도로 대담했고('곤경에 처해 남자의 구원이 필요한 아가씨'와는 거리가 멀었다), 자기희생과는 정반대의 삶을 살았다. 내가 『나 자신 그리고 타자와 여행하기』를 읽은 건 라스파유 대로변의 작은 방에서였다(복도 끝 화장실 전등에 타이머가 달려 있어서 소변을 재빨리 봐야 하는 종류의 숙소였다). 나는 첫 문장부터 매혹되었다. "나는 크레타섬 서쪽 끝의 형편없는 바닷가, 물을 잔뜩 머금은 신발 한 짝과 녹슨 요강 옆에 앉아 있을 때 이 책을 써야겠다는 생각에 사로잡혔다." 여행을 회고하면서 세상에 대해 이렇게 오만한 태도를 취할 수 있다는 게 어쩌나 새로웠는지. 마사는 회고록에서 헤밍웨이를 절대 이름으로 지칭하지 않았다. "마지못한 동반자(unwilling companion)"

의 약자인 UC라고 불렀다. UC는 그녀를 겔혼이라고 불렀다.

마사는 60년에 걸쳐 커리어를 쌓았다. 그녀는 장편소설 다섯 편, 중편소설 열네 편, 단편집 두 권과 회고록을 쓴 작가이자 20세기의 굵직한 전쟁을 전부 취재 보도한 대기자였다. 1959년에 출간된 그녀의 전쟁 기사 선집 『전쟁의 얼굴(The Face of War)』은 《뉴욕 타임스》에서 "마치 오늘 아침 신문을 위해 쓴 것처럼 신선한, 탁월한 반전서(反戰書)"라는 찬사를 받고 현대의 고전으로 자리매김했다. 1930년대 후반에 마사는 주간지 《콜리어스(Collier's)》에 수십 차례 현장 송고 기사를 실었다. 《콜리어스》는 인기 기고자들에 대한 짤막하고 재치 있는 소개에서 마사에 대해 "금발에 키가 크고 기운 넘친다―할리우드 영화에서 묘사하는 거물 여기자에 상당히 가까운 모습이다"라고 했다. 2012년 HBO에서 제작한 진부한 영화 〈헤밍웨이와 겔혼(Hemingway & Gellhorn)〉에서 니콜 키드먼이 연기한 겔혼은 세련된 팔라초 바지 차림에 눈빛이 형형한, 일종의 불가항력과 같은 사람이었다.

마사는 1908년 미주리주 세인트루이스에서 태어났다. 아버지 조지는 의사였고 어머니 에드나는 사회운동의 열렬한 지지자였다. 어린 마사는 어머니 손에 끌려 정의를 외치는 시위와 집회들을 처음 경험했고, 인생이 얼마나 불공평할 수 있는지 깨달았다. 그녀가 정치인과 정·재계의 막후 실력자들에 대해 평생 증오를 품게 된 것이 그때였다. 소녀 시절부터 마사는 분위기에 맞추려고 자기 뜻을 꺾는 법이 없었다.

마사는 콧대 높은 브린모어 대학교에 입학했지만(캐서린 헵번의 1년 후배였다) 1927년에 중퇴하고 사건기자로 일하기 시작했다. 그녀는 작가가 되고 싶었고, 지체 없이 꿈을 좇지 않을 이유가 없다고 생각했다. 겔혼의 부모님은 그녀의 뜻에 동의했거나 혹은 무관심했던 것으로 보인다. 마사가 가족 모임에서 학교를 마치라거나 소매업에서 일자리를 구하라는 난감한 훈계를 들었다는 증거는 어디에도 남아 있지 않으니 말이다. 1930년에 마사는 파리로 가서 닥치는 대로 잡다한 일을 했고, 지극히 프랑스적인 연애를 했다. 그리고 세인트루이스로 돌아와 소설 『미친 듯한 구애(What Mad Pursuit)』을 썼다. 파리에 가서 지극히 프랑스적인 연애를 하는 기자의 이야기였다.

대공황이 정점에 달한 1932년, 실업률은 25%에 육박했다. 주식시장이 붕괴된 것은 1929년의 일이었으나 미국이 정말로 산산조각 나는 데에는 그로부터 몇 년이 걸렸다. 실직한 아버지들이 술을 마시고 도둑질을 하고 아내를 때리기 시작했다. 영양실조뿐 아니라 영양실조에서 기인한 질병들이 아이들을 본격적으로 괴롭히기 시작했다.

1933년, 새로 취임한 프랭클린 D. 루스벨트 대통령은 연방긴급구제국(Federal Emergency Relief Administration)을 신설하고 마사를 포함한 16명의 기자들을 전국에 파견해 미국인들이 정확히 무엇을 어떻게 힘들어하고 있는지에 관한 자료를 수집하고 극비 보고서를 작성하도록 했다(보다 현실적인 구호 대책을 마련하려는 수단이었다).

잠시 멈추고 이 프로젝트가 얼마나 상식적이고 사려 깊은 것이었는지 음미하고 싶다. 루스벨트는 가능한 한 빠르고 효과적인 행동을 원했고, 따라서 취재 전문가들을 파견해서 정보를 수집하고 보고하도록 했다. 구호가 가장 필요한 곳에 우선적으로 구호를 제공하기 위해서였다. 이런 접근법이 오늘날엔 급진적인 것으로 여겨진다는 걸 알면 마사가 무덤에서 벌떡 일어날 테다.

25세였던 마사는 그 기자단 가운데 최연소였다.

마사가 처음 받은 과제는 뉴잉글랜드와 노스캐롤라이나, 사우스캐롤

라이나주의 공장도시 조사였다. 그녀는 취재 일이 적성에 맞았고, 불편은 괘념치 않았다. 옷가방엔 정말이지 상황에 어울리지 않는 것들을 챙겼다. 차이나 칼라가 달린 갈색 스키아파렐리 정장과 앙증맞은 프랑스제 구두 따위(그녀가 막 파리에서 돌아왔다는 걸 기억하자). 그녀는 대화를 받아주는 누구에게나 말을 걸었고, 눈과 귀로 현실을 확인하는 데 골몰했다. 밤에는 호텔 방으로 돌아가 보고서를 작성했다. 부유하고 권력 있는 자들의 우행으로 인해 보통 사람들의 삶이 얼마나 괴로워졌는지를 정확하고 세세하게 묘사한 보고서였다.

마사는 이후 평생을 분개해 있었고 화를 억누르려 하지도 않았다. 만만찮기로 으뜸가는 여자는 화난 여자다. '그냥 넘어가고', 행복한 생각을 하고, 감정을 추스르기를 거부하는 여자들 말이다. 내가 영영 이해할 수 없을 이유로 남자들은 분노에 관한 한 자유이용권을 받는다. 그러나 여자들은 분노를 더러운 기저귀처럼 스스로 알아서 처리해야 한다. 그게 사회가 여자들에게 기대하는 바니까.

마사는 직업적 삶의 대부분을 세상의 수많은 불의에 분노하며 보냈고, 그 분노를 글로 승화시켰다. 우리도 그녀가 걸은 길을 따르는 게 어떨까? 분노를 다른 무언가로 바꾸어 남들의 호감을 사려고 하는 건 시간 낭비다. 결과적으론 스스로를 싫어하게 될 뿐이니까. 당신의 분노를 글로 쓰고, 그림으로 그리고, 영화로 만들고, 춤추고, 가사로 적고, 시로 써라. 잘할 필요는 없다. 그저 솔직하면 된다.

3년가량이 흘러 1936년, 마사는 헤밍웨이를 만났다. 장소는 플로리다

키스에 위치한 그의 단골 술집 슬로피 조스(Sloppy Joe's). 헤밍웨이는 마사에게 술을 사면서 자신이 신문사들의 신디케이트인 북아메리카 신문연맹의 제안으로 스페인 내전을 취재하러 간다고 밝혔다(이런 신디케이트에서는 회원사들에게 유명 기자나 작가, 전문가들이 쓴 피처 등 다양한 기사를 공급한다.—옮긴이).

마사는 연방긴급구제국 프로젝트에서 보고 들은 것을 기반으로 쓴 중편소설 네 편을 모아 『내가 목격한 불행(The Trouble I've Seen)』를 막 펴낸 참이었기에, 그의 말에 구미가 당겼다. 《콜리어스》에서 일거리를 따낸 그녀는 등에 배낭을 메고 주머니에는 50달러를 넣고 훌쩍 스페인으로 떠났다. 그리고 마드리드의 호텔 플로리다에서 헤밍웨이와 다시 마주쳤다. 두 사람은 함께 전선에서 취재를 했고, 술을 잔뜩 마셨고, 흥청거리며 놀았고, 사랑에 빠졌다.

배낭 하나와 50달러만 들고 세상으로 나간다는 생각에 나는 완전히 매료되었다. 내가 그 반의반이라도 멋들어진 일을 해본 적이 있던가? 재작년 여름, 캐리어 하나와 체크카드만 가지고 한 달 동안 남프랑스를 여행한 적이 있긴 하다(그러니까, 없다는 뜻이다).

단순한 사실을 적시하자면, 마사는 자유로웠다. 취재 등에 대한 강박에 시달리긴 했으나 일반적으로 여성의 영역으로 여겨지는, 영혼을 빨아들이는 단조로움에 짓눌리지는 않았다. 그녀는 일요일마다 한숨을 쉬며 침대 시트를 다림질하는 인생을 사느니(당대 여자들은 다림질에 막대한 시간을 소비했다) 박격포탄을 피하며 살기를 택한 드문 여자였다. 『나 자신 그리고 타자와의 여행』에 기록된 여행지 쿠바, 아이티, 세인트토머스섬, 케냐로 떠나면서 가방을 싸는 마사의 모습을 상상해 본다. 그녀가 수영복을 새로 살 걸 그랬다고 후회하거나, 선크림의 SPF 지수를 놓고 조바심쳤을 것 같진 않다.

나는 삶에 대한 마사의 끝내주게 매력적인 접근법을 성인기 내내 흠모했다. 마사는 카리브해에서 벌어진 무슨 사건을 취재하러 가면서 하얀색 리넨 원피스 두 벌과 프루스트의 소설 한 권만을 챙겼다고 한다. 정말이지 멋지고 정확히 내가 바라는 라이프스타일이다. 단, 현실이 될 수는 없다. 나는 흰색이 끔찍이도 안 어울리고, 리넨과는 애증 관계에 있으며, 프루스트밖에 읽을 게 없다면 12분쯤 지나 배에서 뛰어내리길 택할 테니까.

마사가 자유로웠던 건 어떤 면에선 그녀가 행동하는 남자들의 세계에 이끌렸기 때문이었다. 그녀는 일단 가고 일단 해버리는 데 중독되어 있었다. 여자들은 대체로 가정에 머무르며 집안일을 돌보는 데 비해 남자들은 집 밖으로 나서서 무언가를 한다. 마사도 움직이는 게 좋았다. 음주와 흡연, 일 얘기를 아주 좋아했다. 그녀는 용감한 남자처럼 용감했고 총에 맞거나 폭탄에 당하거나 돌무더기에 깔려 죽는 걸 겁내지 않았다. 약간은 정신 나간 태도지만, 지루한 것보단 겁나는 게 나았다. 그래서 그녀는 행복한 아내나 주부가 되지는 못했다. 좋은 아내나 주부도 되지 못했다.

3년이 더 흘러 1939년에 헤밍웨이는 두 번째 아내 폴린과 이혼하고 마사와 결혼했다. 마사는 32세, 헤밍웨이는 40세였다. 그는 쿠바 아바나에서 동쪽으로 16km쯤 떨어진 핀카 비히아의 허물어지기 일보 직전인 집을 샀다. 두 사람은 잠시 행복했으나, 마사는 계속해서 넓은 바깥 세상에 유혹당했다. 결혼생활이 끝나고 한참 뒤인 1959년, 마사는 친구 레너드 번스타인에게 보낸 편지에서 고백했다. "살면서 우리가 단둘이 쿠바에 살던 그 길고 긴 몇 달만큼 지루했던 적이 없어. 지루해서 죽겠구나 싶었지. 하지만 내겐 정말 좋은 일이었어. 그 전에도 후에도 그렇게 많은 글을 쓴 적은 없었거든. 책도 그리 많이 읽은 적이 없었고. 주의를 산만하게 하는 게 아무것도 없었으니까. 나는 그의 곁에서, 전무후무하게, 전적으로 오롯이 홀로 살았어."

헤밍웨이는 마사가 집에 머물면서 집사람답게 자신을 내조하길 바랐다. 솔직히, 어찌 그를 탓하겠는가? 그의 첫 번째 아내 해들리와 두 번째 아내 폴린은 헤밍웨이가 편안하게 글쓰기에 몰두할 수 있도록 헌신했다. 마사는 그런 여자가 아니었다. 포로 생활은 적성에 맞지 않았다.

마음 아프게도 마사 겔혼의 인생에서 내가 제일 좋아하는 사건에는 헤밍웨이가 등장한다(가장 열렬한 독자조차 그 남자를 봐주지 못한다니, 불쌍한 마사).

파국의 시작은 1944년 봄에 찾아왔다. 두 사람은 핀카 비히아의 집에 머물고 있었다. 미국은 2차 세계대전에 참전 중이었고, 마사의 유일한 바람은 최전선으로 나가 전쟁을 취재하는 것이었다. 반면 헤밍웨이는 마사가 집에 머물면서 고분고분한 아내 노릇을 하길 원했다. 둘은 싸웠다. 헤밍웨이는 마사더러 이기적이고 "콧대 높은 쌍년"이라고 했다. 마사는 헤밍웨이를 술주정뱅이이자 한심한 거짓말쟁이라고 불렀다. 틀린 말은 아니었다.

그런데 유럽의 최전선으로 향하는 건 그리 간단한 일이 아니었다. 전선에 접근하고자 하는 기자들은 통신사 등 보도기관의 파견 확인 서류가 필요했다. 전쟁 초에 미국 군에서는 여기자의 군부대 배치를 금했다. 화장실이 없다는 것이 그야말로 전천후 핑계였다. 그렇게 여성은 전쟁터에 접근을 거부당했다.

마사에게는 큰 걸림돌이 아니었다. 해결책의 여왕이었던 그녀는 자신이 가야 할 곳에 가는 방법 정도는 알고 있었다. 그런데 《콜리어스》에 전화를 걸어 파견 확인을 요청했더니 편집자가 확실한 답을 하지 않는 것이었다. 마사로서는 혼란스러운 일이었다. 헤밍웨이가 입을 열자 진실이 밝혀졌다. 그가 《콜리어스》에, '마사의 잡지'라 할 《콜리어스》에 전화해서 자신의 명성을 이용해 그녀의 일을 눈앞에서 낚아챈 것이었다. 잡지마다 파견할 수 있는 기자는 한 명뿐이었으니 마사는 《콜리어스》에 더 기대를 걸 수 없었다.

헤밍웨이는 뉴욕으로 가서 런던 행 수상(水上) 비행기에 올랐다. 마사는 불운에 굴하지 않고 (아마 머리끝까지 열을 받아서 헤밍웨이에게 복수하겠다는 결심을 하고선) 친구를 꼬드겨 폭약을 운반하는 노르웨이 화물선에 선실 하나를 얻어내도록 했다. 유럽으로 가는 데에 20일이 걸렸다. 승객은 마사가 유일했다. 선장과 선원들은 영어를 못 했고, 그녀로선 알 수 없는 이유로 선상에서 음주와 흡연은 금지되었다. 마사는 D. H. 로렌스의 책을 읽고 결혼생활에 대해 숙고하고 친구들에게 편지를 쓰며 시간을 보냈다. "그[헤밍웨이]는 좋은 사람이고, 이 사실은 지극히 중요해. 하지만 슬프게도 그는 내겐 나쁜 사람이야—내겐 맞지 않는 사람이라는 말이 더 정확할 것 같구나. 나 역시 그에겐 맞지 않는 사람이고."

헤밍웨이는 이미 런던에 도착해 있었고, 그의 '움직이는 축제'가 한창이었다.* 연합군은 언제라도 프랑스 노르망디 해변으로 밀고 들어갈 태세였다. 런던에서 부대와 함께 투입될 순간을 대기 중인 취재기자와 사진기자가 줄잡아 600명에 달했다.

한편 헤밍웨이는 밤늦게 파티에서 돌아오는 길에 교통사고를 당해 차

---

* '움직이는 축제'는 헤밍웨이의 파리 시절 회고록 제목 'A Moveable Feast'를 따온 말이다. 젊은 시절 파리에서 살아본 사람은 이후에 어디를 가건 파리를 마치 움직이는 축제처럼 지니고 다니게 된다는 게 헤밍웨이의 설명이었다. 이 표현은 또한 매년 날짜가 달라지는 축제를 뜻하기도 하는데, 여기서는 노르망디 상륙작전이 날짜 확정만을 앞두고 있었다는 의미를 담고 있다.—옮긴이

앞유리에 머리를 부딪쳤다. 이마에 깊은 상처가 나서 쉰일곱 바늘이나 꿰매고 며칠을 입원해야 했다. 마사는 소식을 듣고 병상으로 달려갔으나, 헤밍웨이는 병실에서 술에 취해 다른 기자들과 흥청거리고 있었다. 그 자리에는 당시 《타임》 소속 기자의 아내였고 장차 헤밍웨이의 네 번째 아내가 되는 귀여운 얼굴의 미국 중서부 출신 금발 여기자 메리 웰시도 있었다. 마사는 남편의 어처구니없는 짓에 화가 머리끝까지 났다. 내 생각엔 그에 더해, 대부분의 남성 유명인들처럼 헤밍웨이 역시 철없는 놀음을 책임질 필요가 없다는 것에도 짜증이 나지 않았을까 싶다.

파견 매체가 없는 마사는 프랑스로 갈 방법이 없었다. 1944년 6월 6일, 마사는 라디오에서 노르망디 상륙작전이 시작되었다는 뉴스를 듣자마자 해협을 건널 방법을 알아보고자 해안 지방인 사우스데번으로 향했다.

남자들은 왜 아직도 여자를 과소평가하는 게 자기 손해라는 걸 깨닫지 못한 걸까? 마사는 뱃머리에 커다란 적십자가 그려진 병원선을 발견하고는 건널판 아래에서 서류를 확인하는 경비원에게 다가가 말했다. "잡지 기잔데 간호사에 대한 기사를 쓰고 있어요." 그는 서류를 보여 달라는 질문조차 하지 않고 배에 오르라고 손짓했다. 무슨 생각을 했을지 뻔하지 않은가? '웬 멍청한 여자가 간호사 따위를 취재하는군.'

마사는 화장실에 숨었다. 오마하 해변에 도착해 보니 이미 수천 명의 병사가 물결을 헤치며 뭍을 향해 가고 있었다. 대낮에 펼쳐진 역사상 최대 규모의 상륙작전이었다. 머리 위에서 비행기들이 굉음을 냈다. 초대형 소해정이 해안을 훑으며 기뢰를 폭파했다. 상륙하는 병사들은 모래 참호 속 독일군에게 쉽게 저격당했다. 그날이 가기 전에 연합군 사상자는 9,000명에 달했다. 마사는 들것 운반자로 위장했지만, 사실 위장할 필요는 없었다. 그 대혼란 속에선 어떤 도움의 손길이라도 간절했다. 해변에는 포연과 고막을 두들기는 굉음, 화약과 타는 살의 냄새가 뒤섞인 지옥도가 펼쳐졌다.

마사는 노르망디 해변에 도착한 첫 번째 여성이었다. 400병상의 병원선이 부상한 병사들을 넘치게 싣고 런던으로 돌아가자, 마사는 곧바로 프랑스에 불법 입국한 죄로 체포되었다. 마사를 어찌 처리해야 할지 알 수 없었던 담당자는 그녀를 간호훈련학교로 보냈다. 마사는 쉽게 도망쳐서 상륙작전에 대한 긴 기사를 썼다. 언제나처럼 사람들의 이야기에 초점을 맞춘 기사였다. 헤밍웨이는 끝까지 수송선을 떠나지 않았고, 당연히 해변에 오르지 못했다. 그는 아랑곳하지 않고 1인칭으로 글을 써서 자신이 불안한 젊은 군인들을 달랬다는 자랑을 늘어놓았다. 《콜리어스》에서는 마사가 아니라 그녀의 유명한 남편에게 종군 취재를 맡겼지만, 마사의 특종은 기꺼이 실어 주었다. 마사와 헤밍웨이의 기사가 같은 호에 실렸다. 표지를 장식한 건 두말할 필요 없이 헤밍웨이였다.

처음 만나고 9년이 지난 1945년에 헤밍웨이와 마사는 이혼했다. 헤밍웨이의 아내들 중 자기가 먼저 떠나간 사람은 마사뿐이었다. 헤밍웨이는 격분했다. 그는 마사를 다른 누구보다 사랑했을지 모르지만, 이는 상황이 틀어졌을 때 다른 누구보다도 미워했다는 뜻이기도 하다. 그는 마사를 "미용사의 작품"이라느니 "커리어 불도저"라느니 하며 공공연히 비난했다. 마사는 본디 사적인 일에 대해선 함구했고, 결혼에 대해서도 마찬가지였다. 헤밍웨이의 부록으로 취급받는 게 질색이었으니, 말을 아낄수록 좋았다.

마사는 미국을 영영 떠나서 이스라엘, 베트남, 엘살바도르, 니카라과의 전쟁을 취재했다. 프랑스, 이탈리아, 멕시코, 케냐를 거쳐 영국에 정착했다. 남자도 몇몇 있었다. 남편도 한 사람 더 있었다. 그녀는 로맨스를 별로 꿈꾸지 않았고 결혼에 대해서는 고통스러울 만큼 지루하다고 여겼다. 한 번은 스스로를 "다섯 대륙을 통틀어 최악의 침대 파트너"라고 칭한 적도 있었다.

마사에게 가족을 이루고 싶은 본능이 완전히 결여된 건 아니었다. 전쟁이 끝나고 그녀는 이탈리아에서 산드로라는 이름의 아기를 입양했다. 조지 알렉산더라는 새 이름을 붙이긴 했지만, 마사는 그 애를 계속 '샌디'라고 불렀다. 싱글맘으로 샌디를 키우는 건 마사에게 힘들고 당혹스러운 일이었다—좀 더 직설적으로 말하자면, 마사는 엄마로서는 형편없었다. 궁극적으로 그녀는 외톨이 체질이었기 때문이다. '만만찮음'이란 본래 정의하기 나름이다. 보통은 복잡한 자신의 본모습대로 살아가는 여자에게 만만찮다는 평이 따라붙는다.

마사는 80대가 되어서도 성깔이 죽지 않았다. 그리고 그 나이에도 어디든 먼 나라의 전선으로 흔쾌히 향했다. 그녀는 언젠가 일기에 적었다. "세상의 일부가 되지 못한다면, 그 세상이 아무리 병들었다 해도, 죽은 거나 다름없다." 그녀는 세상이 내보이는 모든 끔찍한 것들을 목격하고 증언하겠다는 결의에 차 있었고 그럼으로써 그녀의 복잡한 천성 역시 증언했다. 마사 겔혼은 복잡하고 불완전한 사람이었고, 그렇지 않은 척하기를 거부했다.

제10장

숀다 라임스

멈출 줄 모르는 여자

뛰어난 TV 프로듀서 숀다 라임스는 2016년 TED 강연을 시작하며 자신의 업무량을 밝혔다. "한 번에 서너 개의 프로그램을 제작 중입니다. TV 드라마 한 편당 예산은 300만~600만 달러로 잡는데, 일단 500만 달러라고 치죠. 9일마다 한 편씩 만드는데 그런 프로그램이 네 개니까, 9일마다 2,000만 달러를 쓰는 셈이에요. 프로그램이 네 개면 총 방영 시간은 70시간 정도 됩니다. 어느 시점에나 16편짜리 프로그램 서너 개가 제작 중입니다. 시즌 당 3억 5,000만 달러죠. 목요일 밤이면 세 시간 연속으로 제가 제작한 프로가 나옵니다. 제 프로그램은 전 세계 256개 영토에서 67개 언어로 방영되고, 3,000만 명이 시청합니다."

수치를 읽는 것만으로도 긴장감에 몸이 떨린다. 숀다는 TED 강연에서 자신을 객관적인 어조로 '거물'이라고 불렀다. 그래야 마땅하다. 그녀를 ABC 목요일 밤의 지배자라고 해도 과장이 아니다. 숀다는 〈그레이스 아나토미(Grey's Anatomy)〉, 〈스캔들(Scandal)〉, 〈하우 투 겟 어웨이 위드 머더(How to Get Away with Murder)〉를 만들었고 〈더 캐치(The Catch)〉의 책임 프로듀서이다. 그녀의 드라마들은 끝날 기미가 없다. 내가 제일 좋아하는 〈그레이스 아나토미〉는 어찌나 오래됐는지, 초반 시즌에는 '신기술'인 휴대폰 문자 메시지를 소재로 한 에피소드가 있을 정도다(2005년 3월 27일에 방영된 시즌 1 첫 화 〈고된 하루의 밤(A Hard Day's Night)〉).

숀다 라임스는 TV라는 왕국의 왕좌에 앉아 있다. 그럼에도 머리에 얹힌 월계관에 안주하거나, 지금까지의 시청률과 제작비, 제작 크레디트와 에미상과 언젠가는 받게 될 오스카상을 포기할 생각은 눈곱만큼도 없다. 쉬엄쉬엄 일하고, 누구처럼 홀쩍 떠나서 '먹고 기도하고 사랑하고', 재난 같은 연애에 정신을 쏟고, 라이프스타일 블로그를 운영하면서 예쁜 요가 매트를 판매하며 살 수도 있을 텐데 그러지 않는다. 바로 그런 면이 숀다 라임스를 만만찮은 여자로 만든다. 숀다는 영구운동기관과 같은 야망을 지녔다. 웬만한 남자 뺨치게 진취적이라는 뜻이다. 그녀의 손에서 탄생한 유명한 여자 캐릭터들처럼, 그녀는 계속해서 인생이라는 피냐타(piñata, 멕시코에서 축제 때 쓰는, 안에 과자나 사탕 등을 넣은 종이나 진흙으로 만든 통—옮긴이)를 두드려 깨고 거기서 쏟아지는 사탕을 손아귀에 양껏 그러모은다. 그것도 아주 유쾌하게. 하지만 그녀는 멈춰 세울 수 없는 여자고, 멈춰 세울 수 없는 여자는—특히, 이미 한 네트워크 방송사의 하루 저녁을 완전히 접수했는데도 멈출 기미가 보이지 않는 여자는—만만찮은 여자다.

숀다 라임스의 직업적 근면성은 어렸을 적 어머니가 여섯 자녀를 키우면서 박사 학위를 따는 걸 지켜본 데서 기인하지 않았나 싶다. 1970년 시카고에서 태어난 그녀는 6남매의 막내로서 수줍고 내성적인 성격이었다. 책에서 위안을 찾았고, 어린 나이에 이야기꾼의 재능을 드러냈다. 어린 숀다는 부엌의 식료품 저장실에 숨어서 과일 통조림과 채소를 인물과 소품 삼아 정교한 시나리오를 구성하곤 했다. 어머니는 그녀에게 저녁 준비에 필요한 콩이나 옥수수 통조림을 달라고 했을 뿐, 나머지는 마음껏 가지고 놀도록 놔두었다. 숀다의 어머니가 얼마나 훌륭한 양육 철학을 가지고 있었는지 엿볼 수 있는 사례다.

숀다는 우등생 부문의 만만찮은 여자다. 열심히 일하고, 많은 것을 성취하고, 경쟁자들(즉, 목표를 향해 가는 길에서 걸리적거리는 거의 모든 사람)을 싹 치워 버린다. 그녀는 자신을 1999년작 영화 〈일렉션(Election)〉의 투지 넘치는 안티히로인(antiheroine) 트레이시 플릭에 비교한 적이 있다. 숀다는 활기가 넘치고, 자칭 워커홀릭이며, 즐겁게 과로하며 살아가는 A형 행동양식의 완벽주의자다(미국의 심장 전문의 프리드먼과 로젠먼이 1950년대부터 분류한 두 가지 성격 유형 가운데 A형은 성급함과 경쟁의식, 독단 등의 특징을 보인다고 한다.-옮긴이). 숀다는 가톨릭 고등학교를 우등 졸업했고, 다트머스 대학교를 다녔으며(역시 우등생이었다), 1995년에 서던캘리포니아 대학교 영화예술학교를 (역시 우등으로) 졸업하며 MFA(예술창작석사)를 받았다. 우등 졸업을 그렇게 많이 했는데도 영화학교를 졸업하고 난 뒤 그녀를 기다린 미래는 남들과 똑같았다. 밤에 글 쓸 시간을 낼 수 있는 지루한 직업들 말이다. 보통의 시나리오 작가 지망생들이 첫 시나리오를 팔기까지 길게는 10년도 걸리지만, 숀다는 운이 좋아서 졸업하고 3년 만에 뉴라인시네마에 시나리오를 팔았다. 이듬해인 1999년에는 핼리 베리가 주연인 HBO의 TV 영화 〈도러시 댄드리지(Introducing Dorothy Dandridge)〉의 각본을 공동 집필했고, 2001년에는 브리트니 스피어스의 영화 데뷔작 〈크로스로드(Crossroads)〉의 각본을 썼다(영화는 비평가들에게 혹평을 받았지만 박스오피스에서 6,000만 달러를 벌어들였다). 9/11 테러 당일, 그녀는 버몬트주에 틀어박혀 또 다른 영화 각본을 쓰고 있었다. 테러는 그녀에게 인생을 재검토하고, 무엇이 인생에서 가장 중요하며 무엇을 더 미룰 수 없는지 숙고하는 계기가 되었다. 그 결과, 숀다의 할 일 목록에서 최상단을 차지한 일은 '어머니 되기'였다.

숀다가 뭐든 해내고야 마는 완벽주의자임을 점을 감안하면, '완벽한 남편 찾기'가 목록에 올라 있지 않았다는 건 놀랍다. 숀다는 남자친구는 좋았지만, 남편을 구하고 싶지는 않았다. 그녀는 오프라에게 말했다. "제 집에 남편이 있기를 바라지 않아요. 저는 한 번도 결혼하고 싶었던 적이 없어요. 소꿉놀이도 안 했습니다. 재미가 없었거든요."

하지만 어머니가 되는 건 숀다의 오랜 꿈이었다. 그로부터 1년이 채 지나지 않아 숀다는 하퍼를 입양했다(이후 두 딸을 더 입양했는데, 그 아이들에게도 에머슨과 베켓이라는 근사한 문학적 이름을 붙였다). 집에서 아

140

기를 돌보면서 TV를 켰고, 자신이 들어가고 싶은 세계를 발견했다. 제일 먼저 쓴 건 여자 종군기자를 다룬 드라마 각본이었다. 그녀가 제작한 파일럿이 ABC에서 방영되었지만 편성을 받지는 못했다(나라면 본방사수했을 텐데). 다음으로 그녀가 쓴 파일럿 각본은 〈그레이스 아나토미〉였고 그다음은 2007년의 〈프라이빗 프랙티스(*Private Practice*)〉, 2012년의 〈스캔들〉이었다. 그녀가 '숀다랜드(ShondaLand)' 깃발을 내세워 책임 제작을 맡은 〈더 캐치〉, 〈오프 더 맵(*Off the Map*)〉, 〈하우 투 겟 어웨이 위드 머더〉, 〈스틸 스타크로스드(*Still Star-crossed*)〉도 숀다가 성공시킨 드라마 목록에서 빼놓을 수 없다. 2017년 현재, 47세의 숀다 라임스는 지상파 TV에서 가장 잘 나가는 제국의 여왕이자 할리우드에서 최고로 힘 있는 제작자다. 어떤 멍청한 보도자료에서는 그녀를 "가장 힘 있는 흑인 여자 제작자"라고 설명했지만, 틀렸다. 그녀는 한정 어구가 붙지 않은, 가장. 힘. 있는. 제작자다.

〈그레이스 아나토미〉를 제작할 때 숀다 라임스는 지금은 그래 보이지 않지만 당시로서는 혁명적이고 창의적이었던 선택을 했다. 탁월한 의사 역에 아프리카계 미국인, 아시아인, 라틴계 미국인을 캐스팅하고 그들을 입체적 인생을 살아가는 대단히 입체적인 인간으로 그려낸 것이다.

병원에 가본 적이 있는가? 그곳에서 일하는 의료인들을 유심히 살펴본 적이 있는가? 그들은 〈내가 그녀를 만났을 때(*How I Met Your Mother*)〉(이것은 〈프렌즈(*Friends*)〉, 〈도슨의 청춘일기(*Dawson's Creek*)〉, 〈뱀파이어 사냥꾼 버피(*Buffy the Vampire Slayer*)〉처럼 철저히 백인 위주의 드라마다)의 배우들처럼 생기지 않았다. 남자와 여자가 있다. 아시아인, 아프리카계 미국인, 라틴계 미국인이 있다. 인종과 피부색, 젠더, 성적 지향에 무관하게 누구나 의사가 될 수 있다. 민권운동과 여권운동이 그동안 이뤄낸 성과들을 생각하면 〈그레이스 아나토미〉 정도의 다양성은 이미 일상적인 것이었어야 할 텐데도 그렇지 못했기에, 숀다는 일종의 선지자로 추앙받았다. 지상파 TV는 그 이후 정말로 훨씬 다양해졌다. 2012년에 방영된 〈스캔들〉은 38년 만에 처음으로 아프리카계 미국인 여성을 주인공으로 한 드라마였다(1974년에 테리사 그레이브스가 〈크리스티에게 사랑을!〉(*Get Christie Love!*)〉에서 주연을 맡았다). 〈그레이스 아나토미〉와 〈스캔들〉 둘 다 꾸준히 높은 시청률을 기록 중이고, 목요일 밤 트위터는 실시간으로 의견을 공유하는 팬들로 북적이곤 한다.

나는 숀다 라임스를 모든 방면에서 적극 지지한다(우리는 자부심 강하고 배타적인 집단 서던캘리포니아대 영화학교 동문이다). 그녀는 대담하고, 남의 눈치를 보지 않고 도전한다. 그녀가 창조한 만만찮은 여성 인물들은 자신이 원하는 것을 대놓고 원하고, 목표를 위해서라면 주저 없이 필요한 행동을 한다. 그들은 똑똑하고 의지가 강하며 복잡하다—숀다와 많이 닮았다. 숀다의 재능이 더욱 빛을 발하는 건, 그녀가 시청자들로 하여금 쉽고 편안한 여자보다 만만찮은 여자를 '선호하도록' 만들었기 때문이다. 시애틀 그레이스 머시 웨스트 병원의 이기적이고 고집불통인 심장 전문의 크리스티나 양(샌드라 오 분)이나 두뇌 회전이 빠르고 결코 타협하지 않는 위기 관리자이자 정치적 '해결사' 올리비아 포프(케리 워싱턴 분)는 만약 다른 사람의 손으로 그려졌더라면 '비호감'이 될 수도 있었다. 비호감으로 비춰지는 것은 허구의 여성이든 실재의 여성이든 대죄가 아니던가. 하지만 숀다는 그들을 롤 모델로 그려냈다. 크리스티나 양은 시즌 10이 끝나고 〈그레이스 아나토미〉에서 빠졌다(최첨단 심장연구 센터를 이끌기 위해 취리히로 떠났다). 하지만 나는 아직도 그녀의 지혜를 되새길 때가 있다—그러니까, 숀다의 지혜 말이다. 우리 인생의 남자들이 "아무리 환상적일지라도, 그들은 태양이 아니다. 태양은 당신이다."

2015년에 숀다는 스스로에게 힘을 불어넣자는 선언문이자 회고록인
『긍정의 한 해: 춤을 추고 햇살 아래 서서 나 자신이 되는 법(Year of Yes:
How to Dance It Out, Stand in the Sun and Be Your Own Person)』을 출간했다
(국역본은『1년만 나를 사랑하기로 했다』인데, 본문의 흐름상 원제대로 옮겼다.─옮긴
이). 나는 제목의 뜻을 쉽게 이해할 수 없었다. 스토리텔링의 천재이자 멈출
줄 모르는 제작자인 숀다는 지금까지 온갖 고용 협상과 시리즈 제작 지시
와 블록버스터 드라마 기획에, 또한 세 아이를 키우는 싱글 맘의 삶과 그
에 수반되는 모든 것에 긍정해 오지 않았는가? 하지만 알고 보니, 그녀 같
은 워커홀릭은 일에 대해선 쉽게 긍정적인 대답을 하지만 나머지 온갖 것
들에 대해선 사회불안(social anxiety)을 느끼고, 그로 인해 공황에 빠지는
경향이 있다고 한다. 그 '나머지'의 예를 들어 보자.

대중 앞에서 말하기. (TED 강단에 선다는 건 엄청난 결심이었다.)

저녁 7시 이후엔 이메일 답장을 하지 않기. (이 시간에 그녀에게 이메일
을 보내면 참으로 숀다다운 답장이 돌아올 것이다. "유의 사항: 저는 저녁
7시 이후나 주말에는 업무 관련 이메일에 답장을 하지 않습니다. **만일 당
신이 제 부하라면, 전화기를 내려놓으라고 권하겠습니다.**") 요즘 같은
디지털 시대에 아무 때나 연락 가능한 사람이 되지 않으려면 우울할 정도
로 많은 용기와 절제력이 필요하다.

체중을 70kg 가까이 감량하기. (이 놀라운 성취를 이렇듯 덤덤하게 소
개하는 건 숀다가 그녀의 변신에 대한 사람들의 강박적 사고를 경멸하기

때문이다. 그녀는 뉴스레터 〈숀다랜드(Shondaland)〉에 이렇게 적었다. "체중을 감량하고 나니 사람들이 저를 귀한 사람으로 대하더군요. 대화할 가치가 있는 사람. 쳐다볼 수 있는 사람. 칭찬할 수 있는 사람. 존경할 수 있는 사람. 그냥, 사람. 제 말 들으셨죠? **이제야** 사람들이 저를 **사람**으로 대하고 있다고요." 몸무게에 집착하는 세상 사람들이여, 새겨듣기를.)

그리고, 모성을 다시 생각하기. 그녀는 말했다. "저는 어머니인 것을 하나의 직업으로 여기는 걸 모성에 대한 모욕으로 생각합니다. 어머니는 직업이 아닙니다. 어머니는 그 사람 자체입니다. 나의 정체성입니다." 그녀는 어머니를 순교자로 칭송하는 것에도 반대하며, 가족을 위해서라면 고통을 감수하고, 자신을 움츠리고, 자기 욕구를 다 억누를 수 있는 어머니의 능력을 칭찬하는 것이 얼마나 비뚤어진 사고방식인지에 대해 소리 높여 불평한다. 숀다가 출시하길 원하는 신개념의 어머니날 카드에는 이런 글귀가 적힐 것이다. "제게 힘과 독립심과 경쟁심을 가르쳐 주시고 있는 그대로의 저 자신이 되어 제가 원하는 것을 위해 싸우는 방법을 알려주신 어머니께. 어머니날을 축하합니다."

숀다가 만만찮은 건 자신이 어마어마하게 능력 있고 잘난 여자라는 걸 스스로 흔쾌히 인정하기 때문이다. 숀다는 대단한 성취를 이루었고, 그러지 않은 척할 이유가 없다. 그녀를 본받아 보자. 우리가 해낸 대단한 일, 승진, 특별한 보상을 단지 행운이 따랐다거나 우주가 우리에게 미소를 보내 주었다거나 하는 식으로 깎아내리지 말자. 우리의 지성과 노력과 수양과 재능 덕분이라고 인정하자. 숀다처럼 살짝 거들먹거려도 좋다.

144

제11장

에바 페론

열광적인 여자

우리 대부분은 에바 페론을 1978년 작 록오페라 〈에비타(*Evita*)〉를 통해 알게 되었을 것이다. 뮤지컬 배우 패티 루폰이 에비타의 트레이드마크인 꿀빛 금발을 쪽 져 올리고 「나를 위해 울지 말아요, 아르헨티나(Don't Cry for Me Argentina)」를 열창했었다. 내 경우엔, 대학 시절 강의를 들으러 가기 전 프로스티드 플레이크 시리얼을 먹으면서 늘 시청하던 〈투데이 쇼〉 방송 중간에 흘러나온 광고를 통해 그녀를 알았다. 그 광고는 몇 달 동안 나왔고, 아직도 매 장면이 또렷이 기억난다. 루폰이 사랑하는 국민들에게 여러분도 나를 사랑해 달라고 간청하는 동안 체 게바라 역의 수염 덥수룩하고 섹시한 맨디 파틴킨이 의자를 거꾸로 타고앉아서 영부인을 타는 듯한 시선으로 바라보았다(그 베레모라니!). 그 광고는 내게 괜찮은 혁명가 남자친구를 물색해 봐야겠다는 짧은 열망과, 매력적이고 만만찮았던 여자 에비타에 대한 평생 가는 매혹을 선사했다.

한때 라디오 스타이자 B급 여배우였던 에비타는 1946년부터 1952년 사망하기 직전까지 남북 아메리카 대륙을 통틀어 가장 힘 있는 여자였다. 남편인 후안 페론 대통령에게 열정적으로 헌신한 그녀는 여성에게 참정권을 주고, 놀라운 수준의 현대적 사회서비스망을 구축하고, 금품 강요와 뇌물 수수와 부패를 제재하는 데 중요한 역할을 했다. 에비타는 지지자들에겐 신이 내린 성인이었고, 반대자들에겐 시골에서 온 싸구려 창녀 같은 여자였다. 부패한 의회에서는 에비타가 33세의 나이로 암으로 죽을 때까지 그녀를 "모든 아르헨티나인의 영적 어머니"라고 칭송했다. 에비타는 복잡한 여자였다. 아집이 강했고 정이 많았고 복수심에 불탔고 고압적이었다. 한마디로, 그녀는 만만찮았다.

에비타는 1919년 부에노스아이레스에서 서쪽으로 240km쯤 떨어진 가난한 마을 로스톨도스에서 태어났다. 목장 관리자이자 마을의 거물이었던 후안 두아르테가 정부인 후아나 이바르구렌에게서 낳은 다섯 번째 사생아였다. 후안 두아르테에겐 멋진 차가 있었고 치안판사라는 그럴듯한 직함도 있었다. 마을 사람들은 그를 아주 좋아했기 때문에 그와 후아나의 자식인 블랑카, 엘리사, 후안, 에르민다, 에바 마리아의 존재를 다들 눈감아 주었다.

후안이 다른 마을에 본처와 세 자식을 두고 있다는 사실에 놀라거나 못마땅해하는 사람은 없었다. 그는 두 마을을 자유자재로 오가며 가끔 후아나에게 푼돈을 던져 주었고, 모든 면에서 당대의 전형적인 아르헨티나 남자답게 행동했다. 그럼에도 불구하고 사람들은 후아나가 본처처럼 군다며 비난을 퍼부었다. 후아나는 훌륭한 재봉사였기에 그녀와 아이들 모두 괜찮은 옷을 입었으며 다들 청결을 유지했다. 후아나는 향수도 뿌렸다. 그리고 그게 주제넘다고 욕을 먹었다. 그들의 눈에 진짜 문제는 결혼하지 않은 한낱 재봉사가 감히 남들 앞에서 스스로를 존중하는 모습을 보인다는 것이었다. (그녀 역시 만만찮은 여자였다.)

후아나 이바르구렌은 죗값을 일찍 치르게 된다. 에바가 고작 돌이 지난 시점에 후안 두아르테가 본처에게로 영영 돌아가면서 후아나와 아이들을 버린 것이다. 후아나 가족은 빈곤에 시달려야 했다. 설상가상으로 후안 두아르테는 곧 차 사고로 목숨을 잃었다. 후아나는 마을 사람들이 주는 것들에 기대어 생계를 유지하는 신세가 되었다. 그녀는 닭이라든지 채소, 우유, 빵 따위를 받아 아이들에게 먹였다. 후아나에게 호의를 베푼 사람

중엔 남자들도 있었고, 곧 그녀는 아무에게나 몸을 대주는 매춘부로 간주되었다. 딸들은 아직 어린 소녀였는데도 연좌제로 하자품 취급을 받았다.

에비타의 이야기에는 '매춘부(common whore)'*라는 말이 자주 나오니, 마음의 준비를 하길 바란다. 에비타가 짧은 인생 동안 어떤 새로운 일을 시작하고, 결정을 내리고, 운 좋게 성공하고, 과감하게 추진하고, 다음 일로 넘어가고, 힘들여 전진하고, 입을 열고 할 때마다 어딘가에서는 그것이 남자에게 몸을 대준 대가라고 폄하하는 소리가 나왔다. 여자가 빨래 이외의 일을 하기만 하면 매춘부라고 부르는 극도의 마초 문화에서 자동적으로 튀어나오는 모욕이었다. 심지어 어휘력이 좀 더 풍부할 것으로 생각되는 아르헨티나의 대작가 호르헤 루이스 보르헤스조차 에비타를 그렇게 불렀다. 이 단어의 반대말인 'uncommon whore(특출한 매춘부)'라는 표현은 없다는 데 주목하라. 그러나 만일 이런 표현이 어울리는 사람이 있다면 그건 에비타일 것이다.

1930년에 후아나는 로스톨도스를 떠나 세탁물을 맡길 고객이 더 많고 나이 든 자녀들이 일할 곳도 있는 지방 도시 후닌으로 갔다. 에바는 학교에 다니기 시작했는데, 교사들은 그녀가 커다랗고 짙은 눈과 도자기 같은 피부 외에는 별로 기억나는 것이 없는 아이였다고 말했다. 에바는 시 낭송을 좋아했고, 일종의 자유 발언대가 열리던 지역 레코드 가게에서 시를 읊곤 했다. 그녀는 무엇보다도 미국 영화를 사랑했다. 미국 영화는 본토에서 개봉하고 족히 5년은 지나야 후닌의 영화관에 걸렸지만 상관없었다.

---

* 스페인어로는 'la puta(the whore)'다. 에비타를 미워한 아르헨티나인들이 그녀를 'la puta', 'la gran puta(the great whore)' 등의 멸칭으로 불렀다. 참고로, 영어에서 'whore'는 'bitch'와 비슷하게 '논다니 같은 년, 음탕한 년'이라는 의미의 욕설로도 흔히 쓰인다.—옮긴이

에바는 영화 속의 의상과 보석, 립스틱, 네일 폴리시, 그리고 화려함에 넋을 잃었다. 이제 그녀에겐 목표가 생겼다. 영화배우가 되겠어!

전설에 따르면 1934년 15세의 에바는 학교를 중퇴하고 지역의 탱고 가수 아구스틴 마갈디의 정부가 되어 그와 함께 꿈을 이루기 위해 부에노스아이레스로 갔다. 이 전설에는 스크루볼 코미디 버전도 있다.* 에바가 마갈디를 유혹하고자 했으나 기혼이었던 마갈디에게 거절당하고, 부에노스아이레스로 돌아가는 그의 기차 칸에 몰래 숨어 들어갔다는 것이다. 하지만 에바가 후닌을 떠난 그해 마갈디가 후닌을 방문하거나 공연을 했다는 기록이 남아 있지 않은 걸 보면 두 버전 모두 사실이 아닐 테다.

이 시점부터 에비타의 인생 이야기는 항상 적어도 세 가지 버전이 존재하게 된다. 에비타 지지파가 주장하는 버전, 에비타 반대파가 주장하는 버전, 그리고 정치적 게임에 발을 담그지 않은 제대로 된 역사가들이 용감하게 내놓은 버전. 여기에 20세기 초 아르헨티나의 공식 기록 부재, 후안 페론과 결혼한 뒤 개인사를 인정하거나 자세히 설명하기를 거부한 에바의 태도, 페론 치하의 심각한 언론 탄압, 몇 톤의 오글거리는 위인전들까지 더해지면 용감한 역사가들은 무척 불리한 입장에 처한다. 그럼에도 그들은 최선을 다하고 있다.

에바는 운전면허가 없는 십대들이 주로 택하는 방식으로 부에노스아이레스에 갔을 가능성이 높다. 십대답게 끈질기게 어머니를 졸라서 말이다. 어떤 시점에 후아나가 "그래! 알았어!"라고 외쳤을 것이고, 두 사람은 아르헨티나의 수도로 가서 에바가 어떤 종류의 일자리를 얻을 수 있는지 조

---

* 1930년대 미국에서 유행한 코미디 유형으로, 대개 빈부 격차가 큰 남녀 주인공이 갈등 끝에 행복한 결말을 이루는 구성이다. 여주인공이 재치 있고 진취적인 인물로 그려졌다는 점에서 당대 다른 영화와 구별된다.—옮긴이

사했을 것이다. 후아나는 에바에게 작은 셋방을 구해 주고 후닌으로 돌아왔을 것이다. 1935년 3월, 에바는 코메디아스 극장에서 올린 연극 〈페레스 부인〉으로 무대에 데뷔했다.

❋

부에노스아이레스는 마초 양념을 담뿍 뿌린 아르헨티나의 맨해튼이었다. 14세기에 스페인인들이 정착했고, 19세기 초에 영국의 침공을 받았으며, 프랑스의 영향 또한 짙게 받은 이 도시는 유럽 느낌이 물씬 풍겼다. 앙증맞은 가게들을 축구 경기장과 권투 링으로 바꾼다면 그렇단 소리다.

1930년대 중반의 연극계는 부에노스아이레스 사회의 축소판이었다. 스타들은 대개 제작자와 아는 사이였고 보수를 잘 받았다. 그들의 생활비와 여행비는 극단에서 지불했다. 스타가 아닌 나머지 배우들은 사실상 굶었다. 리허설에 대한 보수를 받지 못했고 의상비와 숙박비를 직접 대야 했다. 어느 쪽이든, 여배우는 전부 매춘부로 간주되었다. 배후에서 도와줄 스폰서를 구해야 한다는 게 불문율이었다.

에바에게도 스폰서가 있었을까? 어쩌면? 아마도? 그녀는 분명 몇몇 남자들에게 사랑과 욕망을 품었다가 버렸고, 그들의 도움을 받아들였다. 26세의 나이로 후안 페론과 결혼했을 때 그녀는 처녀가 아니었다. 그러니 이 점에 대해서는 알아서 생각하시길.

커리어 초기에 에바는 근근이 생계를 유지했다. 〈페레스 부인〉 공연 뒤에는 SF 라디오 드라마에서 작은 배역을 맡았고 탱고 대회의 사회를 보았다. 아르헨티나 질병예방연맹에서 매독의 무서움을 알리고자 제작한 교훈극 〈치명적인 입맞춤〉에서 배역을 맡아 순회공연을 다니기도 했다.

에비타는 교육을 받지 못했고 특별히 똑똑한 것도 아니었다. 하지만 말이나 글로 표현되지 않는 세상의 실제로 돌아가는 규칙에 민감했다. 1937년 즈음 그녀는 인기 영화잡지 《신토니아(Sintonía)》에 어떻게든 이름을 싣는 게 좋으리라 생각하고는 잡지 사무실을 찾아가 편집장과 약속이 있다고 주장했다. 편집장은 그녀의 시도가 서로에게 시간 낭비라고 생각하며 만남을 거절했다. 다음 날 아침, 에바는 사무실에 찾아가 똑같은 주장을 했다. 그녀는 활기차고 끈기 있는 데다 성공하겠다는 집념에 차 있었다. 접수원은 결국 포기하고 그녀에게 사무실 앞에 앉아 있어도 된다고 허락했다. 에바는 거기 앉아서 손톱을 칠하곤 했다. 마침내 어느 날, 신문에 젊고 예쁜 여배우 에바 두아르테(그녀는 항상 아버지 성을 썼다)가 힘 있는 편집장에게 무슨 볼일이 있는 것인지 궁금해하는 가십 칼럼이 실렸다. 에바의 이름이 편집장의 이름과 연결된 것이다. 처음부터 에바의 의도는 그것이었다.

에바는 라디오 각본가에게 친근하게 굴어서 다음 라디오 드라마 배역을 따냈다. 《신토니아》는 캐스팅 소식을 알리는 기사에서 에바를 '역동적인' 배우라고 칭했다. 당시 영화잡지 기사는 대부분 헛소리로 채워졌지만 에바의 연기 스타일을 '역동적'이라고 묘사한 건 완곡하되 정확한 표현이었다. 그녀의 연기 스타일은 히스테리의 경계를 넘나드는 것이었으니까.

아르헨티나의 라디오 시장은 프로그램과 청취자 수의 측면에서 미국에 버금가는 규모였다. 제일 인기를 끈 건 멜로드라마와 비극을 사랑하는 아르헨티나 사람들의 입맛에 맞는 라디오 드라마였다. 작가들이 아침에 각본 한 편을 휘갈겨 써내면 오후에 배우들이 연기를 했고, 그렇게 그날 방송분이 만들어졌다. 1943년, 24세의 나이로 라디오 스타가 된 에바는 비누 제조업에 종사하는 오빠 후안의 도움으로 자신의 제작사를 세웠고, 래디컬 소프 사의 후원을 보장받았다. 이제 에바는 어떤 라디오 드라마 여배우의 월급보다도 많은 6,000페소를 매달 벌어들였다. 그녀는 바리오노르테 지구의 시크한 아파트로 이사했다. 동료들 사이에서 특별히 호감을 사지는 못했지만 믿음직하다는 평을 받았고, 라디오 드라마에서 요구되는 과장된 연기에 매우 능했다. 예쁘고 역동적인 에바 두아르테의 연극적이고 과하게 감정적인 성격이 세계사를 바꾸리라는 사실을 아직까지는 아무도 몰랐다.

아르헨티나의 정치체제는 미국을 따라 행정부, 입법부, 사법부로 삼권이 분립되어 있다. 선거도 열리는데 부정선거이기 일쑤고, 종종 군사 쿠데타가 일어난다.

정치에 한 점의 관심도 없던 에바에게 1943년 6월 4일의 쿠데타는 드라마 제작에 제약을 가한다는 점에서 짜증스러운 사건이었다. 갑자기 라디오나 엔터테인먼트에는 문외한인 웬 군인이 나타나서 그때그때 아무렇게나 정하는 듯한 규정에 따라 에바의 프로그램을 규제했다. 드라마에서 나팔이나 호루라기를 불어선 안 되었고, 외국어 대화도 금지되었다. 각본을 쓰면 새로 만들어진 신문방송 감독관에게 먼저 검사를 받아야 했다.

에바의 새 프로그램 〈역사의 여주인공들〉은 검열을 통과하는 데 성공했다. 물론 세간에는 매춘부 에바가 방송 시간 배정을 담당하는 장교와 잤다는 소문이 떠돌았다. 정말일까? 어쩌면? 아마도? 혹은, 에바의 프로그램이 단지 하루 종일 형편없는 각본을 읽는 데 질린 군인의 마음에 들 만큼 괜찮았고 적당히 따분했던 건 아닐까?

해가 바뀌고 1944년 1월에 지진이 일어났다. 부에노스아이레스에서는 책장의 책 몇 권이 바닥에 떨어지는 강도였지만 서쪽 안데스 지역의 도시 산후안은 완전히 폐허가 되었다. 노동부 장관이었던 후안 도밍고 페론은 구호기금 모금을 위한 아이디어 하나를 떠올렸다. 연극, 코미디, 탱고, 노래를 한데 모은 갈라 쇼를 여는 것이었다.

훗날 에비타의 남편이 되는 남자 후안 페론에게 내 책의 잉크를 낭비하고 싶지 않지만, 에비타가 세상에서 가장 열정적인 페론주의자가 되니만큼 선택의 여지가 없는 것 같다.

후안 페론은 에비타처럼 목장 관리자의 사생아였다. 하지만 그의 부모가 후에 결혼했기 때문에 출생이 큰 문제가 되지는 않았다. 후안은 아홉 살에 기숙학교에 들어갔고, 다음으로는 사관학교에 진학했다. 페론은 다부지고 잘생긴 마초였다. 펜싱과 폴로를 했고, 할리우드의 성격배우라 해도 깜박 속을 만한 용모였다. 세상사에 지치고 음주 문제가 있는 탐정 역에 안성맞춤인 얼굴 말이다.

그는 직업군인이었다. 1939년에 첫 아내가 죽은 뒤(사인은 자궁경부암이었다. 이에 대해선 나중에 다시 설명할 기회가 있을 거다) 그는 유럽으로 가서 이탈리아의 산악전 사단에서 훈련을 받고, 아르헨티나 군을 대표해 파시즘을 공부했다. 그는 화려하고 격식을 갖춘 나치 문화에 매료되었다. 부에노스아이레스에 돌아와서는 히틀러와 무솔리니에 대한 존경심을 거리낌 없이 표출했다. 프랑스와 영국의 민주주의가 오래가지 않으리라는 확신에 바탕을 둔 행동이었다. 페론은 1차 세계대전에서 중립을 지킨 아르헨티나가 이번엔 승자들과 운명을 같이 할 수 있으리라 생각했다.

당시에야 후안 페론이 무슨 생각을 하건 아무도 신경 쓰지 않았다. 그는 1941년에 귀국하자마자 먼 지방으로 파견되어 육군 스키 강사로 복무했다. 1943년 쿠데타(에비타가 라디오 각본 검열 문제로 골치를 싸매게 만든 그 쿠데타) 이후 그는 노동부 장관으로 임명되었다. 중요한 직위처럼 들리지만, 사실 웃기는 걸음걸이부 장관(영국 코미디 〈몬티 파이선(Monty Python)〉 시리즈에 등장하는 허구의 정부 부처-옮긴이)이 되는 것과 크게 다르지 않았다.

1943년에 아르헨티나 정부에는 노동자를 생각하는 사람이 한 명도 없었다. 노동자는 그냥… 항상 그 자리에서… 기차와 버스를 운전하고 거리를 청소하고 공장에서 물건을 만드는 사람들이었다. 노동자의 권리라는 개념도 없었는데, 군부정치가 시작되기 전 오랫동안 아르헨티나를 지배한 과두 정부에서 그 필요를 느끼지 못했기 때문이었다. 그래서 당시에 가장 중요한 것은 자선이었다. 노동자를 비롯한 빈곤층은 부유한 사람들이 기분 내키는 대로 던져주는 것에 의존하고 있었다.

지진 발생을 전후한 시기에 아르헨티나 언론은 48세의 페론에게 한눈에 반했다. 군사정부의 다른 지도자들은 뚱했으나 그는 수다스럽고 매력적이었다. 그는 대화 상대의 태도를 그대로 따라하는 경향이 있었기에, 사회정의를 위한 투사와 나치 동조자 어느 쪽으로도 보일 수 있었다.

에비타와 페론은 지진 성금 모금을 위한 갈라 쇼에서 서로를 소개받았고, 갈라가 끝난 뒤 함께 떠났다. 그리고 바로 커플이 되었다. 에비타는 바리오노르테의 근사한 아파트를 떠나 페론의 집으로 들어갔다. 그녀는 라디오 드라마를 계속했고, 많게는 하루에 세 차례나 되는 녹음을 소화했다. 당시 유행대로 앞머리를 틀어 올리는 헤어스타일을 했지만 머리색은 아직 짙었다. 1944년 말, 에바는 극단을 소재로 한 역사 멜로드라마 〈서커스 행렬〉의 주연으로 발탁되었다. 연기를 위해 처음 머리를 금발로 염색한 그녀는 다시는 원래 머리색으로 돌아가지 않았다.

아르헨티나에서 영화를 찍을 필름을 구하기는 어려웠다. 주 수입원은 멕시코나 미국이었는데, 에비타는 페론의 인맥을 통해 영화 한 편을 제작하기에 충분한 양의 필름을 손에 넣을 수 있었다. 그녀는 필름을 영화사에 넘기며 자신을 주역으로 써 달라는 단서를 붙였다. 영화 〈탕녀(La pródiga)〉는 기묘한 선택이었다. 에비타는 자신만큼 운이 좋지 않았던 사람들에게 너그러움을 베풀다가 그로 인해 추락하는 나이 든 귀족 미인 역할을 연기했다. 촬영 스케줄 같은 건 없었다. 에바가 시간이 날 때마다 몇 롤씩 찍곤 했다.

한편 노동부 장관실에서 페론은 혼자 힘으로, 게다가 놀라우리만큼 짧은 시간에 노동자 계급의 생활을 개선시켰다. 페론은 노동조합을 강력히 지지했고, 최저임금, 의료비 지급, 유상 휴가, 퇴직금, 주 40시간 근무 등을 제도화함으로써 노동조합의 영향력과 법적 권리를 확충시켰다. 노동쟁의를 처리할 노동재판소를 개설하기도 했다. 과거에는 노동자가 불만을 표출하면 일단 교도소에 처넣고, 사실은 별로 불만스럽지 않다고 마음을 바꿔 먹을 때까지 기다리는 게 해결책의 거의 전부였다.

아마 독자는 지금쯤 이렇게 생각하고 있을 것이다. 후안 페론—이 사람 괜찮은데? 하지만 자세히 살펴보면 얘기가 달라진다. 그는 페론 표 권위주의의 특징이 될 작전을 써서 기존 조합을 '폐쇄'했다. 예리한 사상가들과 훗날 자신에게 반기를 들 수 있는 사람들을 미리 노동조합 지도부에서 제거한 것이다. 그가 이끄는 새로운 조합의 지도부는 그의 헌신적인 지지자와 아첨꾼들로 채워 넣었다. 그럼에도 불구하고 수백만 노동자의 생활이 극적으로 향상된 것은 사실이었고, 그렇게 일생의 페론주의자들이 탄생했다. 버림받은 조합 지도자들과 보수주의자들은 반대로 격분했다. 이도저도 아닌 사람들은 혼란에 빠졌다. 아르헨티나 정치에서 드문 일은 아니었다.

에비타는 후안 페론에게 불같이 헌신했다. 24년의 나이 차에도 불구하고 두 사람은 여러 면에서 천생연분이었다. 에비타는 열정적이었고, 페론은 과묵했다(아르헨티나 사람치고 그랬다는 말이다). 에비타는 심장을 따랐고, 페론은 반대파를 완전히 잠재우기 위해 마키아벨리적 필요 사항들을 따랐다. 독재자에게 드물지 않은 모습이다. 두 사람의 연애는 놀랍도록 현대적이었다. 페론은 때로 자기 아파트에서 회의를 열어서 가방끈 긴 법조인들과 따분한 장군들과 박학다식한 정치인들을 한 자리에 불러 모았다. 그 자리에 시건방진 라디오 스타 에바가 커피를 내오고는 대화에 끼어들곤 했다. 남자들은 충격을 받았다. 남자들의 대화엔 아내도 끼어들어선 안 되는데, 정부가 저런 짓을 한다고? 페론은 왜 받아들여지지 않는 행동을 하는 걸까? 에비타를 딸이라고 둘러대고 뒷방에 숨기면 될 것을?

다시 한 번 후안 페론이 점수를 딴다. 그는 굳이 거짓말을 할 필요를 느끼지 못했고, 다른 이유도 있었다. 에바에게서 불같은 성정을 발견했기에 그녀를 교육시키는 게 현명한 선택이라고 판단한 것이다. 에바는 그의 멘티이자 제자, 그리고 그가 언젠가 칭했듯 "제2의 나"가 되었다. (이것도 꽤 문제이긴 하지만 뜻밖의 근친상간 관계에 캐스팅되어 뒷방에 갇히는 것보단 낫다.)

에비타는 대단히 열성적인 학생이었다. 페론은 그녀를 백지에서부터 가르쳤다. 에비타는 조합 회의와 이런저런 취임식에 참석했고, 정치 집회에도 나갔다. 페론은 각료회의 직전에 레코드플레이어를 들고 와서 자리에 모인 사람들에게 에바가 드라마틱한 분위기로 낭독한 혁명시를 들려주기도 했다. 에바가 매춘부라는 비난이 널리 퍼지기 시작한 게 이즈음이었다. 매춘부들이 경멸받는 건 단지 도덕적 이유에서만이 아니었다. 그들은 남자에게 주문을 걸 줄 안다고 여겨졌다. 후안 페론도 주술에 당한 게 분명했다.

1945년 10월 9일 성급했고 곧 실패한 쿠데타(내가 아는 한 이는 아르헨티나의 특기다)가 일어나 페론은 군부 정권의 부통령과 노동부 장관 직에서 물러났다(군부 내 페론 반대파의 쿠데타 시도였다.―옮긴이). 나흘 뒤 그는 체포되어 마르틴 가르시아섬의 군사교도소로 이송되었다. (여기에는 에비타 건 말고도 복잡한 정치적 이유가 있었다. 사람들은 대체로 파시스트 친화적인 군에 질려 가고 있었다. 아르헨티나는 오랫동안 자랑스럽게 중립을 지켜왔지만, 연합군을 지지하라는 미국 측의 압박을 받았다. 연합군이 추축국 군과의 전투에서 이기거나 그들을 패퇴시킬 때마다 과두제 세력과 정치적으로 기민한 상위중산층 시민들은 마치 나치 친화적인 현 정권에 대해 상징적인 승리를 거둔 양 기뻐했다.) 에비타는 당시 우주 비행사 역할로 출연하고 있던 SF 라디오 드라마에서 즉각 퇴출당했다. 그녀는 갑자기 남자도, 직업도, 24시간 따라붙던 경호원들도 없는 신세가 되었다. 부유층 숙녀들은 일부러 그녀의 집 앞까지 찾아와 문 앞에 침을 뱉고 갔다.

이어지는 며칠 동안 혼란이 계속되었다. 내각이 없었다. 식육 공장 노동자들과 설탕 생산 노동자들이 파업을 했다. 전차 운전사들은 차에서 내렸다. 신문은 페론과 그의 '나치-파시즘'이 종말을 맞았다고 보도했다. (미래에 어떤 일이 벌어지는지 꿈이나 꿨을까?)

이때부터 에비타에 관한 다양한 버전의 이야기가 펼쳐지기 시작한다. 가장 널리 퍼진 전설 두 가지는 이렇다. 첫째는 그녀가 자기 남자를 구하겠다는 일념하에 변장을 하고 노조 지도자들을 잇달아 찾아다니면서 지원을 호소했다는 것. 둘째는 그녀가 반대파에 의해 뒷골목으로 끌려가 된통 얻어맞았는데, 그 멍들고 상처 난 얼굴이 자연히 변장 역할을 했다는 것. 어느 쪽이든, 두 전설 모두 에비타가 영웅적으로 아르헨티나의 노동자들을 지휘하여 사랑하는 남자의 석방을 위해 봉기하게끔 만들었다고 주장한다.

에비타가 실제로 한 행동은 후안을 석방해 달라고 인신보호영장을 신청한 것이었다. 상황을 감안하면 놀랄 만큼 냉정하고 표준적인 대응이었다. 연방 판사 후안 아틸리오 브라무글리아는 그녀에게 퇴짜를 놓았다. 그는 에비타의 뜻을 거스른 것을 후회하게 되지만, 그건 나중 일이다. 에비타는 자신의 아파트로 돌아갔다.

어쨌든 노동자들은 봉기했고, 페론에게 대통령직에 올라 자신들을 이끌어 달라고 아우성쳤다. 쿠데타가 일어나고 여드레 뒤인 10월 17일, 노동자들은 출근을 하지 않고 도심의 마요 광장으로 향했다. 그들 중 많은 사람은 도심에 가는 게 처음이었다. 마요 광장은 1580년 부에노스아이레스 건립 이래 아르헨티나 시위의 중심지 역할을 해 왔다. 노동자들은 버스에 올라가거나 뒤에 매달려서 구호를 외쳤다. "비바 페론! 비바 페론!" 경찰도 행진하는 군중에 가담했다. 페론이 군인이었기에 그에게 동조한 것이다. 페론은 그날 당장 석방되었다. 셔츠를 입지 않은 사람들이라는 뜻의 '데스카미사도스(descamisados)'라고 불리게 된 노동자들은 자신들에게 엄청난 정치적 영향력이 있음을 깨닫고 벼락을 맞은 듯 놀랐다.*

바로 이날이 1945년 10월 17일, 에비타가 자신이 "태어났다"고 한 날이다. 다음 날, 그녀와 후안은 후닌에서 작은 결혼식을 올렸다.

그렇게 거의 하룻밤 사이에 에비타의 과거는 말소되었다(알다시피 매춘부 운운하는 내용만 빼고). 그녀는 사생아로 빈곤하게 산 과거가 부끄러워 전부터 유년기에 대해 함구했었다. 이젠 라디오 스타였던 적도, 영화를 찍은 적도 없는 것처럼 굴었다. 그녀의 영화 필름은 전량 압수되고 파괴되었는데, 에비타와 후안은 〈탕녀〉만 한 부 남겨서 때때로 감상했다고 한다. 에비타는 이제 아르헨티나에서 가장 열렬한 페론주의자였으며 그녀에게서 중요한 사실은 그것뿐이었다.

그해 말 페론은 대통령에 출마하겠다고 선언했다. 무소속에 자금 지원도 받지 못했지만 데스카미사도스와 다양한 급진주의자들이 그를 지지했다. 제대로 된 조직과 자금원을 갖춘 진보파와 보수파, 사회주의자, 공산주의자들이 전부 그를 반대한다는 건 중요하지 않았다. 그의 곁에는 에비타가 있었다. 젊고, 금발이고, 아름답고, 매혹적인 에비타. 사람들은 그녀에게 홀딱 반했다. 1946년 2월 24일, 페론은 1928년 이래 최초로 합법적으로 이루어진 대통령 선거에서 52%의 득표율로 승리를 거두었다. 그는 즉각 친구들을 중요한 직책에 임명하기 시작했다. 자신의 치과의사 리카르도 과르도를 내각에 불러들였고 에비타의 오빠이자 비누 판매원이었던 후안을 대통령 개인비서로 임명했다.

에비타는 완벽히 현대적인 영부인이었다. 그녀는 전통적인 아내의 임무

---

* '데스카미사도스'라는 말은 빅토르 위고의 『레미제라블』에 처음 나왔다. 작품 속 인물은 이 말로써 1823년 스페인 전쟁에서 봉기한 민중을 경멸적으로 칭했다. ─옮긴이

에는 관심이 없었다. 파티를 여는 데에도 흥미가 없었고, 요리는 일절 하지 않았다. 가끔 각료들이 약속 없이 대통령 관저를 방문하면 그녀는 통조림을 몇 개 따고 포크를 나눠주었다.

에비타가 관심을 가진 건 의상이었다. 그때까지 그녀는 라디오 스타답게 싼티 나는 옷만 입었는데, 이제 그래선 안 된다는 걸 알았다. 그녀는 각료로 발탁된 전직 치과의사 리카르도 과르도의 교양 있고 가정교육을 잘받은 아내 릴리아네 과르도에게 변신을 도와달라고 했다. 정부의 첫 공식 연회에서 에비타는 몸에 착 달라붙고 한쪽 어깨를 완전히 내놓은 회색 실크 드레스를 입었다. 에비타치고는 얌전한 옷이었지만, 모두가 아연실색을 했다.

1947년 6월, 에비타는 유럽 순회 여행을 떠났다. 여행의 목적은 모호했다. 언론에는 양 대륙 사이에 평화의 무지개가 뜨고 있다는 등의 헛소리가 실렸다. 스페인의 잔혹한 독재자 프란시스코 프랑코가 원래 초청한 건 에비타가 아닌 후안 페론이었다. 그러나 아르헨티나는 (프랑코를 좋아하지 않는) UN에 가입한 지도 얼마 되지 않은 참이라, 페론이 스페인을 방문하는 건 정치적으로 위험한 행보일 터였다. 그리하여 에비타가 남편 대신에 가게 되었다. 에비타가 스페인을 방문하기로 결정되자, 일반적인 여행의 논리가 튀어나왔다. 거기까지 간다면 내친김에 다른 나라도 들르는 게 좋지 않을까?

에비타는 그때까지 비행기를 타본 적이 없었다. 외국에 나가 본 건 한 번뿐이었다. 오빠 후안과 친구 릴리아네 과르도가 그녀와 동행했고, 귀금속 경비원과 연설문 작가, 외교관, 사진작가들도 함께 유럽으로 향했다.

마드리드에는 에비타를 환영하는 지지자 300만 명이 모였다. 스페인은 그녀를 환대하는 데 막대한 돈을 썼다. 연회, 미인대회, 행진, 선물, 길고 긴 연설들—전부 에비타를 위한 것이었다. 프랑스에서는 레지옹 도뇌르 훈장을 받았고, 파리 패션 브랜드를 돌며 최신 의상들을 단독으로 둘러보는 기회를 가졌다(이 여행 이후 크리스티앙 디오르가 에비타의 의상 대부분을 만들게 된다). 바티칸에서는 교황과 20분 동안 만났는데, 이는 유럽의 여왕들에게 내주는 것과 같은 시간이었다. 어떤 익살꾼은 그녀를 "남아메리카의 엘리너 루스벨트"라고 불렀다.

그럼에도 에비타는 매일 밤 릴리아네에게 침실로 와 달라고 부탁했다. 그녀는 외로웠고, 고향이 그리웠다. 이 모든 환대가 당연하다고 느끼기도 했지만, 이런 일은 능력 밖이라는 생각이 들어 두렵기도 했다. 아무에게도 내비치지 않은 감정이었다. 그녀의 웅변술은 빠르게 향상되고 있었다. 드라마에서 익힌 연기법은 짧고 열정적이며 과장된 선언들에 안성맞춤이었다. 이런 화법은 곧 에비타의 트레이드마크가 되었다. 에비타는 질문에 대해 실제로 대답하지 않으면서 대답하는 척하는 것에도 선수였는데, 이것이야말로 정치인의 필수 기술이었다.

1947년, 여성에게 투표권이 주어졌다. 에비타는 이 변화를 이끈 사람으로 칭송받지만, 그녀 인생의 다른 모든 사건이 그렇듯 실제로 어떤 일이 일어났는지는 알기 어렵다. 우리가 분명하게 아는 건 페론이 그녀를 여성주의 페론당 당수로 임명한 뒤 빠르게 여성에게 참정권이 주어졌다는 사실뿐이다. 대학에서는 직전 해보다 여학생 수가 두 배로 늘었다고 보고했다. 1951년에 열린 다음 선거에서는 여성 상원의원이 7명 선출되었다. 아르헨티나는 세계에서 제일 많은 여성 입법자 수를 자랑하게 되었다.

에비타의 진정한 열정은 베푸는 것에 있었다. 하지만 그녀의 베풂은 받는 사람을 위한 것인 만큼이나 자신을 위한 것인, 좀 헷갈리는 유형의 베풂이었다. 세상 사람들은 에비타가 극적인 베풂에 집착하는 깊은 속내가 무엇인지 궁금해하게 됐다. 가난했던 시절의 삶을 선명히 기억해서일까? 남편을 지지해 준 노동자들에게 빚을 졌다고 여겨서일까? 아니면 그냥 찬사를 받는 게 좋아서일까?

처음에 에비타와 후안은 크리스마스 시즌의 전통대로 차를 타고 극빈 지역을 돌아다니면서 파네토네 빵과 사과주 따위를 나눠주었다. 그러다가 곧 에비타 혼자 명절이 아닌 때에도 거리에 나서 음식 상자를 나눠주었다. 빈번한 파업 시기에도 그랬다.

사람들은 아주 구체적인 요구사항을 가지고 그녀의 사무실을 찾기 시작했다. 대다수는 여자였다. 하나같이 아주 가난한 여자들이었고, 지저분했으며, 뭐라고 말하면 좋을까, 몸에서 악취가 났다. 에비타의 수하들은 사무실에서 가난의 냄새가 진동한다고 말하곤 했다. 여자들은 아이들에게 신길 신발을 달라고 했다. 근근이 몇 페소를 버는 수단이었던 재봉틀을 도둑맞았으니 새 재봉틀을 달라고 했다. 남편의 심한 치통을 낫게 해 줄 약을 달라고 했다. 에비타는 아예 책상 위에 빳빳한 50페소 지폐를 쌓아 두었다. 그녀는 완벽하게 관리된 손을 뻗어 매일 아침 하녀가 헬레나 루빈스타인 네일 폴리시로 붉게 칠한 손톱 끝으로 압지틀에 눌린 지폐를 한 장 집어서 탄원자의 손에 건네고, 그들의 구체적인 요구사항을 기록했다. 사무실 앞에 늘어선 줄은 날이 갈수록 길어졌다. 에비타는 사무실을 더 오래 개방하기 시작했다—그녀는 역사상 가장 열심히 일하는 산타클로스였다.

후안 페론은 전형적인 독재자와는 거리가 멀었다. 그는 자유선거로 선출되었고, 비명을 지르고 발버둥치는 아르헨티나 사람들의 멱살을 잡고 현대로 끌고 갔으며, 그의 지지자들은—적어도 처음에는—온정주의적 통치를 받는 것을 꺼리지 않았다. 게다가 그에겐 아름답고 카리스마 넘치는 젊은 아내이자 옹호자가 있었다. 그녀는 과장된 수사로 점철된 페론 찬가를 불러 댔다. 하지만 페론에 대한 선전은 알고 보면 빛 좋은 개살구였는데, 페론이 노동자들에게 의존하긴 했지만 정말로 노동자들을 깊이 생각하진 않았기 때문이다. 진심인 쪽은 페론이 아닌 에비타였다. 한 번은 에비타와 후안이 어떤 행사장에 도착해서 리무진에서 내린 순간, 더러운 폰초를 입은 데스카미사도 한 사람이 난데없이 달려와 페론을 껴안으려고 했다. 페론은 반사적으로 그를 밀쳐 냈으나 에비타는 비딱거리는 하이힐 걸음으로 그를 따라가 보상 조로 그의 머리에 입맞춤을 해주었다.

필립 햄버거라는 기자는 1948년 6월 26일자 《뉴요커》에 이렇게 적었다. "그들은 대통령 관저에서 행복하게 산다. 그녀에겐 이제 고급 모피와 새틴, 크고 반짝이는 다이아몬드와 루비와 에메랄드가 있다. 꿈이 실현된 것이다. 하지만 에바는 결코 빈자들을 잊지 않는다. 영부인과 대통령은 서로 사랑할 뿐 아니라 민중들을 사랑하기에 매일 고되게 선행을 하고 민중의 적들을 물리친다. 한 주도 거르지 않고 그렇게 계속한다. 와우!"

에비타와 후안은 자신들을 자녀를 사랑하되 엄격한 부모로 생각했다.

말대꾸에는 벌을 주었다―실은 자기들의 의견에 반대하는 누구에게나 벌을 주었지만. 노동조합 전국 지도부 인사들은 페론을 열정적으로 지지하긴 했어도 여전히 독립적인 사고를 할 수 있었다. 그중 감히 후안이나 에비타의 뜻을 거스르거나 비판하는 자들은 해고되었고 빈자리에는 래브라도레트리버와 같은 충성심 말고는 별다른 장점이 없는 알랑쇠들이 앉혀졌다. 비스킷 트럭 운전수와 페론의 문지기가 고위직으로 올라갔다.

페론은 아르헨티나 헌법에서 대법원 판사의 탄핵에 관한 난해하고 미묘한 조항을 발견하고, 그걸 이용해 대법관 네 사람을 내쫓고 그 자리에 자신의 열렬한 지지자들을 앉혔다. 그중 한 사람은 에비타의 형부였다. 그런가 하면 후안과 에바를 암살하려 한다는 방대하고 복잡한 음모를 정부에서 날조하여 국영 라디오 방송을 통해 널리 보도함으로써 페론에게 원하는 대로 정적들을 교도소에 보낼 수 있는 사실상의 백지 위임장을 주기도 했다. 페론의 정적들은 감방에 앉아서 오지 않을 재판일을 마냥 기다려야 했다.

후안과 에바를 극찬하는 내용에서 벗어나는 사설을 싣는 신문사는 곧 검사관의 방문을 받았다. 검사관은 '적절한' 환기 수준 미달이나 부실한 화장실 따위의 온갖 이유를 만들어내 신문사를 폐쇄했다. 사회주의자들이 발행하는 신문은 정부 비판 사설을 실었다가, 인쇄기가 그 지역의 소음 규제 조례를 위반했다는 이유로 폐쇄당했다.

1948년에 이르자 정부가 인쇄용 잉크의 배급을 직접 관장하게 되었다. 1950년이면 대부분의 신문사, 출판사, 라디오 방송국, 통신사를 부에노스아이레스 시장이 회장으로 있는 단일 조직에서 소유하게 됐다. 그 회장이란 사람은 물론 독실한 페론주의자였다.

거의 제 기능을 못 하고 있던 신문 《데모크라시아》가 에바의 소유가 되었다. 그녀는 신문 제작에 간섭하지 않았지만, 직원들은 굳이 묻지 않아도 매 호에 페론의 연설 전문과 레드카펫 위 배우처럼 화려한 에비타의 사진 여러 장을 실어야 한다는 걸 알았다. (이는 사업적으로 영민한 선택이기도 했다. 에비타의 사진이 실린 신문은 잘 팔렸다. 그녀가 무슨 갈라에 새 드레스를 입고 간 날이면 부에노스아이레스의 주부들은 달려 나가 신문을 샀다.) 그녀가 확고하게 지시한 것은 딱 하나, 절대로 후안 아틸리오 브라무글리아를 언급해선 안 된다는 것이었다. 이 이름이 기억나는가? 브라무글리아는 후안의 석방을 도와달라는 에비타의 요구를 거절한 연방 판사다. 그는 신문에 보도될 만한 일을 해도 무시되었다. 사진도 실리지 않았다. 집회나 회의나 갈라에서 찍은 단체 사진에 그가 나왔을 경우에는 아무런 설명 없이 얼굴이 검게 지워졌다(브라무글리아는 페론에게선 신임을 받아, 1946년 6월부터 3년 넘게 외무장관을 지냈다. ─옮긴이).

에바페론재단은 에바의 자선 사무실에서 유기적으로 발전해 나온 조직이다. 1948년 봄께면 에비타를 만나러 온 사람들이 매일 새벽부터 수백 명씩 긴 줄을 이루게 됐다. 탄원자들은 감사의 눈물을 흘리곤 했다. 글을 쓸 줄 아는 이들은 감사 편지를 썼다(할머니에게서 20달러 지폐가 동봉된 생일 카드를 받고도 감사 편지를 안 쓰는 평균적인 미국 고등학생과 비교되지 않는가). 자기가 다니는 공장에서 생산한 설탕, 파스타, 빵, 신발을 들고 다시 오는 이들도 있었다. 점점 수가 늘고 있던 에비타의 직원들이 이 물건들을 다시 포장해서 필요한 사람들에게 분배했다.

이제는 공식 사진사들이 에바의 사무실에서 대기했다. 에바가 화려한 옷차림으로 사무실에 도착하면 마치 할리우드 영화의 시사회장처럼 카메라 플래시들이 요란하게 터졌다. 에비타는 그리스도 같은 태도로 사람들에게 입을 맞추고 포옹을 했다. 특히 나병과 각종 성병 환자들에게 아낌없이 애정을 퍼부었다. 한 번은 말기 매독으로 얼굴이 엉망이 된 남자에게 입을 맞추기도 했다. 하녀가 에비타의 얼굴을 소독하려고 알코올을 들고 다가오자, 에비타는 알코올 병을 빼앗아 벽으로 던져 버렸다. 가톨릭 신자들은 에비타를 시복(諡福)하고 싶어 했다.

기본적으로 에바를 천박하고 저속한 여자로 간주하던 과두제 시대의 집권층(정치적으로는 밀려났으나 여전히 대단히 부유했다)까지도 자주 에바페론재단에 물건을 기부하고 봉사를 했다. 물론 그들에게는 다른 선택지가 없기도 했다. 에바에게서 빈자들에게 필요한 백신을 내놓으라는 요구를 받고 거절한 반페론주의자 CEO의 제약회사는 바로 공장 전기가 나갔다. 일주일쯤 지나, 냉장했어야 할 약들이 아르헨티나의 열기 속에서 상해 버린 시점에 검사관의 깜짝 방문이 있었다. 회사는 문을 닫아야 했고 CEO는 우루과이로 도망쳤다.

1949년께면 아르헨티나 경제 전체가 에바페론재단을 통해 굴러가고 있었다고 말해도 과언이 아니었다. 에바는 서른 살이었다. 이 모든 게 단지 한 여자의 과대망상에서 비롯된 것처럼 보이기 시작할 때마다 그녀는 영리하고 건설적인 조치를 취했다. 예를 들어, 새 간호학교와 공공 병원을 여는 것처럼.

병원비를 댈 수 있는 사람들만 제대로 된 의료 서비스를 누리던 시대였다. 에바페론재단에서는 빈자를 위한 멋들어진 공공 병원 12개를 지었다. 시설은 전부 넓고 쾌적했으며 바닥은 대리석으로 깔았고 부드러운 곡선을 이루는 계단이 있었다. 의료기기는 유럽과 미국에서 수입한 최신형이었다.

돈을 더 현명하게 쓸 수도 있었을 것이다—병원을 조금 소박하게 짓는 대신 수를 두 배로 늘린다거나. 하지만 에비타는 이런 병원으로써 누구에게나 훌륭한 의료를 누릴 권리가 있음을 선언하고자 했다. 그리고 빈자들이 은인이 누구인지 기억하길 바랐다. 병원 벽에는 예수와 후안 페론을 그린 그림이 걸렸고 침대 프레임마다 에바 페론의 이니셜 'EP'가 새겨졌다.

아이러니 하나. 정말 형편없는 의료 서비스를 받은 사람이 누굴까? 바로 에바 페론이다.

1950년, 그녀는 택시 운전사 조합의 한 기념식에 참석했다가 기절했다. 언론에서는 그녀가 긴급 맹장수술을 받았다고 보도했다. 수술을 집도한 의사는 그녀의 여성 기관에도 약간의 문제가 있다고 진단했지만 에바는 의사의 말을 들으려 하지도 않고 보내 버렸다. 에바가 진실을 듣도록 할 수 있는 사람은 아무도 없었다. 에바는 계속 하룻밤에 두세 시간의 수면만을 취하고 식사를 거의 하지 않으면서 워커홀릭처럼 일했다. 살이 쭉 빠졌고 복통이 계속되었다. 더 많은 의사가 호출되었지만 그녀에게 나쁜 소식 비슷한 것이라도 전할 수 있는 위인은 아무도 없었다. 결국 에바는 자궁절제술을 받았다(그녀는 뉴욕의 메모리얼 슬론 케터링 암센터에서 비행기를 타고 날아온 종양 전문의가 자신의 수술을 집도했다는 걸 까맣게 몰랐다. 그녀는 의사의 얼굴조차 보지 못했다. 마취된 사이 몰래 들어왔다 나간 것이다). 에바는 단지 "필수적인 수술"이라는 말만 들었지, 누구에게서도 암에 걸렸다는 사실을 듣지 못했다.

에바가 자궁암으로 죽었는지 자궁경부암으로 죽었는지에 관해선 설이 분분하다. 페론의 첫 아내 아우렐리아도 마찬가지였다. 두 사람의 병세에는 큰 차이가 없었다고 한다. 어쨌든 지금은 두 여자 모두 후안이 감염시킨 강한 변종 HPV(인간유두종바이러스)가 유발한 자궁경부암으로 죽었다는 설이 지배적이다.

그러니까, 매춘부라는 별명이 어울리는 사람은 페론이었다.

1951년, 32세의 에비타가 무너지고 있다는 사실이 자명해졌다. 그녀는 계속 대중 앞에 서서 점점 더 광적이고 편집증적인 연설을 했다. 영미인들과 달리 아르헨티나인들은 죽음에 대한 공포를 느끼지 못하는 편인 듯하다. 적어도 다른 사람의 죽음을 목격하는 것에 대한 공포는 덜한 게 틀림없다.

8월 22일, 에비타는 국민 앞에 서서 평소처럼 남편의 위대함에 대해 장황한 연설을 늘어놓았다. 광신주의를 받아들이고, 적들을 뭉개 버리고, 페론을 위한 병사가 되라는 훈계였다. 다음 대선은 열 달 뒤인 이듬해 6월 4일로 정해져 있었다. 에비타의 지지자들은 '대통령 후보 페론–부통령 후보 페론'에게 투표하고 싶다고 졸랐다. 희망의 어머니, '라 세뇨라(La Señora)'가 대통령과 한 발짝 거리인 부통령에 오르기를 원한 것이다! (훗날 페론의 세 번째 아내 이사벨이 부통령으로 선출된다. 페론이 사망하자 그녀는 1974년 7월 1일부터 1976년 3월 24일까지 대통령직에 있었다. 이사벨은 세계 최초의 여성 대통령이었다. 좋은 소식처럼 들리지만, 사실 그녀의 재임 기간은 아르헨티나 역사를 통틀어 유난히 끔찍했던 시대로 기억된다.) 군중들은 에바가 부통령 후보 지명을 수락해야 한다고 아우성을 쳤으나 그녀는 자꾸 망설이고 말을 흐렸다. 에바는 체중이 40kg 이하로 떨어졌고 누군가의 표현을 빌리자면 "시금치만큼이나 안색이 시퍼렜다." 수십만 명의 지지자들은 그녀에게 남은 시간이 얼마 없다는 걸 두 눈으로 똑똑히 확인했다. 며칠 뒤, 에바는 후보 지명을 거절했다.

마침내 페론에게 표를 던져야 하는 대선 날에도 그녀는 몸져누워 있었다. 그녀의 침상으로 투표함이 배달되었다. 선거 관계자들이 관저를 나서자 바깥에서 기도하고 있던 여인들이 달려들어 에비타의 투표용지가 든 상자에 입을 맞추었다.

페론은 선거에서 압승했다. 에비타는 취임 퍼레이드에 참여하겠다고 고집을 부렸고, 철사와 석고로 특별 제작한 기구에 의지해 후안과 같이 컨버터블 승용차에 서서 손을 흔들었다. 에바는 자신의 몸에 어떤 문제가 있는지 몰랐고 알고 싶지도 않았지만, 희망을 주려는 거짓말은 식별할 수 있었다. 결국 진실 비슷한 것을 알게 된 에바는 입에 발린 소리를 하던 헌신적인 추종자들을 쫓아냈다.

1952년 7월 26일, 에비타가 서거하자 부에노스아이레스에서는 꽃을 한 송이도 찾아볼 수 없었다. 꽃들은 죄다 에비타가 빈자들에게 자선을 베풀었던 사무실 바깥에 거대한 탑을 이루고 있었다.

에비타가 세상을 떠나자 그녀가 세상에 건 주문도 깨졌다. 경제는 내리막길을 걸었다. 이태 연속 흉년이 든 후였다. 2차 세계대전으로 황폐해졌던 유럽 국가들은 다시 입지를 다지기 시작했다. 페론은 초점을 잃었다. 그는 에바페론재단을 위해 매일의 자선을 계속하고자 했으나 그 일에 흥미를 통 느낄 수 없었다. 특별한 날에는 직접 연설을 하는 대신, 에비타의 연설을 방송했다. 과거엔 여성 팬을 몰고 다니는 배우처럼 눈부신 외모를 자랑했던 그는 살이 찌기 시작했다. 페론은 바람막이 재킷 차림으로 스쿠터를 몰고 시내를 돌아다녔다. 일단 페론의 본모습이 밝혀지자—그가 다른 자들과 마찬가지로 부패하고 늙은 독재자라는 게 까발려지자—그가 축출되는 건 시간 문제였다(정확히는 3년이 걸렸다).

　에비타 숭배의 부상을 설명하는 내 개인적인 이론은 마초주의 아르헨티나가 여성적인 것에 굶주려 있었다는 것이다. 에비타는 공적인 삶에 화려함과 관대함, 아름다움, 그리고 '서로 다른 게 좋다(vive la différence)'는 정신을 들여왔다(흔히 익살스럽게 쓰이는 이 프랑스어 문구가 말하는 '차이'는 주로 남녀 간의 차이이며, 맥락에 따라선 문화적 다양성이나 견해의 다양성을 말하기도 한다.—옮긴이). 여러 면에서 후안 페론은 그녀에게 트로이의 목마였다. 매일 남편을 위해 일어서서 그에 대한 헌신을 선언하면서, 그녀는 말이든 행동이든 자기가 하고 싶은 거의 모든 것을 할 수 있었다. 여자가 재산으로 간주되는 나라에서 그녀는 남들에게 보이고, 들리고, 존중받겠다는 고집 하나만으로 대단히 만만찮은 여자가 되었다. 사람들은 에비타를 외면할 수 없었고, 그녀의 이국적이고 여성적인 매력을 거부하는 것 또한 불가능했다.

제12장

헬렌 걸리 브라운

집요한 여자

고물 쉐보레를 팔고 인생을 바꿔 줄 새 차를 샀을 때, 헬렌 걸리는 36세였고 로스엔젤레스의 광고회사 푸트 콘 앤드 벨딩에서 카피라이터로 일하고 있었다. 태생적으로나 환경적으로나 검소할 수밖에 없었던 그녀는 원래 조금 더 신형의 중고차 선더버드를 살 생각이었다. 하지만 그녀는 정녕 우아한 승용차인 잿빛 메르세데스 190SL을 보고 말았다. 헬렌은 즉흥적으로 현금 5,000달러를 지불하고(2017년 기준으로 가치를 환산하면 4만 2505.63달러다) 그녀의 소유가 된 차를 타고 중고차 판매장을 유유히 빠져나갔다. 큰돈을 쓴 것에 충격도 받았지만, 한편으로는 자신에겐 그런 차를 탈 자격이 있다는 생각에 만족스럽기도 했다. 1958년에 여자에게 그런 권리의식은 급진적이었다.

몇 달 뒤, 헬렌이 두 차례 이혼 경력이 있는 영화 제작자이자 장차 남편이 될 남자 데이비드 브라운을 만났을 때, 그는 헬렌이 잿빛 메르세데스에 오르는 모습을 보고 그녀가 지금까지 자신이 사귀어 온 멍청한 병아리 스타나 모델, 돈만 밝히는 여자들과는 다르다는 확신을 갖게 되었다. 저축을 하되 그 돈을 근사한 차 구매에 써버릴 수도 있다는 것이 그의 마음을 휘어잡았던 것이다.

두 사람은 1959년에 결혼했다. 그리고 같은 해, 헬렌 걸리 브라운은 한창나이인 37세에 작가이자 잡지 에디터이자 평생 독신 여자의 편에 선 든든한 지지자로서의 독특한 커리어를 시작하게 된다. 데이비드 브라운은 출판계 경험이 꽤 있었고, 헬렌은 그의 격려하에 기념비적인 베스트셀러 『섹스와 독신 여성(Sex and the Single Girl)』을 썼다. 여자도 인생에서 남자와 같은 것을—성적 자유와 사랑, 돈을—누릴 수 있다는 (그리고 누려야 한다는!) 그녀의 메시지는 이제는 특별하게 느껴지지 않는다(여자도 남자와 같은 것들을 누릴 자유가 있다는 생각을 수호하기 위해 매 세대마다 다시 싸워야 한다는 사실에 대해선 다른 기회에, 다른 글에서 이야기하자). 하지만 1962년에는 혁명 그 자체였다. 3년 뒤, 42세의 헬렌은 잡지사에서 일한 경력이 전혀 없었음에도《코스모폴리탄》편집장 자리에 앉았고, 이후 32년 동안 그 자리를 지켰다.

1965년 7월 헬렌이 주재한 첫 호 이래《코스모폴리탄》은 그야말로 한결같았다. 독립적인 커리어 우먼을 독자 삼아 섹스, 사랑, 일, 남자, 돈에 관한 아찔할 정도로 활기찬 기사를 싣는 잡지.《코스모폴리탄》은 여러 해 동안 미국에서 수익을 가장 많이 내는 잡지 반열에 들었고, 1997년 헬렌이 마지못해 퇴임한 뒤에도 후임자들은 영민함을 발휘하여 그녀의 마법 같은 공식을 바꾸지 않았다.

나는 헬렌의 야망과 끈기와 비전을, 그리고 그녀가 여성해방에 대한 나름의 논리(수십 년이 지나면서 약간은 우스꽝스럽게 들리기 시작했지만)를 완강히 고집했던 것을 언제나 존경해 왔다. 그녀는 전후(戰後)인 1950년대 후반에서 1960년대 초반까지의 암흑시대―21세가 넘었는데도 결혼이나 약혼을 못 하고, 이른바 'MRS' 학위를 받으러(좋은 남자를 만나 '미시즈'가 되려고 대학에 가는 것을 익살스럽게 표현한 것―옮긴이) 대학에 진학할 돈도 없었던 여자들을 딱하게 여기던 시대―에 '일하는 독신 여성'을 옹호하고 나선 최초의 (그리고 아마도 유일한) 사람이었다.

헬렌 본인은 비서로 열일곱 군데, 교열자로 두 군데 등 핑크칼라 직종(주로 여성이 고용되는 서비스 직종―옮긴이)에서 숱한 일자리를 전전한 여자였다. 그녀는 스스로 생활비를 벌면서 독신 가정을 꾸렸고, 뜨거운 연애를 수없이 했다(그중 하이라이트는 가수 루디 발레, 프로 권투선수 잭 뎀프시, 레블론 CEO, 프랑스인 화가, 스위스인 스키 선수와의 짧은 열애였다). 고등학교 교육을 받고 자수성가한 헬렌은 그때나 지금이나 어디서든 통하는 '아름다움'을 타고나지 못했지만, 충만한 인생을 살았다. 당시의 기준대로라면 그녀는 구애하는 아무 남자에게나 기쁜 마음으로 안주해야 옳았다. 하지만 그러지 않고 느긋이 즐기다가 자신이 준비가 되었을 때에야 한 남자에게 정착했다. 그럼으로써 헬렌은 미모도 무엇도 가진 게 없는 여자들에게 자유를 누리고 자기 인생을 있는 그대로 사랑해도 된다고 용기를 불어넣었다.

자수성가한 멋진 여자 헬렌. 그녀를 향해 마냥 '파이팅!'을 외치고 싶은 기분이 들다가도 나는 어김없이 처음 《코스모폴리탄》을 읽은 경험을 떠올리고 만다. 1970년대 초반, 나는 베이비시터 아르바이트로 이웃의 남자아이 셋을 돌보고 있었다. 중학생이었던 나는 (그해 여름에 줄기차게 입은) 부드러운 담배 색깔로 빛이 바랜 갈색 코르덴 컷오프 반바지와 라구나비치 오크스트리트의 서핑숍에서 산 연하늘색 오버사이즈 티셔츠를 입고 있었다.

나는 화장실 변기 물탱크 위에 쌓인 잡지 더미에서 《코스모폴리탄》을 발견했다. 표지에는 가슴골을 깊이 드러낸 여자의 사진이 실려 있었고, 그 양옆에 본문에서 뽑아낸 인용구들이 줄줄이 커다랗게 박혀 있었다. 그중에서 기억나는 글귀는 중국인 애인을 사귀는 것의 "예기치 못한" 기쁨에 관한 것이었다. 나는 밴드 연습을 마치고 빌리 모어가 내 손을 잡도록 꼬드기는 것만도 힘겨웠던 터라, 인종이야 어떻든 애인을 사귀는 이야기가 특별히 도움이 되지는 않았다. 나는 잡지를 넘겨 '별자리 패션' 페이지를 열었다. 물고기자리였던 내게 주어진 조언은 아쿠아색의 속이 비치는 카프탄 드레스를 입고 보석이 박힌 스트랩 샌들을 신으면 내 인생의 남자들이 날 갖고 싶다는 욕망으로 돌아버릴 거라는 것이었다.

나는 배꼽을 잡고 웃었다. 지금도 《코스모폴리탄》을 넘겨볼 때면, 그때와 거의 똑같이 반응하게 된다.

   헬렌 걸리는 1922년 아칸소주의 그린포리스트라는 작은 마을에서 태어났다. 헬렌은 나중에 가난한 두메산골 출신이라고 말하고 다녔지만, 사실 그녀의 아버지 아이라는 아칸소주 의회에서 일하는 변호사였다. 아이라는 방 안에 걸어 들어가는 순간 거기 있는 사람들의 삶을 더 짜릿하게 만드는, 쾌활하고 외향적인 남자였다. 어머니 클리오 걸리는 아버지와 달랐다. 조용하고 '착했으며' 좋은 집안 출신의 여자였던 그녀는 모든 면에서 평범했기에 괜찮은 남편을 얻은 걸 감사히 여겨야 했다. 하지만 사실 클리오는 자신의 일에 열정을 품고 있었다(그녀는 교직을 천직으로 여겼다). 아이라는 당대의 착한 아내들이 응당 그러하듯 클리오도 일을 그만두어야 한다고 고집했다. 메리와 헬렌 자매의 출산은 난산이었다. 어른이 된 헬렌이 회상하길, 그녀의 어머니는 딸들을 사랑하긴 하지만 아기를 낳아 키우는 건 흔히들 말하는 것만큼 좋은 일은 아니었다고 말했다고 한다.
   대공황이 미국을 강타한 1929년, 헬렌 가족은 이사를 해서 리틀록에 살고 있었다. 아이라는 주 수렵관리위원회에 번듯한 일자리가 있었고, 저축한 돈도 거의 지켜냈다. 안전하게 중산층에 정박해 있던 헬렌 가족의 상황이 달라진 건 헬렌이 10살 되던 해, 아이라가 기묘한 엘리베이터 사고로 사망한 이후였다. 그가 예쁜 여자와 같이 엘리베이터를 타려고 용을 쓰다가 그만 문이 닫히는 걸 보지 못하고 좁은 벽과 움직이는 엘리베이터 사이에 끼였다는 소문이 파다했다.
   아이라는 사람들의 사랑을 받는 세련되고 사교적인 남자였다. 지역 신문 1면에 그의 충격적인 사망 소식과 그의 공적을 알리는 기사가 실렸다. 헬렌은 슬펐지만 가족이 스포트라이트를 받는 짧은 시간 동안 들뜨기도 했다. 혼란스러운 기분이었다. 아주 잠깐 동안 유명인이 된 것 같았다― 잡지 《실버 스크린》에서 읽은 영화배우들처럼.

걸리 가족이 하룻밤 사이에 거리로 나앉은 건 아니었다. 저축도 있었고, 아칸소주에서 보상금도 약간 받았다. 클리오는 자녀교육에 열정적인 어머니는 아니었기에, 아버지를 잃은 딸들에게 달콤한 간식과 영화 잡지와 동시상영 영화표를 무한정 허락해 주기 시작했다. 그리하여 헬렌은 십대 초반부터 돈과 명성과 화려하고 현란한 세계에 매혹되었다. 재봉 솜씨가 뛰어났던 클리오는 딸이 영화 〈어느 날 밤에 생긴 일(It Happened One Night)〉의 의상에 열광하는 걸 보고 클로데트 콜베르가 입은 호화로운 새틴 웨딩드레스를 본뜬 옷을 만들어 주었다.

헬렌이 15세, 메리가 19세 되던 1937년에 클리오는 아이들을 데리고 로스앤젤레스로 이사했다. 정착하고 한 달이 지나 메리가 병에 걸렸다. 처음엔 독감을 의심했다. 목과 팔, 다리가 뻣뻣한 건 자매가 함께 쓰는 방의 트윈 침대 매트리스가 싸구려라 그런 줄 알았다. 알고 보니 헬렌이 걸린 병은 당시 미국에서 가장 두려운 전염병이었던 소아마비였다. 소아마비에 걸리면 몸이 영구적으로 마비되었고, 심하면 죽음에 이를 수도 있었다. (소아마비는 배설물이 입에 들어갔을 때 전염되는데, 이는 생각보다 훨씬 잦은 일이다. 친애하는 독자들이여, 뭘 먹기 전엔 꼭 손을 씻길 바란다.) 헬렌은 메리와 작은 침실을 공유했고 화장실에서 양치용 컵도 같이 썼지만 전염되지 않았다. 메리는 여생을 휠체어에서 보내게 되었고, 헬렌은 자신은 그 병에 걸리지 않았다는 사실에 대해 안도와 죄책감을 동시에 느꼈다.

'마우스버거(mouseburger)'. 헬렌이 자신과 같은 유형의—즉 따분하고 평범하고 타고난 여성적 매력이 부족한—여자를 묘사하고자 만들어낸 말이다. 내 생각에 이 단어는, '소심한, 내성적인'을 뜻하며 '마우스버거'와 달리 참깨 뿌린 빵에 쥐고기 패티를 끼운 음식을 연상시키지 않는, 완벽히 멀쩡한 단어 '마우시(mousy)'를 당돌하게 변형시켜 탄생한 것 같다.

예쁘지 않은 얼굴에 대벌레처럼 말라빠지긴 했지만 헬렌은 소심함과는 거리가 멀었다. 오히려 활기가 넘쳤다. 고등학교 시절엔 '사과닦이(apple polisher, 중요한 인물에게 아첨을 잘하는 사람을 뜻하는 말―옮긴이)'라는 별명으로 불릴 정도였으니, 말 다했다. 헬렌은 야심차고 의욕적이었으며 단호하게 발랄했다. 영화 〈일렉션〉의 주인공 트레이시 플릭의 원형이랄까. 그녀는 흔히 ('거피[Guppy]', '굿 타임' 같은) 별명으로 불리는 성취 지향형 여학생이었고 졸업생 대표로 뽑혀 고별사를 하기도 했다. 성공적인 대학 생활을 위해 맞춤 제작된 사람이 있다면 헬렌일 것이다. 하지만 대학은 등록금이 너무 비쌌다. 헬렌은 텍사스 주립 여자 칼리지를 한 학기 다니고 로스앤젤레스의 집으로 돌아와 등록금이 훨씬 저렴한 우드버리 비즈니스 칼리지에 등록했다(여기서 타이핑과 속기를 비롯한 비서 교육을 받았다고 한다.―옮긴이). 그녀는 18세였고, KHJ 라디오 방송국에서 얻은 첫 번째 일자리로 등록금을 직접 댔다.

1940년대 후반부터 1950년대 초 사이에 생계를 위해 일해야 했던 여자들은 퍽 힘든 상황에 놓여 있었다. 2차 세계대전이 한창이었던 몇 년 전과는 딴판이었다. 그때만 해도 두 팔과 두 다리, 건강히 뛰는 심장과 두뇌를 지닌 인간이 급히 필요했던 정부에서는 여성들에게 일하는 것이 애국의 의

무라고 강조했다. 여성들에게 군에 들어가라고 장려했고, 발랄한 빨간색 폴카도트 반다나를 머리에 두르고 한쪽 눈썹을 치켜세운 표정의 '리벳공 로지(Rosie the Riveter)'라는 캐릭터를 내세워 남성들의 징병으로 자리가 빈 생산직을 채우라고 격려했다.

갑자기 여기저기서 여성 인력을 필요로 했다. 여자들은 바쁘게 사회에 공헌했고, 그게 무척이나 좋았다. 그러다가 전쟁이 끝나자 기혼 여성들이 먼저 노동 의무에서 풀려났다. 곧 남편이 돌아오니 어서 집으로 달려가 커튼을 빨고 청소기를 돌리고 속성 고기 찜을 요리하라는 뜻이었을 거다. 이어 독신 여성들도 해고되었다. 전역한 군인들에게 일자리를 내주어야 했기 때문이다. 운이 좋으면 일자리를 떠나자마자 손에 반지를 금방 끼워 줄 미래의 약혼자 품에 안착할 수도 있었다.

전쟁이 끝나자, 22세가 넘었는데도 결혼이나 약혼을 하지 않은 여자는 노처녀 취급을 받았다. 그런 여자들은 (교사, 간호사, 비서처럼) 여성에게 허용되는 직종에서 일하며 평생 노년의 부모를 돌보고 애정 넘치는 이모 노릇을 할 거라고 예상되었다. 아직 현실에 나타나지 않았을 뿐이지 언젠가는 그녀를 찾아와 인생의 의미가 되어 줄 미래의 남편을 위해 처녀성을 지키는 경우가 많았다.

헬렌 걸리는 여기에 대고 꺼지라고 외쳤다.

문자 그대로 꺼지라고 말했을지도 모르겠다. 워낙 걸걸한 입담으로 유명했으니 말이다.

때로는 당연한 사실을 지적하는 것만으로도 만만찮은 여자가 된다. 때로는 사람들이 무시하고자 하는 사실에 주의를 환기하는 것만으로도 만만찮은 여자가 된다. 좋은 기회를 알아보고 자신의 직감을 믿는 능력에 뿌리를 둔 헬렌의 실용적인 천성은, 어떤 상황에서 남들은 보지 못하고 넘어갈 수 있는 가능성을 발견하고 행동을 취하게 하는 원동력이 되었다.

KHJ 방송에서 일하면서 그녀는 사무실 환경이 젊은 독신 여성들에게, 일이 지루하거나 아내가 지겨워서 한바탕 즐기고 싶은 남자들과 어울려 시간을 보낼 기회를 많이 제공한다는 것을 발견했다. 일의 세계엔 남자가 넘쳐났다.

헬렌 걸리는 의무니 희생이니 하는 것들엔 관심이 없었다. 어머니가 올바른 아내가 되기 위해 커리어를 희생하고 그저 그런 결혼생활을 버티는 걸 목격했으므로, 그 같은 토끼 굴에 빠질 생각은 없었다. 하지만 너무 욕심을 내도 안 되었다. 헬렌은 여자의 무기고에서 제일 강력한 무기는 외모라는 걸 잘 알았다. 헬렌은 내가 보기에 특별히 못생기진 않았지만, 여드름이 심각했고 '볼륨감'이 부족한 자신의 몸매를 의식하고 있었다. 자신이 방 안에 들어서자마자 남자들의 관심을 사로잡는(한마디로 엘리자베스 테일러 같은) 여자가 될 일은 없다고 확신한 것이다.

그래서 그녀는 '평온을 비는 기도(Serenity Prayer)'를 빌려, 바꿀 수 없는 것은 받아들이고 바꿀 수 있는 것은 바꾸자고 결심했다. 예쁘거나 부유하거나 가방끈이 길지 않다면, 남들보다 열 배는 더 열심히 일하고 섹스를 정말 잘 하는 것으로 만회할 수 있지 않겠는가. 헬렌은 독신 여성으로 살면서, 남자란 그저 여자가 벌거벗고 미소를 짓고만 있으면 행복해하는 존재라는 걸 알게 되었다. 혼전 섹스가 금기시되던 시대에 이런 태도는 사회적 대역죄였다.

헬렌은 『섹스와 독신 여성』에 이렇게 적었다. "9시에서 5시까지의 근무

시간은 사실 남자를 만나기에 아주 좋은 시간이다. 남성 동료 중 많은 이가 기혼일지라도, 회사를 드나드는 외부 남자들 중에는 아무에게도 매이지 않았거나 떨어져 나오고자 하는 이들이 충분히 있을 것이다. 영업사원, 컨설턴트, 공급업자, 고객, 중역의 친구들, 심지어 회계 감사를 하러 온 국세청의 버릇없는 남자들도 눈여겨보자."

KHJ의 디스크자키와 음향 기사와 관리자 등은 전부 남성이었고 여직원은 비서와 접수원이 다였다. 남자들은 가끔 '스커틀(scuttle)'이라고 부르는 즉흥 놀이를 하곤 했는데, 사무실 안에서 여직원 하나를 쫓아다니다가 붙잡아서 팬티를 벗기는 놀이였다. 헬렌은 이것이 잠시 담배를 피러 나가거나 산책을 하는 것과 비슷한, 건전하고 재미있는 일터의 놀이라고 생각했다. 스커틀은, 혹은 스커틀이 곧 벌어질지도 모른다는 기대는 따분한 일터에 활기를 불어넣지 않겠는가!

몇십 년이 흐른 1970년대에도 헬렌은 스커틀이 직장에서 시간을 즐겁게 보내는 데 보탬이 되는 놀이라며 옹호했다. 그녀가 성희롱이 분명한 행동을 태평스럽게 옹호하는 걸 보고 저명한 페미니스트들이 충격을 받았어도 상관없었다. 당시엔 대부분의 직장에서 뻔뻔한 성차별이 이루어졌고, 남자들은 커피를 타 주고 편지를 타이핑해 주는 여자들을 마음대로 더듬어도 된다고 생각했지만 그래도 헬렌에겐 상관없었다. 그런 곳에서 스커틀 같은 놀이는… 잠깐, 기다려라. 더 이야기하기 전에 1950년대로 돌아가 우리가 사무실 안에서 남자들에게 쫓겨 다니는 여자라고 상상해 보자. 남자들이 팬티를 벗기기 위해 먼저 가터벨트와 거들을 벗겨 내야 했을까? 맨다리에 멋진 하이힐을 신고 출근하던 시대는 아니었으니 말이다. 남자들이 팬티를 벗고 나서 산부인과 의사처럼 음부를 훤히 들여다봤을까? 헬렌, 헬렌, 헬렌. 어떻게 이게 따분한 일과에 활기를 불어넣는 놀이라고 생

180

각한 거죠?

헬렌은 20대에서 30대 초반까지 이런저런 비서직을 전전했다. 한 번은 숙취를 이기지 못하고 책상 아래에서 잠들어서 해고되었고, 한 번은 상사와 자 주지 않아서 해고되었다(헬렌이 사무실 내 스킨십에 관대했다고 해서, 아무나와 그랬다는 뜻은 아니다).

헬렌은 1951년에 29세의 나이로 잡지 《글래머》에서 매년 주최하는 '매력 있는 여자 10인' 경선에 참여했다. 가진 건 별로 없어도 스타일리시하게 살아가는 젊은 여자를 뽑는 대회였다. 참가자들은 설문지에 자신의 출근 복장, 요리 비법, 개인적 신념 등에 대해 구구절절 적어 냈다. 헬렌은 결선에까지 올랐지만 10명 안에 들지는 못했다. 2년 뒤 그녀는 대회에 재도전하면서 지원서에서 약간의 '시적 자유'를 구사했다. 새롭고 더 매력적인 의복 설명을 지어냈고, 친구들에게 요리해 주는 것에 대한 흥미를 실제보다 과장했고, 카피라이터가 되고 싶다는 목표도 지어냈다(심사위원에게는 야망 있는 여자가 잘 먹힐 거라는 직감에서였다). 이번엔 헬렌이 대상을 거머쥐었다. 상품은 하와이 여행권이었다. 더 좋은 상은 《글래머》의 에디터가 푸트 콘 앤드 벨딩으로 전화를 걸어 헬렌의 상사에게 그녀를 승진시키라고 말한 것이었다. 이듬해 헬렌은 서른 살의 나이로 회사 최초의 여자 카피라이터가 되었다.

TV 드라마 〈매드맨(Mad Men)〉을 봤다면 알겠지만 광고업계의 성차별은 타의 추종을 불허한다. 한때는 여자들이 너무 예민하고 감정적이라 광고 카피를 쓸 수 없다고들 했다(남자들이 좋아하는 직업에 대해선 이처럼

'여자가 그 일에 어울리지 않는' 설득력 없는 이유들을 듣게 된다). 그런 벽을 뚫고 광고업계에 들어간 여자들은 여성을 타깃으로 한 온갖 제품의 카피를 써내라는 지시에 허덕이게 되었다. 헬렌 역시 다이어트 식품, 수영복, 맥스팩터 아이메이크업 화장품 등의 카피를 써야 했다. 여성 제품 구역이라는 게토로 배치됐음에도 그녀는 이어지는 6년 사이에 로스앤젤레스에서 최고 연봉을 받는 여성 카피라이터가 되었다.

헬렌은 30대에 들어서도 자유분방한 연애생활을 즐겼다. 그녀의 연인 중엔 기혼도, 미혼도 있었다. 하지만 결국은 헬렌도 여느 여자와 똑같은 길을 걷게 되었다. 쉽게 남자를 만나긴 했지만 일단 정이 들면 불가피하게 로맨스가 전개되었고, 결말은 늘 홀로 남겨져 상심하는 헬렌이었다. 그녀는 마음을 추스르고자 테라피(therapy)를 찾아 다녔다. 1957년에 괴이쩍은 테라피가 그렇게 많이 있었다니, 상상이나 했겠는가? 헬렌은 최면, 촉각치료, 사이코드라마를 시도해 보았다. 누드 집단치료라는 것도 있었다. 환자들은 차례로 벌거벗고 앞에 나와서 자신의 몸에 대해 좋고 싫은 점을 나열했다. 헬렌은 너무 넓은 골반과 너무 작은 가슴에 대해 고백했다. 이 치료의 목적은 신체에 대한 수치심이 보편적이라는 걸 깨우치는 것이었다. 하지만 세상에 가장 널리 알려진 효과는, 헬렌의 고집으로 인해 《코스모폴리탄》 표지에 가슴이 큰 모델만 실리게 된 것일 테다.

1958년, 36세의 헬렌은 친구가 연 디너파티에 가서 20세기 폭스사 스토리부 부장이었던 데이비드 브라운의 옆자리에 앉았다. 파티가 끝나고 데이비드는 헬렌을 차까지 데려다주었다. 문제의 스타일리시한 잿빛 메르세데스 말이다.

헬렌과 데이비드는 1959년 9월 25일 베벌리힐스 시청에서 결혼했다. 헬렌은 허리가 딱 달라붙는 긴팔 드레스와 기성품 진주목걸이를 착용했다 (웨딩드레스에 큰돈을 쓸 사람은 아니었다). 문학적인 신사 데이비드는 짙은 색 정장을 입었다. 그는 로스앤젤레스로 이사하기 전에는 잡지 기자와 편집자로 일했고, 이후 20세기 폭스사에서 리처드 재녁과 짝을 이루어 〈스팅(The Sting)〉과 〈조스(Jaws)〉 같은 고전 영화를 제작했다.

헬렌은 아내 노릇을 하느라 일을 관둘 생각은 추호도 없었다. 아이를 낳는다는 건 더욱 말도 안 되는 소리였고, 헬렌은 어머니가 얼마나 비참하게 살았는지 생생히 기억했다. 게다가 임신을 하면 호리호리한 체형이 망가질까 봐 걱정했던 고로, 출산은 논외가 되었다. 브라운 부부의 생활에 전통적인 요소가 없었던 건 아니었다. 헬렌은 전형적인 아내들처럼 데이비드에게 잔소리를 했다. 헬렌은 아무리 바빠도 남편을 위해 매일 저녁 요리를 했고, 그것에 자부심을 느꼈다. 헬렌은 자신의 몸무게뿐 아니라 남편의 몸무게에도 집착해서 매일 아침 체중계에 오르도록 했다.

하지만 대체로 두 사람은 하나의 팀, 한 쌍의 지칠 줄 모르는 워커홀릭들이었다. 헬렌은 일을 사랑했다. 놀라운 업무 능력의 소유자이기도 했다. 처음엔 먹을 것을 사고 몸 누일 방 한 칸을 얻기 위해 일을 시작했지만, 세월이 흐르며 일은 그녀의 인생에 의미를 주었다. 우리는 우선 열정의 대상을 찾은 뒤에 노력을 기울이라고 배웠고, 아이들에게도 그렇게 가르친다. 하지만 헬렌의 경우는 반대였다. 가난과 필요가 열정에 앞섰던 것이다.

『섹스와 독신 여성』은 데이비드의 아이디어였다. 지금이나 그때나 작가 지망생의 금과옥조는 "아는 걸 써라"이고, 데이비드는 아내가 누구나 알지만 말하지 않는 비밀인 사내 연애에 대해 쓰면 재미있는 책이 나올 거라고 생각했다. 헬렌은 이 아이디어가 마음에 쏙 들었고, 할 말도 충분히 있었다. 일의 세계는 남성의 세계였다. 여성에게 대단히 불공평했고, 독신 여성에게는 더더욱 그랬다. 그럼에도 그녀는 불평등에 굴하지 않았다. 규칙을 체제에 반하여 사용하는 데 능한 사람이었던 헬렌은 자신이 원하는 걸 손에 넣고자 하는 여자는 남자와 그들이 지배하는 세상을 조종하는 방법을 알아야 한다고 주장했다. 1962년에 출간된 『섹스와 독신 여성』을 구입한 250만 독자들도 아마 이 사실을 이해하고 있었을 것이다.

헬렌의 책은 우스꽝스러운 동시에 독자에게 힘을 불어넣는다. 남자를 꼬시는 대단히 소름끼치는 방법을 알고 싶은가? "마치 내일 경마 우승자의 이름이 그 안에 적혀 있는 것처럼 남자의 두 눈을 들여다봐라. 절대 눈을 떼지 마라. 왼쪽 눈에 집중했다가… 오른쪽 눈으로 옮겼다가… 이제 두 눈을 깊게 바라보아라." 남자의 마음을 끄는 아파트 인테리어 법을 알고 싶은가? (방금 이 문장을 읽기 전까지 그런 인테리어가 존재한다는 것도 몰랐을 거다.) 많은 수의 그림 액자와 여행 포스터, TV 세트, 책, 하이파이 스테레오를 놓아서 스스로를 매혹적인 사람으로 보이게 해라. '섹시한 부엌'에는 적어도 30개의 양념통이 늘어선 양념 선반이 있어야 한다. 당신이 요리를 사랑한다는 증표이며, 그보다 더 섹시한 건 없다. (다만 요리를 너무 많이 해선 안 된다. 애인을 사귀는 주된 목적 하나는 고급 레스토랑에서의 저녁 식사를 비롯해 많은 것에 남자가 지갑을 열게 만드는 거니까.)

하지만 돈에 관한 챕터는 몇몇 예외를 제외하곤 마치 요새 유행하는 정리 컨설턴트 곤도 마리에의 영향 하에 지난주에 쓰인 것처럼 읽힌다. 필요하지 않은 건 사지 마라. 아름답다고 느끼는 것, 혹은 당신이 스스로 아름답다고 느끼게 해주는 것만 사라. 금융이 돌아가는 방식을 배우고, 돈 관리법을 배우고, 일하는 독신 여성에겐 아무도 무리하라고 압박을 주지 않는다는 사실을 이용해라.

버나드 가이스 앤드 컴퍼니에서 출판한 이 책의 원래 제목이었던 『독신 여성을 위한 섹스(Sex for the Single Girl)』는 너무 훈계조로 들릴 위험이 있었다. 제목의 'for'가 'and'로 바뀌었고, 그렇게 헬렌은 명성을 얻었다. 『섹스와 독신 여성』은 1962년의 '잇 북(it book)'으로서 3주 만에 200만 부라는 무서운 기세로 팔려나갔다. 사람들은 쿠바 미사일 위기를 걱정하지 않는 시간을 전부 기혼보다 미혼으로 사는 게 훨씬 더 재미있다는 사실을 지금껏 왜 몰랐는지 의아해하면서 보냈다. 언론의 리뷰는 혹평과 호평을 오갔고, 혹평 쪽이 단연 우세했다. "천박"(《로스앤젤레스 타임스》)하고, "여성성에 대한 명예 훼손"(《샌프란시스코 크로니클》 독자 편지)이며, "야하고 건방지지만 묵직한 상식으로 가득하다"(《휴스턴 크로니클》)고 했다.

헬렌은 이 책이 배경도 뭣도 없이 자기 힘으로 먹고 살아야 하는 빈털터리 여성들을 위한 책이라는 걸 솔직히 인정했다. 누군가에게서 돈을 벌려고 책을 쓴 게 아니냐는 비난을 듣고 그녀는 당연히 그렇다고 답했다. "저는 돈이 좋아요!" 그리고 웃었다. 혹평을 읽지 않았고, 비판에 흔들리지 않았다.

헬렌은 막 생겨난 북투어(book tour)라는 판촉 수단을 적극 활용했다. 13주 동안 28개 도시를 돌아다니면서 출연을 요청하는 모든 텔레비전과 라디오 프로그램에(심지어는 책을 읽지도 않은 청취자들이 격분해서 전화를 걸어 그녀에게 불타 죽으라고 욕을 하는 심야 프로그램에도) 출연했다. 미국은 이제 헬렌의 손바닥 위에 있었다. 그녀는 미소 짓고, 추파를 던지고, 〈투데이 쇼〉, 〈투나잇 쇼〉, 〈머브 그리핀 쇼〉에 출연하며 책을 팔았다. 헬렌의 워커홀릭 기질은 만족되었고, 성공은 성공을 낳았다. 책의 영화 판권이 워너브라더스에 팔렸다. 해외 판권도 35개 국가에 팔렸다. 데이비드는 헬렌이 틈새시장을 발견하는 걸 넘어 자신이 독점하는 시장을 만들어냈다는 것에 전율을 느꼈다. 헬렌은 여자들이(헬렌에게 여자들은 영원히 'woman'이 아닌 'girl'이었다) 결혼하기 전에 그렇게 살 수 있고, 살아야 하는 신나는 라이프스타일의 전문가였으니 말이다. 그녀는 책에 적었다. "나는 결혼이 인생 최악의 시기를 위한 보험이라고 생각한다. 최고의 시기에는 남편이 필요 없다. 물론 남자는 필요하다―매 순간 필요하다. 그런데 남자는 한 번에 한 다스씩 만나는 편이 감정적으로 대가를 덜 치러도 되고 훨씬 재미있기도 하다."

헬렌 본인은 미혼이 아니었고 힘 있고 영향력 있는 남편에게서 사랑과 지지와 조언을 받고 있었지만, 그 사실은 아이러니하게 느껴지기보다 오히려 책의 요점을 부각하는 효과가 있었다. 훌륭한 남편을 만나기 위해 예뻘 필요가 없다는 것. 단지 일하는 독신 여성 시절에 "곳간의 시궁쥐처럼 부지런히" 강점을 개발하여 독립적이고 재미있고 섹시한 사람이 되면 충분하다는 것. 무엇보다도, 미혼일 때 즐겨야 한다는 것.

후속편 『섹스와 사무실(Sex and the Office)』은 1965년에 출간되었다. 헬렌의 편집자 버나드 가이스는 이 책이 『섹스와 독신 여성』의 성공을 재연하길 바랐기에 헬렌의 급진적이고 진보적인 견해는 완전히 솎아냈다. 제일 효과적인 피임법, 데이트 강간 대처법, (헬렌의 주장대로라면, 회사에서 속 기사로 일하는 젊고 섹스에 긍정적인 그 많은 여자들 사이에서 필연적으로 일어나게 마련인) 레즈비언 연애, 임신중절 방법에 대한 챕터는 전부 잘 팔렸다. 후속편은 일반적인 책의 기준으로는 잘 팔렸지만, 기대와 달리 초대형 베스트셀러가 되지는 못했다.

그 이유 하나는 시대정신의 변화에 있었다. 세상이 달라지고 있었다. 여성의 지위에 대해 새롭고 진지한 대화가 끓어오르고 있었다. 1963년, 베티 프리단의 『여성의 신비(The Feminine Mystique)』가 출간되었다. 프리단은 이 책에서 대학 졸업 후 성실하게 결혼하고, 교외로 이사하고, 아이를 몇 낳고, 이제 미치도록 지루해하고 있는 스미스 칼리지 동기들의 삶을 묘사했다(이들의 그런 삶은 프리단처럼 명문대를 나오지 못한 헬렌 걸리 브라운도 충분히 예언할 수 있었을 테다). 프리단의 책은 2세대 페미니즘의 문을 열었다. 『여성의 신비』는 진지하고 영향력 있는 모든 곳에서 진지하게 다루어졌다. 헬렌 역시 남녀가 똑같은 걸 누릴 수 있다고 주장하면서 페미니즘의 길을 열었지만, 『섹스와 독신 여성』에는 지나치게 나대고 (팔의 털을 탈색하는 데 쓸 용액을 직접 만드는 방법 따위의) 실용적 조언이 너무 많다는 문화적 낙인이 찍혀 있었다.

시대가 바뀌고 있었다고는 해도, 헬렌에겐 여전히 팬레터가 하도 많이 와서 퍼시픽팰리세이즈의 집배원이 배달을 거부할 정도였다(헬렌이 직접 우편 지국에 가서 편지들을 가져와야 했다). 헬렌은 평생 편지를 즐겨 썼고, 팬레터에 일일이 답장을 했다. 로열 440 타자기로 분당 80단어를 타이핑할 수 있다는 게 그녀의 자랑이었다. 데이비드는 헬렌이 잡지를 내면 모든 편지에 한 번에 답하는 셈이 되리라고 생각했다. 그리하여 헬렌과 데이비드는 남부 캘리포니아의 자택 식탁에서 잡지 《팜(Femme)》의 샘플을 만들었다. 한데 잡지를 홍보하러 뉴욕에 갔다가 그들은 더 좋은 해결책을 발견했다. 과거엔 훌륭한 문예지였으나 최근 들어 부진하던 잡지 《코스모폴리탄》을 인계받기로 한 것이었다.

1886년에 창간된 《코스모폴리탄》은 걸출한 역사를 자랑한다. 율리시스 S. 그랜트 주니어, 윌리엄 랜돌프 허스트를 포함해 훗날 대성한 여러 사람이 이 잡지를 거쳐 갔고, 어니스트 헤밍웨이, 존 스타인벡, 에드나 퍼버가 글을 실었다. 데이비드는 1940년대 말에 《코스모폴리탄》 편집주간으로 일했으므로 인맥이 풍부한 사람들을 많이 알고 있었다. 며칠 만에 헬렌이 편집장을 맡기로 결정되었다. 《팜》 창간을 위해 준비한 아이디어는 전부 새로이 거듭날 《코스모폴리탄》에 사용하기로 했다. 잡지의 타깃 독자는 바로 헬렌의 독자들이었다. 가진 것 없고 교육도 많이 받지 못했지만 세상에서 성공하고 싶은, 일하는 독신 여성들.

편집장 자리에 올랐을 때 헬렌은 43세였고, 잡지 경험이라곤 독자로서 읽곤 한 게 다였다. 그녀에게 잡지를 만든다는 건 갑자기 수술실에 들어가 맹장수술을 집도하는 것과 다를 바 없었다. 헬렌의 비서를 포함해 직원 중 헬렌보다 경험이 적은 사람은 없었다. 헬렌은 직원을 관리하고, 편집 예산을 감독하고, 자신의 비전을 잡지 언어로 풀어내는 법을 하나도 몰랐다.

훗날 헬렌은 《코스모폴리탄》에서 보낸 처음 몇 개월에 관한 이야기를 털어놓았다. 두려움 가득한 몇 달이었다고 했다. 헬렌은 데이비드에게 전화해서 타운카로 맨해튼을 드라이브시켜 달라고 조르곤 했다. 승용차 뒷자리에서 데이비드에게 안겨 걱정거리를 쏟아내고 함께 기사 주제를 브레인스토밍하고 나면, 드라이브가 끝날 때쯤엔 나머지 일과에 맞설 수 있다는 자신감이 솟아났다. 헬렌은 '철목련(steel magnolia)'이라는 표현이 어울리는 강한 여성이었으나, 이처럼 곤경에 빠진 아가씨 놀이를 무척이나 즐겼다. 유명한 저술가이자 여성운동가인 수전 브라운밀러가 말했다. "여성들은 전부 어느 정도는 여성을 흉내 내는 연기자다." 헬렌은 그 연기에 능란했다. 그녀는 순한 양의 탈을 쓰고 있었지만 실상은 강철 의지를 지닌 암컷 늑대였다.

정말로 두려움이나 불안함을 느꼈을지라도 헬렌은 자기 인생의 핵심적 규칙들을 결코 버리지 않았다. 본능적 직감을 믿고, 남들보다 더 열심히 일할 것. 그녀의 직감은 말했다. '내가 남자, 섹스, 사랑, 돈, 언제나 섹시해 보이는 외모에 이렇게 신경 쓴다면 다른 여자들도 마찬가지일 거야.' 이처럼 단순한 전제 아래 그녀는 낡고 진부한 프로이트적 질문인 '여자들은 무엇을 원하는가?'에 명쾌하게 답했다.

바보 같기는, 여자들도 남자가 원하는 걸 원한다고요.

《코스모폴리탄》 1965년 7월호가 헬렌이 만든 첫 호였다. 표지를 장식한 건 가슴이 푹 파인 붉은색과 흰색이 섞인 깅엄체크 상의를 입고 '볼륨감'을 한껏 드러낸 금발 모델이었다.

피임의 암흑시대였던 1940년대와 1950년대에, 의사에게서 삽입식 피임 기구를 받고 싶은 여자는 기혼임을 증명하거나 어떻게든 기혼인 척을 해야만 했다. 1960년에 미국 식품의약국에서는 최초의 경구 피임약을 승인했으나 미국 모든 주의 기혼 여자가 피임약을 손에 넣을 수 있게 된 건 1965년의 일이었다. 결혼하지 않은 여자는 1972년에 이르러서야 피임약을 받을 수 있었다. 《코스모폴리탄》의 주요 타깃 독자는 (거짓말을 하지 않는 이상 피임약 처방전을 받을 수 없었을) 독신 여성이었으나, 헬렌은 첫 호에 피임약에 대한 글을 실었다. 발행사인 허스트에서는 「여자가 남자에게 더 반응하게 만드는 약」이라는 제목이 너무 야하다고 퇴짜를 놓았다. 한 단어를 삭제하는 것으로 문제가 해결되었다. 「여자가 더 반응하게 만드는 새로운 약」. 대체 이게 무슨 뜻이란 말인가? 《코스모폴리탄》의 타깃 독자는 섹시한 생각을 할 준비가 되어 있었고, 제대로 답을 맞혔다. 7월호는 날개 돋친 듯 팔려나갔다.

다음 호도, 그 다음 호도 마찬가지였다. 편집장 헬렌의 지휘 하에《코스모폴리탄》은 미국에서 가장 성공적인 가판대 잡지가 되었다.

헬렌이 키를 잡고 처음 몇 달 사이에 몇몇 편집자가 퇴사했다. 남은 이들은 헬렌이 솔직하고 공정하되 까다롭다는 것을 알게 됐다. 헬렌은 어떤 종류의 부정적인 태도에도 반대했고, 복잡한 문장에도 반대했다. 강조용으로 이탤릭체를 쓰는 걸 두려워하지 않았고, 느낌표라면 묻지도 따지지도 않고 좋아했다! 편집회의 중에는 자기 책상 앞에 서 있거나, 구두를 벗어던지고 소파에 편안한 자세로 앉아 있곤 했다. 그녀의 관리 스타일은 기본적으로 모두를 유혹의 대상으로 대하는 것이었다. 그게 헬렌의 전문 분야였으므로—그리고 그게 먹혔으므로. 헬렌은 자신에 대한 믿음과 여자들이 원하는—다시 말해 '자신이' 원하는—것에 대한 믿음을 거름 삼아《코스모폴리탄》의 발행부수를 80만에서 300만으로 끌어올렸다.

하지만 1970년대가 오고 글로리아 스타이넘(3장 참조)이 등장하자 얘기가 달라졌다. 글로리아만큼 영향력 있고 중요한 페미니스트는 여럿 있었다. 전미여성기구(National Organization for Women, NOW)의 공동 창립자이자 회장이었던 베티 프리단, 하원의원인 '싸움꾼' 벨라 앱저그, 컬럼비아대학교 박사논문을 다듬어 1970년에 문제작『성의 정치학(Sexual Politics)』을 펴낸 케이트 밀렛 등등. 하지만 대중의 상상력을 사로잡은 건 완벽한 이목구비와 에이비에이터 선글라스를 쓴 미모의 프리랜스 저널리스트 글로리아였다.

베티, 벨라, 글로리아, 케이트는 서로 팔을 끼고 버텼고, 그 뒤엔 헬렌을 적대시하는 똑똑한 대졸 여자들이 줄지어 섰다. 그들은 여성의 책략을 적극적으로 활용해야 한다는 헬렌의 군건한 믿음을 부정적으로 바라보았다. 치관을 씌운 치아, 두꺼운 화장, 푸시업 브라, 가발, 인조 속눈썹(요즘 사교클럽 소속 여대생들이 토요일 아침, 요가 팬츠에 어그 부츠 차림으로 숙취 해소용 그란데 사이즈 라떼를 마시러 나갈 때 절대 잊지 않는 그것)을 보면 그들은 짜증이 나서 자신의 손질 안 한 머리칼을 쥐어뜯고 싶어졌다. 그들을 더욱 미치게 한 건 여자가 화장과 패션과 섹시한 외모를 즐긴다는 헬렌의 주장이었다. 그녀는 『섹스 앤드 더 시티(Sex and the City)』의 원작자 캔디스 부시넬이 아직 어금니가 다 나지 않은 14살이었을 적에 이미 여자가 전통적 의미에서 여성스러우면서도 강할 수 있다고 주장한, 시대를 앞서간 나름의 페미니스트였다. 하지만 섹스와 자기 소유 아파트, 독립적 재산, 피임과 임신중절에 찬성한 헬렌 걸리 브라운이 페미니스트 클럽하우스에선 불청객이었다.

1970년의 어느 날 아침, 케이트 밀렛이 지휘하는 페미니스트들이 《코스모폴리탄》 사무실에 들이닥쳐 연좌 농성을 벌였다. 그들은 막 《레이디스 홈 저널》 사무실 11시간 점거에 성공하여 편집자 존 맥 카터에게 한 호를 페미니즘에 헌정하라고 압박하고 돌아온 참이었다(결국은 8쪽을 할애하는 것으로 타협을 보았다). 그들의 다음 타깃이 헬렌이었다. 그들은 헬렌을 라디에이터 앞으로 밀어붙이고, 그녀의 잡지에 성차별과 여성 혐오가 만연해 있다고 비난하며 좀 더 페미니즘적인 내용을 실으라고 했다.

"우리 잡지는 이미 페미니즘적인데요." 헬렌은 이렇게 답했지만 시위자들을 달래기 위해, 자신의 편집을 거친다는 전제하에 그들이 잡지에 싣기

원하는 기사를 전부 검토해 보겠다고 했다. 시위자들은 동의했다. 세상 일이 그렇듯, 실제로 제출된 기사는 몇 편 되지 않았고, 헬렌은 다시 정상 업무로 돌아갔다.

페미니즘에 대한 선의를 보이고 싶었던 헬렌은 '의식화' 모임에 참여해 달라는 요청도 받아들였다. 1970년 어느 날 그녀는 모임에 참석했는데, 비꼬는 유머 감각은 어쩔 수 없어서 나중에 자신의 잡지에 실은 글에서 이렇게 말했다. "나는 열한 명의 여자들과—방금 'girl'이라고 쓸 뻔 했는데 그러지 말고 'woman'이라고 불러야 한다고들 했다—모여 앉아 자신을 괴롭히는 콤플렉스에 대해 털어놓았다. 솔직히 아직 여덟 개밖에 말을 못했는데 다음 콤플렉스 덩어리에게 발언권을 양보해야 했다." 이처럼 질긴 사람이니 헬렌 걸리 브라운을 '터네이셔스(Tenacious) HGB'라고 불러도 좋을 듯싶다(긴즈버그의 별명 '노터리어스 RBG'에 빗댄 것—옮긴이).

하지만 세월이 흐르면서 헬렌은 점점 더 역사의 잘못된 편에 서게 되었고, 그녀의 막강한 본능적 직감도 더 이상 믿을 게 못 되었다. 헬렌은 모성이 다른 무엇보다도 억압적이고 섹시하지 못하다면서 어머니가 된다는 것에 대해 생각하기를 거부했다. 게다가 임신과 출산은 몸매를 망치니까.

그녀는 HIV와 에이즈에 대한 무지도 드러냈다. 《코스모폴리탄》 1988년 1월호에 「에이즈에 관한 안심되는 소식: 의사가 들려주는, 당신이 위험하지 않은 이유」라는 제목으로 에이즈의 위험성을 낮잡는 잘못된 기사를 실은 것이다. 미국 의무총감 C. 에버렛 쿠프가 우려를 표하는 편지를 보냈지만, 헬렌은 섹스에 반대하는 것처럼 보일 걸 우려해 기사 내용이 틀렸다고 지면에 고지하거나 후속 기사를 내지 않았다.

1997년, 75세가 된 헬렌은 《코스모폴리탄》 회사의 요구에 따라 본지의 편집장 직위에서 물러났다. 그렇지만 이후에도 65개국에서 출판되는 해외판의 편집장 직은 유지했다. 그녀는 새 사무실에 분홍색 실크 벽지를 바르고 표범 무늬 가구를 놓았다. 그로부터 15년 동안 헬렌은 아침에 일어나다 먹은 요구르트 용기에 점심으로 먹을 참치 샐러드를 담고, 분홍색 푸치 미니스커트와 검은 망사 스타킹을 입고, 마놀로 블라닉 구두를 또각거리며 사무실로 향했다. 50년 넘게 되풀이된 일과에 한 점의 변화도 주지 않은 것이다. 그녀는 나이듦에 대해 초탈한 태도를 보이는 걸 거부했다. 두 발로 일어설 수 있는 한, 향수를 뿌리고 굵은 뱅글 팔찌를 착용하고 하이힐을 신고 수위에게 인조 속눈썹을 깜박여 보일 것이었다. 사람들은 '할머니'가 되기를 거부하는 그녀를 비난했다. 그렇지만, 헬렌이 평생을 자신이 원하는 여자의 모습으로 살면 안 될 이유가 무언가? 사람은 살고 싶은 대로 살아야 한다. 달력은 잊자. 지금껏 참석한 고교 동창회의 횟수도 잊어버리고, 한때 섹스를 하며 들었던 노래들이 이제 추억의 올드팝으로 분류된다는 사실도 어깨를 으쓱하고 털어 넘기자. 우리가 스스로를 볼 때, 또 주위를 둘러싼 세상을 볼 때 기분이 좋아지게 만드는 건 뭐든 해야 한다. 질릴 때까지 말이다. 헬렌은 경쾌하고 여성스럽고 약간 엉뚱하게 사는 것에 결코 질리지 않았고, 그건 잘된 일이었다.

헬렌은 2012년 8월에 90세의 나이로 세상을 떠났으나(《뉴욕 타임스》는 사망 기사에서 "그녀의 일부는 그 나이보다 훨씬 젊었지만"이라고 했다), 그녀의 정신은 《코스모폴리탄》의 페이지 안에 살아 있다. 아무 동네든 식료품점에 가보면—홀푸드처럼 유기농을 너무 강조하는 곳은 빼고—

계산대 옆에 그 잡지 최신호가 꽂혀 있을 것이다. 표지에는 깊은 가슴골을 자랑하는 젊은 여자가 있을 것이고, 그녀의 주위를 더 나은 몸매와 더 나은 섹스와 돈을 벌고/저축하고/쓰는 더 좋은 방법들에 대한 유혹적인 문구가 둘러싸고 있을 것이다. 지금 내가 보고 있는 최근호 표지에는 "정주행할 가치가 있는 새 드라마들"이라는 문구가 적혀 있다. 《코스모폴리탄》의 일반적인 영역에서 조금 벗어났나 싶었는데, 역시나 '#침대에서볼것'이라는 문구가 등장한다.

헬렌은 활기찬 독신 여성의 파티에 제일 먼저 도착해서 마지막 순간까지 머문 사람이다. 그녀는 끝까지 반항적이었고, 비판에 눈 하나 깜짝하지 않았고, 여자들이 정말 원하는 게 뭔지에 대한 자신의 믿음을 끈질기게 옹호했다. 그녀의 유명한 발언 중엔 이런 것도 있었다. "성적 대상으로 여겨지지 않는다면 그건 문제입니다." 헬렌 걸리 브라운은 완벽하게 구제불능이었고, 남들이 인정하는 것보다 훨씬 똑똑했다. 다시 말해 그녀는 정점에 이른 만만찮은 여자였다.

제13장

이디 세지윅

퇴폐적인 여자

1963년 어느 날, 스무 살의 이디 세지윅은 친구들을 보스턴 리츠 호텔로 초대해 점심 식사를 대접했다. 식사 비용은 아버지 이름으로 달아놓으면 된다고 큰소리를 쳤지만, 머지않아 당대의 '잇 걸(It Girl, 패셔너블하고 섹시하며 매력적인 성격을 갖춘 젊은 여자, 주로 유명인-옮긴이)'이자 앤디 워홀의 뮤즈가 될 이디의 부모는 캘리포니아주 샌타바버라의 목장에 살았다. 아버지 듀크 세지윅이 이 호텔의 단골일 가능성은 없어 보였다.

당시 이디는 래드클리프 대학교에서 조각을 공부하는 학생이었고 친구들은 대부분 하버드 대학교에서 예술 좀 한다는 젊은 게이들이었다. 이디 일행은 호화로운 점심 식사를 하면서 값비싼 샴페인을 인간적 한계에 이를 때까지 마셔댔다. 이디는 러시안 드레싱을 곁들인 로스트비프를 주문했다(제일 좋아하는 요리였지만, 정작 이디는 손도 대지 않았다).

이디의 친구들은 이디가 거짓말을 했을 상황에 대비해서 돈을 충분히 챙겨 왔다. 가능하고도 남는 얘기였다(이디가 인기를 끈 건 현실을 완전히 무시하는 그 태도 덕분이기도 했다). 계산서가 나오자 이디는 서명을 했다. 그런데 웨이터가 곧 매니저와 함께 돌아왔다. 얘기에 따르면, 그 자리에 있던 이디의 친구들은 전부 이디의 거짓말이 들통 난 줄 알고 술이 확 깨서 주머니를 뒤적거리기 시작했다고 한다. 필요할 경우 이디 대신 사과할 준비까지 하고 있었다. 하지만 매니저는 이디에게 식사비용의 100%에 해당하는 팁을 남기겠다는 말이 진짜인지 확인하러 온 것이었다. 식사비는 대략 250달러였는데, 이디가 거기 더해 웨이터들에게 250달러의 팁을 남긴 것이었다. 웨이터들은 관대한 손님에게 머리를 조아렸다. 이디는 테이블 위에 올라가 리처드 로저스의 최신 뮤지컬에 나오는 노래 「로즈 오브 러브(Loads of Love)」를 부르며 자축했다.

진 스타인과 조지 플림프턴이 구술사 식으로 써낸 이디의 전기에서 이 일화를 들려준 에드 헤네시는 훗날 이디가 팁을 즉흥적으로 정했다는 사실을 알게 되었다. 이디는 팁 문화에 무지했고, 그 전에는 팁을 줘본 적도 없었다.

이 사건이 있고 얼마 되지 않아 이디는 래드클리프를 떠나 뉴욕으로 갔다. 1964년에 앤디 워홀을 만나 그의 뮤즈이자 뉴욕에 있는 그의 스튜디오 '더 팩토리(The Factory)'의 슈퍼스타가 되었고, 《보그》 모델로 기용되었고, 1965년의 '잇 걸'이 되었고, 마약에 깊게 빠졌고, 28세에 의도치 않은 약물 과용으로 자다가 세상을 떠났다. 밥 딜런의 노래 「저스트 라이크 어 우먼(Just Like a Woman)」은 이디에게서 영감을 받은 노래라고 한다. 로버트 라우션버그는 이디를 살아 있는 예술품이라고 평했다. '잇 걸' 클럽의 또 다른 멤버인 배우 리나 더넘은 인스타그램에 종종 이디의 다양한 모습을 담은 사진을 올린다. 우리 모두 과거 그랬고 지금까지도 그러하듯, 이디의 무사태평한 태도와 치명적인 매력에 푹 빠진 것이다.

나는 지난 세월 동안 스타인과 플림프턴의 공저서 『이디: 미국 여자(Edie: An American Girl)』를 족히 여섯 번은 읽었다. 처음 읽은 건 1982년 이 책이 출판된 직후였다. 그때 나는 뉴욕으로 훌쩍 떠났을 때의 이디보다 아주 조금 나이가 많았고, 그녀의 이야기를 읽으며 전율과 질투를 동시에 느꼈다. 이디처럼 나도 남부 캘리포니아 출신이며, 한시적으로 뉴욕에 머물고 있었다. 하지만 우리의 공통점은 그걸로 끝이었다. 이디는 너무나 예쁘고 날씬했으며, 근사하게 엉망이었다. 일부러 뿌리의 색깔을 남긴 백금발. 샹들리에 귀걸이와 《보그》의 에디터 다이애나 브릴랜드(23장 참조)가 "무연탄 같은 눈"이라고 표현한 두 눈. 이디에게는 "순식간에 세계가 자신을 중심으로 돌아가도록 만드는 능력이 있었다"라는 그녀 친구 존 앤서니 워커의 시적인 평을 나는 믿었다. 그는 이디에 대해 또 이렇게 적었다. "이디의 세계에 들어가면 그녀와 무관한 것들은 전부 소용없어졌다. 다른 건 모두 사라지고, 피루엣의 한가운데 이디가 있었다."

이디의 모든 게 신화적이었다. 그녀는 뼈대 있는 미국 가문 출신이었다. 세지윅 가는 미국의 건국 시절부터 부유했고, 영향력이 있었으며, 괴짜였다. 세지윅 가 사람들과 이디의 외가인 디포리스트 가 사람들은 매사추세츠만 식민지의 정착을 도왔고, 독립선언문에 서명했고, 조지 워싱턴 대통령 시대에 하원 의장에 올랐고, 대학(윌리엄스 칼리지)을 세웠고 철도(서던 퍼시픽)를 깔았고 센트럴 파크를 만들었다. 이디의 고조할아버지의 증조할아버지인 시어도어 세지윅 판사는 변호사 시절 미국 최초로 아프리카계 미국인 여자 노예의 자유를 주장한 재판에서 승소했다. (혹시 궁금해 할까 봐 덧붙이는데, 배우 키라 세지윅이 이디와 오촌 사이이다.)

이디는 샌타바버라의 3,000에이커(약 1,200만㎡, 370만 평) 규모 목장에서 태어나고 자랐으며 다른 일곱 남매와 더불어 홈스쿨링을 받았다. 소시(Saucie), 수키(Suky), 민티(Minty)처럼 하나같이 부티 나는 이름의 세지윅 가 자녀들은 아버지를 '퍼지(Fuzzy)'라고 불렀다. 미국 중서부에서는, 서해안으로 이주하는 사람들을 두고 이렇게 말한다. 미국을 옆으로 뉘어 들고 아래위로 마구 흔들면 미친 사람들은 전부 바닥의 캘리포니아에 모인다고. 이디의 아버지 프랜시스 민턴 '듀크' 세지윅에겐 대충 들어맞는 말이었다. 그는 가문의 고루한 사람들에게 (조금 미쳤다는 말의 완곡한 표현인) '예술가적'이라고 불렸고, 조울증과 '신경쇠약'을 진단받은 적이 있었다.

듀크에겐 선호하는 정신병원이 있었다. 코네티컷주 뉴케이넌의 실버힐 병원이었는데, 그는 자식들도 그가 원하는 대로 자라지 않을 징조가 보이면 그곳으로 보내곤 했다. 이디는 19세였던 1962년에 거식증을 치료해야 한다는 아버지의 뜻에 따라 그 병원에 입원했다. 하지만 효과는 없었다.

이디의 오빠 민티가 커밍아웃을 했을 때에도 듀크는 그걸 인정하지 않고 정신병원에 보냈다. 훗날 민티는 넥타이로 목을 매 자살했다.

세지윅 가의 정신질환을 가벼운 것으로 치부하려는 건 아니다. 그들은 진짜 질환을 앓았으며 그 때문에 심신이 쇠약해지고 정말로 많은 고통을 겪었다. 하지만 옳고 그름의 문제를 떠나, 살인적 지루함에 시달리는 중산층 교외 거주자들에게 상류층 사람들의 정신적 불안정은 어딘지 매혹적인 면이 있지 않은가(그들은 신경쇠약에 걸리면 무릎에 타탄체크 담요를 올리고 편안한 풍경을 감상하며 푹 쉴 수 있어서 그런 걸지도 모르겠다). 중산층도 신경쇠약에 걸리긴 하지만 보통은 가짜로 병가를 내고 커피 얼룩이 묻은 목욕 가운 차림으로 소파에 앉아 아이스크림을 통째 퍼먹으면서 TV에서 그저 그런 프로그램을 정주행하는 것으로 마무리된다. 다음 날이면 멀쩡한 상태로 돌아간다. 우리는 안 그럴 수 없으니까.

1964년에 뉴욕으로 이사한 이디는 잿빛 메르세데스를 몰았다. 때로는 LSD를 복용한 채였다. 친구가 메르세데스를 작살내자 이디는 리무진 서비스를 이용하기 시작했다. 밥 딜런의 친구이자 한때 이디와 사귀었던 가수 밥 뉴워스는 말했다. "이디는 사람들이 담배를 갈아 피우듯 리무진 회사를 갈아탔다. 청구서를 절대 지불하지 않았고, 신용이 바닥나 고객 목록에서 잘리면 다른 회사로 갔다. 운전수들은 25달러, 35달러씩 팁을 뿌리는 이디를 끔찍이 사랑했다."

나는 이디를 사랑하는 마음에 대해 언제나 내적 갈등을 느껴 왔다. 그녀는 상처 입은 새처럼 연약한 여자였다. 남자들이 달려가 보호해 주고, 구해 주고, 감싸 주고, 칭송하는 여자. 평소 같으면 페미니스트인 내가 아무리 애써도 이해하기 어려울 여자.

그럼에도 《보그》 1966년 3월호에 실린 그녀의 화보는 매혹적이다. 그녀는 카메라에게 사랑받는 여자였다. 눈을 떼려고 아무리 노력해도 소용없다.

어쩌면 우리는 이디를 사랑할 수밖에 없는 운명일지도 모르겠다. 우리의 잘못이 아니라는 거다. 현명한 철학자인 내 친구가(정말로 철학박사 학위가 있는 친구다) 언젠가 설명하길, 여자들이 〈스타워즈〉에 열광하지 않은 이유는 시리즈의 서사가 전형적인 여성 영웅의 여정과 다르기 때문이라고 한다. 친구에 따르면 전형적인 여성 영웅의 여정은 영화 〈더티 댄싱 (Dirty Dancing)〉에 잘 나타나 있다—특히 아무도 여주인공 '베이비'를 구석에 홀로 놔두지 않는다는 점에서. 내 친구에 의하면 여자는 남들에게 자신의 모든 모습을 있는 그대로 보이고 인정받길 원한다. 이디가 우리의 상상력 속에 아직도 살아 있는 이유는 이디가 인생을 오로지 자신답게 살기에 바쳤기 때문일 것이다.

1965년 뉴욕에는 이디 광풍이 일었다. 《보그》에서는 그녀를 파격적 가치관으로 세상을 뒤흔드는 젊은이라는 뜻의 신조어를 원용해 '유스퀘이커 (youthquaker)'라고 불렀다. 지금 보기엔 촌스럽지만, 그 시대와 이디를 수식하는 완벽한 단어다. 이디가 앤디 워홀과 짝꿍이 되어 그가 감독한 여러 편의 언더그라운드 영화에 출연한 시기는 놀랍도록 짧았다. 두 사람의 유대는 1965년에 시작해 1966년 초에 끝났다. 풍문에 의하면 앤디는 이디가 자신의 할리우드 행 티켓이 될 것으로 믿었다고 한다. 두 사람은 함께 영화를 열여덟 편 찍었는데 (내 짧은 소견으로는) 하나같이 눈 뜨고 볼 수 없는 쓰레기였다. 이디와 찍은 첫 영화 〈불쌍한 부자 소녀(Poor Little Rich

Girl)〉(셜리 템플이 주연한 1936년 영화에서 제목을 따온 것이다.—옮긴이)는 이디를 이디로 캐스팅했다(알다시피 훌륭한 소재다). 영상의 절반은 초점이 나가 있었다. 실험영화이론 강의 한 학기를 버틴 사람으로서 말하건대, 정말로 이상야릇하면서도 성공적인 언더그라운드 영화도 있다(〈스콜피오 라이징 (*Scorpio Rising*)〉이나 〈핑크 플라밍고(*Pink Flamingo*)〉처럼). 하지만 워홀의 작품은 죄다 영화학교에서 낙제하기 일보 직전인 학생 감독이 찍은 것처럼 보인다. 앤디는 그림을 팔아 영화 제작비를 댔다. 이디에게는 한 푼도 주지 않았는데, 이디는 그에 대해 (마땅히) 불쾌하게 여겼다.

알코올과 코카인, 각성제와 진정제, 각성제 코카인과 진정제인 헤로인 혹은 모르핀을 섞은 스피드볼. 이디는 눈떠서부터 잠들 때까지 이것들을 먹고 흡입하고 주사 놓았다. 1967년의 어느 시점부터 《보그》에서 연락이 끊겼다. 더 팩토리를 드나드는 힙스터 무리와 밥 딜런을 추종하는 힙스터 무리 사이에서 고등학교에서나 벌어질 법한 내분이 일어났을 때 이디가 밥 뉴워스의 편을 들면서 워홀과의 관계는 끝이 났다. 이디는 첼시 호텔로 이사했고, 담배를 들고 졸다가 실수로 방에 불을 냈다.

내가 이해할 수 없는 건, 사람들이 이디를 그토록 사랑했음에도 그녀가 깊은 마약 중독에 빠져들고 있을 때 그녀 곁에 아무도 없었다는 것이다. 하버드 대학교의 예술 하는 친구들은 어디 있었는가? 1971년에 이디의 사망 소식을 듣고 "이디 누구?"라고 물었다는 앤디 워홀은 어디 있었는가? 검시관은 이디의 사망 원인을 미상/사고/자살이라고 기록했다. 이디에게는 이런 미스터리가 어울리긴 하지만, 실은 무척 슬픈 일이다.

1969년 첼시 호텔 화재에서 심한 화상을 입은 이디는 캘리포니아의 집으로 돌아가 심신을 추슬렀다. 맑은 정신을 유지하려고 노력했지만 그해 8월 약물 소지 혐의로 체포되었고, 정신병원에 들어가서 후에 남편이 되는 멋진 히피 마이클 포스트를 만났다. 두 사람은 1971년에 결혼했다. 결혼사진에서 이디는 과거의 그녀처럼 전형적인 캘리포니아 여자의 모습이다. 윤기 나는 갈색 머리칼은 어깨까지 길러서 가운데 가르마를 탔다. 종 모양 소매가 달린 흰색 레이스 드레스를 입고 손에는 흰 목련 줄기를 들었다. 마이클 포스트는 고급스러운 턱시도 차림이다. 두 사람 모두 햇살을 받으며 환히 웃고 있다.

이디는 1971년 11월 16일 사망했다. 그녀에게 어울릴 만한 청년문화의 무슨 주요 행사나 사건 직후가 아니라, 샌타바버라 박물관에서 열린 패션쇼에 참석하고 나서였다(얼마나 따분한가). 거기서 그녀는 과음을 했고, 성실하게 남편에게 전화해 픽업을 부탁했다. 집에 돌아온 뒤 마이클 포스트는 이디에게 의사가 처방한 약을 주었다. 다음 날 아침 이디는 일어나지 못했다. 스물여덟 살이었다.

여성분들, 우리는 너무 노력한다. 뭘 하든 너무 애쓴다. 우리는—적어도 나는—미국에서 요구하는 여성이 되기 위해 기진맥진했다. 현대의 '잇걸'과 슈퍼스타들은 지나치게 열심히 일한다. '힙'하고 유명하고 화려한 사람에게 어울리는 나른한 매력을 내뿜는 대신 항시 노예처럼 일하고 있다. 매일 동 트기 전에 해병대 수준의 운동을 마치고, 아무 즐거움을 느끼지 못하도록 특별히 고안된 식단을 따른다. 당장 레드카펫에 올라도 될 만큼 섹시하고 부드럽고 매끈하고 굶주린 상태를 상시 유지하고, 희귀한 난초를 돌보는 데에나 적합한 강박적인 태도로 인스타그램 계정을 관리한다. 언젠가 마돈나가 말했다. "저는 대단히 빽빽한 일정을 소화합니다.

낭비되는 시간은 절대 없습니다. 저는 매우 집중해서 삽니다."

반면 이디는 일정 따위 없이, 시간을 마구 허비하고 아무 것에도 집중하지 않고 살았다. 그녀에겐 담배를 입에 달고 사는 사람의 섹시하고 퇴폐적인 아우라가 있었다. 그녀에게 운동이란 일어난 직후(그러니까 때로는 정오 즈음)에 발레 스트레칭을 몇 번 하는 게 전부였다. 그녀는 누워서 오페라 음악 듣는 걸 좋아했다. 그녀는 검은 타이츠에 티셔츠 차림으로 패션 화보 촬영장에 나타났다(그리고 그 옷차림은 선풍적인 인기를 끌었다).

우리 모두 어느 정도는 이디처럼 살면 안 될까? 늦잠을 자고, 먹고 싶은 때 먹고, 몸이 원할 때 움직이고, 뭐든 입고 싶은 옷을 입고 약속에 가면 안 될까? 그랬다간 약간 퇴폐적이고 만만치 않은 여자로 간주될지도 모른다. 하지만 남들이 뭐라든 신경 쓰지 말기로 약속하자. 부디 그러자.

제14장

앙겔라 메르켈

불가해한 여자

1989년 11월 9일 목요일, 베를린 장벽이 무너졌다. 과학아카데미 물리화학중앙연구소 소속 연구원 앙겔라 메르켈 박사는 목요일이면 직장을 나서서 오랫동안 사우나에 몸을 푹 담그곤 했다. 앙겔라는 조국의 역사가 전환점을 맞은 순간에도 한 주의 몇 안 되는 즐거움 중 하나를 놓칠 의향이 없는, 무척이나 규칙적이고 침착한 여자였다. 다른 동독인들은 국경을 넘어 서독으로 달려갔지만 앙겔라는 그럴 필요를 느끼지 못했다. "벽이 뚫렸으면 다시 닫히기는 어렵다고 생각해서, 기다리기로 했지요." 앙겔라는 나중에 설명했다. 사우나에서 몸을 잘 풀고 볼이 발그레해져서 나온 그녀는 인파에 휩쓸려 보른홀머 다리를 건너 서베를린에 갔다. 그리고 맥주 한 잔을 마신 다음 걸어서 집으로 돌아왔다. 다음 날 아침에는 또 출근을 해야 하니까.

언론에서는 2005년 이래 총리직을 지키고 있는 독일 최초의 여성 총리 앙겔라 메르켈의 무신경하고 꼼꼼하고 냉정한 성격을 설명하고자 이 일화를 거듭 꺼내든다. 앙겔라의 성격에 대한 그들의 분석에 따르면, 앙겔라는 특유의 신중한 국가 경영 스타일과는 모순되게도 근본적으로 조금 이상한 사람이다. (독일 통일 후 1999년에 주독 미국 대사관을 베를린에서 다시 연 존 콘블럼 대사는 앙겔라의 통치 스타일을 '매시트포테이토' 같다고 말했다. 단조롭고 지루하다는 뜻이었다. 글쎄, 독자들은 어떤지 모르겠지만, 나는 매시트포테이토를 아주 좋아한다. 마늘과 버터를 곁들인다면 금상첨화다.) 보통날도 아니고 동구권이 무너지고 독일이 하나가 된 바로 그날, 어떻게 16년 뒤 독일의 지도자가 되고 유럽연합의 사실상 대통령 노릇을 할 여자가 그렇게 무덤덤할 수 있었을까? 어째서 앙겔라는 다른 '오씨(Ossi, 동독인을 가리키는 말)'들처럼 기쁨의 눈물을 흘리며 거리에서 춤추고 처음 보는 사람과 끌어안으면서 자유와 새로 주어진 기회에 취하지 않았을까? 사람들은 그녀의 행동을 이해하지 못했고, 그렇기에 그녀라는 사람도 이해하지 못했다.

똑똑하고 자기성찰적이고 속을 헤아리기 어려운 앙겔라 메르켈은 세계적으로 수수께끼 같은 사람이라는 명성을 누린다. 여기엔 그녀의 성격이 여성의 스테레오타입에서 어긋난다는 이유도 있다. 사람들은 수다스럽지도, 목소리가 앙칼지지도 않고, 변덕스럽지도, 감정적이지도, 경박하지도 않은 앙겔라를 어떻게 이해해야 할지 모른다. 분류되기를 거부하는 사람은—더군다나 권력자 여성이라면—만만찮은 사람으로 간주되기 일쑤다.

앙겔라는 겉모습만 보면 만만해 보인다. 그녀를 보자마자 '아이고, 큰일 났네'라고 생각하는 사람은 없다. 앙겔라는 검은 바지와 굽 낮은 구두, 밝은 색 재킷, 목걸이를 총리 유니폼처럼 착용한다. 가끔은 엉뚱한 목걸이를 골라서 의도치 않게 대담한 패션 선언을 하기도 한다. 머리는 여전히 소녀 시절과 똑같이 표준형 바가지 머리다—최근에 부분 금발 염색을 하긴 했지만.

〈새터데이 나이트 라이브〉에서 모든 금발 여자 정치인을 패러디한 만능 플레이어 케이트 매키넌은 앙겔라를 남몰래 버락 오바마를 짝사랑하는 소심한 인물로 묘사했다. 매키넌의 독일 악센트는 훌륭하고 연기도 배꼽 잡게 웃긴다. 하지만 정확하진 않다. 앙겔라는 지인들에게 사석에서 날카로운 유머 감각을 발휘한다는 평을 받는다(특히 오만한 권력자 남성들의 흉내를 내는 데 전문가라고 한다). 그리고 그녀가 오바마 대통령에게 마음을 열기까지는 긴 시간이 걸렸다고들 한다. 오바마 역시 냉정하고, 지적이며, 분석적이기 때문이기도 할 것이다. 독일 일간지 《디 벨트》의 한 정치부 기자는 두 사람에 대해 "한 방에 모인 두 살인청부업자"라고 표현한 적이 있다. "두 사람은 대화를 나눌 필요가 없다. 둘 다 조용하고, 둘 다 킬러다."

❀

앙겔라 카스너는 1954년 서독 함부르크에서 태어났다. 루터교 목사였던 아버지 호르스트는 라틴어·영어 교사였던 아내 헤를린트와 앙겔라, 앙겔라의 두 남동생을 데리고 동독으로 이주했다. 울창한 삼림과 차디찬 호수로 유명한 시골 지역 우커마르크 군의 템플린에서 목사직을 제의받았기 때문이었다. 그들은 이주의 조류를 역행하고 있었다. 다른 동독인들은 소련의 억압적인 지배를 겁내 자유로운 삶의 길이 막히기 전에 서쪽으로 밀려들고 있었다. 앙겔라가 7살 때 베를린 장벽이 세워졌다. 그렇게 앙겔라는 자유와 기회, 사상의 자유로운 교류에서 차단되었다.

앙겔라는 창살 안에 갇힌 기분이었지만 그 상황에서 최선을 다했다. 학교에서 좋은 성적을 받았고, 소련이 위성 국가 학생들에게 러시아어 습득을 권장하기 위해 후원하던 교육 프로그램 '러시아어 클럽'의 스타가 되었다. 앙겔라는 잘하는 것에 집중하고 나머지는 전부 무시하는 취사선택의 달인이었다. 소녀 시절엔 수줍고 운동신경이 없어서 스포츠에 젬병이었지만 하이킹 정도는 발이 꼬이지 않고 할 수 있어서 재미를 붙였다. 앙겔라의 가족들은 다들 진지했다. 저녁 식탁에서 칸트의 논리를 파고드는 대화가 오가곤 했다.

어린 앙겔라에겐 어려움도 있었으나 서구의 소비주의에서 보호받았다는 건 이점이었다. 반짝이는 분홍색 립스틱과 푸시업 브라와 미니스커트를 누리지 못하는 대신 자신이 똑똑하고 능력 있고 강하다는 의식을 갖게 된 것이다. 그녀의 자신감은 광고주들이 사춘기 이후부터 '우리 제품을 사기만 하면 더 날씬하고 부드럽고 예쁘고 섹시한 여자가 될 것'이라고 설득하면서 여자들에게 불어넣고자 하는 근지러운 불안감에 자리를 내주지 않았다.

천박함과 소비주의가 지배하지 않는 사회에서, 웃거나 살을 빼면 더 예뻐질 거라는 말을 듣지 않는 곳에서, 잘하는 걸 찾아서 집중해도 되는 곳에서 자랐다면 당신도 앙겔라 메르켈이 되었을지 모른다.

❁

앙겔라는 1973년 라이프치히 대학에 입학해서 물리학 학위를 받았고, 베를린 독일과학아카데미에서 양자화학 박사 학위를 받았다. (비전공자에게 양자화학의 정의는 '양자물리학의 화학 버전'이다. 한마디로 말해, 이해 불가능한 여러 가지 이론을 화이트보드에 수식으로 표현한 것이다.) 23살이 되던 1977년에 동료 물리학자 울리히 메르켈과 결혼했지만, 1982년 이론화학 교수 요아힘 자우어와 사랑에 빠져 이혼했다. 슈타지(동독 비밀경찰)에서는 두 사람이 배우자가 따로 있는데 자주 점심 식사를 함께 한다는 걸 눈치 챘다. 앙겔라와 요아힘은 각기 이혼을 한 뒤 1988년에 동거를 시작해서 10년 뒤 결혼식을 올린 이래 부부로 지내고 있다.

베를린 장벽이 무너진 1989년에 35세의 앙겔라는 화학과에서 유일한 여성이었다. 그녀는 「표면 수산기의 진동 특성: 비조화성을 포함한 순이론적 모형 계산」과 같은 제목의 논문을 쓰는 데 정신이 팔린 것처럼 보였지만, 다가오는 정치적 지진을 예민하게 감지하고 있었다. 그녀는 14살 때부터 정치에 관심이 있었고(여자 화장실에 숨어 서독 대선 결과를 몰래 들은 적도 있었다) 독일 통일에서 기회의 냄새를 맡았다. 1990년에 그녀는 동독 최초의(그리고 유일의) 민주적으로 선출된 대통령 로타어 데메지에르의 부대변인으로 채용되었다. 1년 뒤에는 통일 독일의 연방 하원의원 선거에 출마하여 당선되었다. 1년 남짓한 사이에 과학 커리어를 완전히 버리고 정치의 길로 들어선 그녀는 통일 독일의 새 정부에서 장관직에 올랐다.

호기심이 일 수밖에 없다. 사업가이자 리얼리티 쇼 스타가 미국 대통령이 된 지금은, 물리학자이자 양자화학자였던 앙겔라 메르켈 박사가 너무나 급작스럽게 과학을 버리고 정치를 택한 것이 조금 덜 놀라울까? 180도 커리어 전환은 앙겔라가 풍문대로 이해하기 어려운 사람이라는 또 하나의 증거다. 하지만 앙겔라는 야망 빼면 시체였고, 독일민주공화국(동독)에서 과학은 시민이 이름을 날릴 수 있는 하나의 분야였다(또 하나의 그런 분야인 체육은 앙겔라에겐 전혀 가망이 없었다).

분석적인 정신과 깊고 비밀스러운 야망을 지닌 앙겔라는 미래를 보았다. 베를린 장벽의 붕괴를 축하하며 전등갓을 머리에 쓰고 춤판을 벌이지는 않았지만, 곧 급진적인 변화가 일어날 것을 알았다. 이렇게 유동적이고 불안정한 상황에선 기회가 오게 마련이었다. 그것도 큰 기회가.

앙겔라는 동독의 새 정당 민주개혁(DA)의 사무실을 찾아가 일자리를 달라고 했다(민주개혁에서는 그날 바로 그녀에게 일을 주었다. 사무실 컴퓨터를 설치하는 일이었다). 시작은 미미했다. 지역 선거의 후보로 시작해서 차츰 더 큰물로 나아가던 앙겔라는 독일 통일조약에 서명하고 압도적인 득표수로 4선에 성공한, 다부진 체격의 촌스러운 총리 헬무트 콜의 눈에 들었다.

1990년이었다. 독일의 성공적인 통일을 주관한 콜은 내각에 들일 동독 여성을 찾고 있었다. 주제넘지 않아 보이는 앙겔라가 요구사항에 잘 들어맞았다. 로타어 데메지에르는 말했다. "펑퍼짐한 치마에 가죽 끈이 발목까지 올라오는 글래디에이터 샌들을 신고 단발머리를 한 그녀는 전형적인 동독 과학자처럼 보였다." 앙겔라는 애연가였고 손톱을 물어뜯는 습관이 있기도 했다.

콜에게 앙겔라의 발탁은 큰 의미가 없었다. 영향력 있고 마음도 넓은 서독 남성이 불쌍한 동독 지식인 여성의 편에 선 것뿐이었으니까! 바가지 머리를 한 앙겔라는 조용했고 유행에 뒤떨어진 옷을 입었고, 전시용으로 내보이기 좋았다. 남자들과 수작을 부리거나 소소한 일상적 대화를 나누는 데에는 전혀 관심이 없었기 때문에 위협적으로 느껴지지도 않았다. 콜은 앙겔라를 "마인 메첸(Mein Mädchen, 나의 소녀)"이라고 불렀다. 1991년, 콜은 앙겔라를 여성청소년부 장관으로 임명했다. 앙겔라는 여성에도 청소년에도 관심이 없었다. 옷, 신발, 핸드백, 화장, 스포츠카, 그 밖에 독일의 정치인이 된 그녀가 손에 넣을 수 있는 모든 것에도 무관심했다. 1994년에 그녀는 자신의 학문적 배경에 좀 더 어울리는 직책인 환경·핵안전부 장관에 임명되었다. 앙겔라는 마음속으로 더 많은 걸 원했다.

한편 민주개혁은 1990년 중도우파인 기독교민주연합으로 흡수되었다. 미국의 양당 체제에 익숙한 내 뇌로는 독일의 수많은 당을 분석하기 어렵다. 하지만 앙겔라를 이해하는 데 요긴한 부분만 보자면, 가톨릭을 기반으로 한 보수 세력인 데다가 여성의 역할이 애를 낳는 것으로 국한된다고 믿은 기독교민주연합은 당연히 앙겔라와 맞지 않았다. 앙겔라는 루터교 목사의 딸이자 프로테스탄트 교인이었고, 무자녀 이혼자에, 1998년까지 남편이 아닌 남자와 동거했다. 앙겔라는 생각할 수 있는 모든 면에서 기독교민주연합에 맞지 않는 인물이었다. 그럼에도 앙겔라가 기독교민주연합과의 유대관계를 자신에게 유리하게 이용할 수 있었다는 사실은 그녀의 정치 감각이 얼마나 대단한지를 보여준다.

앙겔라 메르켈이 지닌 많은 무기들—강력한 지성과 체스 마스터처럼 판 위의 모든 움직임을 꿰뚫어보는 능력에 끈기까지—가운데 제일가는 것은 허영심이 전혀 없다는 것이다. 권력을 얻기까지는 필요하다면 헬무트 콜의 애완동물 취급을 받는 것도 아무 문제없었다. 그녀는 남들이 자신을 무시하고, 과소평가하고, 여성적 매력이 없다고 조롱하도록 놔두었다. 다른 여자라면 남편을 떠나 영화배우를 만나거나, 어린이 책을 쓰거나, 유명 자선단체를 시작했을지도 모른다. 즉, 자신이 무지렁이가 아니라는 사실을 입증할 어떤 일이라도 했을 것이다.

하지만 무지렁이로 취급당하는 것이 앙겔라의 주된 전략 중 하나였다. 아무도 관심을 기울이지 않는 사이 그녀는 재빨리 적수의 약점을 간파하고 그가 실수를 저지르기를 기다린다. 보통 그 적수는 자신이 실제보다 똑똑하다고 믿으며 스스로 무덤을 파는 자기도취형 남성이었다. 앙겔라는 그때나 지금이나 정말 만만찮은 여자지만, 조용하고 의견을 내세우지 않기 때문에 만만한 사람으로 오해받기 일쑤다. 만만찮은 여자가 꼭 탭댄스를 추면서 자기 의견을 쏟아내는 외향적인 성격일 필요는 없다.

앙겔라는 '콜의 양녀' 소리를 들으면서 8년을 버티고 나서 1999년에 행동을 시작했다. 기독교민주연합 내부의 누구에게도 귀띔하지 않고 보수 경향 신문에 콜이 선거자금을 비자금으로 은닉했다고 폭로하는 글을 쓴 것이다. 앙겔라는 콜과 그가 후계자로 뽑은 볼프강 쇼이블레의 사임을 요구했다. 이 스캔들로 많은 남자가 수렁에 빠졌고, 전부 옷을 벗었다. 〈대부〉의 유명한 마지막 장면을 아는가? 누군가네 아기의 세례식이 진행되는 동안 마피아 다섯 가문의 수장이 한꺼번에 제거되는 장면. 그 비슷한 일이 독일 정치계에서 일어난 것이다.

1년이 지난 2000년에 앙겔라 메르켈은 기독교민주연합의 당수가 되었다. 스캔들과 축출 사태에서 살아남은 남자 정치인들은 그녀가 기껏해야 2년쯤 버티리라 예측하고 막후에서 앙겔라를 제거할 최선의 방법을 논의했다. 그러나 앙겔라가 싫은 것보다 서로가 더 싫었던 그들은 반란을 일으킬 방법이나 그녀를 대체할 인물에 관하여 끝까지 뜻을 모으지 못했고, 그렇게 앙겔라는 자리를 보전했다. 자신이 이끄는 보수 정당 사람들보다 독일 국민에게 훨씬 더 인기 있었던 앙겔라는 2005년에 총리로 선출되었다. 2017년 9월 24일에는 4선에 성공했다.

앙겔라 메르켈은 꼼꼼하고 재미없는 지도자다. 대부분의 독일인은 이런 성향을 선호한다—어쨌든 계속 총리직에 앉혀 둘 만큼은 말이다. 앙겔라는 말로 천 냥 빚을 갚는 유형은 아니고, 그 점을 자랑스럽게 여긴다. 그녀의 연설 스타일은 화재 대피 훈련 지시문을 열심히 읽는 중학교 교장을 연상케 한다. 앙겔라는 카리스마의 힘을 믿지 않는데 왜냐면 그녀가 즐겨 말하듯 "카리스마로 일을 해결할 수는 없기" 때문이다. 지난번 카리스마형 지도자가 독일인들에게 남긴 화상이 아직도 아물지 않았다. 그들이 화려한 연설을 하고 대규모 집회와 미사일 행진, 특별한 경례법 등 권력의 연출에 능한 정치인을 의심하는 것도 당연하다. 독일인들이 그런 정치인에게 마음을 주었을 때 결과가 어땠던가.

오늘날 파시즘을 직접 겪어 본 독일인은 몇 사람 생존해 있지 않다. 제3제국의 권력 핵심에 있던 인물들 가운데 제일 마지막까지 생존한 사람으로, 나치 정부의 선전장관 요제프 괴벨스의 개인비서였던 브룬힐데 폼젤이 2017년 1월에 106세의 나이로 사망했다. 독일은 과거를 떨치고 나아가고

자 노력해 왔지만, 지금도 '나치'라는 말은 서구에서 가장 큰 모욕으로 간주된다. 독일인들은 아무리 속죄해도 충분하지 않다. 단, 그들은 독일을 부유하고 무탈하게 유지시켜 주는 여자를 계속 뽑을 수는 있다.

독일인들은 대체로 총리가 스포트라이트 바깥에서 꾸려 가는 일상에 대해서도 긍정적으로 평가한다. 메르켈과 남편은 경비원 한 명이 지키는 평범한 아파트에서 산다. 메르켈은 직접 장을 보고 저녁을 요리한다. 메르켈-자우어 부부가 누리는 유일한 사치는 오페라 시즌티켓을 갖고 있다는 것이다.

앙겔라는 재임 중 두 번의 국제적 위기에서 살아남았다. 유럽 국가부채 위기는 2008년 세계 금융위기 이래 쭉 계속되었다. 기본적으로 유럽연합은 인생을 즐기며 살고자 하는 무책임한 남쪽 나라들이(어디를 말하는지 알 거다) 돈을 펑펑 쓰다가 빚더미에 앉고, 근면하고 견실하게 재정을 운용하는 북쪽 나라들이(그러니까 독일이) 그들을 지탱시키는 구조였다. 샘 셰퍼드의 연극에 나오는 엉망진창 대가족처럼 말이다.

"유로가 무너지면 유럽도 무너집니다." 앙겔라는 2011년에 말했다. 그러고는 그 뛰어난 수학적 두뇌와 재미 삼아 읽기도 하는 온갖 표와 그래프들을 이용해 가며 유럽연합을 채찍질해서 경제적 건강을 회복시켰다. 적어도 몇 년 동안은 휘청거리면서 앞으로 나아갈 수 있을 만큼 말이다. 앙겔라는 놀기 좋아하는 나라들을 내쳐 버리는 대신 구제금융 계획을 재가했고, 유럽의회에서는 툴툴대면서 이 안을 통과시켰다. 동시에 앙겔라는 놀기 좋아하는 나라들에게 파티를 줄이라는 요구와 함께 가혹한 부채상환 일정을 제시했다. 이 역시 환영받지 못했다. 앙겔라가 성공할 수 있었던 것은, 이 극도로 복잡한 문제의 모든 당사자가 똑같은 정도로 불만을 느끼게 만들었기 때문일 테다. 그렇게 그녀는 유럽연합을 구했다. (2016년에 영국에서는 특별 국민투표를 통해 유럽연합 탈퇴를 결정했다. 이 글을 쓰는 지금까지 브렉시트에 대한 독일의 반응은 '나갈 때 문에 찧이지 않게 조심하라'는 것이다.)

시리아 난민 위기는 진행 중이다. 2015년 여름, 망명을 원하는 수십만 명의 이민자가 독일로 쏟아져 들어왔다. 9월 4일에 앙겔라는 부다페스트에 갇힌 1만 명의 난민에게 독일 국경을 개방했다. 그녀 일생에서 공공연히 어떤 열정을 드러낸 일은 아마 그때가 처음이었을 것이다. 사람들은 경악했다. 특별한 비전도 없고, 국민의 인기를 잃더라도 추진하겠다는 정책 안건도 갖고 있지 않고, 죽음을 무릅쓰고 지키려 드는 신념 체계 따위도 없는 사람이라고 봤던 그녀가 모두를 놀라게 한 것이다.

앙겔라는 평소처럼 밋밋한 연설에서 말했다. "유럽의 심장이자 영혼은 관용입니다. 이 사실을 이해하는 데 몇 세기가 걸렸습니다. 우리는 조국을 파괴했습니다. … 증오와 황폐와 파괴가 난무했던 최악의 시대로부터 한 세대도 채 지나지 않았습니다. 그 일은 우리 국민의 이름으로 행해졌습니다."

앙겔라 메르켈의 또 다른 쓸모 있는 능력은 좋은 기억력이다. 그녀는 벽 뒤에서 살던 소녀 시절을 기억한다. 매일 벽 옆을 지나 출근하면서 벽 너머에 무엇이 있는지 궁금해하던 날들을 기억한다. 스무 살 적에 빨리 예순이 되어서 서방 국가를 방문할 수 있는 비자를 받고 싶다고 꿈꿨던 것을 기억한다(그녀는 캘리포니아에 가고 싶었다). 갇힌 느낌으로 살아가는 것이, 자유 없이 살아가는 것이 어떠했는지를 기억한다. 그리고 누구도 다시는 그런 일을 겪지 않기를 바란다.

이는 독일 총리에 대한 나의 낙관적인 견해다. 그녀를 헐뜯는 사람들은 아마 숨겨진 사악한 동기가 있을 거라고 믿는다. 그녀가 오래전에 구상해 놓은 장기적 책략을 실행에 옮기고 있다는 것이다. 뭐, 그것도 얼마든지 가능한 얘기다. 앙겔라는 주위의 남자 대부분보다 더 똑똑하고, 더 추진력 있고, 더 절도 있게 살아가는 만만찮은 여자다. 하지만 그건 그녀를 비난할 이유가 되지 못한다. 앙겔라는 조용하고 침착하고 자신감 있는 그녀만의 방식대로, 요란한 팡파르 없이, 계속 나아간다. 만만찮은 여자가 되고 싶은 내성적인 사람들에게는 참 반가운 소식이다.

제15장

빌리 진 킹

싸우는 여자

언젠가 피트니스의 아이콘이라 할 여성 스무 명에 대한 잡지 기사를 쓰느라 빌리 진 킹을 인터뷰할 기회가 있었다. 그때 나는 유명인(혹은 준유명인) 스무 명의 대리인들에게 연락을 해야 했는데, 개중엔 인터뷰 제의를 기쁘게 받아들인 사람도 없지 않았다—단, 자신을 남들보다 비중 있게 다뤄 준다는 전제하에. 그러니까, 글을 더 길게 넣거나 사진을 더 크게 실어 준다면 인터뷰에 응하겠다는 얘기였다. 빌리 진은 그러지 않았다. 그녀의 대리인은 그런 질문은 하지도 않았다. 빌리 진은 그냥 바로 내게 전화를 걸었고, 우리는 한 시간 동안 대화를 나누었다.

빌리 진은 '모두를 위한 하나, 하나를 위한 모두'라는 표어가 딱 들어맞는 유형의 만만찮은 여자다. 초등학교 5학년 이래 그녀가 세상에서 바라는 건 단순명료했다—'모두를 위한 평등한 기회'. 1953년, 학교 친구의 가족이 다니는 회원제 컨트리클럽에서 처음으로 테니스를 쳐본 뒤 그녀는 생각했다. 테니스가 정말로 좋기는 한데, 다른 사람들은 어디 있지? 가난한 사람들은? 피부색이 짙은 사람들은? 세계 최고의 선수가 되기 위한 싸움과 형평을 위한 투쟁이 어린 빌리 진의 양대 인생 목표가 되었다.

세리나 윌리엄스와 비너스 윌리엄스, 모니카 셀레스와 슈테피 그라프, 마르티나 나브라틸로바와 크리스 에버트 이전에 현대 여자 테니스의 어머니로 여겨지는 빌리 진이 있었다. 1943년 11월 22일에 태어난 그녀는 캘리포니아주 롱비치의 공공 코트에서 테니스를 치며 성장기를 보냈다. (캘리포니아주 휘티어의 공공 코트에서 테니스를 치며 성장기를 보낸 사람으로서 확언하는데, 빌리 진이 테니스를 친 코트도 네트가 다 뜯어지고 선은 지워지기 일보직전이고 지나치게 붐볐을 것이다. 아마도 옆 코트에서는 나 같은 허접한 선수들이 시끄럽게 욕을 하면서 끊임없이 그녀의 코트로 똥볼을 넘겼을 것이다.) 훗날 그녀는 단식에서 12번, 여자 복식에서 16번, 혼합 복식에서 11번 등 총 39회 그랜드슬램(4개 메이저 대회) 타이틀을 거머쥐었다. 위키피디아에 그녀가 우승한 대회 목록이 등재되어 있는데 그 길이가 자그마치 16.5cm다(재 봐서 안다). 1972년에는 《스포츠 일러스트레이티드》 선정 올해의 스포츠맨으로 뽑혔다(위대한 농구선수 존 우든과 공동으로 뽑혔다. 이 상의 이름 중 '스포츠맨'은 지금은 '스포츠인 (sportsperson)'으로 바뀌었다). 1987년에 그녀는 테니스 명예의 전당에 올랐고 2009년 오바마 대통령에게서 대통령 자유훈장을 받았다.

나는 빌리 진보다 한 세대 뒤 사람이다. 그러나 그녀와 같은 남부 캘리포니아에서, 그것도 고작 40km 떨어진 동네에서 성장기를 보냈기 때문에 빌리 진이 어떤 유형의 인물인지 감이 왔다. 재미있고 침착하며 여자 운동선수답게 쿨한 여자. 빌리 진은 나와의 인터뷰에서 15세의 나이로 이미 프로로 뛰고 있던 1959년의 이야기를 들려주었다. 하루는 중요한 토너먼트에 출전하느라 학교를 조퇴해야 했는데, 선생님이 조퇴하면 (F보다 낮은 점수인) 0점을 주겠다고 했다. 빌리 진은 항의했다. "하지만 남자애들은 매번 조퇴를 하고 농구랑 풋볼을 하러 가잖아요." 그러자 선생님은 멍청이에게 참을성 있게 설명해 주는 말투로 대꾸했다. "그건 전혀 다르지. 걔들은 남자잖니." 빌리 진은 멍청이가 아니었으므로 선생님의 말뜻을 정확히 알아들었다. 여성은 프로 리그에서 뛰는 엘리트 선수가 되더라도 중요한 사람으로 취급받지 못한다는 거였다. (빌리 진의 부모님은 그날 수업을 빠지도록 허락했고 선생님은 말마따나 0점을 주었다.)

1961년 윔블던에서 빌리 진과 복식 파트너 캐런 핸처 서스먼은 관중의 입을 떡 벌어지게 하는 깜짝 우승을 따냈다. 빌리 진은 17세, 서스먼은 19세로, 둘은 여성 복식 최연소 우승 팀이 됐다. 이어지는 수년 동안 빌리 진의 경기력엔 기복이 있었고, 그녀는 최고가 되고 싶다면 누구보다도 오랫동안, 누구보다도 열심히 연습해야 한다는 걸 깨달았다. 5년 뒤 노력이 보상받았다. 1966년 그녀는 윔블던에서 최초의 단식 타이틀을 거머쥐었고 1967년에는 세계 랭킹 1위에 올랐다.

21세가 되던 1965년에 빌리 진은 캘리포니아 주립대학교 로스앤젤레스 캠퍼스에서 같이 수학하던 학생 래리 킹과 결혼했다(그 래리 킹이 아니다. 이 래리 킹은 LA 캠퍼스의 챔피언 남성 팀에서 테니스를 치는 법학도였다). 빌리 진은 말했다. "저희가 결혼을 한 건 그래야 섹스를 할 수 있었기 때문이에요!" (이로써 빌리 진이 『섹스와 독신 여성』을 구매한 수백만 여성의 하나가 아니었음이 자명해진다.) 그녀는 자신이 여성에게 끌린다는 사실은 꿈에도 모르고 있었다. 그녀의 가족은 호모포비아였고 그녀 역시 그러했으며, 당대 남부 캘리포니아 교외에 사는 사람들은 성적 지향성의 미묘함에 대해 거의 생각지 않았다. 어쨌든 래리는 바비 인형의 짝꿍 켄처럼 미남이었고 빌리 진의 테니스 커리어를 전폭 지지해 주었다. 그를 좋아하지 않을 이유가 있었겠는가?

빌리 진이 날개를 펼치는 동안 여성운동도 번창했다. 글로리아 스타이넘(3장 참조)이 페미니즘 혁명의 목소리였다면, 빌리 진 킹은 그 혁명의 몸이었다. 달리고, 점프하고, 휘두르고, 치고, 쟁반 모양의 거대한 윔블던 트로피를 머리 위로 치켜드는, 움직이는 여성의 몸. (이 여자 단식 트로피에는 '비너스 로즈워터 디시'라는 수수께끼 같은 이름이 붙어 있다. 이런 이름의 여성 펑크 밴드가 아직 없다면 하나 만들어져야 마땅하다.)

빌리 진 이전에 대부분의 사람들은 '프로' 여자 테니스의 의의란 예쁜 여자가 아주 짧은 치마를 입고 우아하게 뛰어다니는 광경을 관객들에게 보여주는 것이라고 믿었다. 공을 향해 유연하게 팔을 뻗으면 치마가 더 짧게 올라갔고, 그럴 때 여자 테니스는 더 좋은 스포츠가 되었다. 하지만 빌리 진은 코트에 싸우러 나왔지, 관객들에게 쇼를 보여주고자 나오지 않았다. 그녀는 민첩했고 강력한 기술을 구사했다. 상대의 기분을 상하게 할까 봐 겁내지 않았으며, 선심의 판정에 불만이 있으면 대놓고 항의했다. 경기에 진지하게 임하고 이기기 위해 싸우는 그녀의 태도는 당대 스포츠 해설자들에게 참으로 만만찮게 느껴졌다.

빌리 진은 불공정한 상금 배분에 대해선 특히나 웃고 넘길 생각이 없었다. 1968년, 윔블던 여자 단식에서 우승한 그녀의 상금은 750파운드였고 남자 단식 우승자 로드 레이버의 상금은 2,000파운드였다. 1970년 이탈리아 오픈에서 그녀의 상금은 600달러, 남자 단식 우승자 일리에 너스타세의 상금은 3,500달러였다. 시즌이 거듭되고 테니스가 점점 인기를 얻으면서 남성 우승자의 상금은 액수가 커진 반면 여성 우승자의 상금은 오히려 작아졌다. 어느 시점엔 남녀가 받는 상금의 비율이 12:1에 이를 정도였는데, 그 이유란 그저 프로 테니스 관리 기구인 미국테니스협회가 형평에 관심이 없고, 남자 선수들이 상금을 나누는 데 관심이 없었기 때문이다.

빌리 진은 항의의 뜻으로 다른 여자 선수 8명과 함께 미국테니스협회를 탈퇴했다. '오리지널 나인'이라고 불리게 된 그들은 버지니아 슬림스 대회에 상징적으로 1달러를 받고 참가했다. (오리지널 나인 멤버는 빌리 진 킹, 로즈메리 카살스, 주디 테가트 돌턴, 낸시 리치, 피치스 바트코위츠, 크리스티 피전, 밸러리 지겐푸스, 줄리 헬드먼, 케리 멜빌 리드였다.) 그들은 몸을 사리지 않고 미친 듯 뛰며 티켓을 팔았고, 인터뷰를 했고, 관객이 보장되는 곳이라면 어디서나 경기를 벌였다. 버지니아 슬림스 대회는 훗날 빌리 진을 설립자로 하여 여자 프로 테니스 운영 기구인 여자테니스협회(WTA)로 발전한다. 그러나 당시 남자 선수들은—그리고 안전한(또한 성차별적인) 미국테니스협회에 남기로 결정한 여자 선수들도—커리어를 걸고 성차별에 맞서는 아홉 명의 여자들이 미쳤다고 생각했다. 하지만 때로는 미치기를 선택해야 한다. 때로는 안전지대를 벗어나 모든 걸 걸어야 한다. 빌리 진은 불평등을 계속 참고만 있을 수 없었고, 큰 걸음으로 현실을 뛰어넘는 것 외엔 선택지가 없었다.

1973년, 왕년에 미국 남자 테니스 챔피언까지 했던 선수이자 남성우월주의자로 자처하는 바비 리그스가 빌리 진에게 '성대결'을 제안했다. (이 역사적인 사건은 2017년에 A급 배우 에마 스톤[빌리 진 역]과 스티브 커렐[바비 리그스 역]이 출연하는 영화로 만들어졌다.) 리그스의 속셈은 돈을 좀 벌어 보자는 것이었고, 또한 카오디오로 노래 「나는 여자다(I Am Woman)」를 시끄럽게 틀고 다니면서 남편들에게 집안의 개와 비슷하게 취급받기를 거부하는 소위 '여성해방주의자들'의 기세를 꺾어 놓겠다는 것이었다. 자신이 55세, 빌리 진은 29세라는 사실은 그에겐 문제 될 것 없어 보였다. 리그스는 일종의 장사치이자 노름꾼으로 천박하고 무례한 사람이었으며 인터넷 없던 시대의 트롤이었다(본디 북유럽 신화의 괴물인 '트롤[troll]'은 온라인 커뮤니티에서 남의 화를 부추기거나 사람들의 관심을 끌기 위해 도발적인 메시지를 보내는 사람을 가리키기도 한다.—옮긴이). 그가 빌리 진을 타깃으로 삼은 건 그녀가 페미니즘 운동가였기 때문이었다. 리그스는 아무나 붙들고선 여자는 침실과 부엌에만 머물러야 한다고 말하고 다녔다. 여자는 감정적으로 불안정하기 때문에 자기가 어떤 여자든 쉽게 이길 수 있다고도 했다.

빌리 진은 만일 자신이 패배하면 여성 평등이라는 대의에 누가 되고 이제 막 싹이 움튼 여자 테니스 대회에도 폐를 끼칠까봐 그의 도전을 거절했다. 하지만 여성들이 처한 상황은 변하고 있었으며, 그 속도도 매우 빨랐다. 1972년 2월, 미국 정부는 공식 문서에서 'Ms. (미즈)'라는 호칭의 표기를 허용하기 시작했다. 1972년 6월엔 이른바 '타이틀 나인(Title IX)'이 발효되었다. (이것은 교육법 수정안 제9조를 가리키며, 연방 정부의 지원을 받는 모든 교육 프로그램과 교육 활동에서 누구도 성별에 근거해 제외되거나, 그 혜택을 누리지 못하거나, 차별받아서는 안 된다는 내용이다.) 1973년 1월 22일에는 여성에게 임신 중절 선택권이 허용되었다. 1973년 어머니날, 호주 선수 마거릿 코트가 리그스의 도전을 받아들였다가 참패했다. 빌리 진은 만일 리그스가 다시 한 번 도전해 오면 그와 맞서 싸우는 것밖엔 방법이 없겠다고 판단했다.

바야흐로 1973년 9월 20일, 휴스턴 애스트로돔 구장에 모인 3만 명의 관중과 TV 앞에 앉은 전 세계 9,000만 명의 시청자들이 바비 리그스가 '바비의 가슴 친구들'이라고 불리는 한 무리의 치어리더에 둘러싸여 경기장에 등장하는 장면을 지켜보았다. 빌리 진 킹은 라이스 대학 남성 육상팀 선수들이 받쳐 든 가마 위에 마치 클레오파트라처럼 앉아서 등장했다. 아나운서는 킹이 "… 머리를 기르기만 하면 아주 매력적일 젊은 아가씨"라고 평했다. (그녀는 멋지게 헝클어진 짧은 헤어스타일을 고수했다.)

'감정적 불안정'에 관한 한, 리그스는 완전히 헛다리를 짚었다. 빌리 진은 코트의 지배자답게 시종일관 평정을 유지했다. 경기 시작 전 화장실에 앉아 있을 때 세면대 앞에 선 여자들이 자신이 '지는' 쪽에 돈을 걸었다고 하는 말을 들은 터였다. 그뿐 아니라 사생활에도 한바탕 폭풍이 몰아치고 있었다. 여러 해 동안 아니라고 스스로를 설득하려 노력했음에도 결국 자신이 동성애자임을 인정하게 된 것이었다. 빌리 진은 남편 래리를 여전히 사랑했지만, 비서 메릴린 바넷과 사랑에 '빠져' 있었다. 두 사람은 7년 동안 비밀스러운 관계를 유지하게 된다.

그럼에도 킹은 마음을 다잡고 리그스를 할머니의 낡은 깔개처럼 쉽게 해치워 버렸다. 6-4, 6-3, 6-3. 3대 0의 스트레이트 세트 승리였다.

리그스는 경기가 끝나자 네트를 뛰어넘어 빌리 진에게 다가와서 악수를 청하며 말했다. "제가 당신을 과소평가했군요."

물론 그랬죠, 바비. 당신 같은 남자들은 항상 여자를 과소평가하니까.

빌리 진은 성평등의 옹호자였지만, 그게 다는 아니었다. 1981년 4월에 그녀는 의도치 않게 동성애자 권리 운동의 선봉에 서게 되었다. 메릴린과 사귀다 결국 헤어진 데 따른 결과였다. 빌리 진과 그녀의 커리어에 모든 걸 바치고 아무것도 돌려받지 못했다고 생각해 불만을 품은 메릴린이 별거수당 소송을 걸어 온 것이다. 빌리 진은 그렇게 레즈비언으로 아웃팅을 당했다.

보도가 나가고 사흘이 지난 5월 초, 빌리 진은 홍보 담당자와 변호사의 만류에도 불구하고 기자회견을 열어 메릴린과의 연애 사실을 인정했다. 그녀는 말했다. "저는 언제나 언론 앞에서 솔직했고, 지금도 언제나 그랬 듯이 가슴으로부터 우러나온 말을 하겠습니다. … 프라이버시는 아주 중요한 것인데 불운하게도 누군가 그 사실을 존중하지 않았더군요. 저는 실제로 메릴린과 연인 관계였지만, 그건 이미 과거의 일입니다."

빌리 진이 진실을 말함으로써 자유로워졌다고 말할 수 있었으면 좋겠다. 아웃팅을 당하고 몇 주 뒤에 마음껏 게이 바를 드나들고 페미니즘의 아이콘 중 하나였던 작가 앤드리아 드워킨과 팔짱을 끼고 돌아다니는 모습이 목격되었다고 말할 수 있었으면 좋겠다. 하지만 현실은 그리 녹록지 않았다. 기자회견 필름을 보면 빌리 진의 부모는 경악에 차 있다. 어머니는 얼굴을 찡그리고 눈물을 흘리고 있다. 24시간 안에 빌리 진이 그동안 해왔던 각종 상품의 광고 · 추천 관련 계약들이 전부 날아갔다. 5년 뒤 그녀는 래리와 이혼했고, 이를 매우 마음 아파했다. 현실이 아니라 영화였다면 빌리 진은 용기 있게 진실을 말했으므로 상을 받을 것이었다. 하지만 현실에서 그녀는 오랫동안 고통받았다. 그리고 마음을 추스르고는 다시 인생을 헤쳐 나갔다.

빌리 진에게 어떤 사람으로 기억되고 싶으냐고 묻자 그녀는 월드 팀 테니스(WTT) 이야기를 꺼냈다. 바비 리그스와의 대결에서 승리한 1973년에 그녀가 전남편 래리와 함께 설립한 월드 팀 테니스는 남녀가 같은 팀에서 함께 경기할 수 있는 유일한 프로 테니스 리그다.

"동등한 임금, 동등한 대우, 동등한 존중, 모든 걸 동등하게. 알겠죠?" 빌리 진 킹이 말했다.

그게 퍽 쉽다는 말투였다. 그보다 더 어려운 건 없는데 말이다. 하지만 마음속으로 자신이 옳다는 걸 아는 사람은 만만찮은 여자가 되기가 더 쉽다. 빌리 진은 그때도 옳았고 지금도 옳기 때문에 이 싸움을 계속하고 있다.

제16장

제인 구달

결의에 찬 여자

어릴 적 그녀는 나의 우상이었다. "야생 침팬지와 함께 산 여자" 제인 구 달은 금발에 카키색 반바지를 입은 모습이 멋졌다. 그녀는 맨발로 정글 속 굵은 나뭇가지 위를 걷고 아기 침팬지들과 장난삼아 씨름을 했다. 내가 그녀를 처음 본 건 글자를 읽을 줄 알기 전부터 열심히 뒤적거렸던《내셔널 지오그래픽》에서였다. 그때 나는 로스앤젤레스 교외의 수영장 딸린 집에서 살고 있었지만, 아쉽게도 내 인생에는 모험이 부족했다. 한 번은 제인을 보고 용기를 얻어 어머니에게 캠핑을 가자고 졸랐다. 어머니는 코로 담배연기를 내뿜더니, 우리는 캠핑하는 유형의 사람들이 아니라고 답했다.

제인 구달은 탄자니아의 탕가니카 호수 동쪽 곰베 스트림 국립공원에서 26년 동안 침팬지를 연구한 것으로 명성을 얻었다. 그녀는 1960년에 친구를 만나러 케냐를 방문했다가 저명한 인류학자 루이스 리키를 만났고, 그는 제인에게 야생 침팬지에 관한 자료를 수집하여 인간과의 유사성을 연구해 보라며 연구비를 얻어내 주었다. 이후 정글에서 놀라운 발견을 여럿 해낸 그녀는 20세기 최고의 현장 연구 과학자로 꼽히게 되었다. 그녀의 나이 26세 때의 일이다.

1962년 네덜란드의 야생 사진가인 휘호 판 라비크 남작이 다큐멘터리 〈미스 구달과 야생 침팬지(*Miss Goodal and the Wild Chimpanzees*)〉를 촬영했다. 내셔널지오그래픽협회에서 제작한 최초의 다큐멘터리인 이 작품으로 제인 구달은 일약 스타가 되었다. 그녀는 또한 아내가 되었고, 어머니가 되었다. 라비크와 결혼하여 1967년에 아들 휘호 에릭 루이스(애칭은 '그럽')를 낳은 것이다. 구달은 침팬지와 동물 행동, 자연보호의 중요성 등에 관한 책 수십 권을 썼고 1977년에는 빠르게 줄어들고 있는 침팬지 서식지를 보호하기 위한 비정부기구 제인구달연구소를 설립했다. 1995년, 그녀는 영국에서 남성의 기사(Knight) 작위에 해당하는 데임(Dame) 작위를 받았다.

❀

밸러리 제인 모리스-구달은 1934년 런던에서 태어났다. 아버지 모티머는 사업가였다. 소설가였던 어머니 머바뉘(애칭 '밴') 모리스-구달은 집에서 가족을 돌보았다. 가족들은 제인에게 표준적인 여성의 삶을 기대했다. 선량하고 책임감 있는 남자와 결혼하여 아이를 몇인가 낳는 것. 그렇지만 제인의 어머니는 결코 딸의 흥미를 꺾지 않았다. 제인은 동물과 자연, 그리고 무엇보다도 아프리카의 야생에 관심을 보였다. 어느 날 제인이 침대로 지렁이를 한 움큼 가져온 걸 보고 엄마는 비명을 지르는 대신 이 작은 친구들은 살기 위해 흙이 필요하다고 설명했다. 모녀는 함께 지렁이들을 다시 정원으로 데려다 주었다.

소녀 시절 제인은 둘리틀 박사(영국 작가 휴 로프팅이 쓴 아동소설 시리즈의 주인공—옮긴이)를 좋아하고 타잔 소설들을 탐독하는 조용한 책벌레였다. 독서는 자주 그러하듯 은밀하게 한 사람의 인생을 바꾸어 놓았다. 동물에 대해 깊은 애정을 품게 된 제인은 아프리카에 가서 야생동물을 벗 삼아 살고 싶은 마음이 굴뚝같았다. 하지만 2차 세계대전이 한창인 때였고, 제인의 가족은 부자가 아니었다. 제인은 대학 대신 비서 양성 전문학교에 등록해서 1952년에 졸업했다.

그러던 어느 날, 학창 시절의 친구 한 사람이 케냐로 이사를 했다며 제인을 초대했다. 당시 런던의 한 광고회사에서 음악을 선정하는 일을 하고 있던 제인은 정말이지 올바른 판단을 내려, 집을 옮기고 웨이트리스로 일하며 여행 자금을 모으기 시작했다. 돈이 충분히 모이자 제인은 회사를 그만두고 여행길에 올랐다.

그녀는 잉글랜드에서 희망봉을 거쳐 몸바사 항을 통해 나이로비까지 꼬박 한 달이 걸리는 신나는 여정을 떠났다. 나이로비에서 그녀는 인류의 기원이 아프리카에 있음을 밝혀낸 위대한 고고학자이자 고인류학자 루이스 리키 박사를 만났다. (생각만큼 어려운 일은 아니었다. 고국을 떠나 머나면 나라에서 사는 사람들은 한데 뭉치고 서로 어울려 다니는 경향이 있다.) 리키는 카리스마 있고 영향력도 있는 인물이었다. 나이로비 자연사박물관에서 큐레이터로 일하고 있던 그는 제인을 박물관에 취직시키고 올두바이 협곡의 발굴 현장으로 불러냈다. 제인은 발굴 현장에서 고되지만 그녀에겐 아주 즐거운 일에 몰두하며 석 달을 보냈다—새끼손가락만 한 치석 제거용 갈고리로 화석에서 흙을 긁어내거나, 사냥용 칼로 살살 땅을 파는, 공을 많이 들여야 하는 일이었다. 리키는 그녀가 끈기 있고 철저한 사람임을 간파했다. 오랫동안 남들과 떨어져 있을 수 있고, 가만히 앉아서 관찰하고 뭔가를 알아낼 수 있는 사람. 요컨대 그녀는 리키의 최신 프로젝트에 안성맞춤인 인재였다. 저 먼 탕가니카 호숫가의 곰베 스트림에 캠프를 설치하고 야생의 유인원들을 관찰하지 않겠느냐는 제안에 제인은 조금도 망설이지 않고 응낙했다. (그에 앞서 리키는 자기 비서를 이 흥미진진한 유인원 관찰에 동원하려고 시도했었으나 실패했다. 그녀는 우간다의 야생에서 넉 달을 버티고 도망쳤다.)

여성들은 노동시장에 들어온 이래로 자신이 자격을 제대로 갖춘 일자리에만 지원하는 경향이 있는 것으로 알려졌다. 예를 들어 구인 공고에 계란과 횃불, 사슬톱을 저글링 하는 능력이 필요하다고 적혀 있으면, 오렌지밖에 저글링 할 줄 모르는 여자는 지원하지 않는다. 반면 남자들은 지금까지의 교육이나 경력과 무관하더라도 자신이 할 수 있다고 믿는 일에는 자신 있게 지원한다. 만일 채용이 되면 저글링은 다른 사람을 시키면 된다고 생각하며 일단 이력서를 보낸다.

제인의 '스펙'은 이게 다였다—"저는 동물을 사랑합니다." 그녀는 동물행동학이 뭔지도 몰랐다. 하지만 상관없었다. 그녀는 이뤄질 가능성이 없어 보이는 인생 목표에 집중하고 있었고, 남들이 모두 그녀가 가지지 못했다고 말하는 자격과 능력을 가졌다고 스스로 믿었다. 제인은 필요한 것을 배우는 데 몰두했다.

제인은 1960년 7월 14일 곰베 스트림 야생동물 보호구역에 도착했다. 내륙에 드넓게 펼쳐진 탕가니카 호수는 세계에서 가장 길고 두 번째로 수심이 깊은 담수호로서 탄자니아(당시엔 탕가니카라고 불렸다)와 콩고민주공화국, 잠비아, 부룬디 네 나라에 걸쳐 있다. 이 탐사에 리키는 동행하지 않았고, 정부에서는 젊은 백인 여성이 정글에서 혼자 캠핑을 한다는 것에 우려를 품고 제인에게 동행을 데려오라고 지시했다. 이에 제인의 어머니가 자원했는데, 정부가 생각한 동행의 의미와는 조금 달랐을 것이다. 모녀는 아프리카인 요리사 도미닉과 함께 중고품 군용 텐트와 양철 접시와 컵들을 사용하며 생활했다.

처음에 제인은 주위를 돌아다니면서 유인원을 찾았다. 중고 쌍안경을 들고 열대우림 속을 여러 날 행군했다. 그러다가 마침내 녹색과 금색이 어우러진 정글 속을 빠르게 지나가는 검은 물체를 발견했다. 제인에게서 도망가는 침팬지의 뒷모습이었다. 그렇게 빨리 달아날 수가 없었다.

이 탐사가 눈곱만큼이라도 낭만적이라고 생각하는 사람이 있을까 봐

첨언하자면, 낭만 따위는 눈을 씻고 보아도 없었을 것이다. 나는 대학 2학년이던 18살 때 교환학생 프로그램의 일환으로 동아프리카에서 몇 주를 보낸 일이 있다.

탄자니아와 케냐는 다큐멘터리에서 본 만큼이나 장관이었다. 하지만 다큐멘터리에선 폐를 쥐어짜고, 뇌를 펄펄 끓이고, 피부를 가렵게 만들고 발진을 일으키는 더위는 보이지 않는다. 대부분이 "주먹만 하다"라고 묘사할 수 있는 엄청난 벌레와 곤충들도. 주먹 크기의 나방과 거미, 바퀴벌레, 딱정벌레, 노래기가 들끓는 장면을 상상해 보길. 쇠똥구리는 주먹보단 작았지만 도처에 널려 있었고, 그들이 굴리고 먹고 알을 까고 거처로 삼는 커다란 똥은 확실히 주먹 크기였다. 때론 더 크기도 했다.

나는 특별히 유지비가 많이 드는 여자(알다시피 이런 여자도 만만찮은 여자다)가 아니고, 쥐나 뱀은 겁내지 않는다. 하지만 쇠똥구리는—수컷에겐 뿔도 달렸다!—내가 감당할 수 있는 범위 밖이었다. 나는 제인이 침팬지 옆에 쭈그리고 앉아 있는 사진을 볼 때마다(제인은 유연했다. 그녀를 만난다면, 젊었을 땐 프레츨처럼 몸을 꼴 수 있을 만큼 유연했는데 아직도 무릎이 잘 버텨 주고 있는지 묻고 싶다) 쇠똥구리가 그녀의 발 위로 배설물 공을 굴리기 일보 직전은 아닌지, 아니면 거대한 지네가 그녀의 반바지로 기어오르려는 참은 아닌지 걱정이 된다.

위의 것들에 더해 질병도 있다. 나는 아프리카로 가기 전에 콜레라, 티푸스, 천연두, 황열병 백신을 맞았는데도 여지없이 병에 걸렸다. 제인처럼 말라리아에 걸린 것이다(아마 그녀의 병이 훨씬 중했을 테지만).

제인은 첫 저서 『인간의 그늘에서(In the Shadow of Man)』에 이렇게 적었다. "내가 스스로에게 부과한 임무를 생각할수록 낙심이 커졌다. 그럼에도 불구하고, 몇 주 동안 이곳 거친 지형에 익숙해지는 소득은 있었다. 피부가 계곡의 거친 풀에 단련되었고 피가 체체파리 독에 면역이 생겨 이제 물릴 때마다 커다랗게 부푸는 일이 없어졌다." (벌레가 많다고 했잖은가.)

그녀가 이런 말은 하지 않았다는 데 주목하자. "내가 대체 여기서 뭘 하고 있는 걸까? 난 사기꾼이야. 적합한 교육을 받은 사람도 아니고. 리키는 나를 이곳으로 보내지 말았어야 했어." 임무가 아무리 불가능해 보인다 해도, 제인이 자신의 능력을 의심하는 일은 없었다.

❀

침팬지(학명 *Pan troglodytes*)는 진화적으로 인간과 가장 가까운 친척이다. 우리는 침팬지와 DNA의 98%를 공유한다(침팬지의 게놈 지도는 2005년에 완성되었다). 유전적으로 인간과 침팬지는 쥐와 생쥐보다 더 닮았다. 리키의 주된 관심사도 침팬지와 인간의 유사성이었다. 하지만 제인은 직관에 따라 침팬지를 그 자체로 연구했고, 특히 그들의 가족과 씨족 관계에 매혹되었다.

첫 두 달 동안 침팬지들은 제인이 오는 소리를 들으면 도망쳤다. 그러던 어느 날 덩치 큰 수컷 한 마리가 캠프 안으로 어슬렁거리며 들어오더니 야자나무에 올라갔고, 야자 견과를 몇 알 먹었다. 조금 뒤에는 테이블에 놓여 있던 바나나를 훔쳐 먹었다. 마지막엔 제인이 주는 바나나를 받기까지 했다. 제인은 멋진 흰색 수염을 지닌 이 수컷을 데이비드 그레이비어드라고 이름 붙였다.

동물에게 이름을 붙이는 건 학계에서 아마추어적이고 바보 같은 짓이라는 비웃음을 샀다. 진지한 과학자들, '진짜' 과학자들은 연구 대상에게 번호를 부여했다. 아무튼 데이비드 그레이비어드는 공동체의 다른 침팬지들에게 제인이 생각했던 만큼 무서운 사람이 아니라는 신호를 보냈고 곧 그녀는 (자신이 이름을 붙인) 골리앗, 험프리, 루돌프, 리키, 마이크와 친해지게 되었다. 미스터 맥그리거는 골을 잘 내는 나이 든 수컷이었다. 우두머리 암컷 플로에게는 자식 파벤, 피건, 피피가 있었다. 제인은 그들이 입맞춤을 하고, 포옹을 하고, 서로 등을 두드려 주고, 서로를 향해 주먹을 흔드는 걸 관찰했다. 침팬지들의 행동은 인간과 상당히 닮아 있었다.

어느 날 제인은 침팬지들을 찾아 정글 속을 조용히 움직이다가 커다란 흰개미탑을 발견했다. 데이비드 그레이비어드가 그 옆에 앉아 있었다. 제인은 그가 몇 번이고 길고 억센 풀잎들을 구멍 안에 넣었다가 꺼내어 거기 붙은 흰개미를 입술로 훑어 먹는 걸 지켜보았다. 식사를 마친 데이비드 그레이비어드가 자리를 떠나자 제인은 그가 남긴 풀잎 중 하나를 똑같이 구멍에 넣었다가 빼 보았다. 잎줄기에는 열 마리가 넘는 흰개미가 붙어 있었다. 침팬지가 좋아하는 먹이였다. 몇 주 뒤, 제인은 침팬지들이 나무에서 작은 가지를 꺾어 잎을 떼어 낸 뒤 그 가지를 흰개미탑의 구멍에 밀어 넣는 것을 목격했다. 도구를 만든 것이다.

1960년대 당시에 인간을 특징짓는 속성은 푸르른 지구의 수많은 피조물 가운데 유일하게 도구를 만드는 동물이라는 것이었다. 우리는 스스로를 '도구를 만드는 인간'이라 불렀고, 도구를 만드는 기술이 나머지 모든 생물과 우리를 차별화하는 것이라고 믿었다. 내가 보기에 이 믿음은 이상하다. 내가 생물학자라면, 다른 생물들은 절대 습득할 가망이 없는 능력을 찾는 데 주력했을 것 같다. '썰렁한 농담을 하는 인간'은 어떤가? '낚시 무용담을 끝도 없이 지어내는 참을 수 없는 인간'은?

어쨌든 제인의 발견은 학계에서 화제가 되었고, 리키는 "이제 우리는 '도구'와 '인간'을 다시 정의하거나, 아니면 침팬지를 인간으로 받아들여야 한다"라고 선언했다. 하버드 대학교의 진화생물학자 스티븐 제이 굴드는 훗날 제인의 관찰 결과를 "20세기 학문의 위대한 성과 중 하나"라고 평가했다.

27세의 나이에 이미 전설이 된 제인은 그 뒤에도 많은 발견을 해냈다. 침팬지가 우리가 한때 생각했던 것처럼 온순한 초식동물이 아니라 인간과 같은 잡식동물이라는 것. 그들이 (슬프게도) 전쟁을 일으키곤 한다는 것. 제인이 발표한 첫 글은 《내셔널 지오그래픽》 1963년 8월호에 실렸고, 이 잡지는 1965년 12월호에서 그녀를 표지 기사로 다뤘다. 이후 구달은 《내셔널 지오그래픽》에 다른 어떤 과학자보다도 많은 글을 실었다. 심지어 멘토인 루이스 리키보다도.

한낱 여자가, 그것도 경력 한 줄 없는 여자가 '인간'의 정의를 바꾸었다. 루이스 리키는 제인이 케임브리지 대학교 동물행동학 박사과정에 들어가기에 충분한 발견을 했다고 믿었다. 그녀가 불과 몇 달 사이에 지구에서 가장 중요한 야외생물학자의 반열에 오르긴 했지만 그 이전에 대학 교육을 받지 않았음에도 말이다. 리키는 제인이 학계에서 진지하게 받아들여지려면 학위가 필요하다는 걸 알았고, 자신의 영향력을 이용해 케임브리지 대학교 교수진에게 그녀의 가치를 설득했다. 결코 쉬운 일이 아니었지만 리키는 해냈다. 제인은 케임브리지 역사상 여덟 번째로 아무런 학위 없이 박사과정에 입학한 사람이 되었다.

케임브리지 대학교 동물행동학과의 거물들은 제인이 그때까지 연구한 내용을 보고 아연실색했다. 제인의 발견이 중요하고 말고는 부차적인 문제였다. 그녀는 과학계에서 가장 흉악한 범죄를 저질렀다. 동물을 의인화하는 것, 즉 인간의 특성을 동물에게 부여하는 것 말이다. 침팬지에게 이름을 붙이다니! 그들의 행동과 상호작용을 인간의 경우와 같은 용어로 묘사하다니! 이보다 더 우스꽝스러운 일이 있을까? 게다가, 차갑고 엄격한 객관성을 중시하던 당시의 사고방식에 따르면 그녀의 접근법은 나쁜 과학 그 자체였다. 백발이 희끗희끗한 성차별주의자들이 대놓고 고소하다는 표정을 지으며 제인의 연구에 대해 고개를 절레절레 젓는 모습이 쉽게 상상된다. 제인의 첫 저서 『내 친구 야생 침팬지(My Friends, the Wild Chimpanzees)』는 그녀가 학위논문을 마치기 전에 출판되었는데, 케임브리지의 한 교수는 그 책을 보고 심장발작을 일으킬 뻔했다. "이건, 이건, 일반 대중을 위한 책이잖아!" 대중서를 썼다는 학문적 범죄로 인해 제인은 박사과정에서 쫓겨날 뻔했다.

다행히 제인의 지도교수 로버트 하인드는 그녀의 성과를 진지하게 받아들였다. 제인은 2016년 말 사망한 하인드를 추모하고자 이듬해 초 블로그에 올린 글에서 그가 자신에게 비판적으로 사고하는 법을 가르친 데 대해 아무리 감사해도 부족하다고 적은 바 있다. 하인드가 그녀의 지도교수가 된 것은 아마도 그가 레서스원숭이(붉은털원숭이) 무리를 연구 중이었고, 그 역시 원숭이에게 이름을 붙이는 게 좋겠다고 생각해 실제로 그렇게 했기 때문이었을 것이다. 추측건대 그는 제인과 달리 동료들에게서 우스꽝스럽다거나 아마추어 같다는 비난을 받지 않았을 것이다.

당신이 이런 상황에 처하면 어떨 것 같은가? 세계에서 가장 우수한 대학의 유수한 전문가들이 당신의 연구 방법을 비판한다. 그들이 비난하는 데에도 일리는 있다. 당신의 연구 방법(이라고 할 수 있다면)은 '그때그때 방법을 찾으며 해보자'였으니까. 게다가 그들은 똑똑하고 힘 있는 사람들이다. 남들은 어떨지 모르겠지만, 나라면 무릎반사를 하듯이 즉각 그들의 비판을 인정했을 것이다. 아니면 적어도 그들의 말을 듣는 척하고는 나중에 여자 친구들에게 전화해서 오해받은 게 억울하다고 불평할 것이다.

제인 구달은 그들의 평가에 연연하지 않았다. 그뿐 아니라 당신들이 틀렸다고 말했다. 말투는 부드러웠지만 절대 물러서지 않았다. 침팬지와 함께 수천 시간을 보낸 연구를 들먹였다면 동물행동학의 관점에서 약간의 신빙성이 보장되었겠지만, 제인이 그들에게 들이민 증거는 어렸을 적 키운 검은 개 러스티와의 관계였다. 그녀는 훗날 이렇게 적었다. "다행히 나는 어렸을 적 내 첫 번째 교사를 떠올렸다. 종류를 불문하고 웬만큼 잘 발달된 뇌를 지닌 동물과 함께 살면서 의미 있는 관계를 맺어 본 사람이라면, 동물에게 성격이 있다는 사실을 깨닫지 못할 수 없다."

제인이 윗사람들이 자신의 경험을 무시하도록 놔두지 않고 자신의 주장을 고수하고 자신이 옳다고 생각하는 것을 끝까지 밀어붙였다는 건 정말 대단하다. 내가 옳다는 걸 알지만 그냥 다른 사람(주로 남자)의 말을 믿는 척하는 편이 수월하겠다는 생각이 들 때마다 나는 이 순간의 제인 구달을 기억한다. 너무나 품위 있지만 절대 만만찮은 여자였던 그녀를.

❖

1986년, 지난 25년의 연구 결과를 갈무리한 저서 『곰베의 침팬지들(The Chimpanzees of Gombe)』을 펴낸 제인은 현장 생활을 정리하고 활동가로 거듭났다. 휘호 판 라비크와의 결혼생활은 1974년에 끝났다. 이듬해 그녀는 탄자니아 국회의원 데릭 브라이슨과 결혼했다. 국립공원 관리 책임자이기도 했던 그녀의 새 남편은 동물을 보고 싶어 하는 관광객들과 악의 없는 후원자들로부터 곰베의 야생을 보존하는 걸 도왔다. 그 결과 제인이 현장을 떠날 때 곰베는 울창한 야생 그대로의 모습이었고, 지금도 여전히 번성하고 있다. 현재 곰베에는 직원 대부분이 탄자니아 사람들인 명망 높은 연구 센터가 들어서 있다.

아프리카에서 긴 시간을 보내면서 침팬지 서식지가 줄어드는 걸 직접 목격한 제인은 한때 침팬지 연구에 바쳤던 열정을 침팬지 보호에 쏟기 시작했다. 오늘도 그녀는 슬랙스에 편안한 신발을 신고 잿빛이 된 금발을 나직이 하나로 묶고 침팬지 보호에 힘쓰고 있다. 지난 50년 동안 그녀의 외모는 거의 변하지 않았다. 나이가 들긴 했지만 과거와 똑같이 아름답고 위협적이다.

『희망의 씨앗: 식물의 세계에서 보는 지혜와 경이(Seeds of Hope: Wisdom and Wonder From the World of Plants)』가 출판된 2014년 제인은 TV 쇼 〈콜베어 르포(The Colbert Report)〉와 〈라스트 위크 투나잇 위드 존 올리버(Last Week Tonight with John Oliver)〉에 출연해 인터뷰를 했다.

제인 구달은 유머 감각도 겸비했다. 1987년, 미국의 유명한 만화가 게리 라슨이 두 침팬지가 나무에 앉아 대화를 나누는 한 컷짜리 만화를 그렸다. 암컷임이 분명한 한 침팬지가 다른 침팬지의 등에서 인간의 머리카락이 분명한 긴 터럭 한 올을 떼어 내며 말한다. "이런, 이런—또 금발 머리칼이로군. 그 제인 구달이라는 년이랑 '연구'가 잘 되어 가나보지?" 제인구달협회에서는 제인이 이를 어떻게 받아들일지는 생각지 않고 곧장 항의 편지를 보냈다. 반면 제인은 이 만화를 보고 배꼽이 빠지게 웃었다. (훗날 그녀는 라슨의 작품집『더 파 사이드 갤러리 5(The Far Side Gallery 5)』의 서문을 썼고, 라슨은 문제의 만화가 그려진 티셔츠를 팔아 얻은 수익을 제인구달협회에 기부했다. 사실이 아닐지도 모르는 이야기를 첨언하자면, 더 훗날에 라슨은 곰베를 방문했다가 침팬지 프로도에게 공격당했다고 한다. [프로도는 구달의 연구 초기에 우두머리 암컷이었던 플로의 딸 피피의 아들이다. -옮긴이])

제인의 천연덕스러운 유머 감각은 때로 오해를 사기도 한다. 2014년에 코미디언 존 올리버가 그녀를 인터뷰했다. 제인은 그에게 장단을 맞추어주지 않았다. 올리버가 곰베에 사는 동안 침팬지에게 집사 복장을 입히고 싶다는 유혹을 느끼지 않았느냐고 묻고는 그렇다는 답을 이끌어내려고 노력했지만 제인은 굳세게 그런 적 없다고 답한 것이다. 올리버는 직설적으로 따지고 드는 기자 흉내를 내며 계속 압박을 가했으나 제인은 웃음을 짓거나 그가 원하는 답을 주지 않았다. 나중엔 침팬지 몸짓 몇 가지를 흉내 냄으로써 관중들의 폭소를 자아내긴 했지만.

제인은 예의 발랐지만 요지부동이었다. 그녀의 가족이나 마찬가지인 침팬지를 조롱하라는 꼬드김에 끝까지 넘어가지 않았다. TV에 나온 여자가 미소 짓기를 거부하고, 들떠서 농담을 해 댐으로써 긴장을 해소하고 모두를 유쾌하게 만들기를 거부하면, 아주 멋지고도 난처한 순간이 탄생한다. 그녀도 농담에 응하고, 일생의 업을 가벼운 웃음거리로 만드는 게 더 쉬웠을 것이다. 하지만 제인은 만만찮은 사람이라 그럴 의향이 없었다. 만만찮은 여자가 전부 활달하게 독설을 쏘아붙이며 상대가 입을 다물게 만드는 건 아니다. 때론 그저 조용히 앉아서 상냥한 척하기를 거부하는 것만으로도 만만찮은 여자가 될 수 있다.

제인 구달의 인생 이야기는 여전히 내게 영감을 준다. 어떤 면에선 소녀 시절보다 더 그렇다. 어렸을 때 나는 (캠핑을 갈 수 있는) 특정한 유형의 여자가 되면 멋진 인생으로 가는 길을 찾아서 곧장 정상까지 등반하리라고 생각했다. 여성의 자기방해라는 개념을 모르던 시절이었다. 똑똑하고 능력 있는 여자들이 양가감정의 덫에 걸려 자신의 발목을 잡고, 자기회의에 빠져 손톱을 물어뜯으면서 스스로를 옥죌 수 있다는 건 꿈에도 몰랐다. 내가 아는 많은 여자들과 (그리고 나와) 달리 만만찮은 여자는 '뒤늦게 재고하고 비판하기'라는 끔찍하고 비생산적인 습관으로 일을 망치지 않는다. 이 습관이 발동하면 다음과 같은 일이 벌어진다―결정을 내리고, 그 결정을 후회하고, 애초에 잘못된 결정을 내린 데 대해 스스로를 비난하고, 애초에 잘못된 결정을 내렸다고 후회한 것에 대해 또 자신을 비난한다. 과음한다. 잠으로 잊는다. 아무것도 하지 않는다.

제인은 침착하고 꾸준하게 정글에 가만히 앉아 있었다. 처음엔 실망했지만 자신이 옳은 선택을 했다고 믿고 앞으로 나아갔다. 그녀는 언제나 자신에 대한 믿음을 잃지 않았다. 그렇게 그녀는 만만찮은 여자가 되었다.

제17장

비타 색빌웨스트

자신감 있는 여자

20대 초반에 나는 로스앤젤레스 선셋 대로의 탤런트 에이전시에서 비서로 일했다. 주요 업무는 끝없이 울려 대는 전화들을 바로바로 받지 못한다고 상사에게 욕을 먹는 것이었다. 이 경력은 할리우드라는 화려한 세계로 들어가는 입장권이 되기는커녕 나를 절망의 구렁텅이로 빠뜨렸다. 나는 절망에서 한숨 돌리기 위해 기분전환이 될 일을 찾아 나섰다. 내가 선택한 과업은 (출판된 일기 5권과 서간집 6권까지 포함해) 버지니아 울프의 전작을 읽는 것이었다. (어째서 버지니아 울프였냐고? 시간이 흐르면서 이유는 잊었다. 현실 도피, 지적인 허세, 남들에게 으스댈 거리 만들기, 그런 거였겠지. 결국 나는 울프의 전작을 읽었다. 심지어 가장 실험적인 소설 『파도(The Waves)』마저도.) 그리하여 알게 된 바, 버지니아의 인생에서 가장 이채로웠고 치명적 매력을 발휘한 인물은 귀족인 비타 색빌웨스트였다. 인기 소설가이자 시인, 원예가, 그리고 작가 해럴드 니컬슨 경의 아내로서 후세에도 기억될 만큼 개방된 결혼생활을 즐긴 여자. (그녀의 대표 소설은 1930년작 『에드워드 시대 사람들(The Edwardians)』과 1931년작 『소진된 모든 열정(All Passion Spent)』이다. 여행기 『테헤란 행 승객(Passenger to Teheran)』도 널리 읽혔다. 비타는 마음의 문제에 관해선 대담했으나 글은 따분하게 썼다. 시는 그보다 나았다. 1927년 그녀는 전원서사시 『땅(The Land)』으로 영국의 주요 문학상 중 역사가 가장 오랜 호손든상을 수상했고 1933년에 『시 전집(Collected Poems)』 첫 권으로 같은 상을 다시 한 번 받았다.)

비타는 자신감 있는 여자였다. 자석마냥 사람을 끌었다. 시쳇말로 '젠더플루이드(gender fluid, 둘 혹은 그 이상의 젠더 정체성 사이를 유동적으로 오가는 사람-옮긴이)'였던 비타는 사람들이 여태 자기 안에 있는 줄도 몰랐던 열정을 들끓게 하는 데 도가 튼 사람이었다. 1910년에 유화로 그려진 초상화에서 부푼 셔츠를 입고 에드워드 시대 풍 벨벳 모자를 의기양양하게 쓴 18세의 비타는 마치 잘생긴 총사 같다. 런던의 악명 높은 문학 서클—버지니아 울프가 속했고 비타가 그 주변을 오갔던—블룸즈버리 그룹은 대부분의 시간을 '예술의 의미'를 토론하고 다른 회원과 밀회를 즐기며 보냈다. 그러고는 책상으로 달음박질쳐 가서 미친 듯이 일기를 끼적이고 뜨거운 러브레터를 쓰고 비밀 연인을 주인공으로 한 소설을 썼다. 이렇게 탄생한 최고의 문학 작품이 울프의 가장 술술 읽히는 소설이자 가장 인기 있는 소설 『올랜도(*Orlando*)』다. 제목에 이름이 오른 주인공 올랜도는 엘리자베스 1세 시대에 잘생긴 영국 귀족으로 태어났다가 30세에 알 수 없는 이유로 여성으로 변해서 나이를 먹지 않고 수 세기를 더 살아간다(나도 그럴 수 있다면 좋겠다). 이 인물을 만들어 내는 데 영감을 준 사람이 바로 비타였다. 비타의 아들인 작가 나이절 니컬슨은 『올랜도』를 두고 말했다. "문학사에서 가장 길고 매력적인 러브레터인 이 작품에서 [버지니아는] 비타를 탐구하고, 이 세기에서 저 세기로 옮겨 보내고, 성(性)을 바꾸고, 털옷과 레이스와 에메랄드로 치장시키고, 놀리고, 그녀와 유희하고 시시덕거리고 그녀에게 안개의 베일을 씌우고, 종국에는 그녀가 개들과 함께 롱 반의 진흙탕 위에서 다음 날 도착할 버지니아 자신을 기다리는 모습을 사진으로 넣는다."

비타의 정식 이름은 빅토리아 메리 색빌웨스트, 레이디 니컬슨이었다. 빅토리아 시대의 막바지인 1892년에 태어난 그녀는 라이어널 에드워드 색빌웨스트, 제3대 색빌 남작과 그의 사촌인 빅토리아 조세파 돌로레스 카탈리나 색빌웨스트, 색빌 남작부인 사이의 외동딸이었다(빅토리아는 제2대 색빌 남작—그의 이름 역시 라이어널이다—과 스페인의 유명한 플라멩코 댄서 페피타 사이의 사생아였다).

비타는 웨스트켄트의 놀 파크(Knoll Park) 안에 있는, 잉글랜드에서 손꼽히는 규모의 저택에서 태어났다(집의 이름도 '놀'이다). 저택은 엘리자베스 1세가 색빌 가문의 한 선조에게 물려준 것으로, 색빌 가는 1603년부터 여기서 살았다. 365개의 방, 50개의 계단, 여러 개의 마당과 탑과 총안을 낸 흉벽, 1,000에이커의 부지—여기에 비하면 다운튼 애비는 지방 소도시의 스킵플로어 구조 복층주택에 불과해 보일 것이다.

비타는 다른 어린 소녀들이 조랑말을 좋아하듯 자기 집을 좋아했다. 하지만 외동딸이었던 그녀는 여자라서 작위와 그에 따르는 저택을 물려받지 못했고, 사랑하는 집은 사촌에게 넘어갔다. 나도 이와 크게 다르지 않은 황당한 일을 겪은 적이 있지만—여러 해 전에 내 의붓 형제가 우리 부모님의 생전신탁 수탁자로 지정되었는데, 그건 그가 남성이고 불안정한 예술계에 있지 않았기 때문이었다—비타는 여전히 엄청난 부자였고, 특권층이었고, 대단한 인맥이 있었으니만큼 그녀를 아주 불쌍하게 여기기는 어렵다. 그래도 너무한 일 아닌가? 그녀가 분개했고, 이 불공평한 처우에서 얻은 상처를 평생 지니고 산 것도 이해할 만하다.

비타는 여위고 긴 팔다리에 짙은 머리칼, 위쪽 눈꺼풀이 두둑해서 종종 반쯤 감은 것처럼 보이는 극적인 눈을 지닌 여자였다. 어떤 사진에서는 오스카 와일드를 닮아 보인다. 과연 비타의 열혈 팬인 나조차도 가끔 그녀를 와일드로 착각한다(와일드의 사진 중 가운데 가르마를 타고 곱슬머리를 턱 선까지 늘어뜨린 헤어스타일을 한 것이 특히 닮았다). 비타는 자신을 "거칠고 비밀스러운" 추한 사람으로 여겼다. 그녀는 한 마을만큼이나 넓은 대저택에서 어색한 품새로 외로운 생활을 영위했다. 그녀가 제일 애착을 품은 동반자는 긴 복도를 천천히 기어 다니는, 등껍질에 다이아몬드를 박은 코끼리거북이었다.

비타는 어린 나이부터 자기가 여자를 좋아한다는 걸 알았다. 그들을 좋아하는 자신의 태도가 의심할 나위 없이 남성적이라는 것도 알았다. 소녀들처럼 끌어안고 비밀을 공유하는 일은 그녀에게 맞지 않았다. 그 정도로 만족해야 했던 적도 여러 차례였지만. 런던의 파크레인에 있는 헬렌울프 여학교를 다니던 중 그녀는 같은 반의 로저먼드 그로브너에게 반했다. 로저먼드는 여성스럽고 아기 고양이처럼 행동거지가 사랑스럽고 머리는 텅텅 빈, 전형적인 사교계 소녀였다. 비타는 그녀와 대화를 나누고 싶은 마음은 별로 없었지만 그럼에도 그녀에게 미친 듯이 끌렸다.

비타는 욕구가 있는 여자였고 그 욕구를 채우려는 결의에 차 있었다. 인간의 근본적인 욕망을 얼마나 잘 숨기느냐에 의해 인생의 성공이 정해지던 빅토리아 시대 여자로서는 급진적인 태도였다. 그 시대엔 섹스에 관해서는, 가정교육을 잘 받은 여자들이라면 결혼 첫날밤에 있을 '신체적 운동'에 대해 설명해 주는 메모를 받는 게 전부였다.

시대상을 조금 더 소개하겠다. 동성의 사람을 사랑하는 것은 당대 영국에서 스캔들이었을 뿐 아니라 불법이기도 했다. 당시 동성애를 다스린 벌은 요즘처럼 공중화장실에서 성행위를 한 죄로 사회봉사를 하는 정도에서 그치지 않았다. 오스카 와일드는 '중대한 외설 행위'로 인해 교도소에서 2년 동안 중노동을 해야 했다. 동성애는 영국에서 1967년까지 불법이었다. 한데 그해부터 성범죄법의 처벌 대상에서 제외된 것은 오로지 남성 사이의 섹스뿐이었다. 나로서는 참 이해하기 어려운 사실이다. 남성이 다른 남성을 사랑할 수 있다면, 당연히 여성도 다른 여성을 사랑할 수 있다는 간단한 추론을 하기가 싫었던 걸까? 아니면 뿌리 깊은 여성혐오로 인해 그런 생각 자체가 불가능했던 걸까? 하찮은 여자들이 어찌 주변의 남자를 놔두고 같은 여자를 선호할 수 있겠느냐고?

그러니 십대의 비타가 자신의 성적 지향을 확인하고 있던 당시의 문화엔 레즈비어니즘이라는 개념이 존재하지조차 않았다. 그녀의 혼란은 침실 거울을 들여다보며 '어쩌면 나는 인어인지도 몰라'라고 생각하는 것과 비슷했을지도 모르겠다. 하지만 비타는 허우적거리며 앞으로 나아갔다. 욕망하며, 그리고 수치심과 부끄러움과 혼란과 환희와 만족을 차례로 느끼며. 쉽지 않았지만 비타는 그런 사람이었고, 다른 흉내를 내는 건 자아를 근본부터 배신하는 일이었다. 비타는 당대의 관습이라는 덫에 빠지기를 거부했고, 그럼으로써 만만찮은 여자가 되었다.

바이올렛 케플은 비타의 또 다른 학교 친구였다. 그녀는 신기할 정도로 현대적이고 섬세한 미인이었다. 사진과 초상화에 포착된 비타의 모습은 딱 그 시대 사람 같지만, 바이올렛은 TV 드라마 〈걸스(Girls)〉에 나와도 위화감이 없을 외모다. 두 사람은 1904년에 각자 어머니의 분부로 다리를 다친 다른 친구의 병문안을 갔다가 처음 만났다. 친구의 방을 나와서 바이올렛이 비타에게 키스했다. 비타는 12살, 바이올렛은 10살이었다.

비타는 어렸을 적부터 끔찍한 속물이었으므로 바이올렛을 (귀족과 무관한 모든 것이 그러하듯) "천박하다"라고 깔보았을지도 모른다. 하지만 바이올렛의 어머니 앨리스는 영국 왕 에드워드 7세가 가장 좋아하는 정부였고, 그 덕에 바이올렛은 상류층 자격을 얻었다.

비타와 바이올렛의 연애는 십대 시절을 거쳐 두 사람이 각자 결혼한 뒤까지 10년이 넘게 지속되었다. 두 사람은 바이올렛이 어머니와 사는 (왕이 앨리스에게 마련해 준) 런던 포트먼스퀘어의 집에서 밀회했고 달콤하고 긴

급한 편지 수백 통을 주고받았다(오늘날 연인들이 편지를 주고받지 않는다는 게 약간 슬퍼진다. 미안하지만 스냅챗은 편지와는 다르니까). 비타는 바이올렛을 '불발탄'이라고 불렀다. 바이올렛은 비타에게 말했다. "네가 무엇이든 절대 양보하지 않기 때문에 사랑해. 네가 절대 항복하지 않기 때문에 사랑해. 놀라운 지성과 문학적 야망과 무의식적인 교태를 지닌 너를 사랑해."

비타는 바이올렛을 사랑했으나 결혼을 포기할 생각은 없었다. 그러기엔 사회적 지위와 특권에 너무 의존하고 있는 속물이었다. 어쨌든 그녀의 어머니 색빌 부인은 사나운 사람이라 딸이 그 비슷한 말을 꺼내기만 해도 머리에 창을 꽂아 넣었을 것이다. 1913년 3월, 비타는 1대 카녹 남작인 아서 니컬슨의 아들로서 작가이자 외교관인 해럴드 니컬슨과 놀의 성당에서 결혼식을 올렸다. (비타의 부모는 니컬슨의 연수입이 250파운드에 그치고 그의 아버지가 빅토리아 여왕 시대에야 귀족이 되었다는 이유로 결혼을 반대했다. 그들의 눈에 니컬슨 일가는 요즘으로 치면 컨테이너에서 사는 극빈자나 다름없었다.)

해럴드 니컬슨은 매력적이고 쾌활하고 똑똑했다. 비타가 처음 들은 해럴드의 말은 파티의 여주인이 던진 무슨 질문에 대고 "그것 재미있군요"라고 답한 것이었다. 해럴드는 게이였지만 그런 소소한 비밀은 굳이 밝힐 필요가 없었다. 비타 역시 여성에게 끌리는 성향이나 바이올렛에 대한 사랑에 대해 일절 언급하지 않았다. 무척이나 억압적이고 딱하게 들리겠지만, 당시에는 이렇게 부부 사이에서도 비밀을 털어놓지 않는 게 당연했다.

이후 4년 동안 비타는 두 아들 베니딕트와 나이절을 낳았다. 하지만 바이올렛을 포기하지는 않았다. 1차 세계대전 중, 해럴드는 런던 외무부에서 전쟁 문제로 바쁘고 아이들은 유모의 돌봄을 받고 있는 동안 비타와 바이올렛은 파리로 놀러 가곤 했다. 이따금 두 사람은 휴가 온 이성 커플 줄리언과 이브인 척했다. 줄리언으로 분장한 비타는 방탕하지만 감정이 풍부한 잘생긴 남자처럼 보였다. 남장을 하자 비타는 대담해졌고, 해방감을 느꼈다. 비타는 줄리언이 된 자신을 "번역된 사람"이라고 칭했다. 비타가 '섹스는 사절할게요, 우리는 영국인이니까' 식의 교육을 받았음을 감안하면 진정한 자기 모습으로 스스로를 '번역'하는 데에는 대단한 용기가 필요했을 것이다. 다른 사람들에게 성적 지향을 들킬까 봐서가 아니라—그것도 물론 겁나는 일이긴 하지만—그럼으로써 진정한 자신과 좀 더 깊이 맞닿게 되기 때문이다. 솔직히 말해, 자기가 정말로 어떤 사람인지 아는 건 끔찍이 무서운 일 아니던가.

1918년 11월 11일 휴전이 이루어졌지만, 해럴드는 여전히 런던 외무부에서 바쁘게 평화를 중재하고 있었다. 비타는 1919년 초에 바이올렛과 몬테카를로로 가서 바다에서 수영을 하고 도박을 하며 여러 달을 보냈다. (그 시대의 휴가가 얼마나 길었는지 알겠는가? 비타와 바이올렛은 한번 휴가를 떠났다 하면 기본 세 달은 머물고 돌아왔다.) 그보다 더 행복할 수 없었다. 두 아들은 켄트에서 안전하게 유모의 돌봄을 받고 있었고, 아무것도 모르는 남편은 런던에서 안전하게 일하고 있었고, 바이올렛은 비타의 곁에 있었다. 두 사람은 분위기에 취해 남들이 보는 앞에서 애정을 표현하기에 이르렀다. 두 사람의 무분별한 행동에 대한 소문은 영국으로, 이윽고 앞서 언급한 사납기 짝이 없는 색빌 부인과 이제 고인이 된 왕의 정부 앨리스 케플의 귀로 들어갔다. 해럴드 역시 바쁜 와중에 일에서 눈을 떼고 바이올렛에게 아내를 빼앗길 수도 있겠다는 사실을 깨달았다. 그래서야 '절대' 안 될 일이었다.

바이올렛은 그즈음 기마근위대 소속의 잘생기고 내성적인 군인 데니스트레퓨시스의 구애를 받고 있었다. 바이올렛은 그에게 더할 나위 없이 무관심했지만, 그녀의 어머니는 바이올렛이 몬테카를로에서 비타와 허튼짓을 벌였다는 소문을 듣고선 데니스의 청혼을 받아들이라고 명령했다. 3월에 신문에서 바이올렛의 약혼 소식을 본 비타는 대부분의 사람에게서 예상되는 반응과 달리 질투로 불타오르지 않았다. 그녀는 바이올렛의 결혼으로 자기와 바이올렛의 삶이 오히려 쉬워질 거라고 생각했다. 그녀는 바이올렛과 서로 약속했다―남편과 섹스하지 않기, 줄리언과 이브로서 가능한 한 많은 휴일을 함께 보내기, 또 한 번 스캔들을 일으키지 않도록 주의하기.

한편 해럴드도 패션 디자이너 에드워드 몰리뉴와 불륜 관계를 시작했다. 그는 자신이나 비타가 가끔 한 번씩 바람을 피우지 못할 이유가 없다고 생각했다―바이올렛에 대한 비타의 감정을 완전히 과소평가한 생각이었다. 그럴 만도 한 게, 그 시대에 깊은 사랑에 빠진 두 여자라는 걸 본 사람이 있었겠는가(우리가 아는 바로는 없다). 비타와 해럴드, 비타와 바이올렛, 바이올렛과 데니스 사이에서는 통렬한 말다툼들이 벌어졌다. 일기장이 글씨로 메워졌다. 편지가 어떤 때는 하루에 두세 통씩 오갔다(바이올렛도 작가였다―앞에서 말하지 않았던가?). 결국 비타는 바이올렛이 약속과 달리 남편과 섹스를 했다는 걸 알게 됐다(당연한 것을). 비타는 질투로 폭발했다. 두 사람의 관계는 그때부터 위태롭게 내리막길을 달리더니 1921년 말 비타가 바이올렛과의 관계를 청산하는 것으로 막을 내렸다.

비타는 이후에도 많은 여자들과 사랑에 빠졌고, 해럴드도 많은 남자들과 사랑에 빠졌다. 바이올렛 '소동' 이후 (두 사람은 자신들의 부정을 이렇게 불렀다) 비타 부부는 자기들에게 잘 맞는 방식으로 혼인 서약을 바꿨다. 섹스 없이 상호 존중과 공통의 지적 관심과 따뜻한 동지애로 결합된 관계를 유지하며 서로를 존경할 것. 두 사람은 이혼을 원하지 않았다. 동성인 타인과의 섹스를 즐겼지만 남편과 아내로 사는 것도 즐겼다. 이건 위장 결혼이었을까? 아니면 사실은 섹스하고 싶지 않지만 관습에 의해 죽는 날까지 계속 섹스하고 싶은 척을 해야 하는 상대와 길고 행복한 결혼생활을 유지한다는, 오늘날까지 해결되지 않은 난제의 완벽한 해결책이었을까? 어쨌든 해럴드와 비타는 결혼을 자신들에게 맞췄다. 이렇듯 시대의 기준이 아닌 자신의 기준에 따라 친밀한 관계의 정의를 바꿀 수 있다면 상황이 얼마나 좋아질까.

한 가지는 분명하다. 새로운 합의를 한 덕분에 부부싸움이 줄었고, 두 사람 다 꾸준히 소설을 써낼 수 있었다는 것. 1930년에 비타와 해럴드는 켄트주 크랜브룩에 있는 시싱허스트 성을 구입하고는 세계적으로 손꼽히게 아름다운 현대적 정원을 일구었다. 잡초 하나 뽑는 것도 귀찮아하는 사람으로서 나는 오늘날 영국 내셔널 트러스트에 등록되어 있는 시싱허스트 정원이 시스티나 성당에 뒤지지 않는 예술 작품이라고 생각한다. 여러 개의 '방'처럼 꾸며진 정원은 문자 그대로 숨이 막히도록 아름답다. 오두막 정원, 백색 정원, 푸른 꽃밭에 이르기까지. 시싱허스트 정원이 얼마나 방대한가 하면, 그것의 발전을 세세하게 기록한 2009년 BBC4 다큐멘터리가 총 여덟 편에 이를 정도였다.

❀

비타가 버지니아 울프를 만난 1922년에 그녀는 해럴드와 13년째 살면서 결혼생활의 리듬을 찾은 뒤였다. 비타는 버지니아를 그녀가 밀쳐내지 않는 한 자유롭게 쫓아다닐 수 있었다. 비타는 해럴드에게 쓴 편지에 적었다. "누군가에게 이렇게 반한 적은 드물어. 그녀도 나를 좋아하는 것 같아. 어쨌든 자기 집이 있는 리치먼드에 놀러오라고 했으니까. 여보, 나 그녀에게 마음을 빼앗겼어."

버지니아에게도 남편이 있었다. 케임브리지 대학 출신이자 전직 공무원인 레너드 울프와 버지니아의 결혼은 두 걸출한 정신의 만남이었다. 울프 부부는 2인조 문학단과 같았다. 블룸즈버리 그룹의 사실상 왕과 여왕으로 군림했을 뿐 아니라 1917년에는 호가스 출판사(Hogarth Press)를 설립해 그룹 멤버들의 작품을 (그리고 버지니아가 번역한 도스토예프스키의 『악령(The Devils)』과 T. S. 엘리엇의 『황무지(The Waste Land)』 초판을) 출판했다. 비타를 만났을 때 버지니아는 일에 몰두해 있었고—평생을 그러했듯—우울증과 싸우고 있었다.

버지니아가 처음 문학적 성공을 거두는 작품 『댈러웨이 부인(Mrs. Dalloway)』이 완성되려면 아직 몇 년을 기다려야 했다. 마흔 살이었고 자기 삶의 방식에 길들어 있었던 버지니아는 섹시함과 괴짜다움과 양성성의 종합선물세트였던 비타 색빌웨스트에게 끌리는 만큼이나 겁을 먹고 있었다.

비타는 1926년 1월 21일 밀라노에서 버지니아에게 편지를 썼다. "저는 버지니아를 원하는 하나의 존재로 축소되었어요. 잠들지 못하는 악몽의 밤 당신을 위해 아름다운 편지를 썼는데, 전부 사라져 버렸군요. 저는 단지 당신이 그립습니다. 매우 단순하고 절박한 인간적인 방식으로."

버지니아는 1월 26일 비타에게 답장했다. "[비타가 떠난] 이후로 중요한 일은 아무것도 일어나지 않았어요—따분하고 축축한 나날이었지요. 나는 따분했어요. 당신이 그리웠어요. 당신이 그리워요. 당신이 그리울 거예요. 믿지 않는다면 당신은 칡올빼미나 당나귀와 다를 바 없어요."

그리고 1927년 10월 5일, 버지니아는 일기장에 새로 쓸 책에 대한 메모를 적었다. "흔히 그러듯이 갑자기 신나는 생각이 머리에 떠올랐다. 1500년에 시작해서 오늘날까지 이어지는 한 사람의 전기. 제목은 올랜도. 비타. 그런데, 한 성(性)에서 다른 성으로 바뀌는 것으로." 소설은 평단과 대중 양쪽에서 다 성공을 거두었고, 버지니아와 레너드 울프 부부는 생애 처음으로 재정적 안정을 누리게 되었다.

『올랜도』가 출간된 날 비타는 버지니아에게서 소포를 받았다. 인쇄기에서 갓 나온 따끈따끈한 소설 한 부와 니제르 가죽으로 장정한 원본 자필 원고. 원고의 책등에는 비타의 이니셜이 새겨져 있었다.

버지니아와의 연애는(비타는 이름이 V로 시작하는 여자에게 약했던 것 같다) 1935년까지 이어졌다. 버지니아가 비타의 성욕과 난잡함에 질려 관계를 끝낸 것으로 보인다. 버지니아 울프를 연구한 학자 루이즈 디살보는 두 여자의 연애가 그들의 문학 창작에 미친 영향을 검토한 에세이에서 이렇게 말했다. "두 사람 다 이렇게 좋은 글을 이렇게 많이 쓴 적이 없었고, 다시는 이렇게 높은 성취를 이루지 못했다."

1962년 비타가 세상을 떠나자 그녀가 유저(遺著) 관리자로 지정한 아들 나이절은 시싱허스트의 사무실에 남은 기록물들을 살피다가 소나무로 짠 상자 마흔 개에 조심스럽게 보관된 편지들과 비타의 일기장, 그리고 비타의 어머니 색빌 부인의 일기장을 발견했다. 비타의 남편 해럴드가 비타에게 쓴 편지도 빠짐없이 보관되어 있었다. 그리고 방 한구석에는 자물쇠로 잠근 여행 가방이 있었다. 가죽을 가르고 안을 보니 비타가 바이올렛 케플과의 필사적인 연애에 대해 기록한 공책이 들어 있었다. 대략 80쪽쯤 되었으며, "나 같은 사람의 심리가 흥미를 끌" 후대의 독자들을 위해 쓴 것이었다.

나이절 니컬슨은 알맞은 시기가 오기를 기다리며 한동안 원고를 쥐고만 있다가 1973년에 비타가 쓴 바이올렛과의 사랑 이야기를 중심으로 한 니컬슨 부부의 전기『어느 결혼의 초상(Portrait of a Marriage)』을 펴냈다. 나이절은 서문에 이렇게 적었다. "그녀는 결혼한 부부는 서로를 독점해야 하며 여자는 남자만을, 남자는 여자만을 사랑해야 한다는 관습에 맞서, 남자와 여자를 모두 사랑할 권리를 위해 싸웠다. 이를 위해서라면 무엇이든 포기할 준비가 되어 있었다. … 이제 그녀의 세대보다 무한히 큰 연민의 정을 지닌 새 세대에게 그 사실이 알려지는 것이니 그녀가 어찌 꺼리겠는가?"

나는 버지니아 울프에게 미쳐 있던 시기에『어느 결혼의 초상』도 읽었다. 버지니아의 편지와 일기장 곳곳에 비타에 대한 달뜬 묘사가 흩뿌려져 있었고『올랜도』를 버지니아의 소설 가운데 제일 좋아했으므로, 비타에 대해 더 알고 싶었던 거다. 그들의 이야기가 얼마나 현대적으로 느껴지는지, 그리고 비타가 현대의 기준으로도 얼마나 모험심 강하고 대담한 사람인지를 깨닫고 놀랐던 기억이 난다. 있는 그대로의 자기 자신이 되기 위해 이만큼이나 용기를 발휘해야 한다니, 믿기지 않는다—하지만 우리가 두 눈으로 그런 현실을 보아 오지 않았던가. 우리, 그만 소심해지자. 비타를 기억하자. 그녀는 우리처럼 자기 시대의 희생자였지만, 그럼에도 자신의 필요와 욕구를 이해하고 표현하고자 끊임없이 노력했다. 그리하여 그녀는 오래도록 기억될 유형의 결혼생활과 죽은 뒤 자신에 대해 좋은 말을 해줄 아들을 남겼다. 세계적으로 유명하고 놀랍도록 아름다운 은신처 시싱허스트 정원과, 참으로 진실했던 삶의 흔적도 남겼다. 이만하면 꽤 근사하지 않은가. 오직 만만찮은 여자만이 남길 수 있는 유산이다.

제18장

엘리자베스 워런

고집스러운 여자

지난주에 엘리자베스 워런 티셔츠를 배송받았다. 앞면에 "그럼에도 불구하고, 그녀는 계속했다"라는 문구가 선명히 새겨져 있었다. 디지털 시대의 훌륭한 점 가운데 하나가 이거다. 누군가 기억에 남을 만한 발언을 하면, 한 시간 뒤에 그 문구가 박힌 머그컵과 스티커와 집 앞에 세우는 표지판과 야구모자와 티셔츠가 등장한다. 내가 이 티셔츠를 주문한 건 2017년 2월, 제프 세션스 법무장관 인준 청문회에서 상원 다수당 원내대표 미치 매코널이 엘리자베스가 19번 규칙을 어겼다는 이유로 그녀의 입을 막으려 한 순간으로부터 대략 7초가 지난 뒤였다.

이제 독자는 물을 것이다. 19번 규칙이 대체 뭔데? 기술적으로 말하면 이 의사규칙은 상원의원들이 서로를 비난하는 행위를 방지하기 위해 만들어졌으나, 거의 사용되지 않는다. 그런데 거의 쓰이지 않는 이 규칙이 엘리자베스 워런의 입을 틀어막기 위해 동원된 것이다. (내가 사는 위대한 오리건주의 상원의원 제프 머클리도 엘리자베스 워런처럼 코레타 스콧 킹의 편지 일부를 읽었지만 그에게는 아무도 야유를 하지 않았다.) 매코널이 엘리자베스를 저지하면서 공식적인 이유를 대는 시늉이라도 했다는 점은 나름대로 평가할 만하다. 몇 달 지나지 않아 캘리포니아주 민주당 상원의원 카멀라 해리스가 상원 정보위원회에서 역시 세션스에게 질문을 던졌을 때, 그녀는 발언권이 주어진 몇 분 동안 두 번이나 저지당했다. 명시되지 않은 이유는 이것이었다. 당신은 여자인데도 자기 의견을 똑똑히 내세움으로써 짜증을 자아내고 있군. (혈압이 조금 높아져도 괜찮다면 《뉴욕 타임스》에 실린 수전 치라 기자의 글 「남자가 여자의 말을 가로막는 보편적인 현상(The Universal Phenomenon of Men Interrupting Women)」을 읽어 보기 바란다.)

매사추세츠주 출신의 호전적인 상원의원 엘리자베스는 그때 코레타 스콧 킹이 1986년 세션스 판사가 앨라배마주의 연방법관에 지명된 데 반대하여 쓴 편지를 읽고 있었다(코레타는 고 마틴 루서 킹 목사의 부인이다. ─옮긴이). 아홉 장짜리 편지에는 세션스가 유권자의 평등권에 관해 취하는 태도에 대해 영 좋지 않은 말들이 적혀 있었다. 매코널은 엘리자베스에게 그만두라고 말했지만 그녀는 계속 편지를 읽어 내려갔고, 마침내 화가 치민 매코널은 고압적인 어조로 말했다. "그녀는 경고를 받았습니다. 이유 설명도 들었습니다. 그럼에도 불구하고, 그녀는 계속했습니다."

(매코널의 어조는 상당히 익숙하다. 가르치려 드는 말투이기도 하지만, 우리 집 개가 재활용함을 뒤져 폐지와 종이컵 따위를 집 안 곳곳에 흩뜨려놓았을 때 내가 개를 혼내는 말투이기도 하다. 그런 일이 매일 일어난다. 이제는 알아서 그만할 때도 됐으련만.) '경고'를 받은 뒤에도 말을 멈추지 않는 여자가 만만하지 않다는 건 두말 할 필요도 없겠지?

세션스는 다수당인 공화당 표를 얻어 쉽게 인준을 받았지만, 이 소동이 언론에 요란하게 보도되자 킹 여사의 편지가 널리 퍼지기 시작했다. 평소 같으면 무관심했을 수백만 명의 사람이 온라인에서 편지를 읽었고, 엘리자베스가 페이스북에서 이 편지를 라이브 스트리밍으로 낭독한 것은 600만 명이 시청했다. 정치 풍자 TV 프로그램인 〈데일리쇼〉의 트레버 노아에게서 매코널이 자기도 모르게 그녀의 대의를 돕고 있다는 걸 그 당시에 인식했느냐는 질문을 받고 엘리자베스는 종종 그러듯 대답을 회피했다. "그 일은 우리가 더 나은 민주적 대화를 나눌 수 있도록 도왔죠." 외교적인 발언이었다.

엘리자베스 워런은 당초 정치인이 될 계획이 전혀 없었던 사람이지만, 지금 우리 앞에서 소행 불량자들을 흠씬 혼내주고 있다. 두 자녀의 어머니이자 세 손주를 두었으며 전직 하버드 로스쿨 교수인 그녀는 열한 권의 책을 썼는데, 그중 2017년에 출간된 『이 싸움은 우리의 싸움이다: 미국 중산층을 구하기 위한 전투(*This Fight Is Our Fight: The Battle to Save America's Middle Class*)』는 베스트셀러에 올랐다. 엘리자베스는 뜨거운 카리스마를 지닌 달변가이기도 해서, 그녀의 말을 듣고 있노라면 당장 나가서 그녀를 뒤따르고 싶어진다.

엘리자베스 헤링은 1949년 오클라호마주 노먼에서 태어나 자랐다. 아버지는 몽고메리 워드 매장에서 카펫을 팔았고 어머니는 전업주부로 엘리자베스와 세 아들을 돌보았다. 제2차 세계대전 이후 시기의 전형적인 중산층 가족이었던 그들은 특별히 나쁜 일이 일어나지 않는 한 그럭저럭 살수 있었다. 하지만 신의 가호를 바라는 건 지금이나 그때나 안전망이 되기엔 역부족이다. 엘리자베스가 열두 살 되던 해 아버지가 심장발작을 일으켰다. 이후 건강은 회복했지만 그의 일자리는 다른 사람에게 넘어간 뒤였다. 의료비 청구서가 쌓여만 갔다. 가족의 스테이션왜건은 압류되었다. 엘리자베스의 어머니는 한 벌뿐인 좋은 옷을 입고 시어스 백화점 전화 상담원 면접을 보러 갔다. 어머니가 받는 최저임금이 가족을 먹여 살렸다. 엘리자베스는 베이비시터와 식당 종업원으로 아르바이트를 하고, 손바느질한 옷을 팔았다. 심지어 이웃에서 키우는 우아한 검은 푸들과 자기가 키우던 개를 교배시켜 강아지를 내다 팔기도 했다. 이런 상황을 겪으면서 그녀는 빠르게 어른이 되어 갔다. 그리고 죽을힘을 다해 노력해도 성공하지 못하는 사람들이 있다는 걸 알게 되었다.

엘리자베스의 세 오빠는 군에 입대했다. 엘리자베스에게 주어진 길은 결혼이었다. 대학을 언급하자 어머니는 돈은 차치하고서라도(땡전 한 푼 없었다) 대학 교육을 받은 여자는 결혼하기가 더 어렵다면서 만류했다. 애정으로 한 말이었겠지만, 어쨌든 엘리자베스가 (지금처럼 그때도) 고집을 꺾지 않아서 다행이다. 그녀는 어머니의 말을 듣는 척하고는 도서관에 가서 대학들에 관한 자료를 찾은 뒤 지원 서류를 보내 달라고 비밀리에 신청했다.

C-SPAN의 의회 중계방송에서 엘리자베스를 5분이라도 보았거나 그녀의 하루치 트윗을 읽어 본 사람은 그녀가 고등학교 시절 토론 팀의 스타였다는 사실에 놀라지 않을 것이다. "오클라호마 최고의 고교생 토론자"로 뽑힌 그녀는 전액 토론장학금(이런 게 있다는 걸 알았던 분?)을 받고 1965년에 조지워싱턴 대학교에 진학했다.

워싱턴 D. C. 포기보텀의 캠퍼스에 도착하자마자 엘리자베스는 문화 충격을 받았다. 회고록 『싸울 기회(A Fighting Chance)』에서 말했듯 그녀는 "오클라호마주 프라이어 시의 북쪽이나 동쪽은 가본 적이 없었다. 발레를 본 적도, 박물관에 간 적도, 택시를 타 본 적도 없었다." 2년 뒤 그녀는 고등학교 시절 남자친구 짐 워런과 재결합했고, 청혼을 받자 바로 대학을 그만뒀다.

1968년이었지만 모든 젊은이가 LSD에 취해 저항과 거부의 몸짓을 하고 있었던 건 아니었다. 재니스 조플린의 「피스 오브 마이 하트(Piece of My Heart)」가 모든 카라디오에서 울려 퍼지고 있었을지언정(27장 참조), 엘리자베스 같은 오클라호마 소도시 출신 여자에게는 누구든 처음 청혼을 해 오는 남자와 결혼하기 위해 명문대 졸업장을 포기하는 것이 합리적인 선택이었다.

짐 워런은 강직한 엔지니어였다. 그가 NASA에 취직하자 워런 부부는 휴스턴으로 이사했다. 누군가에게는 "그렇게 영원히 행복하게 살았습니다"로 끝날 수 있던 이 이야기는 엘리자베스의 경우엔 다른 결말을 맞았다. 예리하고 활기찬 정신의 소유자였던 엘리자베스는 대학을 마치고 싶었고, 휴스턴 대학교에 등록하여 1970년에 언어병리학 학사로 졸업했다. 두 사람은 짐의 직장 때문에 곧 뉴저지로 이사했다. 엘리자베스는 성실한 아내답게 임신을 했지만, 아기가 태어난 뒤에는 집에 머물러 있는 것에 만족할 수 없었다. 어머니로만 사는 것은 모든 여자에게 맞는 일은 아니었다. 엘리자베스는 아기를 사랑했지만, 그녀는 세상에서 성공하길 갈망하는 똑똑하고 야심찬 젊은 여성이기도 했다.

엘리자베스는 러트거스 로스쿨에 지원해 합격했다. 만만찮은 여자답게 자신의 죄책감을 받아들이고 행군해 나갔다. 1978년에 졸업한 후에는 러트거스 로스쿨에서 강의를 시작했다. 짐이 다시 텍사스로 불려 가자 그녀는 휴스턴 대학에서 비슷한 일자리를 찾았다.

지금도 법조계에서 여성의 대우는 형편없지만, 엘리자베스가 휴스턴 대학교 로센터(이 학교에선 로스쿨을 이렇게 부른다.—옮긴이)에서 강의를 시작한 시대엔 더했다. 그녀는 "비서, 학생, 학생의 아내로, 길을 잃어 실수로 로스쿨을 헤매고 있는 학부생으로, (헌혈 캠페인이 열리는 날에는) 간호사로 오인받았다." 하지만 신이 난 엘리자베스는 멍청한 성차별이 자기 발목을 잡도록 놔두지 않았다. 그녀에겐 남편과 건강하고 아름다운 두 아이, 보람차고 만족스러운 커리어가 있었다. 자기도 모르는 사이 '모든 걸 손에 넣은' 선구자가 된 것이다.

엘리자베스의 남편은 한 번도 불평하지 않았지만, 세월이 흐르면서 그가 결혼할 때 원한 게 일하는 아내가 아니라는 사실이 자명해졌다. 엘리자베스는 집 안팎의 일을 두루 잘 해냈으나 저녁 준비가 늦으면 남편이 시계를 보며 불편한 내색을 했다. 1978년 두 사람은 합의이혼을 했다. 2년 뒤, 엘리자베스는 학문적 열정을 이해해 줄 수 있는 로스쿨 교수이자 법제사학자인 브루스 만과 결혼했다. 그는 아마 어떤 경우에도 시계를 보며 불편한 내색을 하지 않았을 것이다.

❀

1980년대와 1990년대에 엘리자베스는 파산법의 전문가가 되었다. 파산법은 법학자나 정책 입안자들이 거의 관심을 가지지 않는 모호하고 난해한(다시 말해 따분한) 분야였다. 당시엔 파산 선언을 하는 건 코카인 따위 마약이나 스트립클럽, 고출력 자동차 같은 애먼 것들에 월급을 허비하는 낙오자들뿐이라는 생각이 상식으로 취급되었다. 하지만 엘리자베스는 어린 시절의 경험 덕분에 상황이 그렇게 무 자르듯 간단하지만은 않다는 걸 이해하고 있었다. 그녀는 정확히 누가 파산보호법에서 이득을 보는지에 관해 면밀한 조사를 시작했다. 팀원들과 함께 파산법원 판사, 변호사, 채무자들을 인터뷰한 결과는 놀라웠다. 많은 파산자가 직업이 있었고 심지어 투잡을 뛰기도 했으며 제때 청구서를 결제하려고 노력했다. 엘리자베스는 우리가 오늘날 익히 알고 있는 사실을 증명했다. 중산층이라도 딱 한 번 직업을 잃거나, 이혼하거나, 중병에 걸리는 것으로 쉽게 파산할 수 있다는 것.

1995년, 엘리자베스는 하버드 로스쿨에서 강의를 시작했다. 같은 해 그녀는 국가 파산심사위원회의 자문역을 맡아 소비자를 위한 파산 보호를 제한하는 법률의 제정 움직임에 맞서 싸웠다. 그녀는 소득 불평등과 한참 뒤에야 국가적 관심사가 된 약탈적 대출에 대해 상세한 글을 썼다.* 그리하여 엘리자베스는 대형 은행을 비롯한 대규모 금융기관들이 중산층 가족을 쥐어짜 이윤을 얻는 행태를 보호하는 법들의 결연한 적대자로 부상했다.

2007년 여름, 엘리자베스는 학술지 《데모크라시》에 「어떤 금리로도 안전하지 않다(Unsafe at Any Rate)」라는 제목의 분석적인 글을 실었다. 서브프라임 모기지의 위험과 다가오는 금융 붕괴를 적시하고 정부의 감독이 필요하다고 주장하는 글이었다(글의 부제는 '전자레인지에 필요하다면 주택 담보 대출에도 필요하다. 우리에게 금융상품안전위원회가 필요한 이유'였다). 신통하게도 정치인들이 이 글을 읽고 고삐 풀린 대형 은행 문제에 대한 해법의 일부를 찾았다. 2011년, 소비자금융보호국(CFPB)이 신설되었다. "아무도 미국 소비자를 책임져 주지 않습니다. 아무도 미국 가족을 돌봐 주지 않습니다. 그래서 우리가 시작했습니다." 엘리자베스는 ABC 뉴스에 이렇게 말했다.

잠시 멈춰서, 이런 일이 실제로 일어나는 경우가 얼마나 드문지 생각해 보자. 학자들은 온갖 까다로운 세상 문제의 해법에 대한 자신의 견해를 긴 글이나 신문 칼럼들로 써낸다. 하지만 그들이 글을 쓰며 상정하는 독자는 대개 다른 학자들과 극소수의 너드들뿐이다. 소비자 금융보호국의 신설은 이를테면 비욘세에게 위대한 페미니즘 송가에 대한 아이디어를 보냈더니 그녀가 그걸 음반용으로 녹음하고 슈퍼볼에서 부르기까지 한 것에 맞먹는 사건이었다. 하지만 엘리자베스에게 이 일은 하이파이브와 꽃가루로 가득한 축제만은 아니었다. 오바마 대통령이 엘리자베스를 CFPB

---

* 약탈적 대출이란 채무자가 지불 능력이 부족한 걸 알면서 높은 이자 등 부당한 조건으로 돈을 빌려주고, 상환을 못하면 담보물을 싸게 취득하는 등의 방법으로 고수익을 올리는 금융 행위다.—옮긴이

국장으로 임명하기를 거절한 것이다. 사회적 형평에 대한 열정과 자신의 의견을 누그러뜨리려 하지 않는 고집으로 인해 절대 공화당의 동의를 얻지 못하리라는 이유였다. (오바마가 아마 맞았을 거다. 공화당은 엘리자베스 워런을 거의 힐러리 클린턴만큼이나 싫어하니까.〔26장 참조〕)

엘리자베스 워런은 낙심했다. 하지만 그렇다고 발을 빼지는 않았다. 2012년, 63세의 나이로 대의에 기여할 다른 방법을 찾은 것이다. 그녀는 상원의원 선거에 출마하여 매사추세츠 최초의 여성 상원의원으로 선출되었다. 득표율 7.5퍼센트포인트 차의 낙승이었다. 그녀의 선거 공약은 워싱턴 D.C.에 가서 예나 차리고 남들 의견에 맞추지는 않겠다는 것이었다.

이후 엘리자베스의 행동은 지켜보는 이에게 경이감을 선사했다. 그녀는 대중 앞에서 보여야 할 스타일을 완벽하게 숙지하고 있었다. 금발 단발머리, 무테안경, 최소한의 화장. 일정이 있는 날은 보통 검은 바지와 밝은 색의 멋들어진 재킷을 입는다. 일반적인 바지 정장보다는 훨씬 활기찬 스타일이다. 그리고 또 하나, 아마 엘리자베스가 원래 정치인을 꿈꾸던 사람이 아니기 때문일지도 모르고, 한 번 스타 토론자였으면 영원한 스타 토론자이기 때문일지도 모르는데, 어느 쪽이든 그녀는 조심스러운 연설은 무의미하다고 생각하는 것 같다.

엘리자베스는 도널드 트럼프처럼 트위터에서도 맹활약을 한다(다만 의견이 더 조리 있고 어휘력이 더 풍부하며 철자법도 잘 지킨다). 2016년 대선 기간 중 두 사람은 마치 이름난 탁구 챔피언들처럼 핑퐁을 주고받았다. 트럼프가 한밤중에 마구 불평을 쏟아낸 다음 핑계를 대자, 엘리자베스는 평했다. "당신이 새벽 세 시에 빚더미에 깔린 학생들과 사회보장연금으로 힘겹게 살아가는 노인들을 도울 묘책을 트윗하는 일은 결코 없더군요."

당연히 엘리자베스 워런은 화가 너무 많다는 비난을 받아 왔다. 하지만 내기해도 좋다. 엘리자베스는 남들이 그러거나 말거나 신경 쓰지 않을 것이다. 그녀는 '실제로' 화가 나 있으니까. 그게 만만찮은 여자가 되는 비법이다. 모욕을 당해도 행동을 바꾸기를 거부하는 것. 열정과 확신을 품고 그 행동을 계속하는 것. 그런 사람이 만만찮은 여자라면 나도 그런 여자가 돼야겠다.

제19장

마거릿 조

거리낌 없는 여자

1999년 나는 무슨 일인가로 뉴욕에 있었는데, 이름이 기억나지 않는 한 친구가—당시라면 친구보단 '지인'이라고 불렀겠지만 페이스북의 시대가 도래한 후 그 단어는 소멸했으니까—자기는 아파서 갈 수 없게 되었다며 내게 오프브로드웨이 공연 티켓 한 장을 주었다. 내가 듣도 보도 못한 어떤 여자의 1인 코미디 공연이었다. 나는 기억력이 꽤 좋은데도 그 극장 좌석에 앉게 된 경위가 이렇듯 파편적으로만 기억난다. 마거릿 조의 공연을 보고 머릿속이 완전히 새하얘져서 나머지는 전부 잊은 거다. 어쩌나 웃어댔는지, 나중에 거울을 보니 티셔츠 앞섶에 눈물에 번진 마스카라가 묻어 있었다. (그녀가 조롱과 애정을 똑같이 담아 절묘하게 모사하는) 엄격한 아시아인 어머니 아래에서 성장기를 보내고 폰섹스 상대자 같은 일을 거쳐 시트콤 스타가 된 한국계 미국인 양성애자 마거릿 조는 내게 뜻밖의 발견이었다. 그녀의 스탠드업 코미디 쇼 〈내가 원하는 건 나야(*I'm the One That I Want*)〉는 화제의 다큐멘터리 영화와 베스트셀러 회고록으로 거듭났다. 2002년, 차기작 〈노터리어스 C.H.O.〉는 카네기홀에서 매진을 기록했다.

1999년에 마거릿은 31세였고 "할리우드 기준으로 비만"이었으며(보통 몸매의 여성이었다는 뜻이다) 분홍색 티셔츠와 분홍색 바지 차림에 굽이 아주 높은 검은색 플랫폼 구두를 신었다. 마거릿의 공연이 단골로 다루는 주제는 인종, (그녀가 'fag-haggery'라고 이름한) 게이 남성과 이성애자 여성 사이의 우정, 성, 섭식장애, 이성애자 남성들이 언제나 매력 없는 이유 등이었다. 마거릿은 자신이 주연했던 시트콤 〈올 아메리칸 걸(*All American Girl*)〉의 대실패를 겨우 극복한 참이었다. 1994년 처음 방영되고 같은 해에 종방한 〈올 아메리칸 걸〉은 마거릿에게 깊은 낙담과 자살 충동을 선사했는데, 그 경험은 이후 그녀에게 코미디 소재의 보고가 되었다. 활용할 이야기들이 정신과 의료기록함 하나를 채울 만큼 되었으니까.

마거릿은 1968년에 히피의 본산 샌프란시스코에서 태어났다. 아버지는 유머 책을 쓰면서 캐스트로 지역에서 동성애 전문 서점 '페이퍼백 트래픽'을 운영하고 있었다. 마거릿은 나이 든 '플라워 칠드런' 즉 히피들과 마약 중독자, 드래그퀸(여장 남자)들의 구역이었던 헤이트 스트리트에서 초등학교를 다녔다. 평화와 사랑의 1960년대였을지언정 학교 아이들은 뱀처럼 비열했다. 마거릿은 무자비하게 괴롭힘을 당했다. 어느 해 여름 캠프에서는 개똥같이 생겼다는 말을 들었고, 밤중에 누군가 침낭에 개똥을 한 움큼 넣어 놓은 일도 있었다. "나는 어두운 숲 속에서 그 똥을 알아서 치우고 그 침낭 안에서 자야 했습니다. 그날 밤은 물론이고 몇 주일 뒤까지 똥 냄새가 났어요. 하지만 우리 가족에겐 새 침낭을 살 돈이 없었기에 계속 그 침낭에서 잤습니다."

1984년 마거릿은 16세의 나이로 아버지 서점 근처의 클럽에서 스탠드업 코미디를 시작했다. 학교와는 영 맞지 않았다. 수업을 빼먹었고, 형편없는 성적을 받았고, 한 고등학교에선 퇴학당했으며, 다음 고등학교도 가까스로 졸업했다. 마거릿은 대학생인 척하고 지역의 대학 코미디 경연에 출전했다. 우승자에게는 제리 사인펠드 공연의 오프닝을 맡을 기회가 주어졌다. 마거릿은 우승자 중 하나로 선정되었고, 사인펠드는 오프닝 공연을 마친 그녀를 구석으로 데려가더니 대학을 그만두고 스탠드업 코미디를 전업으로 하라고 일렀다. 짜릿한 조언이었다. 그게 마거릿이 이미 내린 선택이었으니까.

마거릿이 자신의 성기에 대해 긍정적인 농담을 던지고 있던 때 에이미 슈머는 아직 태어나기도 전이었다(농담이다. 사실은 고등학생이었다). 1990년대 초반 마거릿은 대학가에서 최고의 인기를 구가했으며, 일 년에 콘서트를 많게는 300회씩 열었다. 당시 또 한 명의 신랄한 여성 스탠드업 코미디언 로잰 바가 자신의 코미디를 바탕으로 제작한 시트콤에 출연하여 성공 가도를 걷고 있었다(제목은 〈로잰(Roseanne)〉이었고 한국에서는 〈로잔느 아줌마〉로 방영되었다.—옮긴이). 로잰의 성공을 재탕하고 싶었던 할리우드에서는 비슷한 스타일의 잘 나가는 여성 스탠드업 코미디언들을 야생마처럼 찾아 모아 제작 협상을 시작했다. 한국계 미국인 마거릿 조의 코미디가 야한 농담으로 그득하고, 획기적이며, 뭐라고 분류하기가 어렵다는 사실은 문제가 되지 않았다. 그렇게 마거릿도 자신의 쇼를 갖게 되었다.

〈올 아메리칸 걸〉은 한국계 미국인 가족을 중심 소재로 한 최초의 시트콤이었다. 그런데 방송사에서는 뭘 모르고 중국계와 일본계 배우들을 캐스팅했다. 배우들 중 마거릿이 유일한 한국계 미국인이었다(제작자, 감독, 작가 중에도 한국계 미국인은 없었다). 그러니 이 시트콤이 아시아계 미국인들에게 어떻게 받아들여졌을지는 상상에 맡기겠다. 거기에다 마거릿이 무대에서처럼 진정으로 신랄할 수 있는 것도 아니어서, TV 쇼에서 늘 그렇듯 신랄한 시능만 내라는 거였고, '아시아계 미국인' 부분도 마찬가지로 엉터리였다. 샌프란시스코에서 태어난 이민 2세는 사실 아주 미국인다웠다(왜냐면, 미국인이니까). ABC에서는 감을 전혀 잡지 못하고, 극중 마거릿을 '고칠' 방법을 찾다가 아시아인 하나를 자문역으로 고용했다. 그가 한 조언이란 "젓가락으로 뭘 먹고 나서 그 젓가락을 머리에 꽂도록 해요" 따위 헛소리였다.

마거릿은 게다가—마음의 준비를 하시길—너무 뚱뚱했다. 놀랍지 않은가? 방송사에서는 재빨리 마거릿에게 다이어트 전문가와 개인 트레이너를 붙여 몸매 관리를 시켰다. 그 결과, 마거릿은 한 달도 되지 않아 체중 13kg을 감량했다. 당시 마거릿이 스탠드업 공연에서 털어놓기를, 그녀는 영화 〈지저스 크라이스트 슈퍼스타〉를 처음으로 보는 내내 예수가 그 거

268

대한 십자가를 끌고 언덕을 오르는 동안 몇 칼로리가 소모되었을지에 집중하고 있었다고 한다. 무리한 다이어트 끝에 그녀는 신부전으로 입원했다. 한편, 얼굴이 '빵빵해서' 문제라는 비난도 있었다. 한국계 미국인이라면 보통 그런 얼굴을 갖고 있는데 말이다.

마거릿이 발견되고 나서 버려지기까지 이 모든 일을 겪어야 했던 건 그녀가 여러 모로 방송에서 원하는 인물상에 맞지 않기 때문이었다. 유튜브에 그녀가 몬트리올의 코미디 축제 '저스트 포 래프스(Just for Laughs)'에서 짧은 스탠드업 코미디를 하는 영상이 올라와 있다. 그녀가 방송사 중역이 생각하는 완벽한 아시아계 미국인 시트콤 스타가 되고자 지나치게 노력하고 있던 시기의 영상이다. 그녀의 목소리는 높고 약간 숨이 찬 듯하다. 훌륭한 몸매에 올 블랙 의상을 입고 빨간 립스틱을 발랐고, 헤어스타일은 세련되었다. 진짜 마거릿은 아직 감춰져 있었다.

자신이 창의성을 발휘할 수 있는 거의 모든 분야에 참여하며 자기다움을 찾아낸 경계파괴형 여성 코미디언의 긴 계보가 있다―필리스 딜러, 존 리버스, 완다 사이크스가 떠오른다. 마거릿도 이 계보에 속한다. 그녀는 관심 분야가 참으로 넓고, 그 전부를 빠짐없이 탐험했다. 벌레스크 식 버라이어티 쇼에서 연기했고, 앨범을 내고 뮤직 비디오를 (일부는 직접 감독하여) 만들었으며, 의류 회사를 차린 데다가 벨리댄싱에 취미를 붙여 벨리댄싱 벨트 제품군을 개발했으며 시트콤의 집필에 참여하고 출연도 했다 (방송에 채택되지는 못했다). 우스운 애니메이션 랩 동영상을 만드는 걸 갈망하다가 그 목표 역시 이루었다. 2010년에는 ABC 방송의 〈댄싱 위드 더 스타스(*Dancing with the Stars*)〉에 출연했다가(이 여자는 모든 것에 '예스'라고 답하는 모양이다) 3주차에 투표로 탈락했다. 팟캐스트를 공동 진행한 적도 있고, 지금은 채널 E!의 〈패션 폴리스(*Fashion Police*)〉를 공동 진행 중이다.

마거릿 조라는 페르소나의 모든 점이 만만찮다. 그녀는 욕쟁이다. 오럴 섹스, 게이 섹스, 스리섬(threesome)에 대해 이야기하거나 행위를 모사하는 걸(한 사람이 스리섬을 흉내 낼 수 있는 한도 내에서지만) 겁내지 않는다. 최근 몇 년 사이엔 타투를 수십 개 했다. 아름다운 작약 타투도 있지만, 양쪽 무릎에 워싱턴 대통령과 링컨 대통령의 초상을 새긴다는 기이한 결정도 내렸다. 마거릿은 〈투데이 쇼〉에서 이 타투를 설명했다. "저는 원 맨 밴드를 차리고 싶었습니다. 양 무릎에 심벌즈를 끼우고 맞부딪칠 때 두 대통령의 머리가 박치기를 하게 만들고 싶었어요. 박자도 맞추고 애국심도 발휘하고, 좋잖아요?"

자신의 분노를 이토록 자유자재로 꺼내놓는 만만찮은 여자들을 보면 사람들은 겁을 먹는다. 사람들은 자신이 당한 성폭력과 분노에 대해 이야기할 뿐더러 그걸 코미디로 바꿔 버리는 여자들을 어떻게 대할지 모르는 것 같다. 제리 사인펠드의 웹 시리즈 〈차에서 커피를 마시는 코미디언들(*Comedians in Cars Getting Coffee*)〉에 손님으로 초청받은 마거릿은 자신이 강간당한 것을 안 어머니의 반응을 흉내 내어 사인펠드가 배꼽을 잡게 만들었다. "그 사람이 강간범인 건 알아. 이미 네 이모도 강간했거든. 네가 특별한 게 아니란 말이다. 게다가 그 사람 벌써 나이가 아주 많잖니. 금방

죽을 게다. 그러니 이렇게 하면 어때? 화장할 때 네가 스위치를 누르게 해주마.”

마거릿이 제일 잘 하고 제일 꾸준히 하는 건 관객들에게 한국계 미국인의 삶을 엿보게 해주는 것이다. 〈올 아메리칸 걸〉을 홍보하던 시절 지방 토크쇼에 나간 마거릿은 호스트에게 '모국어로 뭔가 말해 보라는 요청을 받았다. 그녀는 카메라를 똑바로 응시하고선 서부 해안 악센트가 섞인 깔끔한 영어로 말을 했다. 고분고분하고 절을 해 대며 종종걸음을 치는 아시아 예쁜이를 흉내 내는 그녀의 우스운 모습은 마거릿처럼 센 사람이 그렇게 행동할 리 없다는 우리의 예상을 시원하게 빗나간다. 2015년 그녀는 골든 글로브 시상식에 카메오로 출연했다. 북한의 육군 장성이자 대중문화 전문가로 분장한 그녀는, 섹시한 드레스를 입고 코미디 드라마 〈오렌지 이즈 더 뉴 블랙(Orange is the New Black)〉에 대한 의견을 주고받는 티나 페이와 에이미 폴러 사이에 섰다. 이 코미디가 그냥 웃겼는가, 웃기면서 불쾌했는가, 웃겼지만 인종차별적이었는가? 그 후로 한동안 백만 개는 되는 해석이 쏟아져 나왔다. 《타임》의 카이 마 기자는 그녀가 "민스트럴 쇼"를 했다며 맹비난했다(민스트럴 쇼란 남북전쟁 전후 미국에서 유행한 공연으로, 백인이 얼굴을 검게 칠하고 나와 흑인을 우스꽝스럽게 흉내 내는 것이 특징이었다.─옮긴이). 하지만 이런 논란도 다 마거릿 조가 하고자 하는 일의 일부다. "정치적 올바름(PC)의 문화가 제게 불리하게 작용한다면 문제라고 생각합니다. 정치적 올바름을 위해 제 입을 닥치게 만든다면, 그거야말로 인종차별이죠.”

마거릿은 몇 차례 실패를 겪었다. 언제나 위태롭게 가장자리를 걷기에 자칫 삐끗하면 추락하기도 한다. 그녀의 최신작인 2015년 쇼 〈마거릿 조: 싸이코(Margaret Cho: PsyCHO)〉는 정치적 분노를 주요 소재로 삼았는데,

솔직히 정치에 대해 화를 내는 건 누구나 할 수 있다.

그렇지만 나는 여전히 마거릿 편이다. 그녀는 여러 해 전에 이미 내게서 높은 점수를 받았고, 내가 더 이상 그녀를 보고 눈물을 흘리며 웃지 않는 다 해도 그녀에 대한 애정이 줄어들었다는 뜻은 아니다. 마거릿이 할리우 드가 기대하는 모습에 맞추어 스스로를 바꾸려고 애썼을 때 오히려 외면 당했다는 사실을 기억하자. 이제 그녀는 자유롭게 말을 내뱉고, 화를 내 고, 거리낌 없이 행동한다. 그리고 이제는 특출하게 만만찮은 여자라는 존 경을 받고 있다.

제20장

어밀리아 에어하트

모험하는 여자

1928년 6월 17일 저명한 여성 비행사 어밀리아 에어하트가 처음 대서양 횡단 비행을 했을 때 그녀는 조종사가 아닌 승객이었다. 어밀리아는 벌써 5년 전에 조종사 자격증을 땄기에 비행기 조종법을 잘 알고 있었지만, 그럼에도 조종석에 앉을 수 없었다. 대서양 횡단 비행은 너무 힘들고 무서운 일이라 여자가 할 일이 아니라고들 했던 것이다. 어밀리아는 굳이 그 말에 딴죽을 걸지 않았다. 단지 비행이 좋았다. 그리고 조종석에 앉지 않더라도 대서양 횡단 비행을 하는 최초의 여성이 되는 건 여전히 멋진 일이었다. 쉐보레 서버번보다 별로 크지 않은 비행기 프렌드십 호를 조종한 것은 윌머 빌 스툴츠와 부조종사 루이스 슬림 고든이었다. 그들의 뒷자리에 앉은 어밀리아가 한 일은 뉴펀들랜드의 트러패시하버에서 웨일스의 버리포트까지 20시간 40분 동안 비행의 불편을 견딘 것뿐이었지만, 그럼에도 그녀는 즉각 유명 인사가 되었다. 항공 여행이라는 신문물의 예쁘고 진지하고 여성스러운 얼굴로 부상한 것이다. (그녀는 자신이 기여한 바가 없다는 걸 잘 알았고, 그 비행에 관해 인터뷰를 할 때마다 빌 스툴츠와 슬림 고든에게 공을 돌렸다.)

뉴욕에 돌아온 어밀리아는 환영의 꽃가루 세례를 받으며 시가행진을 했다. 그러고는 다음 환영 일정을 소화하기 위해 곧바로 리무진에 올라야 했다. 찌는 듯한 여름날, 도로는 꽉 막혀 있었다. 자동차 에어컨은 아직 발명되기 전이었다. 어밀리아는 차를 흘끗 보고는 땀이 웅덩이를 이룬 뒷좌석에 앉아 있는 자신을 상상했다. 그때, 경호하러 나온 경찰 오토바이에 빈 사이드카 한 대가 달려 있는 게 눈에 띄었다. 어밀리아는 두 번 생각지 않고, 경호 담당자나 행사 관리자들의 허가 역시 구하지 않고 대뜸 사이드카에 올랐다. 어밀리아를 태운 경찰은 라이트를 켜고 사이렌을 울리며 떠났다.

이것이 전형적인 어밀리아 에어하트다. 그녀는 정해진 계획표를 따랐고, 부당하게 취급받았다고 느끼면서도 묵묵히 찬사를 받아들였다. 자신이 프렌드십 호의 뒷자리에 감자 포대처럼 처박혀 있을 게 아니라 조종석에 앉았어야 한다는 말은 하지 않았다. 하지만 탈출할 기회가 오자 그녀는 뒤도 돌아보지 않고 행동했다.

만만찮은 여자의 전통적인 유형은 일반적으로 거침없이 말하고 주장이 강하며 고집불통이다. 따발총처럼 말을 쏘아대고, 갈등을 피하는 데에는 관심이 없다. 갈등은 그들에게 오히려 자극제일 뿐이며, 계획이나 절차란 엎어버리라고 존재하는 거다. 그러나 만만찮은 여자가 되고 싶지만 남들에게 군이 자기 의견을 밝힐 의향이 없는 내성적인 사람들에게는 어밀리아 에어하트가 좋은 롤 모델이 된다. 우아하고 겉보기엔 살짝 수줍음을 타는 듯하나 내면은 의지가 강하고 독립적이었던 그녀. 예의 바르지만 자유분방하며 누구의 뜻에도 따르지 않았던 그녀. 어밀리아는 모험이 그 자체로 추구할 가치가 있다고 믿었다. 당대 여성으로서는 급진적인 태도였다.

1897년 7월 24일 캔자스주 애치슨에서 태어난 어밀리아는 어렸을 적부터 모험심 넘치는 소녀였다. 겨울에는 썰매를 타고 언덕을 쏜살같이 내려갔고 여름에는 남자 친척의 집에서 슬쩍 빼돌린 라이플총으로 쥐 사냥을 했다. 그녀는 (그때까지 남성들이 사실상 독점하고 있던) 영화감독, 엔지니어, 변호사 같은 흥미로운 직업을 가진 여성들에 대한 잡지와 신문 기사를 스크랩북에 모았다. 1920년, 남부 캘리포니아에서 열린 에어쇼에서 조종사 프랭크 호크스가 10달러를 내면 10분 동안 비행기를 태워 주는 행사를 열었다. 도무지 가만히 있지 못하는 성격에 무엇이든 해 봐야 직성이 풀리는 어밀리아는 10달러를 냈고, 비행에 홀딱 반했다. 1921년 여름 그녀는 키너 에어스터 복엽 비행기를 중고로 샀다. 1923년에는 세계에서 16번째로 조종사 자격증을 받은 여성이 되었다.

　1928년 프렌드십 호를 타고 대서양을 횡단한 사건으로 일약 유명인이
된 어밀리아는 행사에 참여하고 강연을 하고 베스트셀러 회고록을 팔아
번 돈을 전부 모아서 단독으로 대서양 횡단 비행을 하겠다고 결심했다.
1932년 5월 22일, 그녀는 뉴펀들랜드 하버그레이스에서 이륙하여 15시간
뒤 북아일랜드 런던데리에 착륙했다. 그녀의 기록은 그걸로 끝이 아니었
다. 어밀리아는 미국을 동에서 서로 횡단 비행한 최초의 여성이 되었고, 캘
리포니아에서 하와이로 단독 비행을 한 최초의 여성이 되었다. 1930년대
초에는 시간과 거리 면에서 일곱 차례 여성 단독 비행 기록을 세웠다. 그러
다 1937년, 남녀를 통틀어 최초로 적도를 따라 지구를 한 바퀴 도는 비행
길에 올랐다. (그 전의 사람들은 보다 북쪽의 항로를 택했었다.)

　어밀리아의 독립적인 성격은 부분적으로는 타고난 것이었다. 걸음마를
하던 시절 어밀리아는 어머니에게 이렇게 말했다고 한다. "엄마가 없어서
얘기할 사람이 없으면, 나는 그냥 내 귀에 대고 속삭여요." 어밀리아가 일
곱 살이 되던 1904년에 가족 전체가 세인트루이스 만국박람회를 구경 갔
다. 어밀리아는 롤러코스터를 타고 싶다고 졸랐지만 어머니가 허락하지
않았다. 집에 돌아간 어밀리아는 직접 롤러코스터를 만들었다. 단면 2×4
인치 크기의 목재 두 개를 공구 창고 지붕 가장자리에 고정시키고 나무 상
자에 롤러스케이트 바퀴를 단, 죽음의 덫이었다. 최초 탑승자는 물론 어밀
리아였다. 바닥에 나자빠져서 입술이 터지고 옷이 찢어졌어도 그녀는 개
의치 않았다. 어밀리아는 여동생에게 말했다. "와, 피지, 방금 하늘을 나는

기분이었어."

어밀리아의 가족사는 복잡했다. 아버지 에드윈은 알코올 중독이었다. 유망한 변호사라서 일자리를 쉽게 얻었지만 유지하지는 못했다. 어머니 에이미(그녀 이름도 어밀리아였다)는 애치슨의 유력한 가문 출신이었는데, 아버지가 전직 연방 판사이자 은행 회장이었으니 더 설명할 필요가 없겠다. 그녀는 결혼 후 돈도 명예도 부족한 가운데 어렵게 살아가야 하는 것에 대해 늘 불만과 조용한 분노를 느꼈다. 어밀리아의 가족은 가세의 기복(주로 기울고 또 기울었다)에 따라 여기저기로 이사를 다녔다―디모인, 세인트폴, 그리고 시카고로. 부모가 어떻게든 가정을 유지하려고 애쓰던 몇 차례의 긴 시간 동안 어밀리아 자매는 조부모 집에 머무르곤 했다.

어밀리아는 아주 기품 있는 할머니로부터―그녀 역시 이름이 어밀리아였고, 선머슴 같은 손녀의 왈가닥 행동을 못마땅하게 여겼다―대단히 귀중한 기술을 배웠다(우리 어머니도 잘 활용하는 기술이다). 사람들에게 그들이 듣길 원하는 말을 해 주되, 행동은 자신이 원하는 대로 하는 것. 어밀리아는 좌절한 어머니로부터 행복과 금전적 안정을 남편에게만 의존하는 아내가 어떤 대가를 치러야 하는지 배웠다. (1930년대에 한 기자로부터 "저는 아직도 제일 똑똑한 여자는 자신을 부양할 능력과 의향이 있는 남자를 얻는 여자라고 생각합니다"라는 말을 듣고 어밀리아는 맞받아쳤다. "어째서 결혼이 여자가 다른 영역에서 실패할 때 도망치는 사이클론 대피소가 되어야 하죠?") 어밀리아는 또 매력적인 아버지 에드윈으로부터는 자신을 행복하게 하는 일은 무엇이든 하는 걸 배웠다(에드윈은 그런 아버지였다).

어밀리아가 23세가 되던 1920년, 그녀는 아버지와 함께 캘리포니아 롱비치의 에어쇼를 보러 갔다. 전국적으로 항공 열풍이 불고 있던 때였다. 1

차 세계대전에서 기술과 용기를 완벽하게 연마한 전투기 조종사들이 전국을 순회하며 연속 횡전과 공중제비를 선보였다. 에어쇼는 지금의 슈퍼볼만큼이나 대중의 열광을 자아냈다. 하지만 항공이라는 것은 아직 극도로 위험했다. 눈 깜짝할 사이에 비행기 엔진이 떨어져 나갔고, 아무도 설명할 수 없는 이유로 프로펠러가 회전을 멈췄다. 정식 활주로는 미래의 것이라서, 공중에서는 평평해 보였지만 알고 보면 땅다람쥐가 구멍을 잔뜩 파 놓은 지면에 착륙을 시도하다가 목숨을 잃을 수도 있었다. 1920년 미국 정부는 '항공' 우편을 배달할 조종사 40명을 고용했는데, 1921년까지 살아남은 건 9명뿐이었다. 하지만 어밀리아를 말릴 수는 없었다. 비행은 위험해서 더 매력적이었다. 앞서 말한 프랭크 호크스의 10분간 시험 비행 요금은 아버지가 내주었다. 어밀리아는 남부 캘리포니아의 상공을 향해 날아올라갔고, 5분쯤 지났을 때 인생을 바칠 분야를 만났다는 걸 깨달았다.

그 전엔 무엇도 어밀리아의 마음을 끌지 못했다. 키가 크고 약간 너드다운 구석이 있던 그녀는 수학과 과학에서 우수한 성적을 올렸고, 한때는 의학 쪽으로 나갈까 생각도 했다. 문제는 그녀가 도무지 가만히 있을 줄을 모른다는 것이었다. 거의 병적이었다. 어밀리아는 대학에 등록하고 중퇴하기를 몇 번 반복했고, 앰뷸런스 운전사 과정도 이수하는 등 온갖 곳을 싸돌아다녔다. 이걸 하면 저걸 하고 싶었고, 저걸 하면 또 다른 게 하고 싶었다. 그러던 어밀리아 앞에 비행이 나타난 것이다. 그녀가 타고난 결연함과 용기, 위험 앞에서의 침착성을 필요로 하며 더욱 갈고닦아줄 분야. 자기 모습을 억누르지 않는 천직을 찾은 것이 어밀리아에겐 얼마나 행운이었는지 모른다.

어밀리아의 첫 비행 수업 수강료는 어머니가 대주었다. 내 생각에 그녀는 선머슴 같은 딸이 드디어 에너지를 해소할 곳을 찾아서 다행이라고 여겼을 것 같다. 어밀리아의 첫 비행 강사도 아니타 '네타' 스누크라는 여자였다. 그녀는 예쁘지 않았다. 그때나 지금이나 여성으로서 용서받기 어려운 중죄를 지은 거다. 거칠고 엔진오일 냄새를 풍기는 네타는 비행이라는 정신 나간 모험을 위해 사는 괴짜였다. 어밀리아는 승마복 차림으로 첫 수업에 나타났다. 승마 바지, 가죽 재킷과 부츠는 장차 어밀리아 특유의 스타일로 굳어진다.

24세가 된 어밀리아는 비행기를 샀고, 그 취미생활을 유지하기 위해 별의별 직업을 전전했다. 전화 회사에서 일했고, 자갈 운반 트럭을 운전했다. 부업으로 사진을 시작했다가 쓰레기통 촬영에 흥미를 붙이기도 했다. 그녀는 적었다. "하나의 쓰레기통이 자아낼 수 있는 분위기는 전부 이름 붙일 수 없을 만큼 많다."

그러면서 가능할 때마다 비행을 했다. 어밀리아는 1922년 10월 한 비행 대회(air derby)에서 첫 기록을 세웠다. 고도 1만 4,000피트(약 4,300미터), 여성 최고 기록이었다. 어밀리아는 고집스러웠고 사실상 땡전 한 푼 없었으며 남편도, 그럴듯한 커리어도 없었다. 그저 비행에 푹 빠져 있었다. 그녀의 머릿속은 온통 비행 생각뿐이었다. 어밀리아는 비행기의 기계적 측면에 대해 독학했고 비행기와 항공에 대해 읽을 수 있는 건 전부 읽었으며 비행장에서 많은 시간을 보냈다.

하지만 열정이 저녁 반찬을 만들어 주는 건 아니라서, 20대 후반이던 1925년에 어밀리아는 사회복지사 일을 시작했다. 막 미국에 도착한 이민자들이 빈곤하고 낯선 외국인에서 버젓한 중산층 미국인으로 거듭나도록 돕는 사회복지관은 당대의 새로운 발명품이었다. 제일 유명한 복지관은 제인 애덤스가 운영하는 시카고의 헐하우스였다. (애덤스는 후에 노벨 평화상을 타고, 중학교 필독 도서 목록에 붙박이로 들어가는 책 『헐하우스에서의 20년(*Twenty Years at Hull-House*)』을 쓴다.) 어밀리아는 보스턴의 데니슨하우스에 고용되었다. 그녀는 자기 일을 사랑했지만 수입은 변변 찮았다. 저축이 떨어진 어밀리아는 비행기를 팔아야 할 지경에 이르렀다.

그때, 인생을 바꿔놓을 일이 일어났다.

찰스 린드버그가 1927년 최초로 단독 무착륙 대서양 횡단 비행에 성공 하자, 재력깨나 있는 숙녀들이 같은 영광을 탐내게 되는 건 시간 문제였 다. (그 시절엔 대양을 횡단하는 비행처럼 심각하고 위험한 일을 시도하려 면 재력이 있어야 했다. 최고의 비행기, 정비공, 조종사, 항법사, 보험사가 필요했으니까.)

앤드루 카네기의 동업자였던 헨리 핍스 주니어의 딸, 자유분방한 중년 의 상속녀 에이미 핍스 게스트는 사전적 의미 그대로의 억만장자였다. 그 녀는 모험을 꿈꾸었고, 자신이 대서양 횡단 비행을 하는 최초의 여성이 되 지 못할 이유가 없다고 생각했다. 그녀는 모험에 도전하고자 젤로(Jell-O) 기업의 상속자인 도널드 우드워드에게서 고성능 비행기를 빌리고, 조종사 두 명을 고용했다. 하지만 비행이 너무 위험하다며 가족들이 만류하는 바 람에 포기할 수밖에 없었다. 게스트는 55세였고 비행은 씽씽한 젊은이들 의 영역이었다(비행기를 타고 갈 때 지루하지 않으려면 반(半)혼수상태로 시간을 때워야 하는 오늘날엔 상상하기 어려운 일이다). 그녀의 장성한 세 자녀 가운데는 컬럼비아 로스쿨을 막 졸업하고 변호사 시험을 앞둔 아 들이 있었는데, 그는 어머니가 북대서양에 추락할까 봐 걱정하느라 공부 를 제대로 못 해서 시험에 떨어질 거라며 말렸다.

요점은, 과거엔 목적지가 어디든 주목할 만한 비행을 하려면 어마어마 한 준비가 필요했다는 것이다. 대양을 건널 생각이라면 더더욱 그랬다. 익 명의 대규모 비행객들이 조그만 봉지 속 간식을 집어 먹으며 상공에 펼쳐진 거대하고 보이지 않는 컨베이어 벨트 위를 순항하게 되는 건 한참 먼 미래의 일이었다.

게스트는 인맥을 통해 유명 출판인 조지 퍼트넘에게 연락을 취해 그를 프로젝트 조정자로 끌어들였다. 천재적인 마케터이자 홍보 전문가이기도 했던 조지 파머 퍼트넘은 큰 키에 짙은 머리칼을 지닌, 돈 드레이퍼(드라마 〈매드맨〉의 주인공) 풍의 정석 미남이었다. 존경받는 출판사 G. P. 퍼트넘스 선스(G. P. Putnam's Sons)의 설립자 G. P. 퍼트넘의 손자인 그는 자칭 모험 중독자였으며, 세계적으로 유명한 모험가들에게 탐험을 의뢰한 뒤 그들의 마운틴 클라이밍, 심해 다이빙, 비행 경험담을 회고록으로 출판하는 틈새시장을 개척한 터였다. 그가 펴낸 책 중엔 찰스 린드버그의 『"우리": 대담한 비행사의 놀라운 삶과 그가 들려주는 세상을 뒤흔든 대서양 횡단 비행 이야기("We": The Daring Flyer's Remarkable Life Story and his Account of the Transatlantic Fight That Shook the World)』가 있었다(퍼트넘은 이 책 한 권으로 비행 모험 장르 시장을 독식했다).

게스트와 퍼트넘은 게스트의 후원을 받아 그녀 대신 비행기에 오를 만한 여성을 찾아 나섰다. 게스트에겐 '적임자'가 필요했다. 괴팍한 성격에 위스키를 병째 들이마시고 손톱을 깨무는 습관이 있는 기름투성이 네타스누크류의 여성 조종사들은 용감하고 포부가 있긴 해도 이번 일의 적임자는 아니었다. 반면, 하늘에서 500시간 이상을 보내며 심각한 사고 한 번 일으키지 않은 항공계의 떠오르는 스타 어밀리아는 이미 이름이 알려져 있었다. 게다가 그녀의 무모한 말괄량이 정신이 부드러운 어조와 숙녀다운 외모로 포장되어 있었다는 점도 중요했다. 헝클어진 금발 곱슬머리(원래 그녀의 머리칼은 곧았지만 산전수전 다 겪은 여자 비행사다운 '시크함'을 위해 매일 머리를 말았다), 흩뿌려진 주근깨, 미소를 지을 때 드러나는

벌어진 앞니—어밀리아의 외모는 대중에게 친근감을 주었다. 더 중요한
—어쩌면 결정적이었던—것은 그녀의 몸매가 그 시대에 유행하는 몸매였
다는 점이다. 어밀리아는 키가 크고 가슴이 납작하고 갈대처럼 날씬했다.
한마디로 당대의 신여성다운 몸매였다. 그녀가 바지를 입은 건 무슨 반항
심 때문이 아니라 자신의 유일한 약점인 굵은 발목을 가리기 위해서였다.
(약점을 염려하는 것으로 어밀리아는 보너스 점수를 받았다. 어밀리아가
보통 여자처럼 허영이 있고 약간은 유치하다는 점이 모두를 안심시켰다).

그 시점에 프렌드십 호의 비행이 성공했다. 1928년 6월 18일 프렌드십
이 웨일즈에 착륙한 즉시 어밀리아는 유명인이 되었다. 7월 초 그녀가 뉴
욕에 왔을 때 《뉴욕 타임스》에서는 이런 헤드라인을 내걸었다. "뉴욕 시
가 에어하트 양을 환영하다—수줍고 미소 띤 얼굴의 여자 비행사, 동료들
과 함께 찬사를 받다."

단 한 차례의 비행으로 이름을 널리 알린 1928년 여름, 어밀리아는 뉴욕
주 라이에 있는 조지와 도러시 퍼트넘 부부의 집으로 들어갔다. 대외적인
이유는 조지와 함께 그녀의 책 『20시간 40분: 프렌드십 호의 비행(*20 Hrs.
40 Min.: Our Flight in the Friendship*)』을 집필하기 위해서라는 거였지만 사
실 둘 사이에서는 로맨스가 싹트고 있었다. 조지는 어밀리아에게 반해 있
었고, 속마음을 드러내지 않는 어밀리아도 아마 비슷한 감정을 느꼈던 것
같다. 어밀리아는 날마다 종일 글을 썼고, 조지는 어밀리아와 그녀가 낼
책을 홍보하는 데 주력했다. 한편 도러시는 도러시대로 한참 연하인 예일
대학교 2학년생 조지 웨이머스와 불륜 관계에 있었다. 어밀리아가 도러시
눈앞에서 조지를 빼앗았다고 알려져 있지만, 도러시와 조지의 손녀이자
『새처럼 지저귀다: 도러시 퍼트넘, 조지 퍼트넘, 어밀리아 에어하트의 알려
지지 않은 이야기(*Whistled Like a Bird: The Untold Story of Dorothy Putnam,*

George Putnam, and Amelia Earhart)』의 저자 샐리 퍼트넘 채프먼은 말한다. "그건 전혀 사실이 아닙니다. 실은 그와 정반대지요. 어밀리아는 [도러시가 조지와 이혼하는 데] 필요한 핑계를 준 겁니다."

1929년 12월, 도러시는 리노로 이사해 이혼 소송을 제기했고 조지는 어밀리아에게 결혼하자고 설득했다. 설득에는 상당한 노력이 필요했다. 어밀리아는 소녀 시절부터 결혼이란 걸 탐탁찮게 생각했기 때문이다. 자칫하면 어머니처럼 나쁜 상황에 처하게 되리라 걱정한 것이다. 조지와 어밀리아는 1930년 11월에 혼인신고를 했고, 1931년 2월 7일에 아주 소박한 결혼식을 올렸다. 어밀리아는 즐겨 입는 갈색 정장 차림에 모자는 쓰지 않았고, 짙은 금발머리는 평소처럼 신경 써서 흐트린 모습이었다.

나는 한때 베이스 점핑(BASE jumping, 지상에 있는 건물이나 절벽 등 높은 곳에서 낙하산으로 강하하는 스포츠로, 스카이다이빙보다 훨씬 더 위험하다. ―옮긴이)을 직업으로 하는 여자를 알았는데, 그녀는 결혼하고 어머니가 된다는 대단한 위험을 무릅쓰느니 문자 그대로 다리에서 뛰어내리겠다고 했다. 어밀리아도 그녀와 결이 같은 여자라서, 비행보다 결혼에 훨씬 겁을 먹었다. 결혼식 날 아침 공포와 우려 속에서 어밀리아는 조지에게 편지를 썼다. 이런 내용이었다.

내가 결혼하기를 꺼린다는 것을, 결혼이 내게 가장 의미 있는 직업적 기회들을 산산조각 내리라는 것을 당신은 다시 한 번 알아야 해요. … 우리가 인생을 함께 하면서 … 나는 어떤 중세적인 충실함의 규약으로도 당신을 얽매지 않을 것이고 나 역시 그와 비슷한 방식으로 당신에게 매여 있다고 생각지 않을 것입니다. …

부디 우리가 서로의 일이나 놀이를 방해하지 않기를, 우리의 사적인 즐거움이나 의견 차이가 세상에 알려지지 않기를 바랍니다. 이런 연유로 내게는 언제든 나 홀로 갈 수 있는 장소가 필요할지도 모릅니다. 아무리 매력적인 새장이라 해도, 갇혀 있는 걸 계속 견딜 수 있다고 장담하지 못하기 때문이에요.

편지의 수신인은 GPP, 서명은 A.E.로 되어 있다. 이 편지에서 어밀리아는 결혼이 모든 면에서 잘 유지되도록 최선을 다하겠다는 약속도 하고 있다. 지나칠 만큼 실용적인 이 편지를 보고 있노라면 두 사람의 결합이 깨지지 않은 것이 기적으로 느껴진다. 하지만 조지 퍼트넘은 딱 이런 편지가 통하는 부류의 남자였다(읽을 사람을 아는 건 언제나 중요하다). 그는 편지를 되풀이해 읽고는 숨겨 두었다가 어밀리아가 죽은 뒤에야 그것의 존재를 밝혔다. 그는 이 편지가 죽은 아내의 "내면의 용감한 정신"을 보여주는 증거라고 했다.

두 사람의 결혼은 홍보자와 홍보 대상자의 완벽한 결합이었다.

조지는 요즘 식으로 표현하면 '어밀리아 에어하트 브랜드를 키우는' 데 시간과 노력을 기울였다. 한 기민한 사진사가(제이크 쿨리지라는 이름의 뉴스릴 촬영자였다.─옮긴이) 어밀리아를 '린디 아가씨(Lady Lindy)'로 설정하고는, 비행사 복장을 한 어밀리아가 찰스 린드버그의 여동생처럼 보이도록 연출한 사진을 찍었다(원래 두 사람은 하나도 닮지 않았다). 어밀리아는 남자들이 지배하는 비행의 세계에서 자신의 경쟁력을 입증했고, 그럼에도 전혀 위협적으로 보이지 않았다. 가죽 비행사 모자가 끝내주게 잘 어울리는 얼굴에(대부분의 사람은 그렇지 못하다) 무릎 아래에서 여미는 반바지와 가죽 재킷을 입은 그녀는 시크한 모험가처럼 보였다. 조지는 어밀리아의 비행사 복장 사진이 실리는 신문에는 반드시 매력적인 종 모양 모자를 쓰고

(역시 모자가 잘 어울린다) 허리가 긴 우아한 드레스 차림에 진주 목걸이까지 갖춘 우아하고 신여성다운 복장을 한 사진이 함께 실리도록 했다.

어밀리아는 전통적 의미에서 여성스러운 여자였지만 그럼에도 불구하고 비행기에 올라 멀리 날아갈 수 있었다. 남자들은 그녀에게 겁먹지 않았고, 여자들은—가부장제를 완전히 무너뜨리고 예쁜 속옷에 대한 애정을 완전히 포기하기를 꺼렸던 대부분의 여자들은—그녀에게서 용기와 영감을 얻었다. 그러지 않을 도리가 있었겠는가?

비행기 조종석에서 오랜 시간을 꼼짝 않고 앉아 있을 수 있는 초자연적인 인내력과 체력을 활용하여 어밀리아는 스스로 홍보의 전사가 되었다. 1930년대 초에는 항공계의 여성들을 옹호하는 데 전력을 다했고(12일 동안 강연을 열세 차례나 한 적도 있었다), 각종 위원회에 참여했고, 항공계의 이런저런 문제를 해결하는 걸 돕고자 무수한 편지를 썼다. 여성 비행사들의 기구인 나인티나인스(Ninety-Nines)를 설립했고, 자신의 의류 라인도 론칭했다. 그녀는 미국 공군에서 명예 소령으로 임명되어 은날개 배지를 받았고, 그걸 종종 진주 목걸이와 함께 착용했다. 엘리너 루스벨트와 우정을 나누기도 했다. 영부인이었던 엘리너 역시 모험심이 있었고 비행 수업을 받길 원했다. 그래서 어밀리아가 수업을 다 주선해 놓았으나, 공식적으로는 항공운송이 미래의 대세라는 어밀리아의 주장을 지지하던 프랭클린 루스벨트는 아내가 비행기에 오르는 건 너무 위험하다며 반대했다.

역사에 남을 린드버그의 대서양 횡단 비행 5주년을 맞은 1932년 5월 20일, 어밀리아는 마침내 단독으로 대서양 횡단 비행에 성공했다. 그 5년 동안 많은 여성이 비행에 뛰어들었고, 대서양 횡단에 도전하는 여성 비행사도 많았다. 1931년 비행 고도와 속도에서 기록 보유자였던 루스 니컬스도 대서양 횡단 비행 계획을 발표했다. 미디어가 온통 열을 올리는 분위기에서 6

월에 비행을 시작한 니컬스는 연료 보급을 위해 캐나다의 뉴브런즈윅에 착륙하려다가 추락했다. 비행기는 망가졌고 그녀는 척추뼈 다섯 개가 부서졌다. 연속 횡전 기록 보유자였던 곡예비행 전문가 로라 잉걸스와 맨해튼 이스트리버에 놓인 모든 다리 아래를 통과하여 비행한 것으로 잠시 명성을 누린 20세의 엘리너 스미스 모두 같은 목표를 노리고 있었다.

언론의 관심을 끌고 싶지 않았던 어밀리아는 비밀리에 비행 계획을 진행했다.

비행 며칠 전 어밀리아는 조지와 함께 집에서 여유를 즐기고 있었다. 마당에 떨어진 나뭇잎을 갈퀴로 긁어모으고선(그녀가 하는 유일한 운동이었다) 출간 예정인 책 『그것의 재미(The Fun of It)』 교정쇄를 훑어보았다. 등에 부목을 대고 아직 사고에서 회복 중인 루스 니컬스를 느긋한 만찬에 초대하는 등, 전반적으로 그들은 별일 없는 것처럼 굴었다. 어밀리아의 비행 고문이었던 베른트 발켄은 매일 뉴저지주의 민간 공항 티터버러에서 어밀리아가 조종할 록히드 베가를 정비하느라 바빴다. 언론에서는 발켄이 북극 비행을 위해 이 비행기를 빌렸다고 보도했다. 그러던 1932년 5월 20일 아침, 어밀리아는 유유히 공항으로 가서 비행기에 올라 홀로 파리를 향한 비행을 시작했다.

상공은 쾌청했다. 어밀리아는 북동쪽으로 비행하다가 북극 항로에 진입하기 전 연료 보급을 위해 뉴펀들랜드의 하버그레이스에 들렀고, 다시 1만 2,000피트(약 3,700미터) 고도로 비행하며 보온병에 든 따뜻한 수프를 홀짝였다. 시간이 흘렀다. 까마득한 아래에서 석양에 분홍빛으로 물든 빙산들이 흘러갔다. 어느 순간, 고도계가 망가졌다. 어밀리아는 크게 염려하지 않았다. 아래엔 구름 몇 점만이 나직이 흩어져 있었으므로, 바다가 보이는 한 고도를 계산할 수 있다는 자신이 있었다. 잠시 뒤 창밖을 내다 보니 배기 매니폴드 근처에 작은 푸른 불꽃이 일고 있었다. 이미 돌아가기엔 너무 위험한 시점이었다.

시야가 악화되기 시작했다. 돌연 어밀리아는 여러 층의 짙은 먹구름 사이를 비행하고 있었다. 현대 여객기들이 규정상 피해 가도록 돼 있고, 피하지 못할 경우엔 승객의 음료가 쏟아질 위험을 감수해야 하는 종류의 뇌운(雷雲)이었다. 어밀리아로서는 비바람 속에서 흔들리는 비행기를 몰고 정해진 항로를 따라 이 구름을 빠져나갈 도리밖에는 없었다. 곧 비가 얼어붙었고 조종 장치도 얼어붙었다. 어밀리아의 자그마한 비행기는 빙글빙글 돌기 시작했다. 비행기가 녹색과 회색이 섞인 바다를 향해 곤두박질치다 보니 얼음이 녹아서 다시 조종을 할 수 있었다. 그러나 순항고도로 올라가면 곧 비가 다시 얼음으로 바뀌었고, 앞창에 서리가 끼고 기계 장치가 얼어붙어 비행기가 돌기 시작했다. 기체는 또 한 번 바다를 향해 곤두박질쳤고, 하강 도중 역시 얼음이 녹았다. 어밀리아는 물결이 요동치는 바다 위를 낮은 고도로 날다가 안전하다는 판단이 섰을 때 다시 상승했다. 어느덧 시야가 밝아졌다. 새벽빛 속이었다. 먹구름을 빠져나온 것이다. 그런데 예기치 못한 하강과 상승으로 인해 연료가 동나 버렸다. 보조 연료 탱크 스위치를 누르자 머리 위 어딘가 보이지 않는 누출구를 통해 연료가 새어 나와 어밀리아의 목을 타고 흘렀다.

원래 목적지는 프랑스였지만, 저 아래로 녹색의 언덕들이 보이자 어밀리아는 생각을 바꿨다. 고도계가 얼어붙고 배기 매니폴드엔 불이 나고 보조 연료 탱크가 새고 있는 상황에서 무리할 필요가 없었다. 그리니치 표준시로 13시 46분, 그녀는 북아일랜드 런던데리 외곽의 농장 목초지에 착륙했다. 총 14시간 56분의 비행이었다. 어밀리아가 조종석에서 기어 나오는데, 농부가 달려와서 물었다. "멀리서 비행해 왔습니까?" 어밀리아는 대답했다. "미국에서요." 어밀리아는 기진맥진하고 평정을 잃었지만 그런 티를 내지 않았다. 그녀는 카우보이만큼이나 과묵할 수 있었다. 어밀리아는 린드버그처럼 파리까지 가지는 못했지만, 세상 사람들은 그녀의 업적을 치하했다. 내셔널지오그래픽협회에서는 그녀에게 금메달을, 의회에서는 수훈비행십자훈장을 수여했다.

대부분의 여자들은 자신의 까다로운 면에 빠져드는 것을 경계한다. 물론 친구들에게—심지어는 어머니나 자매들에게—우리가 얼마나 혈기왕성하고 센 여자인지 자랑하기는 한다. 무례하게 구는 사람에게 쌍욕을 날려준 이야기나 '버닝맨' 축제에서 멋대로 한바탕 즐기고 온 이야기, 친구 결혼식에 요란한 옷을 입고 가서 시선을 끈 이야기를 무용담처럼 늘어놓는다. 수명을 크게 갉아먹는 걸 알면서 담배를 피우기까지 한다! 하지만 자신과 자신의 욕구를 사랑하는 사람들의 욕구보다 우선시하는 데에 있어서는 경계심이 발동한다. 자신의 욕구를 우선시하는 여자는 독거노인이 될 준비를 해야 한다고 배웠기 때문이다. 진정한 자기 모습을 인정하고 표출하면, 그리고 그 모습이 사회가 여자에게 요구하는 자기희생적인 모습이 아니면 사랑하는 사람들에게 버림받을까 봐 우리는 겁을 낸다.

하지만 어밀리아는 진정한 자신으로서 살았고, 조지는 달아나지 않았다. 어밀리아는 자신의 심장을—조지의 심장이 아니라—따랐고 그로 인해 조지는 그녀를 더 사랑했다. 조지는 어밀리아를 사랑하는 마음으로 그녀의 가장 위대한 비행을, 그녀를 자신에게서 앗아갈 비행을 함께 준비했다.

어밀리아가 품은 큰 포부는 세계일주 비행이었다. "여자도 남자처럼 불가능한 것에 도전해야 합니다." 어밀리아의 설명이었다. 그녀가 계획한 비행은 꼭 불가능하다고는 할 수 없었지만, 복잡하고 큰 비용이 들었다. 위험한 거야 두말할 필요도 없었다. 웬만한 사람은 도전을 포기할 만큼 확률이 낮았다. 1937년 5월 20일 어밀리아는 항법사 프레드 누넌과 함께 캘리포니아주 오클랜드에서 동쪽으로 비행을 시작했다. 미국을 가로지르고, 중미와 남미의 동쪽 해안을 따라 내려간 다음 대서양을 건너 아프리카를 통과한 뒤 아라비아와 인도의 남쪽 끄트머리를 따라 비행했다. 어밀리아와 누넌은 6월 29일 뉴기니의 라에에 도착했다. 이제 태평양을 가로질러 마지막 1만 1,000km 정도만 비행하면 목표 달성이었다. 두 사람은 7월 2일에 하울랜드섬을 향해 출발했다. 비행기 록히드 일렉트라에는 다음 기착지까지 가기에 충분한 연료가 채워져 있었다.

라에에서 북동쪽으로 4,113km 거리의 하울랜드섬은 대양 한가운데 떠 있는 면적 4.4㎢ 넓이의 섬으로, 아메바 형태라는 것 외에는 별 특색이 없다. 나침반 항법만 사용해서 자그마한 하울랜드섬을 찾아내고 착륙하는 것은 엠파이어스테이트 빌딩 꼭대기에 서서 8km 떨어진 자유의 여신상에 걸려 있는 과녁의 정중앙을 맞추는 것에 비할 만큼 어려운 일이었다.

하울랜드섬에 정박한 연안경비정 아이태스카 호가 공중으로 검은 연기 기둥을 올려 보냈다. 어밀리아를 위한 신호였다. 어밀리아의 비행기는 근접해 오면서 아이태스카에 무선 통신을 몇 차례 보냈다. 그러나 비행기는 도착하지 않았다. 기체도 발견되지 않았다. 어밀리아의 실종을 둘러싼 관심은 오늘날까지도 수그러들지 않아서, 이 글을 쓰는 지금도 최첨단 수

색·구조 장치로 무장하고 뼛조각 냄새를 맡도록 훈련된 구조견들을 실은 수색대가 남태평양을 향해 출발했다고 한다.

어밀리아의 실종에 대한 수많은 이론 가운데는 어밀리아가 그녀의 좋은 친구였던 프랭클린 루스벨트 대통령을 위해 태평양 지도를 그리는 임무를 받은 스파이였고 일본군에게 붙잡혀서 죽었다는 낭만적인 설도 있다. 어밀리아가 비행기 추락 사고에서 구조된 뒤 무슨 말도 안 되는 유명인 보호 프로그램의 관리 하에 여생을 뉴저지에서 은행원으로 살았다는 설도 있다. 가능성 없는 가설이 난무하는 가운데 개중 그럴듯한 설은 그녀가 하울랜드섬에서 남동쪽으로 수백 킬로미터 거리인 니쿠마로로섬에 불시착하여 프레드와 함께 섹시한 열대의 무인도 조난자로 살다가 죽었다는 것이다. (이 설을 뒷받침한다는 물품으로 1940년에 해골 조각, 신발의 일부, 그리고 천문항법에 사용하는 육분의가 들어 있었던 것으로 추정되는 상자 등이 발견되었다가 분실되었다. 2014년, 어밀리아의 비행기 날개에서 나온 것이라고 주장되는 금속 조각이 니쿠마로로섬에서 발견되었다.)

어밀리아를 다룬 책이나 영화가 새로 나올 때마다 사람들은 다시 한 번 그녀의 실종을 두고 이러쿵저러쿵 이야기한다. 그녀의 성격에 대해 논하는 글들도 쏟아져 나온다. 미국의 연인이었던 그녀가 우리의 생각과 달리 순수하지 않고 이기적인 허풍쟁이였다는 주장, 그녀가 최후의 치명적인 비행에 오른 것이 자신의 즐거움을 위해서였다는 주장, 또는 그녀가 자기 홍보를 너무 즐겼다는 주장, 그리고 대단히 현대적이었던 결혼생활에 대한 의문 제기 등등. 어밀리아를 '찾는' 데 인생을 바친 집착광들 이야기도 있고, 최신 기술의 발전이 진행 중인 수색에 어떻게 활용될 수 있는지에 관한 논의도 있다. (하지만 온갖 수색 기술을 동원해도 2014년 실종된 말레이시아 항공 370편을 발견할 수 없다면, 실종 후 80년이 지난 일렉트라를 발견하는 건 불가능하지 않을까 싶다.)

어밀리아가 우리 곁을 떠난 지 오랜 세월이 지났지만 그녀의 만만찮은 철학은 살아 숨 쉬고 있다. "모험은 그 자체로 가치 있습니다." 어밀리아는 말했다. 남자들은 단지 즐거움과 성취감만을 위해 온갖 일에 도전해 왔다. 여자에게도 같은 특권이 주어져야 하지 않을까?

제21장

프리다 칼로

타오르는 여자

전설적인 미술가 프리다 칼로는 1950년 한 해의 대부분을 멕시코시티의 병상에서 보냈다. 몇 차례 이어진 척추 수술에서 회복하는 동안 묵직한 깁스로 상체를 고정하고 침대에서 안정을 취해야 했다. 화가이자 훗날 세계적인 페미니즘 아이콘이 되는 프리다를 잘 드러내는 한 사진에서 그녀는 베개에 기대 앉아 손거울과 작은 붓을 가지고 깁스 코르셋 앞면을 꾸미고 있다. 뾰족한 손톱엔 짙은 색 네일 폴리시를 발랐다. 머리는 가운데 가르마를 타서 깔끔하게 뒤로 넘겼고 정수리에 새틴 리본과 꽃 무더기를 얹었다. 귀에는 달랑거리는 귀걸이를 달았고, 손가락마다 굵직한 반지를 꼈고, 손목에는 팔찌를 착용했다.

프리다 칼로는 심한 고통 속에서도 자기 자신이라는 볼거리를 즐겼다. 그녀는 장난스러운 노출증 환자이자, 고통받는 여성들의 땅에서 속보를 전해 오는 열정적이고 에로틱한 선동가였다. 그게 그녀가 만만찮은 여자가 된 연유다. 프리다는 사람들이 그녀를 응시하고 그녀의 감정을 공유하도록 만들었다. 아무리 외면하려 해도 소용없었다.

마그달레나 카르멘 프리다 칼로 이 칼데론은 1907년 7월 멕시코시티 외곽의 말쑥한 동네 코요아칸에서 태어났다(이름의 원래 철자는 'Frieda'였으나 1922년에 자기가 'e'를 뺐다). 18세라는 창창한 나이에 전차에 받히는 교통사고를 당하기 전엔 그녀는 평범한 상위중산층 소녀였다. 언젠가 멕시코에서 가장 인정받는 화가이자, 세계 주요 미술관에 심란한 걸작들이 전시된 세계적 스타 예술가이자, 대중문화의 아이콘이 될 미래를 짐작하게 해주는 건 아무것도 없었다. (그녀가 컬트적인 팬들을 거느리게 된다는 것, 그녀에게 영감을 얻어 수많은 머그컵, 열쇠고리, 티셔츠, 양말, 스웨트셔츠, 수영복, 레깅스, 종이 인형, 귀걸이, 침구, 커튼, 장식용 쿠션, 고무도장, 컬러링북, 병따개, 우산, 손톱 장식, 휴대전화 케이스, 앞치마, 화관, 토트백이 만들어지리라는 것 또한 누구도 알지 못했다.) 그녀가 멕시코에서 제일 유명한 벽화 작가이자 바람둥이인 디에고 리베라와 열정적이고 격동적인 결혼생활을 '즐기게' 된다는 사실 역시 예측 밖이었다. 프리다와 디에고는 1929년에 처음 결혼해서 1939년에 이혼했다가 1940년에 재혼했고, 프리다가 1954년 47세의 나이로 때 이른 죽음을 맞을 때까지 부부로 지냈다. 두 사람 다 세상을 떠나고 여러 해 뒤 《뉴욕 타임스》에 실린 풍자적인 여행 단신에는 이런 구절이 들어 있었다. "두 사람이 멕시코에서 최고로 매혹적인 예술 작품을 만들어낸 건 사실이지만, 온 세상 사람들의 호기심을 불러일으킨 건 두 사람이 자아내는 기괴한 '미녀와 야수'의 역학이었다."

어렸을 적에 아버지에게서 사랑과 보살핌을 듬뿍 받은 소녀들이 자신의 모습을 편안하게 받아들이는 성인 여자로 자란다는 말을 종종 듣는다. 인생에서 처음 마주하는 남자에게 인정받고 포용된 소녀는 자아를 지키면서 바깥세상으로 나아갈 자신감을 얻는다. 자신이 여자'이자' 복잡한 인간이라는 이유로 남들의 기피 대상이 되지 않으리라는 자신감을 얻는다. 프리다의 아버지인 독일 출생의 기예르모 칼로가 그런 아버지였다. 그는 다섯 딸 가운데 활기차고 영민하고 재미있는 프리다를 제일 예뻐했다. 프리다는 교리문답 수업에 출석해야 할 시간에 근처 과수원에서 과일 서리를 했고, 동생들이 요강에 앉아 있을 때 몰래 다가가 밀쳐 버리기도 했다. 하지만 이런 짓궂은 장난들은 프리다가 여섯 살 때 소아마비에 걸리면서 끝이 났다.

프리다는 아홉 달 동안 침대에 매인 신세가 됐다. 활기찬 여섯 살짜리에게는 영겁과 같은 시간이었다. 아버지는 그녀를 살뜰히 보살폈고, 마침내 학교에 돌아가도 된다는 진단이 떨어지자 딸에게 운동을 권했다. 프리다는 축구, 수영, 롤러스케이트, 권투에서 재능을 발휘했다. 그녀는 점점 강해졌지만 오른쪽 다리는 여전히 시들하니 약했다. 학교 아이들은 그녀를 "나무다리"라고 놀리며 따돌렸다. 아버지는 딸들 중 자신과 가장 닮은(똑똑하고 예술적이고 의지가 강한, 즉 사실상 아들이나 다름없는) 프리다의 외로움을 달래고자 서재에서 책을 꺼내 주었고, 사진을 찍고 인화하는 법을 가르쳐 주었다.

한편 프리다와 어머니 마틸데의 관계는 난항을 겪었다. 사회적 규칙에 충실한 기성세대 어머니와 한정된 세계를 탈출하고자 하는 똑똑한 딸의 사이가 보통 그러듯이 말이다. 독실한 신자이며 글을 읽지 못하는 미인이었던 마틸데는 성실한 여자답게 '유망한' 남자와 결혼해서 가정을 돌보았고, 아이들을 낳고 맛있는 음식을 만들었다. 프리다는 대담하게도 그보다 넓은 삶을 꿈꾸었다.

프리다는 15세 되던 해 명문 고교 에스쿠엘라 나시오날 프레파라토리아에 입학해서 의사의 꿈을 품고 생물학 공부에 매진했다. 오른쪽 다리가 여전히 가늘어서 그걸 가리기 위해 양말들을 덧신었다. 그것만 빼고는 프리다는 대체로 건강을 완전히 회복한 듯 보였다. 그녀는 똑똑했고, 학업에 몰두하는 한편으로 두뇌가 비상한 학생들과 장난꾸러기들이 모인 엘리트 클럽 카추차스의 스타가 되었고, 인기 있는 남학생 알레한드로 고메스 아리아스와 사귀었다.

1925년 9월 17일, 전차 한 대가 하굣길 프리다와 알레한드로가 타고 있던 버스의 옆구리를 들이받았다. 쇠로 된 난간이 프리다의 왼쪽 골반 바로 위에서 질까지 관통했다. 척추와 골반이 각각 세 군데나 부서졌다. 쇄골도 부러졌다. 소아마비로 약해져 있던 오른쪽 다리가 골절됐고, 오른발은 탈구되어 짓이겨졌다. 현장의 누군가가 구급차가 오기 전에 난간을 뽑는 게 좋겠다고 생각했다. 프리다의 비명과 뼈가 부러지는 소리가 다가오는 사이렌 소리보다 더 컸다고 한다.

가벼운 부상밖에 입지 않은 알레한드로는 그날의 일을 이렇게 회상한다. "이상한 일이 일어났습니다. 프리다는 완전히 나체였어요. 충돌로 인해 옷이 벗겨진 거죠. 그런데 아마 페인트공이지 싶은 누군가가 금가루가든 통을 들고 버스를 탔던 모양이에요. 사고 때 그 통이 열리는 바람에 금가루가 쏟아져 피 흘리는 프리다의 몸에 온통 내려앉았습니다. 프리다를 본 사람들은 '라 바일라리나(la bailarina), 라 바일라리나!'라고 외쳤습니다. 피로 붉게 물든 몸 위에 금가루가 덮인 걸 보고 무용수인 줄 안 거죠."

프리다는 한 달 동안 온 몸에 깁스를 하고 지냈다. 아무도 그녀가 살아남을 거라 생각지 않았다. 퇴원을 하긴 했으나, 침대에서 안정을 취하라는 의사의 지시가 있었다. 처음엔 몇 달이면 된다고 했지만 이후 꼬박 2년을 침대에서 보내야 했다. 남자친구 알레한드로는 떠났고, 의사의 꿈은 물거품이 되었다. 의료비 청구서가 쌓여 가서 아버지는 집을 담보로 대출을 받아야 했다. 그렇게 만성 통증을 달고 사는 삶이 시작되었다. 이듬해 새로운 의사들이 프리다의 척추를 검사하더니, 이전 의사들이 척추 뼈 몇 개가 잘못 치료된 걸 발견하지 못했다고 말했다. 새로 만난 의사가 앞선 의사들의 기량 부족을 두고 고개를 절레절레 젓는 일은 그 뒤에도 반복되었다. 아무튼 해결책은 또 한 번 전신 깁스를 하고 침대에서 더 안정을 취하는 것이었다.

1938년, 프리다는 전시회를 앞두고 화랑 주인 줄리안 레비에게 보낸 편지에 이렇게 적었다. "자동차 사고로 침대에 누워 있어야 했던 1926년까지는 그림을 그릴 생각을 해본 일이 없습니다. 침대에만 머물러 있으려니 끔찍하게 지루했습니다. … 그래서 뭐라도 하기로 했습니다. 저는 아버지에게서 유화 물감을 훔쳐냈고, 앉을[sit down, 이 편지는 영어로 작성되었다. 프리다가 뜻한 것은 'sit up'이었을 것이다] 수가 없어서 어머니가 특수이젤을 주문해 주었습니다. 그렇게 저는 그림을 시작했습니다."

이 편지는 솔직하지 못하다. 사고를 당해 침대에 누워만 있어야 했던 프리다가 할 수 있는 몇 안 되는 활동의 하나가 그림 그리기였다. 그녀는 자기 그림 실력에 대해 신경 쓰지 않는 척했지만, 병상에서 일어난 1927년에 유명한 화가 디에고 리베라의 전문적인 의견을 구했다. 2002년 전기 영화 〈프리다〉(줄리 테이머 감독, 살마 하이에크와 앨프리드 몰리나 출연)에서는 두 사람의 만남에 대해 구전으로 떠도는 이야기를 차용했는데, 어느 날 프리다가 다짜고짜 디에고를 찾아가 사다리 위에서 벽화를 그리고 있던 그에게, 내려와서 자기 그림을 한 번 보고 실력이 어떤지 솔직히 말해 달라고 몰아붙였다는 것이다. "이보세요, 댁이 바람둥이인 건 알지만 같이 시시덕거리려고 온 건 아니에요. 내 그림을 보여주려고 왔어요. 관심이 가면 그렇다고 말해 주세요. 아니면 아니라고 하고요." 프리다는 말했다. (이보다 더 가능성 높은 이야기는 두 사람이 사진작가이자 정치 활동가였던 티나 모도티의 파티에서 만났다는 것이다. 하지만 디에고를 찾아가 사다리 아래에서 도전적으로 말을 걸었다는 극적인 이야기가 자기현시 성향이 강한 프리다에게는 더 잘 어울린다.)

디에고 리베라와 프리다는 둘 다 멕시코공산당 당원이었고, 리베라는 프리다의 보헤미안 정신에 매료되었다. 자그마한 체구의 프리다는 자기보다 덩치가 두 배는 큰 남자들을 술로 이겼고, 식사는 사탕이나 초콜릿과 담배와 브랜디 한 병이 다였다. 이런 식단으로 인해(그리고 추정컨대 치아 위생을 중시하지 않는 태도로 인해) 이른 중년에 이가 썩기 시작하자, 그녀는 재빨리 의치 두 세트를 주문했다. 하나는 전부 금으로 만든 것이었고, 다른 하나는 다이아몬드들이 박혀 있었다. 프리다가 그려진 토트백, 엽서, 커피잔, 티셔츠를 사 본 사람이라면 알겠지만 그녀는 하나로 연결된 두 눈썹과 콧수염을 자랑스럽게 여겼다. 눈썹과 수염 정리 용도로만 쓰는 작은 빗을 지니고 다닐 정도였다.

1929년의 8월의 한 무더운 날 프리다와 디에고는 가족과 친구들의 실망을 무릅쓰고 결혼했다. 프리다는 곱게 자란 22세 아가씨였고—게다가 3년은 침대에서 보냈다—리베라는 1910년의 멕시코 혁명을 기념하는 벽화로 이름을 널리 알린, 세상 물정에 훤한 43세의 중년이었다. 전처가 둘이었고 딸도 셋 있었다. 프리다와 사랑에 빠졌을 때 그는 아직 두 번째 아내와 결혼한 상태였다.

아름다운 여자가 평범한 외모의 남자와 결혼하는 건 별로 놀라운 일이 아니다. 그럼에도 프리다가 디에고 리베라를 흠모하고 그에게 헌신한 것은 많은 사람들에게 수수께끼로 여겨졌다. 남자들이 여자들에게 자주 그러듯 디에고를 대상화하고 싶지는 않지만, 나는 위대한 벽화 화가 디에고 리베라의 사진을 썩 폭넓게 조사하면서 조금이라도 혐오스럽지 않은 걸 찾지 못했다. 에이미 파인 콜린스는 잡지 《배니티 페어》에 이렇게 썼다. "21세 연상에 프리다보다 체중은 90kg이 더 나가고 키는 거의 30cm가 더 커서 183cm 이상인 리베라는 체구로 보나 먹성으로 보나 어마어마했다. 흉측한 만큼이나 저항할 수 없는 매력을 지닌 그를 프리다는 '뒷다리로 선 소년 개구리'라고 묘사했다."

(고양이가 캣닙에 열광하듯 여자들이 열광하는 남자의 모든 특징—유머 감각, 멋진 머리칼, 근사한 어깨, 밴드에서 리드 기타를 연주한 경력—가운데 "뒷다리로 선 소년 개구리" 같은 외모는 없다. 보통 여자가 남자에게서 원하는 특징은 아니다.)

두 사람의 결혼 초기, 사고에서 거의 회복한 프리다가 모범적인 아내 역할을 열정적이고도 즐겁게 수행하고자 했던 시기가 있다. 프리다는 남편을 위해 요리하고, 소란을 피우며 그에게 옷을 입히고, 가정을 안락하게 꾸미고, 밤마다 그를 목욕시키면서 재미있으라고 욕조에 장난감까지 띄워 주었다. 1949년 작품 「우주, 대지(멕시코), 나 자신, 디에고, 세뇨르 솔로틀의 사랑의 포옹」에서 프리다는 발가벗은 디에고를 무릎에 앉히고 자신은 아즈텍 신화 속 대지의 여신 시와코아틀의 무릎에 안겨 있다. 이 그림은 자신의 결혼생활에 대한 프리다의 관점을 압축해서 보여준다 하겠다. 그녀의 남편은 커다란 아기였다.

1930년 리베라는 샌프란시스코 증권거래소 오찬클럽에 벽화를 그려 달라는 의뢰를 받고 샌프란시스코로 향했다. 프리다가 동행했다. (미국 자본가들은 명망 높은 리베라의 벽화를 얻는다는 생각에 들떠서 그가 급진 좌파라는 사실은 외면했다.) 리베라는 캘리포니아 여성의 진수를 보여줄 만한 여성 모델을 찾던 중 국제 테니스 스타 헬렌 윌스를 소개 받았다. 그랜드슬램 타이틀 31개와 올림픽 금메달 2개의 보유자였던 그녀는 굉장한 여자였다. 리베라는 벽화를 위해 윌스를 '연구'한다는 명목으로 그녀와 함께 며칠간 자취를 감췄다.

디에고는 끊임없이 혼외정사를 펼쳤고, 프리다가 아무리 흐느끼고 괴로워해도 그만둘 생각이 없었다. 그는 자신에겐 일부일처제가 불가능하며, 성교는 소변을 보는 것만큼이나 필수적이고 단순한 행위라고 차분하게 설명하곤 했다. 분노에 찬 프리다는 울부짖으며 밝게 칠한 벽에 도자기 접시를 내던지고 리베라가 들어오지 못하게 침실 문을 잠그곤 했다. 그러면 리베라는 앙갚음으로 최근 의뢰받은 벽화에 몰두하면서 또 한두 명의 정부를 사귀었다. 프리다는 리베라의 새 정부가 누구인지 알게 되면 가끔 그 여자를 유혹함으로써 알싸한 복수를 즐기기도 했다. 그러면 또 다시 부부 싸움이 일어나고 프리다가 접시를 던지는 일이 반복되었다.

프리다의 불같은 기질은 만만찮은 여자였던 그녀에게서 가장 보통 여자다운 특징이었다. 히스테리를 부리는 여자는 전형적인 여자로 간주된다. 화가 머리끝까지 나서 눈물을 글썽이며 소파에 쭈그리고 앉아 벤 앤드 제리스 아이스크림을 파인트들이 용기째 퍼먹는 여자의 이미지는 짜증스럽고 기운 빠지지만, 사회적으로 허용된다. 우는 여자는 진지하게 받아들이지 않아도 되기 때문이다.

생각해 볼 문제 하나. 최근 《법과 인간 행동(Law and Human Behavior)》 저널에서 배심원들 사이의 역학 관계에 대해 조사한 데 따르면 화난 남자는 동료 배심원들의 감정과 의견에 영향을 미칠 수 있지만, 화난 여자는 그러지 못한다고 한다. 오히려 여성 배심원이 화를 내면 낼수록 다른 배심원들은 자신의 원래 의견이 옳다고 생각하는 경향이 있었다. 여성 배심원이 분노에 차서 행동할수록 사람들은 그녀의 말을 더 들으려 하지 않았다. 무대를 가정으로 바꿔 보면, 남편들은 프리다가 종종 보이는 것과 같은 행동에는 별로 괘념하지 않는다. 울고 슬퍼하는 여자는 진지하게 여기지 않아도 되는 여자이고, 그러면 남편들은 그녀를 상대하기보다 다른 즐거운 일을 택한다. 두 손을 번쩍 들고는 동네 바에 가서 독한 술을 주문하고 다른 남자들에게 여자들은 왜 그러는지 모르겠다며 불만을 토로하는 것이다.

하지만 프리다에게는 덜 전형적인 다른 특징도 있었다. 그녀는 엉큼했고, 사람들을 헷갈리게 만들기도 했다. 프리다 부부가 디트로이트에 머문 (디에고가 이 도시의 노동자들을 기념하는 작품 「디트로이트 산업」을 그리고 있었다) 1933년에 《디트로이트 뉴스》에서는 프리다를 소개하는 기사를 실었는데, 헤드라인은 "거장 벽화가의 아내가 즐겁게 미술에 손대다"였다. 기사에 삽입된 흑백사진에서 이젤 앞에 선 프리다는 작업 중인 자화상과 정확히 거울상을 이루는 각도로 카메라를 바라보고 있다. 마치 막 부엌에서 나온 것처럼 허리에는 앞치마를 둘렀다. 남편 디에고에 대해 그녀는 이렇게 말했다. "그이도 어린아이치고는 잘하지만, 더 대단한 예술가는 나예요."

재담이었다—프리다의 재치에 대비하지 못한 기자의 글쓰기에서 잘 드러나지 않았을 뿐. 그러나 이 농담에는 고동치는 프리다의 야망이 담겨 있다. 프리다는 요양 중 즐길 거리로 그림을 시작했지만, 1930년대 초에는 성공하겠다는 결의에 차 있었다. 디트로이트에서 "미술에 손댄" 그녀는 장차 걸작으로 간주될 「헨리포드 병원」과 「나의 탄생」을 그렸다. 「나의 탄생」에서는 프리다로 보이는 여자가 자기 자신을 낳고 있다. 지금 보기에도 충격적인 그림이다. 침대 위의 인물은 허리 위가 흰 시트로 가려져 있고, 활짝 벌린 두 다리 사이에서 두 눈썹이 하나로 이어진 성인 여성의 머리가 질을 뚫고 나오고 있다. 지금 이 작품의 주인은 팝스타 마돈나다. 《배니티 페어》와의 인터뷰에서 그녀는 말했다. "이 그림을 싫어하는 사람이 있으면, 그와는 친구가 되지 못하겠다고 생각해요."

1938년 여름, 프리다는 31세의 나이에 처음으로 작품을 팔았다. 배우이자 미술품 수집가였던 에드워드 G. 로빈슨이 멕시코시티를 방문하는 동안 프리다의 작은 회화 작품 넉 점을 각각 200달러에 사들인 것이다. 프랑스의 예술가 앙드레 브르통 역시 그녀의 작품을 발견하고, 초현실주의

적이라고 평했다. 그는 열띤 어조로 프리다의 그림이 "폭탄에 두른 리본" 같다고 말했다.

꼬박 십 년 가까이 남편의 그늘에서 작업을 한 그녀가 막스 에른스트, 마르셀 뒤샹, 르네 마그리트 같은 대단한 화가들이 속한 중요한 예술운동에 낄 수 있게 된 것에 전율하고, 심지어는 황송해했을 거라고 상상할지 모르겠다. 그러나 프리다는 별로 마음이 동하지 않았다. 그녀에게 프랑스인들은 비위에 거슬리고, 차갑고, 부르주아적인 사람들이었다. 그리고 무엇보다도, 프리다는 그 자신이 하나의 운동이었다.

그해 가을 프리다는 줄리안 레비 갤러리에서 첫 단독 전시회를 열기 위해 뉴욕으로 갔다. 때마침 주간지 《타임》의 창업자 헨리 루스의 아내 클레어 부스 루스가 막 브로드웨이에서 연극 〈여자들(The Women)〉을 성공시키고 여유를 즐기던 참이었다. 그녀는 프리다의 전시회를 개막 첫날 방문했다. 프리다의 유명한 매력은 그녀가 멸시하던 미국인 자본주의자들 사이에서도 빛이 났다. 프리다는 클레어와 죽이 맞았고, 그날 저녁 클레어에게서 초상화 하나를 의뢰받았다. 대상 인물은 클레어의 작고한 친구 도러시 헤일이었다. 도러시는 형편이 안 되는데도 무리해서 센트럴파크사우스의 신축 아파트 햄프셔하우스의 고층에 살던, 우울증이 있는 젊은 사교계 여성이었다. 그녀에 대해 알아야 할 사항들은 다음과 같다. 죽기 전날 밤 도러시는 송별회 조로 칵테일파티를 열었다. 마지막 손님이 떠나자 그녀는 제일 좋아하는 벨벳 드레스를 입고 작은 노란 장미 코르사주를 달았다. 그리고 새벽 5시 15분경 창밖으로 몸을 던졌다.

클레어와 프리다는 둘 다 도러시와 알던 사이였고, 그녀의 죽음이 비극적이었다는 데 동의했다. 클레어는 일말의 죄책감을 느끼고 있었다. 그녀와 도러시의 관계가 돈 문제로 나빠졌기 때문이다. 클레어가 도러시에게 집세를 내라고 돈을 빌려주면 도러시는 그 돈으로 칵테일 드레스를 샀다. 왜, 그런 짜증나는 친구가 있지 않은가. 어느 시점에 클레어는 도러시와 관계를 끊었다. 그리고 도러시는 죽어 버렸다. 클레어는 죄책감을 덜고 선의를 표현할 겸해서 프리다에게 도러시의 아름다운 초상화를 그려 달라고 했다. 완성된 작품은 딸을 잃고 상심하는 도러시의 어머니에게 기념물로 선물할 계획이었다.

잠시 멈추고 사고 실험을 해 보자. 당신은 프리다고, 항시 돈이 부족하다. 결혼생활은 평소보다 더 위태로우며, 연이은 건강 문제로 병원에 들락거려야 한다. 이제 슬슬 미술 작품을 봐주는 사람들이 생기기 시작했다. 가욋돈을 벌 수 있는 유일한 방법은 그림을 파는 것이다. 클레어 부스 루스는 부유하고 영향력 큰 사람이라서 의뢰한 그림이 마음에 들면 다른 부유하고 영향력 있는 친구들에게 입소문을 낼 테고, 그들에게서 그림 의뢰를 더 받을 가능성이 있다. 일이 어떻게 돌아가는지 알지 않는가. 금을 지닌 자가 힘을 가진다는 것이 금과옥조다.

당신이라면 어쩔 텐가? 클레어 부스 루스에게 그녀가 원하는 것을, 비통에 잠긴 도러시의 어머니에게 선물할 만한 아름답고 흡족한 그림을 줄 텐가? 아니면 자신의 재능과 비전을 한껏 담아낸 작품 「도러시 헤일의 자살」을 주어 충격으로 거의 심장발작을 일으키게 만들 텐가?

프리다와 달리 나는 젊은 날 소매점과 패스트푸드점 일자리를 전전하며 머릿속에 박힌 제1번 규칙에 영구적으로 손상된 사람이다. 제일가는 목표는 언제나 고객 만족이라는 것. 다시 말해, 많은 여자들처럼(아마 당신처럼?) 나도 어린 나이부터 남들을 만족시키도록 길들여졌다. 나라면 클레어 부스 루스 같은 사람으로부터 그림 의뢰를 받았다는 사실에 정신이 나갈 만큼 기뻤을 것이다. 내가 그릴 초상이 도러시의 딱한 어머니를 위한 것임을 염두에 두고, 도러시를 생전 모습보다 더 미화하여 그렸을 것이다. 모두를—도러시 본인의 영혼마저도—기쁨으로 눈물짓게 하는 것이 내 목표였을 테다.

그래서 내가 만만찮은 여자가 못 되는 거다. 프리다는 달랐다.

그림 중앙에 깃털 같은 권운(卷雲)들 뒤로 크림빛 햄프셔하우스가 우뚝 서 있다. 작은 유리창 여러 개와 이중경사 지붕이 눈에 띈다. 배경에서는 작은 인물이 고층에서 떨어지고 있다. 그보다 앞쪽에도 추락 중인 여성이 좀 더 크게 그려져 있는데 그녀는 도러시 헤일이 분명하다. 두 팔을 뻗고, 치마가 무릎께에서 부풀어 오른 도러시. 전경의 갈색 땅 위에는 노란 코르사주를 꽂은 검은 벨벳 드레스 차림의 도러시가 목이 부러진 모습으로 쓰러져 있다. 그림 아래에는 이렇게 적혀 있다. "1938년 10월 21일 뉴욕 시에서 아침 6시에 도러시 헤일 부인이 햄프셔 하우스 건물의 고층 창문에서 스스로 몸을 내던져 자살했다. 그녀를 기리며 [몇 단어가 빠져 있다] 이 제단화(祭壇畵)를 그리다. 프리다 칼로." 도러시의 머리에서 흘러나온 피가 글귀와 액자를 적신다(위의 글귀는 스페인어로 적혀 있다.―옮긴이).

클레어 부스 루스의 반응은 충격받았다는 말로는 턱없이 부족하다. 그녀는 후에 적었다. "상자에서 그림을 꺼낸 순간의 충격을 영영 잊지 못할 것이다. 정말로 속이 메스꺼웠다. 내 친구의 망가진 시체와 그녀의 피로 젖은 액자라니, 이 소름끼치는 그림을 어째야 할까?"

클레어 부스 루스는 반사적으로 「도러시 헤일의 자살」을 전지가위로 잘라 버리려 했지만, 마지막 순간에 생각을 고쳐먹고 《뉴요커》 표지를 그리는 일러스트레이터 친구에게 연락했다. 호기심이 생긴 그는 곧장 달려와 클레어의 손에서 그림을 받아 들었다.

현재 피닉스 미술관에 걸려 있는 이 그림은 프리다 칼로의 걸작 중 하나로 간주된다.

프리다가 의뢰를 받고 전율했을지는 모르겠으나, 감사하는 마음이 그녀의 비전에 독이 되지는 않았다. 프리다는 언제나 자신의 풍부한 감정에 따랐고, 오로지 감정이 가리키는 것만을 그릴 수 있었다. 사람들이 놀라면 놀랄수록 더 좋았다. '이번에만 괴상한 프리다다움을 꾹 눌러야지' 하는 생각으로 예외적인 작품을 그릴 의향은 없었다. 그건 프리다답지 않았다. 그녀는 붓질 하나하나로써 자신의 마음속에 담긴 것을 표출했고, 1938년의 그 가을 그녀의 마음속에 있던 건 절망이었다. 결혼이 파국을 맞았다. 최후의 일격은 디에고가 최근에 벌인 불륜이었다. 멕시코시티에서 만날 수 있는 여자가 그렇게 많았는데─역사가들이 거부할 수 없는 매력을 가졌다고들 하는 디에고이니만큼, 멕시코시티의 어떤 여자라도 가질 수 있었을 텐데─그가 혼외정사의 상대로 선택한 건 하필이면 프리다의 여동생 크리스티나였다.

1939년, 프리다와 디에고 리베라는 이혼했다. 망명한 러시아 공산당 지도자 레온 트로츠키가 암살당하지 않았더라면 두 사람은 영영 남남으로 살았을지도 모르겠다.

그로부터 몇 년 전 프리다와 디에고가 상대적으로 행복하던 시절에, 소련에서 추방당한 트로츠키가 아내와 함께 멕시코시티로 와서 2년여를 프리다 부부와 함께 지냈다. 두 부부가 같이 보낸 시절을 짧게 요약하면 이렇다. 테킬라, 테킬라, 테킬라. 트로츠키와 리베라가 정치를 논한다. 트로츠키와 프리다가 바람을 피우고 트로츠키 부인은 당연히 우울에 잠긴다. 트로츠키는 소련에서 파견된 스탈린의 요원들의 암살 시도를 몇 차례 피했지만, 1940년 8월 20일 멕시코시티에 거주하던 정신 나간 자에게 얼음도끼로 살해당했다(암살범은 스페인 출신 공산주의자이며 소련 비밀경찰 NKVD와

연계된 라몬 메르카데르로, 암살 지시를 받고 멕시코시티로 와서 트로츠키 지지자인 체하며 그의 집에 드나들고 있었다.─옮긴이). 당시 이혼해서 따로 살고 있던 프리다와 디에고는 둘 다 용의선상에 올랐다! 디에고는 샌프란시스코로 도주했고 프리다는 구금되어 심문을 받았다. 며칠 뒤 풀려난 프리다는 레오 엘뢰서 박사와 만성적 진균 감염에 대해 상의하기 위해 샌프란시스코로 향했다. 엘뢰서 박사는 1930년부터 프리다의 여러 질병을 치료해 준 신뢰하는 친구였다.

프리다는 그가 '독토르시토(doctorcito, 'doctor'의 애칭)'라고 부르던 엘뢰서 박사를 무척이나 위했고, 그에게 그림 두 점을 그려 주었다. 「레오 엘뢰서 박사의 초상」(1931년)은 요트 모형이 놓인 높은 테이블에 팔꿈치를 대고 서 있는 박사의 모습을 좀 단순하고 미숙하게 그린 그림이었고(프리다는 남을 그린 그림은 자화상만 못했다), 「엘뢰서 박사에게 바치는 자화상」(1940년)은 프리다의 트레이드마크인 화려한 악몽풍의 그림이었다. 그녀는 제일 좋아하는 45도 각도로 고개를 틀고, 하나로 이어진 눈썹 아래로 강렬한 시선을 내뿜는다. 드러난 귀에는 활짝 펼친 손바닥 모양의 금 귀걸이가 달려 있다. 가시로 된 초커 목걸이가 그녀의 목을 파고든 자리에서 피 몇 방울이 흘러나온다.

샌프란시스코에서 프리다와 디에고는 재결합했다. 두 사람이 화해한 건 트로츠키 살인 사건에서 용의자로 취급받은 역경 덕분이었을지도 모르겠다. 아니면 아름다운 항만 도시 샌프란시스코의 낭만에 저항할 수 없었거나. 어느 쪽이든 두 사람은 1940년에 작은 결혼식을 올렸다. 두 사람의 재결합 배후의 논리를 분석해 내는 건 내 연봉 수준으로는 무리다.

'프리에고 2.0' 기간 동안 프리다의 걸작 대부분이 탄생했다.

영감은 복잡한 수수께끼다. 예술가들은 지문만큼이나 각자에게 고유한 출처에서 영감을 받는다. 프리다가 영감을 얻으려면 디에고가 또 사라지고, 외로움을 느끼고, 자신의 망가진 몸과 적극적으로 소통하는 세 가지 일이 신중하게 적정(滴定)된 혼합물이 필요했다. 프리다는 18세에 당한 교통사고의 후유증을 고치려는 시도를 포함해 평생 30번의 수술을 받았다고 한다. 병력 전체는 공개되지 않았으나 지금까지 알려진 수술만 세도 그만큼이다. 그녀가 만난 많은 의사들은 자주 서로의 의견을 반박했다. 한 번은 멕시코 의사들이 '뼈결핵'이 있다면서 수술을 하고자 했는데 엘뢰서 박사가 반대했다. 1944년에 만성 허리 통증이 악화되자 의사들이 내린 처방은 '신경 자극'을 완화하기 위해 철제 코르셋을 5개월 동안 착용하는 것이었다.

1946년 6월 그녀는 '그링고 나라' 즉 미국의 저명한 의사를 찾아가 복잡한 수술을 받았다. 골반뼈를 이식해 척추뼈 네 개를 붙이는 수술이었다. 회복은 성공적이었으나 통증은 다시 계속되었다. 멕시코에서 만난 새 의사가 그녀를 진찰하고는 뉴욕의 의사가 잘못된 척추뼈에 수술을 했다고 주장했다. 그런데 이 이야기에는 다른 버전도 있다. 척추뼈가 제대로 붙었고 프리다는 완전히 나았지만, 어느 밤 디에고가 귀가하지 않은 것에 격분한 프리다가 수술 때 봉합한 부위를 다시 열었다는 것이다. 그녀가 땅바닥에 몸을 내던지는 바람에 막 붙은 뼈가 다시 떨어졌다는 설도 있다.

프리다는 뼈 이식 부분에 감염이 일어나는 바람에 아주 고통스러운 주사를 맞아야 했다. 누워만 있어야 하는 데다 식단도 엉망이라서 혈액순환

308

이 아주 나빠졌다. 어느 날 잠에서 깨어 보니 오른발 발가락들의 끝이 검게 변해 있었다. 결국 발가락을 모두 절단해야 했고, 사망하기 직전 해인 1953년에는 무릎 아래 다리도 잘라냈다.

디에고가 프리다에게 느끼는 사랑은 그녀의 병약함과 직접적으로 연관되었던 것으로 보인다. 아내의 통증이 심할수록—그녀가 고통받을수록—디에고의 바람기는 덜해졌다. 그는 프리다 곁에 앉아 시를 낭독해 주거나, 잠이 들 때까지 안아 주었다. 고통이 견딜 만한 수준으로 경감되면(효과가 강한 약물 덕일 경우가 많았는데, 이는 결국 약물 중독으로 이어졌다) 그는 다시 일을 하고 새 연인에게 정신을 빼앗기고 프리다를 홀로 놔두었다. 프리다는 또 외톨이가 되는 것이다.

그러면 그녀는 그림을 그렸다. 프리다의 가장 강렬한 작품들, 널리 인정받는 걸작들 여럿이 이 시기에 탄생했다. 「부러진 기둥」(1944년)에서 벌거벗은 프리다는 피부에 못들이 박히고 절반으로 삐뚤빼뚤하게 갈라져 있다. 열린 몸 안의 척추 자리에는 허물어지고 있는 철 기둥이 버티고 있다. 상체는 예쁜 가슴 위아래를 지나가는 흰 천으로 칭칭 매여 있다. 「상처 입은 사슴」(1946년)에서는 숲 속을 달려가는 상처 입은 사슴의 몸 위에 여느 때처럼 45도 각도를 향한 프리다의 얼굴이 얹혀 있다. 머리 양쪽에서 뿔이 솟아났고, 사슴 몸에는 화살 아홉 대가 박혀 있다. 병상에 누워 이유식 비슷한 음식을 억지로 먹어야 하는 고통은 「희망 없이」(1945년)에 드러나 있다. 그녀는 아포칼립스 이후를 연상케 하는 삭막한 풍경을 배경으로 네 기둥이 달린 침대에 누워 있다. 프리다의 몸 위에 버티고 선 나무틀에는 큰 깔때기가 달려 있는데, 그 안에는 생선 대가리와 목이 졸려 죽은 닭과 내장들과 해골이 그득하다. 깔때기 끝을 입술로 문 프리다는 특유의 시선으로 관객과 눈을 마주한다. 눈물이 뺨을 타고 흐른다.

프리다가 자신의 고통과 절망을 얼마나 스스로 조장했는지는 영원히 수수께끼로 남을 것이다. 그녀가 받은 진료는 지금은 열악해 보이지만 당시의 기준으로는 훌륭했다. 그녀의 의사는 대부분 일급이었고 당대의 최신 치료법을 사용했다. 그러나 프리다는 자신의 고통이 어디서 온 것이든, 조용히 견뎌낼 생각이 없었다. 그녀는 자신의 상황에 대해 소통하는 것보다 그것을 표현하는 데 더 관심이 있었다. 이게 망가진 여성의 몸으로 사는 기분이야. 이게 사랑하는 사람에게 버림받고 혼자 남겨졌을 때의 기분이야. 이게 나로 사는 기분이야. 나를 봐—한 번 보면 절대 시선을 돌리지 못하게 해줄 테니까.

디에고는 언젠가 피카소에게 보낸 편지에 이렇게 적었다. "내가 그녀를 당신에게 추천하는 건 남편으로서가 아니라 그녀 작품의 열렬한 팬으로서입니다. 그녀의 작품은 신랄하면서 부드럽고, 강철처럼 단단한 동시에 나비의 날개처럼 연약하고 섬세하며, 아름다운 미소처럼 사랑스럽고, 인생의 씁쓸함처럼 심원하고 잔인합니다."

1954년 프리다가 47세의 나이로 세상을 떠났을 때 그녀는 화가로서보다는 디에고 리베라의 이국적이고 자그마한 아내로 알려져 있었다. 세월이 흘러 1970년대 후반 페미니즘이 부상하자 사람들은 질문을 던지기 시작했다. "여성 예술가들은 다 어디 갔지? 유색인종 여성들은 또 어디 있고?" 그 대답이 프리다 칼로의 재발견이었다.

2016년, 프리다의 1939년 작품 「숲 속의 두 나체 여인(대지 그 자체)」가 크리스티 경매에서 800만 달러에 팔리는 기록을 세웠다. 이는 아직까지도 라틴아메리카 미술 작품의 최고 경매가다. 작고 우울한 이 유화 작품에서 프리다는 그녀의 마음속에만 존재하는 관능적인 정글의 두꺼운 덩굴과 잎맥이 도드라진 잎사귀들 사이에서 벌거벗은 프리다와 그녀의 무릎에 머리를 기대고 누운 또 다른 벌거벗은 프리다를 그렸다.

  프리다 칼로의 그림 143점 중 55점이 자화상이다. 많은 수가 여성의 생식이 낳는 혼란과 그 실패를 비롯하여 인간 여성의 몸으로 살아가는 것의 비애를 그렸다. 철제 병원 침상, 피 묻은 기구들, 그녀가 절망에 빠져 토해내는 듯한 내장들. 섬세하고 해부학적으로 정확하게 그려진, 가슴 속에서 뛰고 있는 그녀의 심장. 벌거벗은 채 활짝 벌어져서 콧수염 난 어른인 자신을 낳고 있는 그녀의 몸. 미술가들에게 사랑받아 온 여성의 나체는 한 번도 이런 나체였던 적이 없었다.

  여자가 울면 남자가 불편해한다는 건 과거에나 지금이나 똑같이 널리 알려진 사실이다. 남자들이 프리다의 그림 앞에서 얼마나 당황했는지는 —지금도 얼마나 당황하는지는—상상에 맡길 수밖에 없다. 하지만 프리다는 자신의 감정이 빚은 혼돈 속에서 편안하게 살아가는 여자였다. 그녀는 결코 자신의 감정을 부인하거나 누그러뜨리지 않았다. 그리하여 그녀는 강한 여자가 되었다. 혹은, 어떤 관점에서는, 만만찮은 여자가 되었다.

제22장

노라 에프론

까다로운 여자

노라 에프론은 만만찮은 여자 중에서도 제일 희귀한 유형이었다. 이름하여 사랑스럽고 못된 여자. 고인을 모욕하고자 하는 건 아니다. 1984년에 처음 『가슴앓이(Heartburn)』를 읽은 뒤로 나는 노라를 짝사랑해왔다. 허구가 약간 섞인 그녀의 베스트셀러 회고록을 끝까지 읽은 비 오는 오후, 나는 곧바로 버스를 타고 시내의 도서관에 가서 아직 선집으로 묶여 나오지 않은 그녀의 잡지·신문 기고들을 독파하며 시간을 보냈다. (그녀는 베스트셀러 작가이자 할리우드에서 가장 성공적인 감독의 한 사람이 되기 전에 《뉴스위크》, 《에스콰이어》, 《뉴욕 매거진》 등 다양한 매체에 기억에 남을 만한 글들을 많이 실었다.) 요즘 같으면 스토킹 방지법에 걸릴 법한 행동이었다.

여러 해가 흘러 나는 뉴욕의 한 파티에서 그녀를 만났다. 1990년대 후반이었던 것 같다. 그녀는 평소처럼 검은 옷을 입고 있었다. 머리가 조금 부스스했는데, 아마 그때까지는 매주 드라이를 받지 않았던 모양이다. 나는 그녀의 아주 날씬한 손을 잡고 악수를 하며 붉어진 얼굴로 속삭였다. "만나 뵈어서 영광이에요." 내게 주어진 다른 선택지는 기쁨의 눈물을 흘리며 그녀의 코 좁고 윤이 나는 검은 구두 앞에 무릎을 꿇는 것뿐이었다. 그녀가 대답했다. "제가 더 영광이죠." 날 놀리는 것이었을지도 모르겠다. 나는 더 볼썽사나운 짓을 하게 될까 봐서 재빨리 음료 테이블에 관심이 있는 척 몸을 돌렸다. 등 뒤에서 그녀가 누군가에게 말을 거는 소리가 들렸다. "방금 저 사람 누구랬죠?"

하지만 이게 노라가 못된 여자인 이유는 아니다(그때 나는 '파티에 초대된 손님이 아니라 근처의 보안이 허술한 시설에서 막 탈출한 사람 아닌가' 하는 의심을 받아도 쌌다). 그녀가 못된 여자인 이유는 까다로운 완벽주의자였기 때문이며, 자신의 여성성을 한껏 즐기는 여자였음에도 감상에

젖는 건 거부했기 때문이기도 하다. 그녀는 있는 그대로 직설적으로 말했고 그녀의 산문은 날에 베일 만큼 예리했다. 2010년《슬레이트》의 특집 기사 「어떤 사람이 페미니스트가 되는가?」에서 다른 저명한 필자들은 이 진지한 질문에 성실하게 임했다. 노라는 적었다. "이 주제에 대해 500단어를 써야 한다는 건 알지만, 그보다 훨씬 간단한 답이 있다. 낙태할 권리를 믿지 않는다면 스스로를 페미니스트라고 부를 수 없다." 성실한 콘텐츠 제공자 여러분, 새겨들으시지요.

노라는 1941년 5월 19일 시나리오 작가 부부의 딸로 태어났다. 헨리와 피비 에프론은 원래 연극계에서 활동했지만 할리우드에서 돈을 벌고자 베벌리힐스로 터전을 옮겼다. 1958년에 베벌리힐스 고등학교를 나와 1962년에 웰즐리 대학교를 수월하게 졸업한 노라는 뉴욕으로 돌아가서 더 새롭고 나은 버전의 도러시 파커(20세기 초・중반에 시인, 작가, 비평가로 활동한 여성으로서 독설과 풍자로 유명했다. ─옮긴이)가 되었다. (파커 부인과 비교하자면 노라는 많은 주제에서 분명히 더 재미있었고 결코 자기연민으로 분위기를 망치지 않았다. 노라는 자기연민을 좋아하지 않았다.)

노라는《뉴스위크》문서 수발실에서 일을 시작해서《뉴욕 포스트》로 옮겼다. 1960년대 말 그녀의 커리어에는 불이 붙었다. 1972년에 이르자 그녀는《에스콰이어》에 정기 칼럼을 기고하고 있었다. 칼럼은 비틀스, 자신의 작은 가슴, 글로리아 스타이넘과 베티 프리단 사이의 유치한 반목 같은 것들을 주제로 한 개인적인 에세이였다. 노라는 '뉴 저널리즘'을 일찍부터 실천한 인물로 꼽혔으나 정작 본인은 그게 무슨 의미인지 모르겠다고 주장했다. "저는 그냥 여기 타자기 앞에 앉아서 오래된 형식의 글을 열심히 써대는 건데요." 그녀는 우먼파워의 대의를 적극 지지했지만 우스꽝스럽게 느껴지는 여성운동의 어떤 측면들은 대놓고 놀리기도 했다. 자신이 대체로 받아들이는 것에 대해서도 터무니없는 부분을 짚어내고자 하는 충동을 억누르지 않는 것은 그녀의 까다로운 천성의 일부였다. 노라는 힘이 닿는 한 아무것도 대충 넘기지 않았다. 노라는 좋은 아군인 동시에 무자비한 비판자가 될 수 있었다.

1976년, 노라는 밥 우드워드와 함께 워터게이트 스캔들을 터뜨리고 대통령 닉슨을 끌어내린 《워싱턴 포스트》의 잘 나가는 기자 칼 번스틴과 결혼했다. 노라와 칼은 워싱턴 D.C.의 유력한 문필가 부부였다(이런 '파워 커플'은 더 이상 존재하지 않는다). 두 사람 사이에는 아들 제이컵이 있었다. 노라는 둘째 아이 임신 중에 칼이 친구와 바람을 피우고 있다는 사실을 알게 되었다.

똑똑하고 세련된 시나리오 작가를 어머니로 둔 것의 대단한 장점 하나는 어머니에게서 물려받은 지혜가 이불을 예쁘게 개는 법 따위가 아니라, 모든 일을 글감으로 보는 사고방식이라는 것이다. 피비는 노라에게 인생에서 일어나는 모든 일이 재미와 이익, 복수를 위해 예술로 변환될 수 있다고 가르쳤다. 1983년, 노라는 앞서 언급한 현대의 고전 『가슴앓이』를 펴냈다. 이 통렬한 실화소설은 번스틴과의 끝장난 결혼을 소재로 삼았다. 책은 베스트셀러가 되었고 1986년 잭 니컬슨과 메릴 스트립 주연의 영화로 만들어졌다. 각본은 노라가 맡았다.

(번스틴의 경우엔 일이 그만큼 잘 풀리지 않았다. 한때 슈퍼스타 탐사 저널리스트였던 그는 가십 칼럼에나 나오는 인물로 추락했고, ABC 뉴스에서 그저 그런 직위를 맡게 됐다. 1987년에는 《워싱턴 포스트》 회장 캐서린 그레이엄의 70세 생일잔치에 초대조차 받지 못했다. 그는 비앙카 재거와 데이트하는 것으로 마음을 달랬다. 칼에 대해 너무 안쓰러워하진 않았으면 좋겠다. 모든 건 글감이다. 그 사실을 칼 번스틴만큼 잘 아는 사람

이 또 어디 있겠는가?)

이듬해인 1987년 노라는 시나리오 작가 니컬러스 필레지를 만났다. 두 사람은 서로를 아주 좋아했다. 니컬러스의 헌신적인 보살핌 속에 노라는 원래보다 더 상냥해지기도 했다. 노라는 '여섯 단어로 된 회고록' 앤솔러지에 적었다. "삶의 비결: 결혼은 이탈리아인과 할 것."

1992년에 노라는 메그 월리처의 소설을 기반으로 여동생 딜리아와 함께 각본을 쓴 영화 〈행복 찾기(*This Is My Life*)〉로 감독 '입봉'을 했다. 영화는 대실패였다. 노라는 실패를 싫어했다. 실패를 받아들이기를 어려워했고 실패에 대해 달관하는 태도를 취하지 않았다. 그녀는 적었다. "실패는 성공과는 전혀 다른 방식으로 계속 당신 곁에 남는다. 당신을 고문한다. 당신은 밤새 뒤척인다. 작품을 되짚어 본다. 캐스팅을 다시 한다. 편집을 다시 한다. 각본을 다시 쓴다. 그렇게 작품을 다시 만들어 본다. 이랬으면 어땠을지, 저러지 않았으면 어땠을지, 가정이 꼬리에 꼬리를 문다. 책임을 물을 것을 찾아 헤맨다."

하지만 1993년에 그녀는 〈시애틀의 잠 못 이루는 밤(*Sleepless in Seattle*)〉을 내놓았다. 노라를 보면 감독이 쉬운 직업인 양 보인다. 하지만 지금처럼 그때도 할리우드는 배타적인 남성 전용 클럽이었다. 노라가 감독을 시작한 건 어렸을 적에 영화계에서 작가를 얼마나 형편없게 대우하는지를 지척에서 목격했기 때문이었다(노라가 십대일 때 부모님이 알코올 중독으로 곤두박질친 데에도 그런 점이 한 몫 했을 것이다). 까다로운 성격이라 감독 일이 즐겁기도 했다. 노라는 사람들을 잘 해고하는 것으로 유명했다. 아역 배우까지 해고했으니 말 다했다.

노라는 구식 로맨틱 코미디 3부작으로 상당한 명성을 얻었다. 〈해리가 샐리를 만났을 때(*When Harry Met Sally...*)〉(1989년, 로브 라이너 감독), 〈시애틀의 잠 못 이루는 밤〉(1993년), 〈유브 갓 메일(You've Got Mail)〉(1998년)이 그것이다. 최근 작품 〈줄리 & 줄리아(Julie & Julia)〉(2009년)는 노라가 사랑하는 요리와 요리연구가 줄리아 차일드에게 바치는 밸런타인데이 카드와 같은 영화였다. 노라의 영화들은 현대의 고전으로 자리매김했으나, '노라다운 신랄함'은 할리우드를 거치며 어쩔 수 없이 마모되었다. 그녀의 글은 영화보다 훨씬 못됐고, 그래서 영화보다 훨씬 낫다.

2008년 〈줄리 & 줄리아〉 촬영 당시 노라는 이미 병을 앓고 있었다. 2006년에 그녀는 골수에 생기는 암인 급성 골수성 백혈병을 진단받았다. 노라는 가족과 소수의 절친한 친구들에게 병에 걸린 사실을 밝히면서 비밀로 해달라고 부탁하고 아무 일 없는 듯 일상을 이어 나갔다. 그녀의 영화를 제작한 친구들과 편집자, 심지어 〈가슴앓이〉에서 노라 역으로 분한 메릴 스트립마저도 병에 대해선 까맣게 몰랐다.

노라는 죽음에 대해 재치 있는 소설이나 완벽하고 배꼽 잡는 얇은 에세이 모음집도, 익살스러운 로맨틱 코미디 시나리오도 쓰지 않았다. 인생의 마지막 나날을 그녀는 1980년대 말의 타블로이드 신문 기자를 주인공으로 한 연극 〈럭키 가이(Lucky Guy)〉의 각본을 쓰며 보냈다. 정신 나간 부모와 그들의 미친 음주, 유명한 남편의 불륜, 자신의 늘어진 목살에 대한 수치심 등에 대해 솔직한 글을 써온 노라가 죽음에 대해서는 아무것도 쓰지 않았다. 그런 걸 일체 하지 않은 까닭의 일단을 짐작해 보면, 노라에게는 죽어가는 경험이 지루했고 자신의 통제 밖이었기 때문이었을 것이다. 노라는 무엇보다도 통제하는 걸 좋아하는 사람이었으니까.

지금껏 노라가 쓴 글을 한 음절도 빼놓지 않고 읽은 나는 2010년에 출판된 『아무것도 기억나지 않아(I Remember Nothing)』를 읽고 무슨 일이 있음을 직감했다. 백혈병 진단 이전에 쓴 글들을 모아 2006년에 출판해 100만 부가 팔린 베스트셀러 『목 때문에 속상해(I Feel Bad About My Neck)』가 불러일으킨 기대에 못 미쳤기 때문이다(이 두 권은 각기 『철들면 버려야 할 판타지에 대하여』와 『내 인생은 로맨틱 코미디』로 번역됐다.―옮긴이). 《뉴욕 타임스》의 서평자인 재닛 매슬린은 이렇게 썼다. "『아무것도 기억나지 않아』는 이보다 훨씬 더 좋은 글을 쓸 능력이 있는 작가가 펴낸, 깊이는 없지만 재치 있고 읽을 만한 공항용 책이다." 나는 생각했다. '《허핑턴 포스트》 블로그에 글을 써대느라 감이 떨어진 모양이지.' 그러나 무언가 이상했다. 노라 에프론에겐 다양한 특징이 있었지만―지배욕이 있고, 까다롭고, 따뜻하고, 관대하고, 남을 멋대로 재단하기도 했지만―뭐든 대충 해 버리는 사람은 아니었다.

노라가 사람들에게 병에 대해 알리지 않은 이유는 그녀가 믿는 만트라가 '자기 인생의 피해자가 아닌 주인공이 되라'는 것이었기 때문일지도 모른다. 1996년 웰즐리 대학교 졸업식 축사에서 그녀가 한 말이다. 『아무것도 기억나지 않아』에서도 같은 말을 했다. "바나나 껍질을 밟고 넘어지면 사람들이 웃는다. 하지만 사람들에게 바나나 껍질을 밟고 넘어진 얘기를 하면, 당신이 그들을 웃기게 된다. 그렇게 당신은 농담의 피해자가 아닌 주인공이 된다."

노라의 책상에는 마피아 보스 존 고티의 사진이 있었다. 실패를 겪었을 때 기운을 북돋우기 위한 용도였다. 그 사진은 고티가 무기징역을 선고받고 법원을 나서는 순간 찍은 것이었다. 잘 재단된 훌륭한 정장 차림의 고티는 아주 근사해 보인다. 노라도 존 고티처럼 떠나고 싶다고 생각하지 않았을까 상상해 본다. 그녀는 죽어가며 주위에 지혜를 나눠 주는 사람이 되고 싶지 않았다. 그녀는 불평하는 걸 경멸했다—페미니즘에서 그녀가 싫어한 한 가지가 수많은 푸념들이었다. 한 번은 두 손을 들고 말했다. "영화 속의 여성 운운하는 패널들이라니!" 어느 저녁, 그녀는 아리아나 허핑턴과 함께 '여성을 위한 조언(Advice for Women)' 행사에 나타났다(행사 이름이 정말로 그랬다). "오늘날 여성들이 마주하는 무수한 난관들"에 대해 이야기하는 그 행사에서 노라가 건넨 조언은 이러했다. "난관이 없는 척하세요."

2012년 6월 26일 노라가 세상을 떠났다. 리나 더넘(28장 참조)이 《뉴요커》에 애정 어린 추모의 글을 보냈다. "노라가 내게 소개해 준 것들을 순서 없이 읊어 보자면, 이비인후과 의사 몇 사람, '스웨터보다 얇지만 파카보다도 따뜻해서' 그녀가 세트장에서 즐겨 입던 파타고니아 재킷, 줄리어스 슐먼의 사진들, 바니스 백화점에서 점심 식사를 한다는 발상, 자기 존중, 헬렌 걸리 브라운이라는 복잡하고 전설적인 인물, 젤로 틀, 그녀의 사랑하는 동생 딜리아."

노라가 내게 소개해 준 건 여자가 강한 의견을 내고, 재치를 부리고, 까다롭게 굴고, 그러면서도 사랑받을 수 있다는 개념이었다. 한마디로 그녀는 내게 만만찮은 여자가 되는 법을 가르쳐 주었다.

제23장

다이애나 브릴랜드

괴짜 같은 여자

우리 할머니 루나는 1903년 9월 바르샤바에서 태어났다. 아주 만만찮은 패션잡지의 여왕 다이애나 브릴랜드가 파리에서 태어난 것과 같은 해, 같은 달이었다.*

루나는 1960년대 할리우드에서 의상 디자이너로 일했다. 영화계 거물들의 아내가 입을 화려한 가운을 만들었고, 사팔눈의 샴고양이 가족을 길렀다. 내게 처음《보그》를 건네준 게 그녀였다(돌보아야 하는 아이에게 쥐어 줄 만한 물건으로 그녀의 머릿속에 떠오른 것이 패션 바이블인 이 잡지였다). 나는 루나가 커다란 작업용 테이블에서 일하는 동안 그녀의 발치에서《보그》를 한 페이지씩 흡수해 나갔다. 우리 어머니의 정당한 염려를(나는 이 잡지에서 처음으로 벌거벗은 여자 가슴을 보았다) 루나는 이 잡지가 '교육적'이라는 말로 손사래 치며 잠재웠다.

다이애나 브릴랜드처럼 루나도 짙은 색 머리칼에 위쪽 눈꺼풀이 두둑해서 종종 반쯤 감은 듯해 보이는 눈을 지녔고 까다롭고 오만한 유럽식 매너의 소유자였다. 두 여자 모두 궐련용 물부리를 이용했고 손톱을 밝은 빨간색으로 칠했다. 둘의 공통점은 여기서 끝난다. 하지만 어쩐 일인지 나는 자꾸 두 사람을 융합하여, 다이애나 브릴랜드가 우리 할머니였을지도 모른다는 비이성적인 믿음을 품게 되었다. 팩트와 픽션의 융합인 '팩션'을 평생 수행하며 살았던 다이애나라면 나의 충동을 이해하고, 나아가 칭찬할지도 모르겠다.

다이애나는 20세기 제일가는 괴짜 패션 에디터였다. 그녀가《하퍼스 바

---

* 본문에서도 언급되듯이 그녀의 이름 'Diana'는 본디 발음이 '디아나'인데(프랑스에서 태어났기에 그렇게 부른 게 아닌가 싶다), 영미인들의 일반적 발음인 '다이애나'로 널리 알려져 왔고 미국 패션계 사람들조차 그렇게 부르는 경우가 많아서 여기서도 '다이애나'로 표기했다.—옮긴이

자(*Harper's Bazaar*)》에서 패션 에디터로 일하기 시작한 1936년에(그녀는 1962년까지 그 자리를 지켰다) 패션 에디터란 대체로 의상 담당자를 미화한 표현에 불과했다. 다이애나는 그 직업을 뛰어난 안목과 훌륭한 스타일, 트렌드를 예측하는 (그리고 창조하는) 능력을 지닌 예술가의 일로 바꿔 놓았다. 1963년, 그녀는 60세의 나이로 《보그》 편집장이 되었다. 1971년에는 69세의 나이로 메트로폴리탄 미술관 의상연구소 컨설턴트로 영광스러운 마지막 직업을 얻었다. 브릴랜드 이전에 의상연구소는 소수의 학자들이나 관심을 가지는, 미술관에서 가장 따분한 부서였다. 다이애나는 혼자 힘으로 그곳에 새로운 활력을 불어넣어 14년 동안 14번의 눈부신 전시를 열고 미술관에 떼돈을 벌어 주었다. 브릴랜드는 또한 성실한 미술관 후원자들이 의무감으로 참석하여 너무 익힌 치킨 키에프를 먹는 게 전부였던 따분한 모금 행사 '멧 갈라(Met Gala)'를 화려한 전시 개막과 연계시켜 스타들이 출몰하는 패션계의 대형 이벤트로 탈바꿈시켰다. 1999년에 《보그》 편집장 애나 윈터가 갈라 주최를 넘겨받았고, (이제 그냥 '갈라'라고 불리게 된) 멧 갈라의 입장권은 온 세상 사람이 탐내는 사교계 입장 티켓이 되었다. 오늘날 멧 갈라는 모두가 사랑하는 유명인과 모두가 기꺼이 미워하는 유명인들이 전부 과도한 아방가르드 풍으로 한껏 차려입고 모이는 행사다. 애나 윈터의 공을 깎아내릴 생각은 없지만, 갈라가 열리는 저녁에 활력을 불어넣는 건 다이애나의 정신이다.

그녀는 사교계 명사인 미국인 어머니와 증권업자인 영국인 아버지 사이에서 태어났다. (본디 이름 'Diana Dalziel'은 '디아나 디엘'로 읽는데, 철자와 발음이 딴판인 'Dalziel'은 스코틀랜드 기원의 성이다. 불필요한 정보일지 모르겠으나 만에 하나라도 세련된 파티에서 샴페인을 홀짝이던 중 다이애나 브릴랜드의 결혼 전 성이 화제에 오르면 마음이 든든할 거다.) 그녀 인생의 재난이자 (결국은) 축복은 아름다운 외모를 타고나지 못한 것이었다. (그토록 견문 넓고 교양 있었던 다이애나의 어머니라면 여성의 매력에 관해 좀 더 열린 정신을 가졌을 거라고 생각하기 쉽지만, 현실은 달랐다. 많은 사람들이 다이애나를 자유분방하고 매혹적이며 카리스마 넘치는 인물로 생각했지만 어머니는 그러지 않았다.) 어머니 에밀리 키 호프먼은 빼어난 미인이었고 다이애나의 여동생 알렉산드라는 어머니를 꼭 닮았다. 다이애나의 아버지 프레더릭은 키가 훤칠하고 늠름했다. 다이애나의 볼썽사납게 커다란 코는 그에게서 물려받은 것이다. 어머니는 다이애나가 그 사실을 잊게 놔두지 않았다. 어머니에게서 "내 못생긴 작은 괴물"이라는 말을 들으면서 무너지지 않고 버틸 방법이 있을까? 다이애나 브릴랜드에게 그 답이 있다—괴짜가 되면 된다.

1차 세계대전 발발 전, 디엘 가족은 다이애나가 태어나기 전부터 살았던 파리 부아드불로뉴 가를 떠나 뉴욕 어퍼이스트사이드로 이사하여 뉴욕 사교계의 거물이 되었다. 다이애나는 영어를 할 줄 몰랐고, 사립인 브리얼리 학교에서 세 달을 버티고선 자퇴한 뒤 러시아인 발레 마스터에게 춤을 배웠다. 훗날 그녀는 그가 자신에게 규율을 가르쳤다고 늘 말하곤 했다. 16세의 나이로 사교계에 데뷔한 1919년, 그녀는 자신이 다른 여자들과 경쟁할 수 있는 유일한 수단은 스타일리시한 연극성이라고 판단했다. 다이애나는 정규교육은 받지 못했지만—그녀는 평생 이를 약점으로 생각했다—이토록 탁월한 발상을 할 수 있었다. "미모를 타고나지 못했어도 걷잡을 수 없게 매력적인 여자가 될 수 있다!" 훗날 그녀가 한 말이다. 다이애나는 수많은 명언을 남겼지만, 이 말이 최고다. 그녀의 말뜻은 이러했다. 남다른 개성을 가져라, 흥미로운 사람이 되어라, 당신의 매력을 찾아 부단히 갈고 닦아라.

화장을 배우고—붉은 입술, 네일 폴리시, 양 볼에 과감하게 바른 붉은 루즈—횐칠하고 잘생긴 견습 은행원 토머스 리드 브릴랜드의 눈에 띄자 인생이 나아지기 시작했다. 두 사람은 새러토가의 파티에서 만났다(파티가 아니라면 어디서 만나겠는가). 멀쑥한 미남자였던 리드는 젊은 시절의 게리 쿠퍼를 연상시키는 외모로, 파티장에서 가장 잘생긴 사람이었다. 다른 여자라면 좀 더 부유한 남자를 신랑감으로 점찍었겠지만 다이애나는 리드에게 정신없이 빠져들었다. 1924년 3월에 결혼한 두 사람은 곧바로 두 아들 토머스 주니어와 프레더릭을 낳고는 런던으로 직행했고, 그 덕에 1929년의 미국 증권시장 붕괴를 깨끗이 피할 수 있었다. 다이애나에게는 외할머니한테서 상속받은 돈이 좀 있어서, 브릴랜드 가족은 리젠츠파크 근처의 고급 아파트 하노버테라스에서 즐겁고 퇴폐적인 생활을 해나갔다. 부가티 차를 한 대 사고 젊은 운전사를 고용했다. 다이애나는 밝은 노란색으로 칠한 자기 집 식당에서 룸바 수업을 받았다. 천국이나 다름없었다.

브릴랜드 가족은 다이애나가 상속받은 재산을 갉아먹고 살았기에 뉴욕에 돌아갔을 때는 돈이 필요했다. 리드는 사업 수완이 썩 좋지 않았다. 게다가 다른 여자들에게 눈을 돌리면서 상당한 돈을 지출하고 있었다. 리드는 다이애나의 약점이었다. 일터에선 무척이나 깐깐하고 바라는 것이 많은 그녀였지만, 리드만큼은 무얼 하든 봐 주었다. 소문에 의하면 리드가 이혼을 요구했는데 다이애나가 받아들이지 않았다고 한다. 다이애나는 42년의 결혼생활 내내 리드를 사랑했다.

한편 다이애나의 인생에 운명처럼 카멜 스노가 등장했다. 《하퍼스 바자》의 열혈 편집장이었던 그녀는 파티에 참석했다가 세인트레지스 호텔 옥상에서 흰색 레이스 샤넬 드레스를 입고 검은 머리에 장미를 꽃고 춤추는 다이애나를 포착했다. 다음 날 스노는 다이애나에게 연락해서 일할 생각이 없느냐고 물었다. 1936년이었다.

《하퍼스 바자》 패션 에디터로서 다이애나가 처음 한 일은 「이러는 게 어때요?」라는 제목의 칼럼을 시작한 것이었다. 이 월간 '조언' 칼럼은 독자들에게 진짜 조언이 아니라 아찔한 환상을 선사함으로써 대공황을 버티는 독자들에게 반가운 기분전환을 제공했다.

마음에 드는 드레스 하나를 본떠서 여러 벌을 만들어 보는 게 어때요? 매일 저녁 어울리는 옷을 찾으려 애쓰는 것보다 훨씬 성공률이 높을 테니까요(나도 해봤다).

프랑스 사람들이 그러듯 아이의 금발 머리를 김빠진 샴페인으로 감겨 보는 게 어때요? 그러면 자라서도 금발이 유지된다고 하니까요.

내가 제일 좋아하는, 발칙하고 정신 나간 조언은 이것이다. "집 안의 모든 방을 온갖 색조의 초록색으로 꾸미게 하면 어때요? 몇 달, 몇 년이 걸릴지도 모르겠지만 완성되면 황홀할 거예요. 푸른 식물, 초록색 유리, 초록색 도자기, 슬픈 녹색과 즐거운 녹색과 맑거나 흐리거나 독성의 녹색으로 칠해진 가구들을 상상해 봐요." 우선, 문장 구조에 주목하길 바란다. "꾸미면"이 아니라 "꾸미게 하면"이다. 페인트 가게에 가서 색상 표본을 모으고 붓을 사는 사람이 당신이 아니라 하인이거나 고용된 실내장식가라는 의미다. 그것도 몇 년 동안이나. 물론 남이 일하는 장면을 지켜보는 건 황홀할 것이다. 그 사람은 페인트칠을 해야 할 뿐더러 초록색 도자기도 수집해야 한다. 초록색 도자기에 대해 아무것도 모르는 사람이라도, 그게 싸구려 잡화점에서 대충 사 올 수 있는 게 아니라는 것 정도는 알 테다. 가구를 "슬픈 초록색"으로 칠한다는 게 대체 무슨 뜻인지는 독자의 상상에 맡기겠다.

이 칼럼은 즉시 대히트를 쳤다. 독자들은 터무니없이 사치스러운 분위기에 홀딱 반했다. 다이애나는 25년 동안 매달 이런 종류의 순수한 환상을 뿜어냈고, 독자들은 25년 동안 열광했다. (《하퍼스 바자》에서는 2014년에 이 인기 칼럼을 되살렸다. 하지만 21세기의 신판은 덜 황당하고 지나치게 유용했다.)

"나는 에디터로서의 내 성공이 부분적으로는 사실이나 명분, 분위기 같은 것에 전혀 신경 쓰지 않는 데서 기인했다고 생각합니다. 제 모습을 있는 그대로 대중에게 투사하는 것, 그게 제 일이었습니다. 저는 항상 대중에게 무엇이 통하는지에 관해 완벽히, 명료하게 알고 있었다고 생각합니다. 그들 자신은 원하는 줄도 몰랐던 걸 주는 거죠." 다이애나는 말했다.

《하퍼스 바자》의 패션 에디터로서 다이애나의 업적은 거의 전설적이다. 1943년에 그녀는 영화배우 로런 바콜을 발굴했고 저명한 사진작가 리처드 애버던의 초기 커리어를 견인했다. 그녀는 패션계에서 격렬하고 아찔한 힘이었다. 하지만 세월이 흘러 카멀 스노가 은퇴하자 편집장 자리는 다이애나가 아니라 스노의 조카 낸시 화이트에게 넘겨졌다. 다이애나는 굴욕을 느꼈고 분노했다. "예술가가 필요한데 도장(塗裝) 업자를 보내다니!" (진실을 말하자면, 다이애나가 예술가였던 건 맞지만 현실적으로 예술가에게 예산을 맡기면 안 되는 법이다.)

5년 뒤 다이애나는 60세의 나이로 최후의 승자가 되었다. 미국 최고의 패션 바이블 《보그》 편집장이 된 것이다. 그녀는 고압적이고 만족시키기 어려운 사람이었다. 말이 죄다 수수께끼며 선문답 같았다. 그녀에게 의사소통의 명료성이란 무의미했다. 이탈리아 컬렉션 촬영 길에 오르는 사진작가 데이비드 베일리에게 그녀가 내린 작업 지침은 "웝(wop)'들을 많이 찍어"였다. ('wop'은 이탈리아인을 가리키는 멸칭이다. 정치적 올바름이 중시되기 이전 시대였지만, 그럼에도 이 발언은 불쾌하게 여겨졌다.)

파리에서 태어나고 자랐기 때문인지 그녀의 감수성은 본질적으로 프랑스적이었다. 그녀는 전통적인 의미에서 매력적인 사람보다 자신이 흥미롭다고 생각하는 사람들에게 끌렸다. 그녀의 모델들은 일반적인 예쁜 얼굴의 소유자가 아니었다. 연한 색 눈을 지닌 여전사형 베루슈카, 외계인처럼 생긴 퍼넬러피 트리, 무연탄 같은 눈과 앙상한 골반의 소유자 이디(13장 참조). 둥근 얼굴에 애티를 벗지 못했던 믹 재거. 로런 허튼. 셰어. 앤젤리카 휴스턴.

다이애나의 지휘하에 《보그》는 어릴 적 나를 황홀경에 빠뜨린 잡지가 되었다. 타히티, 피라미드, 한겨울 일본에서 모피 옷을 입고 있는 베루슈카. 마치 《내셔널 지오그래픽》의 아주 화려한 버전 같았다. 어쩌면 우리 할머니는 그런 의미에서 이 잡지가 교육적이라고 했는지도 모르겠다.

1960년대, 60대의 다이애나 브릴랜드는 무르익은 여자였다. 그녀가 벌인 기행의 연대기를 읊으려면 하루가 꼬박 걸릴 것이다. 그녀는 럭키스트라이크를 컬렉용 물부리에 끼워 연신 피워댔고 정오까지 옷을 입지 않았다. 화장실에 가서 거기 벽에 설치된 전화기로 통화하는 걸 즐겼다. 평소 옷차림은 검은 바지와 검은 캐시미어 스웨터였고 점심은 피넛버터와 스카치위스키 한 잔이었다. 그녀는 메모를 전부 얇은 반투명지에 적었다. 그녀의 메모는 말로 하는 지시만큼이나 수수께끼였다. 1966년 12월 9일에 그녀는 이렇게 썼다. "지난 몇 호 동안 진주를 사실상 전혀 쓰지 않았다는 걸 알고 나는 극도로 실망했어요."

다이애나는 티를 내지 않았으나 1966년은 그녀에게 나쁜 해였다. 남편 리드가 그해 식도암으로 죽었다. 그럼에도 굳이 긍정적인 활기를 내뿜고자 하는 다이애나의 모습은 사정을 아는 사람들에겐 도리어 안쓰러워 보였다. 남편의 죽음 앞에서도, 5년 뒤인 1971년 《보그》를 떠나야 했을 때도 그녀는 자신이 상심했음을 드러내지 않았다. 《보그》를 떠나게 된 데에는 근본적으로 예산을 존중하지 않는 태도가 한몫 했지만, 시대가 변하고 있었다는 것도 무시할 수 없었다. 그녀가 관심도 없고 이해할 수도 없다고 한 운동, 페미니즘이 부상하고 있었다. 그리고 미국인들은 마치 단체로 취기에서 깨어나는 것 같았다. 사치스러운 패션 화보들이—피라미드 앞에 비키니 차림으로 서거나 이브닝 가운을 입고 아마존 정글을 헤매는 모델들의 모습이—갑자기 약간 정신 나간 것처럼 보이기 시작했다.

마지막 직업이 최고의 직업일 수 있다는 증거가 필요하면 메트로폴리탄 미술관 의상연구소에서 다이애나가 펼친 멋진 활동을 보라. 재키 오나시스의 강력한 권고에 의해 의상연구소 컨설턴트로 발탁된 다이애나는 《하퍼스 바자》에서 패션 에디터라는 직책의 개념을 바꿔 놓았듯 '컨설턴트'라는 용어의 정의를 바꾸었다. 재키에 대한 호의로 다이애나를 고용한 메트로폴리탄 미술관에서는 그녀에게 연구소에 관한 '인식을 제고하는' 임무를 맡겼다. 미술관 측에서 생각한 건 아마 부유한 친구들에게서 기부금을 받아내는 수준의 일이었을 것이다. 그런데 그녀가 처음 주관한 전시였던 디자이너 크리스토발 발렌시아가 전시회는 뉴요커들에게 집단 충격을 가했다. 개막 날, 그저 근사한 의상을 입은 마네킹들이 죽 서 있겠거니 기대한 사람들의 눈앞에 펼쳐진 건 문자 그대로의 '예술 장치'였다. 극적인 조명, 분위기 있는 음악, 분위기를 최대로 끌어올리기 위해 전시장에 분사한 향수까지. 전시회에 참석한 스타들에게서도 빛이 났다. 비앙카 재거, 팔로마 피카소, 핼스턴, 그리고 물론 재키 오나시스도 그 자리에 있었다.

다이애나 브릴랜드가 우리에게 남긴 교훈은 무엇인가? 괴짜가 되는 것이 인생을 항해하는 강력하고 똑똑한 방법이라는 것. 그렇게 그녀는 만만찮은 여자가 되었다. 다이애나에게 있어 시크해지는 것은 곧 흥미롭고 독창적인 사람이 되는 것이다. 실은 그것이 아름다움보다 훨씬 더 강렬하다. 어쨌든 아름다움은 상상력과 창의성의 결과가 아니라, 출생 시의 우연에서 비롯되는 게 아니던가. 다이애나는 적었다. "아주 좋은 삶은 한 가지뿐이다. 당신이 원하고 당신이 직접 만드는 삶."

제24장

케이 톰슨

구제 불능인 여자

뮤지컬 코미디광이 아닌 이상 케이 톰슨에 대해선, 술꾼인 유모 외에는 어떤 어른의 감시도 받지 않고 퍼그 위니와 거북이 스키퍼디와 함께 플라자 호텔에서 사는 여섯 살짜리 꼬마 여주인공 엘로이즈를 만들어 낸 아동문학 작가로만(단지 그렇게만!) 알 것이다. 만일 그렇다면, 당장 유튜브에 들어가서 할리우드 황금시대의 걸작인(즉, 몹시 과장스러운 영화인) 〈퍼니 페이스(Funny Face)〉의 하이라이트 '싱크 핑크!(Think Pink!)' 신을 찾아보라. 괴짜 잡지 에디터이자 폭군인 매기 프레스콧으로 분한 케이가 어시스턴트들을 집합시켜 놓고 분홍색이 새로운 대세라고 주장하는 노래를 부른다("빨강은 죽었고 / 파랑은 한물갔고 / 녹색은 음란하고 / 갈색은 금기야").

이게 바로 케이 톰슨이다.

대담하고 발칙하며 화려한 케이는 노래와 춤에 있어서라면 20세기 최고의 재능을 타고난 여자가 아닐까 싶다. 천재적 작사가이자 재능 있는 안무가, 손 날랜 피아니스트, 훌륭한 발성 코치, 빛나는 배우이자 코미디언이었던 케이 톰슨은 고전 할리우드 뮤지컬의 DNA를 만들어 낸 미친 과학자다. 오늘날 우리가 아무 생각 없이 즐기는 공연의 관습들—디바가 무대 위에서 취하는 쫄깃한 제스처, 목청껏 열창하는 '동시에' 춤추는 스타들, 마치 악기 소리처럼 의미 없는 음절들로 노래하는 코러스 등—이 전부 '또라이' 케이 톰슨의 환상적이고 창조적인 뮤지컬 정신에서 태어났다.

캐서린 루이즈 '키티' 핑크는 미주리주 세인트루이스에서 태어났다. 출생연도는 아무도 확실히 알지 못하는데, 그녀가 거의 평생을 나이에 대해 줄

기차게 거짓말을 했기 때문이다. (나는 사람들이 나이를 속이는 이유를 진짜 모르겠다. 55살이든 50살이든 무슨 차이가 있다고? 케이의 경우는 나이를 속인 게 오히려 독이 됐다. 《뉴욕 타임스》에서는 부고 기사에서 그녀의 나이를 '92세에서 95세 사이'라고 했는데, 사실 그녀는 아직 88세였다. 하!) 여기서는 IMDb(인터넷 영화 데이터베이스)에 공식적으로 올라 있는 날짜 1909년 11월 9일을 기준으로 하겠다. 그녀의 아버지 리오 핑크는 자칭 귀금속상이었으나 실제로 하는 일은 전당포 운영이었다. 어머니 해리엇은 쾌활하고 음악적인 사람으로서 자신의 모든 재능을 네 아이를 키우는 데 쏟아 부었다.

만만찮은 여자는 대개 일찍부터 남다르다. 키티 핑크의 언니와 남동생, 여동생은 다들 매력적이었지만 '개성'이 있는 건 키티였다. 그 개성이란 소란스럽고, 눈에 띄게 여성스럽지 못하고, 요란한 감정 표출 행동과 짓궂은 장난, 버릇없는 태도로 남들의 시선을 끄는 능력이었다—수십 년 뒤 "엘로이즈 같다"라고 불리게 되는 능력 말이다. 욕심이 있었던 그녀의 어머니는 키티가 잘할 만한 분야를 찾다가 세 살 때부터 피아노를 배우게 했다. 키티는 그 어린 나이에도 음악에 재능을 보였고, 16세에 세인트루이스 심포니 오케스트라에서 리스트를 연주했다. 하지만 사실 그녀는 클래식 음악에 흥미가 없었다. 본인이 설명하기로, 손톱을 단정하게 잘라야 하는 게 싫었다고 한다.

학업 성적은 잘 쳐 줘도 어중간했다. 그녀는 고등학교를 하위 3분의 1에 속하는 석차로 졸업했고, 대학을 다니다가 중퇴하고 라디오 가수 커리어에 뛰어들었다. 대공황 시작 즈음부터 1930년대 초까지 라디오는 미국인들에게 '최고의' 홈 엔터테인먼트였다. 인기 프로그램은 요즘 우리가 중독된 HBO나 넷플릭스 드라마만큼 사랑받았다.

1920년대 후반 세인트루이스 일대를 휘어잡고 있던 라디오 방송국은 CBS 계열사 KMOX였다. 키티는 그곳의 운영자인 조지 정킨의 사무실을 찾아가 그와 약속이 있다고 우기면서, 비서에게 자기가 정말 바쁜 사람인데 조지가 사정해서 겨우 짬을 낸 거라고 힘주어 말했다. 비서와 정킨은 차례로 그녀에게 깜박 속아 넘어갔다. 정킨은 자기가 그녀를 어딘가 파티에서 만나서 한번 찾아오라고 했던 모양이라고 생각했다. (목표를 이룰 기회를 만들어 내는 훌륭한 방법이었다. 멋지다, 키티!) 키티는 정킨 앞에서 그녀가 좋아하는 블루스 가수를 모창했다. 그는 주급 25달러를 제시했다. 키티는 다른 블루스 가수가 받는 것과 동일한 급료를 요구했지만, 그러자 정킨은 주급을 오히려 20달러로 낮춰 불렀다. 안개가 자욱한 느낌을 주는 깊고 영혼이 충만한 그녀의 목소리는 분명 인상적이었으나 너무 자신만만한 태도가 마음에 들지 않았던 것이다. 키티는 개의치 않았다. 경영자들이야 수시로 바뀌지만 자기 같은 목소리는 드물다는 사실을 알고 있었기 때문이다.

케이는 그렇게 일자리를 얻었으나, 일을 진지하게 대하지는 않았다. 1931년의 한 뜨거운 봄날 그녀는 호숫가 파티에서 애인과 석양을 즐기고 있다가 문득 그날 밤에 일을 해야 한다는 걸 기억해냈다. 리허설을 하는 것도 물론 잊었기에, 애인과 함께 차를 몰고 방송이 시작된 후에야 스튜디오에 도착해서는 즉흥적으로 공연을 해야 했고—해고당했다. 이런!

같은 해 7월 그녀는 (모든 중요한 일이 일어나는 도시였던) 로스앤젤레스로 가서 KFI 방송국에서 노래하는 일자리를 구했다. 그녀는 22세였고, 다른 많은 젊은이들처럼 일을 시작하기도 전에 첫 월급보다 많은 돈을 써버리는 함정에 빠졌다. 몇 년 전 코 수술을 받았지만 한 번의 성형수술로는 충분치 않았던 모양으로, 한 차례 더 수술을 받기로 한 것이다. (내가 상대적으로 코가 작은 사람이라 너무 쉽게 말하는 걸지도 모르겠지만, 케이의 코는 그럭저럭 괜찮았고, 단점을 꼽으려면 억세고 곧고 조금 튀어나왔다는 것뿐이다. 그녀의 코는 너무 크지 않았고, 흉하지도 않았다. 단지 우리의 편협한 사고방식에서 여성스럽다고 여겨지는 코보다 조금 더 컸을 뿐이다.) 이에 치관도 씌웠다. 그러지 못할 이유가 없었으니까! 그에 더해, 윌셔 대로의 멋진 신축 아르데코 건물인 윌턴 극장에서 멀지 않은 호화로운 아파트를 빌렸다. 그리고 커리어가 뜨기를 기다렸다!

그런데 이 단계에 KFI의 편성 책임자이자 케이를 고용한 장본인인 글렌 돌버그가 통상적인 신원조사를 했다. 라디오 업계가 그렇게 좁은지 누가 알았겠는가? 돌버그는 조지 정킨에게 문의를 했고, 정킨은 그에게 키티 핑크가 재능은 있지만 믿음직스럽지 못하니 피하라고 귀띔했다. 그리하여 케이는 해고당했다. 벌써 두 번째였다. 이 상황에서 그녀가 찾은 해법은 좀 더 신중하게 행동하는 게 아니라, 그냥 이름을 케이 톰슨으로 바꾸는 것이었다. 정말 구제 불능인 여자였다. 케이는 규칙을 일종의 제안 정도로만 생각했다. 하긴 본받아 볼 만한 가치가 있는 생각이다. 키티처럼 내키는 대로 행동하고, 원칙에 얽매이지 않고, 약간의 '바자즈(bazazz, 케이가 자신의 많은 장점 중 하나를 설명하기 위해 만들어낸 단어)'를 뽐내 보면 어떨까? ('bazazz'는 'pizazz'의 변형 중 하나로, '활기와 재기, 멋지고 신남' 등의 의미를 두루 담고 있다.—옮긴이)

케이가 그냥 전속 가수에서 메인 가수로, 나아가 헤드라이너로 출세의 사다리를 오르고 있던 1930년대 후반과 1940년대 초반에 가수들은 주로 반주하는 오케스트라용 편곡에 맞춰 노래를 불렀다. 케이는 생각이 달랐다. 그녀는 약에 취한 비트족과 위험한 동네의 어두침침한 클럽에서 노래하는 블루스 가수의 전유물로 여겨지고 있었던 재즈와 스윙과 스캣에 끌렸다. 그녀는 박자표라는 감옥에서 노래를 구출해 도망가고 싶다는 충동을 거부할 수 없었다. 케이는 그렇게 가수 중의 가수, 보컬 편곡자 중의 보컬 편곡자가 되었다(보컬 편곡자는 가수가 노래를 '어떻게' 부를지를 정해주는 사람이다.—옮긴이). 조지 거슈윈과 아이라 거슈윈, 콜 포터 같은 당대의 음악적 거장들이 케이의 파격적인 혁신을 숭배했다. 다음은 전래동요 「족제비가 뽕(Pop Goes the Weasel)」을 내가 한번 고전적인 케이 톰슨 풍으로 해석해 본 것이다.

오디 덤불 주위를, 그래 주위를 빙글빙글 돌아!
원숭이, 원숭이, 그 멍청이 늙은 원숭이가 족-제-비를 쪼-쪼-쫓아갔어
원숭이가 멈춰서 양말을 끌어 올렸지, 양-양-양말 오 아름다운 양말을!
뽕, 뾰뵤봉 뽕 뽕 하고 미친 족제비는 가 버렸어

코 수술에도 불구하고—그녀는 수술을 다섯 차례 받고서야 포기했다—케이는 남자처럼 보였다. 데이비드 보위나 요즘 유행하는 슬라브계 슈퍼모델들처럼 매력적이고 양성적인 얼굴이 아니라, 게리 쿠퍼 계열의 주연 남자배우 상이었다. 게리 쿠퍼마저도 케이보다는 앙증맞은 구석이 있었다(그 속눈썹을 보라지!). 케이는 얼굴이 길었고 턱 윤곽이 뚜렷했으며 커다란 두 눈을 무정부주의자처럼 형형하게 빛내고 다녔다. 신장 166cm의 앙상하게 마른 몸매에, 15cm 하이힐을 즐겨 신었고, 무대에 오르면 여러 가지 연극적인 몸짓을 했다. 기다란 팔을 공중으로 뻗고 아주 긴 손가락 끝, 핏빛 빨강으로 칠한 손톱을 내보이는 게 장기였다. 하이힐과 네일 폴리시

와 어디든 입고 다니던 밍크 롱코트에도 불구하고 그녀의 에너지는 분명히 남성적이었다. 그녀는 영민하고 권위적이고 도발적이었다. 바자즈!

케이는 경쟁하는 양측을 움직여 중간에서 이득을 보는 일에 능했고, 허가보다 용서를 구하는 게 더 쉽다는 격언에 충실했다. 1934년에 그녀는 샌프란시스코의 라디오 방송국 KFRC에서 두 개의 음악 프로그램에 출연하기로 계약했다. 한 번에 기꺼이 수십 가지 일에 손댈 태세가 되어 있었던 그녀는 또한 지역 인기 밴드 리더인 톰 코클리와 함께 팰리스 호텔에서 공연을 하기로 했다. 한데 공교롭게도 코클리는 KFRC의 라이벌 방송국인 NBC에서 라디오 프로그램을 진행하고 있었다. 케이는 계약서의 깨알 같은 글씨들에 관해선 잊어버리고(읽기나 했는지 모르겠다) 코클리의 프로그램에 출연해 노래를 불렀다. KFRC의 상사는 그녀에게 경쟁사 출연을 그만두라고 지시했다. 여기서 케이가 찾아낸 해법은 모든 걸 그대로 두되 이름만 바꾸는 것이었다. 그녀의 목소리는 전성기 믹 재거의 목소리만큼이나 독특했지만, 어쨌거나 그녀는 이름을 주디 리치로 바꿨다. 그리고 다시 한 번 빠르게 해고당했다.

케이의 계략은 결과적으로 효과가 있었다. 1935년의 한 시점, 그녀는 평소처럼 살짝 수상한 속임수를 써서 CBS와 NBC 양쪽에서 음악 프로그램에 고정 출연하는 데 성공했다. 원래 그녀는 CBS의 〈프레드 웨어링―포드 딜러스 라디오 쇼〉에 출연키로 하고 자신을 받쳐 줄 여성 코러스를 구성했다. 그런데 옛 연인 돈 포커가 NBC에서 〈럭키 스트라이크 히트 퍼레이드〉라는 프로그램을 시작한다며 케이에게 황홀한 제안을 했다. 케이는 프레드 웨어링에게 언질 한 번 주지 않고 여성 코러스단을 빼내 갔다. 프레드는 케이에게 고소하겠다고 을렀으나, 결국은 돈 포커와 케이를 공유하는 것으로 합의를 보았다. 모두에게 이득이었다. 특히 케이에게!

케이는 실험을 계속했다. 그녀가 가장 두려워한 건 권태와 반복이었다. 케이와 그녀의 오케스트라 리더 레니 헤이턴은 신작 영화 〈톱 해트(Top Hat)〉 홍보차 순회공연 중이던 프레드 아스테어를 꼬드겨서 프로그램에 출연시켰다. 그는 나무 바닥에서 발치에 마이크를 두고 탭댄스를 췄다. 청자들은 케이에게 호기심을 느꼈지만, 그녀의 음악은 난해하다고 생각했다. 케이의 음악은 대중의 입맛보다 좀 더 진보적이었다.

케이의 라디오 커리어가 정점을 찍은 건 1936년 최고 인기를 구가한 프로그램 〈체스터필드 라디오 쇼〉를 쥐락펴락하던 시기였다. 27세의 그녀는 이미 스윙과 재즈와 팝의 거장이었으며, 연주하고, 노래하고, 대규모 혹은 소규모 합창단을 위해 편곡도 할 수 있었다. 그녀는 때때로 재미 삼아 음향효과와 과장된 가짜 외국어 억양을 이용한 우스꽝스러운 노래를 뱉어 내곤 했다. 체스터필드 사의 윗사람들에게 케이가 양보한 게 있다면, 하루 종일 달고 사는 캐멀 담배를 체스터필드 담뱃갑에 숨긴 것이었다.

1937년 1월, 케이는 재즈 트롬본 연주자 잭 제니와 눈이 맞았다. 곧 결혼을 한 그들은 (1) 자신의 커리어, (2) 술, 그리고 (3) 서로에게 푹 빠져 있었다. 우선순위도 정확히 이 순서였다. 잭은 이혼수당을 지불해야 하는 처지였고, 한눈도 잘 팔았다. 때로는 소문일 뿐이고 때로는 진짜였던 잭의 불륜에 케이는 맞바람으로 대응했다. 상대는 NBC의 사환으로서 자신의 열렬 팬이자 훗날 〈투데이 쇼〉로 방송계에서 대성공을 거두는 남자 데이브 개로웨이였다. 잭과 케이는 관계를 유지해 보려고 2년 동안 노력했지만 뭐가 되었든 상대를 위해 희생할 의향은 없었다. 그러다가 잭이 케이의 보석을 전당포에 맡기고 그 돈으로 술을 마시는 사건이 일어났다. 이에 대해 케이는 말했다. "나는 술주정뱅이들을 맨날 곤경에서 구해 주고, 돌려받지 못할 돈을 빌려 주는 멍청한 얼간이야."

그래도 케이는 헤어진 남자들과 친구로 지내는 유형의 여자라서, 훗날 힘을 써서 잭이 주디 갈랜드의 대작 음반에서 트롬본 연주를 하도록 해 주었다. 그는 오래지 않아 맹장 수술 중 합병증으로 사망했다. 그의 나이 35세였다.

우리가 잘 아는 할리우드 서사의 대부분은 유명인이 되는 과정을 그린다. 유망주가 일생일대의 배역을 맡는다—일생일대의 배역까진 아니더라도, 스크린에서의 존재감과 카리스마를 충분히 내보일 만한 배역이면 충분하다. 그 배역으로 유망주는 관객의 시선을 독차지하고 대배우로 향하는 길에 오른다. 하지만 연예계에서 실제로 더 흔한 전개는 케이가 커리어 초반에 경험한 것과 같다. 케이는 벌써 라디오와 음악계에서 이름을 떨친 스타였지만 많은 사람이 그렇듯 연기에 대한 욕심이 있었다. 몇 차례 연기 제안을 받았으나 잘 풀리지 않았다. 1937년의 어느 날, 그녀는 영화 〈맨해튼 메리고라운드(Manhattan Merry-Go-Round)〉에 본인 역할로 캐스팅되었다. 연예계에 발을 들인 뉴욕의 한 마피아 보스가 최고 인기 가수들(예를 들어 케이 톰슨)에게 자기 레이블과 계약하라고 압박을 넣는다는 줄거리의 코미디였다. 케이 톰슨은 자기 자신 역을 즐겁게 연기했고, 제작자와 감독의 뜻과 달리 조 디마지오의 노래에 피아노 반주는 하지 않겠다고 고집을 부렸다. 대사 몇 줄도 제대로 치지 못하는 야구선수의 반주자로서가 아니라 이 영화의 스타 중 하나로 자리매김하겠다는 그녀의 결의는 단호했다.

같은 해, 빈센트 미넬리 감독이 브로드웨이 반전(反戰) 뮤지컬 〈후레이 포 왓(Hooray for What!)〉에 케이를 캐스팅했다. 작품 전체의 보컬 편곡과 함께 주역 중 하나를 맡아 달라는 것이었다. 불운한 샌님 과학자를 유혹해 일급비밀 공식을 빼내는 임무를 맡은 팜 파탈 스테파니 스테파노비치 역은 케이에게는 대단한 기회였다! 하지만 배우 비비언 밴스가 제 나름대로 술수를 써서 케이의 배역을 빼앗았다. 케이는 미리 언질도 받지 못하고 프리뷰 공연 과정에서 배역이 교체됐다. 케이가 목 문제가 있어서 스스로 하차했다는 게 제작자 측의 핑계였는데, 케이가 이 소식을 듣고 분장실에서 울부짖는 걸 들은 사람들은 그 핑계가 새빨간 거짓말임을 알았을 것이다(해고 결정을 내린 것은 감독 미넬리가 아니라 제작자인 슈버트 형제로 알려졌다.-옮긴이). 어쨌거나 한바탕 소동을 벌인 뒤 케이의 목은 실제로 멀쩡치 못하게 되었다. 연극은 흥행에 성공했다. 케이는 뮤지컬 영화의 할아버지 격인 MGM의 한 제작자의 눈길을 끌어 MGM 보컬부 부장으로 채용되었다.

1942년 즈음 케이와 남자친구(이자 장차 두 번째 남편이 되는) 빌 스파이어는 뉴욕에서 로스앤젤레스로 이사했다. 두 사람의 새 거처는 선셋 대로 동쪽 끝의 근사한 레지던스 호텔인 가든오브알라였다. 이 호텔은 할리우드 힙스터의 본고장으로서, F. 스콧 피츠제럴드와 로버트 벤슬리가 할리우드에서 시나리오를 쓰던 시절 이곳에 살았다. 케이와 수영장 하나 건너에 험프리 보가트(케이는 그를 험프리 보거스라고 불렀다)가 살았고, 옆

집엔 프랭크 시나트라가 살았다('Bogus'는 '가짜의, 믿을 수 없는'이라는 뜻—옮긴이). 시나트라는 밤에 집에서 만든 스파게티를 들고 케이와 빌의 집으로 놀러 와서 두 사람과 함께 피아노를 치고 노래를 부르곤 했다. 정박(正拍)보다 살짝 늦게 부르는 시나트라 특유의 프레이징이 바로 케이에게서 배운 거다. MGM에 계약되어 있던 케이에게 시나트라를 돕는 건 이해관계에 상충하는 일이었다. 하지만 케이가 계약을 어떻게 대했는지 알지 않는가. 헤다 호퍼가 케이의 비공식 코칭에 대한 소문을 듣고 《LA 타임스》의 자기 가십 칼럼에 쓰자, 케이의 반응은 이러했다. 그래서 어쩌라고?

1940년대의 MGM 뮤지컬 가운데 케이 톰슨이 손대지 않은 것이 없었다. 대부분의 배우들은 노래를 할 줄도, 춤을 출 줄도 몰랐다. '노래'하면서' 춤을 추는 건 당연히 불가능했다. 가사 전달도 힘들었다. 케이는 사람들을 눈물이 쏙 빠지도록 채찍질했다. 케이는 남들도 자기처럼 목청이 좋을 거라고 생각했다.

1945년, 36세의 케이는 주디 갈랜드와 사랑에 빠졌다. 흔히 생각하는 '그런' 사랑은 아니었다(비록 소문은 무수했지만). 사람들이 두 사람을 두고 수군거린 건 케이가 전통적인 여성상에서 벗어난 인물이었기 때문이다. 케이는 바지를 입었고, 자신감이 넘쳤으며, 몸짓을 크게 했고, 비꼬는 스타일의 유머 감각이 있었다. 그리고 성적 매력과는 또 다른 강렬하고 열띤 매력이 있었다. 케이 톰슨에게서 배울 수 있는 최고의 교훈은 그녀가 그랬듯이 목표를 향해 거침없이 나아가는 사람에게는 나름의 무모한 매력이 있다는 것이다.

주디는 1939년 16세의 나이로 〈오즈의 마법사(The Wizard of Oz)〉를 찍은 이래 MGM에 소속되어 있었다. 그로부터 6년 뒤 케이는, 첫 결혼에서 실패하고 각성제와 진정제, 근무 조건의 일환으로 영화사 의사들이 처방해 준 다이어트 약과 씨름하고 있던 주디를 돌보기 시작했다. 주디에겐 케이 같은 사람이 필요했고, 케이에겐 자신을 필요로 하는 사람이 필요했다. 케이에겐 모든 걸 통제하고 손보는 전문가 역할이 주어져야 했다. 그녀는 조니 머서와 해리 워런의 「애치슨, 토피카, 앤드 산타페 기차에서(On the Atchison, Topeka, and the Santa Fe)」를 주디를 위해 특별히 편곡함으로써 그런 전문가 역할을 했다. 갈랜드의 대표곡인 이 노래는 그해 오스카 주제가상을 받았고 음반과 악보가 도합 몇 백만 장 팔렸다.

이제 제작자들은 케이에게 편곡을 맡기고 배우 트레이닝을 부탁하고자 줄을 섰다. 그녀는 말하듯이 노래하는 것조차 불가능한 스타들을 위해서는 목소리 대역을 뽑아 훈련시켰다. 음치 배우들을 위한 그녀의 해법이었다. 하지만 제작자들은 여전히 케이를 캐스팅하는 건 꺼렸는데, 그게 케이의 짜증을 자아냈다. 그녀는 언젠가 "MGM은 세상에서 가장 큰 매음굴이었다"라고 말했다. 거물 감독이나 제작자가 병아리 여배우와 자고선 그녀를 '발견'했다며 케이에게 보내 코칭을 맡기고, 원래 노래 코칭이었던 것이 이내 립싱크 코칭으로 퇴보하는 일이 한 달에 한 번 꼴로 일어났다. 가끔 높으신 분들이 케이에게 선심 쓰듯 배역을 던져 주기도 했다. 건방진 노처녀 오케스트라 리더 역할을 맡아 남자 배우와 함께 코믹한 노래를 한 곡 불러 주게! 케이에게는 모욕스러운 제안이었다. 케이는 제안을 물리쳤다. 계속 물리쳤다. 그만큼 자신을 존중했다. 케이는 자신의 위신을 떨어뜨리는 제안은 언제나 거절했다(우리도 그래야겠다).

1940년대 중반, 뾰족한 어깨 위에 MGM의 모든 뮤지컬이라는 엄청난 짐을 짊어지고 있던 케이는 건강이 악화되었다. 편두통과 만성적 복통이 그녀를 괴롭히기 시작했고, 먹을 수 있는 음식은 이유식 수준이었다(이전의 일용의 양식이었던 피그 뉴턴 쿠키와 술에 비하면 발전이라 할 수 있다). 케이는 거의 뼈만 남아 쇄골이 무기처럼 보일 정도였다. 친구들은 그녀에게 의사를 찾아가라고 재촉했지만, 케이는 조금은 너무 편리하다 싶게 크리스천 사이언스를 믿기 시작했고, '치유'를 제외한 모든 의료적 도움을 거부하는 이 종교의 태도를 완전히 받아들였다(한데 이 태도는 성형수술엔 적용되지 않았다. 1947년에 그녀는 세 번째 코 수술을 받았다).

그즈음 주디 갈랜드의 마약 중독 문제는 퍽 심각해져 있었다. 진 켈리와 뮤지컬 영화 〈해적(The Pirate)〉(노래 작곡 콜 포터)을 촬영하고 있던 갈랜드는 촬영일 130일 가운데 99일을 '병'으로 인해 쉬었다(약 기운이 빠질 때까지 자느라 촬영장에 가지 못한 거다). 케이는 갈랜드를 걱정했고, 갈랜드와 맞설 수 있는 몇 안 되는 사람의 하나로서 그녀가 약을 손에 넣을 때마다 압수했으나 소용없었다. 주디는 계속 '아팠고', 1948년에 개봉한 〈해적〉은 빠르게 상영관에서 내려졌다. 갈랜드가 출연한 MGM 뮤지컬 가운데 유일한 실패작이었다.

한편 5년에 접어든 케이와 빌 스파이어의 결혼은 위기에 봉착해 있었다. 스파이어는 재능 있는 피아니스트이자 라디오의 황금시대에 방영된 드라마 중 최고의 명작이라 할 〈서스펜스(Suspense)〉의 제작자였다. 20년 동안 당대 최고의 스타들을 줄줄이 출연시켜 평소 이미지와 반대되는 연기를 시킨 이 드라마는 〈앨프리드 히치콕 프리젠츠(Alfred Hitchcock Presents)〉와 〈환상특급(The Twilight Zone)〉 등 위대한 TV 앤솔러지 드라마의 원형이라 할 수 있다(앤솔러지 드라마, 혹은 앤솔러지 시리즈란 하나의 큰 주제 아래 매회 또는 몇 회 단위로 이야기와 출연자를 다르게 하여 드라마를 만드는 프로그램이다. ─옮긴이). 다시 말해 빌 스파이어 자신도 어느 정도는 거물이었다. 케이와 빌은 술을 마시고 말다툼을 하곤 했다. 말다툼을 하고 또 술을 마셨다. 하루는 유독 격해진 말다툼 도중 빌이 말했다. "어쨌건 당신은 고작 주디 갈랜드의 보컬 선생일 뿐이잖아?"

"배기관(exhaust pipe)!" 케이의 대답이었다. 참을 만큼 참았다고 말하는 케이 특유의 표현이었다.

당시에는 빠르게 이혼을 하려면 네바다주로 이사해서 6주 동안 거주해야 했다. 케이는 라스베이거스에 거처를 정했다. 실패한 결혼에 심란했으나, 한편으로는 케이 자신만큼이나 자아가 비대한 남자에게 고분고분한 아내 노릇을 해 줄 자질이 자기한테는 없다는 걸 알고 있었다. 케이가 어머니가 될 기회를 잃은 것에 슬퍼했는지 여부는 알려져 있지 않다.

여기서 잠시 멈춰 인생의 교훈 하나를 얻고 가자. 케이는 마흔이 목전이었다. 요새야 마흔이 새로운 서른이라고들 하지만, 1947년엔 그렇지 않았다. 게다가 케이는 외톨이였다. 재능 없는 연예인 지망생들을 유명인으로 키워내느라 뼈가 빠지도록 일만 했다. 그녀는 우울했을까? 어쩌면 그랬을지도. 하지만 케이는 상어와 같아서 앞으로 나아가는 것밖엔 몰랐다. 계속 일하고 창작할 수밖에 없었다.

그게 케이가 로스앤젤레스로 돌아와서 한 일이었다. 그녀는 자정을 한참 넘긴 시각까지 일하고 동이 트자마자 일어나서는 말라빠진 토스트조차 입에 대지 않고 또 20시간 동안 노래하고 춤추고 가르치고 안무를 짜고 작사를 하고 편곡을 하고, 그러는 내내 촌철살인 재담들을 날릴 수 있는 드문 사람이었다. 일을 하지 않을 때면 화려한 파티를 열고 스타들을 잔뜩 초대했다. 파티엔 피아노 두 대가 있고, 음식은 없었다. 그녀의 체중은 45kg까지 내려갔다.

암페타민이 도움이 되었다. 케이는 부유층과 유명인들에게 기적의 '비타민 칵테일'을 공급해 주는 어퍼이스트사이드의 의사 맥스 제이컵슨의 환자였다. '닥터 필굿(Dr. Feelgood)'이라는 별명으로 불린 그에게서 빠른 효능을 보이는 메스암페타민 기반 'B12' 혼합물을 주기적으로 처방받는 스타는 아주 많았다. 마를레네 디트리히, 로런 바콜, 존 F. 케네디, 트루먼 커포티, 메릴린 먼로, 미키 맨틀…. 크리스천 사이언스는 케이의 성형수술에 적용되지 않았듯이 주사를 자주, 주기적으로 맞는 것도 막지 못했다. 이따금 케이는 성대에 직접 주사를 맞기까지 했다.

라스베이거스에서 이혼을 기다리면서 케이는 재미 삼아 새로운 나이트 클럽 공연을 구상했다. 명확한 그림은 없었지만, MGM 소속으로 일하던 시절 알게 된 윌리엄스 사형제(딕, 돈, 밥, 앤디)를 꼬드겨 일단 리허설을 해 보자고 했다. 케이는 그들에게 노래하면서 춤추는 법을 가르쳤다. 이 또한 혁명이었다. 당시에 가수는 스탠딩 마이크에 매인 존재로, 가수에게 기대할 수 있는 동작은 기껏해야 몸을 좌우로 흔들고 손가락을 튕기는 게 다였다. 케이는 음향 엔지니어들에게 자신과 윌리엄스 형제들이 춤 출 공간이 나오도록 마이크를 천장에 매달 방법을 궁리해 내라고 압박했다.

케이는 자신은 키가 아주 크고 윌리엄스 형제들은 키가 아주 작은 것이 관객들에게 재미있어 보일 거라 생각했다. 사실 다섯 사람의 키는 거의 비슷했지만 하이힐을 신고 빛나는 흰 바지를 입은 케이는 마치 인간 마천루처럼 네 형제 위로 불쑥 솟았다. 어두운 색 정장과 넥타이를 똑같이 맞춰 입은 윌리엄스 사형제는 마치 말쑥하게 씻긴 아기 곰 네 마리 같았다. 공연 개막이 다가오자 계약을 매듭지어야 했다. 케이는 자신의 가치를 과대 평가하길 두려워하지 않는 여자였고—그 점에 대해선 대단하다고 인정할 수밖에 없다—계약을 자신에게 유리한 방향으로 밀어붙였다. 누군가 공연 이름을 〈윌리엄스 형제, 피처링 케이 톰슨〉으로 하자고 제안했다. 하하. 그럴 순 없지. 공연은 〈케이 톰슨과 윌리엄스 형제〉라는 이름으로 무대에 올라갔다. 케이가 수익을 50 대 50으로 나누자고 고집해서 윌리엄스 형제 각각에게 돌아간 몫은 고작 12.5%뿐이었다.

공연은 라스베이거스 엘 란초 극장에서 개막하여 플라밍고 극장으로 옮겨 갔고, 이윽고 선셋 대로의 시로스 극장으로 옮겨 갔다. 시로스 극장은 케이의 손을 거친 할리우드 일류 스타들이 서는 극장이었다. 처음에는 시로스 극장이라서 관객들이 왔다. 한다하는 사람이면 누구나 가는 곳이었으니까. 하지만 관객들이 다시 온 건 〈케이 톰슨과 윌리엄스 형제〉 같은 공연은 일찍이 어디서도 본 적 없었기 때문이었다. 케이의 공연은 로스앤젤레스에서, 나아가 미국에서 가장 인기 있는 나이트클럽 공연이 되었다. 1948년 9월 그들은 커크비 호텔 체인과 100만 달러에 3년짜리 계약을 맺었다. 당시까지 미국 나이트클럽 계약 가운데 최고액이었다. 〈케이 톰슨과 윌리엄스 형제〉 티켓을 구하는 건 오늘날 주택담보대출을 받지 않고 뮤지컬 〈해밀턴(Hamilton)〉의 티켓을 구하는 것에 비할 만큼 어려웠다. 미리 티켓을 사지 않고 도도하게 들어오면 무대 근처 테이블을 내어줄 거라 생각한 스타들은 문전박대를 당했다.

케이는 만족감에 기뻐 날뛰었다. 그녀는 매 공연 막이 내릴 때 진심을 담아 허리를 깊이 숙였고, 앙코르는 거절했다. 수수께끼의 아우라를 유지하는 게 최고라고 믿었기에 결코 관객과 어울리지 않았다. 이제 그녀에겐 공연 제의가 물밀 듯 들어왔다. 모든 라디오 방송국이 그녀에게 프로그램을 주고 싶어 했다. 케이와 말도 섞지 않던 브로드웨이 제작자들이 모자를 벗어 손에 들고 찾아왔다. 어쩌면 그녀에게 개인적으로 제일 만족스러운 일은, 영화 일간지 《데일리 버라이어티》에 MGM이 케이 톰슨에게 그 탁월한 재능들을 보여줄 수 있는 작품을 주지 않았다고 꾸짖는 글이 실린 뒤 MGM에서 다시 자기들과 일해 보지 않겠느냐며 구애의 손길을 뻗은 것이었다.

346

하. 하. 하. (케이는 MGM에 가서 스크린 테스트를 받았다.)

한편 금상첨화로 케이와 윌리엄스 사형제 중 막내인 앤디 윌리엄스가 사랑에 빠졌다. 케이는 서른여덟, 앤디는 스무 살이었다. 나이가 그 둘에게 의미 있었느냐고? 전혀. 두 사람은 일종의 비밀 연애를 하려고 했다. 때때로 동거를 했고 낸터킷섬에서 함께 휴가를 보냈다. 두 사람의 로맨스는 누구의 예상보다도 오래 지속되었다.

❦

엘로이즈의 탄생을 둘러싼 완전히 거짓부렁이인 공식 이야기는 케이가 윌리엄스 형제와의 (화보 촬영인지 리허설인지 하는) 약속에 늦은 날 헐레벌떡 도착해서는 꼬마 소녀처럼 높은 목소리로 핑계 아닌 핑계를 댔다는 것이다. "나는 엘로이즈고 여섯 살이에요!" 진실은 엘로이즈가 오래전부터 케이의 인격 중 하나였다는 것이다. 카탈리나섬에서 여학생들을 대상으로 한 호화 캠프의 카운슬러로 일하던 20대 초반, 케이는 엘로이즈 목소리를 내어 시끄러운 소녀들을 조용히 시켰다. 그리고 라디오 일을 하던 시절 가끔 무대공포에 사로잡히는 적이 있었는데, 그걸 방지하기 위한 의식이 위스키를 한 잔 마시고 엘로이즈를 한두 차례 흉내 내는 것이었다. MGM에서 그녀는 트레이드마크인 밍크 롱코트를 입고 구내식당을 돌아다니며 엘로이즈 흉내를 내어 점심을 먹는 스타들을 즐겁게 했다. 케이는 엘로이즈를 책으로 만들 수 있을 거라 생각지 않았다. 엘로이즈는 케이가 내는 새되고 고압적인 목소리일 뿐이었으니까. 하지만 《하퍼스 바자》 주니어 에디터였던 D. D. 라이언은 생각이 달랐고, 1954년 케이에게 젊고 재능 있는 일러스트레이터 힐러리 나이트를 소개했다.

처음에 두 사람의 협업은 보람차고 즐거웠다. 케이는 나이트클럽 공연 사이 짬이 날 때마다 메모를 끼적였고, 나이트는 크리스마스카드에 완벽한 엘로이즈(볏짚 같은 머리칼, 허리띠 위로 튀어나온 작은 똥배)를 포착해 그려 냈다. "나는 석 달 간 휴가를 내어 책을 썼다. [힐러리와 나는] 플라자 호텔에 처박혀서 작업을 했다. … 글을 쓰고, 편집하고, 웃고, 외곽선을 그리고, 자르고, 붙이고, 다시 웃고, 소리 내 읽고, 또 웃고, 그러다 보니 손에 책이 들려 있었다."

1955년 11월에 출판된 『엘로이즈: 조숙한 어른들을 위한 책(Eloise: A Book for Precocious Grown-Ups)』의 초판은 7,500부로 소박했다. 잡지 《라이프》 12월호에 책 소개가 실리자 엘로이즈는 순항을 시작했다. 케이는 당장 맨해튼의 플라자 호텔에 거처를 마련했다. 모든 토크쇼에 손님으로 초대받았다. 하늘을 나는 기분이었을 거다. 《뉴요커》에 엘로이즈의 매력 절반은 힐러리 나이트의 몹시 사랑스러운 삽화 덕분이라고 언급한 서평이 실릴 때까지는 말이다.

샘 어빈의 케이 톰슨 전기에는 엘로이즈의 최종 버전에 영감을 주었을 많은 소녀들이 거론되어 있다. 케이의 대녀 라이자 미넬리, 루시 아네즈, 시고니 위버, 야스민 칸 공주 등등. 하지만 나는 케이가 그냥 자신의 내면을 들여다보는 걸로 충분했으리라고 생각한다. 고집스럽고 뻔뻔하고 충동적인 엘로이즈는 케이 그 자체였다. 케이는 세상 사람들이 엘로이즈와 사랑에 빠지고, 그 사랑을 성급한 동일시로 나타내는 걸 지켜보며 점점 더 분노했다. 케이는 바로 자신이 엘로이즈라고 사람들에게 환기시키고자 했다. 하지만 자기 안에 말썽쟁이가 있다고 생각하는 모든 여자가 자신이 엘로이즈라고 주장하고 있었다.

이 시점에서 밝히고 넘어가야 할 사실 하나. 나는 아마도 영어권에서 스스로 엘로이즈라고 생각지 않은 유일한 여자였을 것이다. 나는 외동딸로서 부모님과 사이가 좋았다. 가족이 종종 서부로 로드 트립을 떠날 때면 커다란 수영장이 딸린 호텔이 아니라 모텔에 묵었다. 어렸을 적 내 눈에 엘로이즈는 약간 불안정해 보였다. 영 쿨하지 못하다는 건 알지만 고백해야겠다. 나는 엘로이즈보다는 매들라인에 가까운 소녀였다(매들라인은 루트비히 베멜만스가 쓰고 그린 어린이 책 시리즈의 주인공이다. 배경이 파리여서 국내 번역서에선 '마들린느'로 표기하고 있다. ―옮긴이).

케이 톰슨의 유령에겐 비밀로 해 주길.

케이는 밥 번스틴과 손잡고 자기 소유의 라이선스 회사를 차려 온갖 엘로이즈 상품을 엄청나게 팔아 댔다. 지금은 몰라도 과거엔 흔치 않은 일이었다. 당연히 엘로이즈 인형이 있었고, 엘로이즈 옷, 엘로이즈 가발, 엘로이즈 가방, 엘로이즈 수건과 목욕 타월 세트, 엘로이즈 엽서, 그리고 (바주카 풍선껌과 거북이 먹이, 크레용, 선글라스, 플라자 호텔의 '방해하지 마시오' 표지판 등으로 구성된) 엘로이즈 응급 키트도 있었다. 플라자 호텔에선 '세발자전거 차고'라는 이름의 어린이 메뉴를 도입했고 케이의 객실 복도 끝에 엘로이즈 전시실을 만들었다. 호텔의 팜 코트 벽에 걸린 엘로이즈의 유화 초상화는 지금까지도 당당히 자리를 지키고 있다.

시간이 흐르면서 케이는 엘로이즈에 대한 미국인들의 열광이 짜증스러워지기 시작했다. 처음에 케이는 귀여운 삽화를 그린 나이트와 공을 나눠 가지고 싶지 않았다. 조금 뒤에는 팬들이 '자기가' 엘로이즈라고 주장하는 게 싫었다. 젠장, '내가' 엘로이즈라니까. 케이가 CBS의 드라마 프로 〈플레이하우스 90〉에서 엘로이즈 역할을 맡은 아역 배우를 질투하고 짜증을 내기 시작하면서 분위기는 더욱 이상해졌다.

처음에 케이는 에벌린 루디를 예뻐했다. 하지만 사람들이 그녀를 에벌린 '엘로이즈' 루디라고 부르기 시작하자 케이의 태도는 냉랭해졌다. 어느 날 밤 케이와 에벌린은 플라자 호텔의 연회장 페르시아 룸에서 공연이 잡혀 호텔을 찾은 가수 어사 키트와 마주쳤다. 어사는 에블린을 보고 "네가 새 엘로이즈구나!"라고 말했고, 케이는 그 직후 방송국에 자신이 엘로이즈의 목소리 연기를 맡겠다고 통보했다. 그녀가 제시한 방법은 그야말로 엉터리였다. 에블린은 말을 할 때마다 카메라를 등지거나 입을 손이나 책으로 가리도록 하고, 마이크에서 가장 가까운 가구 뒤에 웅크리고 있던 케이가 새된 목소리로 대사를 치겠다는 것이었다.

물론 이 방법이 통할 리 없었지만, 사람들은 케이에게 그렇게 말할 용기를 마지막 순간까지 내지 못했다. 그즈음엔 많은 사람들이 케이에게 그녀가 듣기 싫어하는 말을 하길 두려워하고 있었다. 대부분의 경우 그녀에게 진실을 말할 수 없었다는 뜻이다. 막판에 가서 꼬마 에블린 '엘로이즈' 루디가 직접 대사를 하는 것으로 결정되었지만, 어쨌거나 프로그램은 혹평을 받았다.

큰 실망거리는 아니었다. 엘로이즈는 이미 공식적인 문화 현상이었고, 『파리의 엘로이즈』(1957년)와 『크리스마스의 엘로이즈』(1958년), 『모스크바의 엘로이즈』(1959년) 세 권이 잇따라 출간되었다.

케이는 1962년에 『엘로이즈 목욕하다(Eloise Takes a Bawth)』의 계약금을 받았다. 힐러리 나이트와의 협업 관계는 파탄이 나기 일보 직전이었다. 그녀는 여전히 삽화가가 자신의 공로를 나눠 갖는다는 사실에 짜증이 났고 나이트와 로열티를 나누는 것에도 질색했다. 나이트가 제출한 삽화를 퇴짜 놓기 일쑤였다. 사이먼앤드슈스터 출판사의 편집자는 결국 지지부진한 프로젝트를 포기했다. 이 프로젝트는 두 세대가 지나 재개되었다. 2002년에 나이트의 삽화가 들어간 『엘로이즈 목욕하다』가 출간되었다.

엘로이즈에 대한 케이의 집착은 끝을 몰랐다. 오랜 세월이 흐른 뒤에도 그녀는 맹렬하게 자기 작품을 지켰다. 엘로이즈 시리즈의 탄생 40주년을 기념하여 뉴욕의 한 서점에서 쇼윈도에 커다랗게 전시물을 설치했다. 케이는 서점에 전화해서 전시물이 '케이 톰슨의 엘로이즈'가 아닌 그냥 엘로이즈를 광고하고 있다고 불만을 표했다. 1995년, 케이가 86세 때의 일이었다.

1957년 케이는 프레드 아스테어, 오드리 헵번과 〈퍼니 페이스〉에 출연해 앞서 언급한 〈싱크 핑크!〉 신을 멋지게 소화하며 관객들의 시선을 사로잡았다. 그녀의 배역 매기 프레스콧은 《하퍼스 바자》 편집장 다이애나 브릴랜드(23장 참조)에게서 영감을 받은 것이었다. 이 배역이 케이가 할리우드에서 맡은 유일한 주역이었다. (1970년에 사랑하는 대녀 라이자 미넬리와 함께 실패작 〈날 사랑한다고 말해요, 주니 문(Tell Me That You Love Me, Junie Moon)〉에도 출연했지만, 이 영화에 관해선 아무 말도 않는 게 낫겠다.) 잠시 멈춰서 이 아이러니를 곱씹어 보자. 케이는 편곡자, 가수, 댄서로서 타고난 아찔한 재능과는 전혀 무관한 어린이 책을 성공시키고서야 영화의 주연급 역할을 따낼 수 있었다.

〈퍼니 페이스〉는 히트작이었고 뉴욕의 모든 신문(당시 7개였다)에서 케이 톰슨을 할리우드의 하늘에 떠오른 빛나는 신성으로 대서특필했다. 48세, 케이가 연예계 커리어를 시작한 지 거의 30년이 된 시점이었다. 케이는 성공했다―자신의 기준으로도, 세간의 모든 기준으로도 성공했다. 그런데 인생의 수수께끼 하나는, 자신이 원하는 걸 딱 그대로 얻는다 해도 더 행복해지거나 삶이 더 수월해지지는 않는다는 거다.

폭풍우 치는 태평양의 말리부 해안으로 밀려드는 파도처럼 영화 제의가 밀려들었다. 극장 공연 제안도 마찬가지였다. 극작가 노엘 카워드가 브로드웨이에서 개막할 연극에 출연해 달라고 부탁했지만 케이는 4반세기 전 〈후레이 포 왓!〉에서 해고당한 일로 여전히 상처받고 있다는 진부한 평계를 대고선 거절했다.

헛소리였다. 결과적으로 모든 걸 망친 건 케이의 비대한 자아였다. 케이는 자신이 완전히 통제할 수 없는 것에는 참여조차 하지 않으려 했고, 〈앤티 메임(Auntie Mame)〉이나 〈모던 밀리(Thoroughly Modern Millie)〉, 〈핑크 팬더(The Pink Panther)〉 등등 대중문화의 고전이 될 영화들의 배역을 전부 거절했다.

1962년, 케이는 충동적으로 로마로 이사했다. 베스파 스쿠터를 타고 돌아다니다가 플레이텍스 브라 제조회사의 미국인 중역과 잠깐 동안 사랑에 빠지기도 했다. 그녀는 화려한 3층짜리 아파트를 빌려 벽을 지중해를 닮은 푸른빛으로 칠하고 커피 테이블을 네일 폴리시로 칠했다. 가끔은 옥상 테라스에 앉아 로마의 요란한 석양을 바라보며—아주 잠깐—생각했다. 이게 인생이지. 그녀는 단골 술집 블루 바에서 피아노를 치며 노래 부르기를 즐겼다. 애창곡은 「마이 퍼니 밸런타인」이었다.

위대한 이탈리아 감독 페데리코 펠리니가 케이에게 흥미를 느끼고, 같이 일할 수 있을지 알아보고자 자기 사무실로 초대한 일이 있었다. 케이는 그가 자신을 그로테스크한 배역에 써먹을 작정이라는 걸 눈치 챘다. 물론 그런 연기엔 케이가 적역이었을 것이다. 하지만 케이는 거절했다.

케이는 괴짜였다—요새는 찾아보기도 어려운 유형의 괴짜. 그 별난 커리어 내내 그녀는 디바처럼, 더 많은 걸 가질 자격이 있는 여자처럼 행동했

다. 사람들은 오만한 여자를 잘 받아들이지 않는다. 뛰어나게 아름다운
여자가 아니라면 말이다. 케이는 단지 뛰어나게 재능이 있었을 뿐이다. 그
리고 그것만으로도 자기 모습대로 살아갈 자격이 있다고 믿었다.

제25장

라번 콕스

흔들리지 않는 여자

라번 콕스는 앨라배마주 모빌에서 보낸 어린 시절 이야기를 종종 꺼낸다. 그녀는 나이를 밝히지 않으므로 정확히 몇 년도 일인지는 모른다. (아프리카계 미국인 트랜스젠더 여성으로 사는 건 이미 충분히 힘들다. 라번은 편견과 포비아, 악의 없는 오해에 더해 구태의연한 연령차별까지 감내할 생각이 없다.)

어릴 적 라번은 매일 하굣길 버스에서 내리면 뒤쫓아 오는 아이들을 피해 발이 땅에 닿는 순간부터 내달려야 했다. 잡혔다가는 흠씬 얻어맞기 일쑤였다. 그날 라번을 괴롭힌 무리는 학교 밴드 아이들이었다. 그들은 라번을 바닥에 쓰러뜨리고 드럼채로 구타했다. 한 학부모가 이를 보고 교장에게 연락했고, 교장은 라번의 어머니에게 연락했다. 라번은 어머니에게 이 사건을 알리고 싶지 않았다. 어머니는 라번이 맞서 싸우기만 하면 문제가 해결될 거라고 생각했지만 라번은 아이들이 무서웠고, 맞서 싸우고 싶지 않았다. 어머니는 라번이 폭행당하는 게 그녀의 잘못인 양 굴었다.

라번 콕스는 여자 교도소를 배경으로 한 넷플릭스 히트작 〈오렌지 이즈 더 뉴 블랙(Orange Is the New Black)〉에서 신용카드 사기꾼이자 미용사인 소피아 버셋 역을 연기한 것으로 제일 잘 알려져 있다. 앨라배마주 모빌에서 태어난 그녀는 일란성 쌍둥이 형제 M. 러마와 함께 어머니의 손에서 컸다. 원래 이름은 로더릭 라번 콕스였고, 초등학교 3학년 때 여성으로 정체화했다. 2014년 6월 그녀가 《타임》 표지에 실렸을 때(기념비적인 사건이었다)의 인터뷰에서 그녀는 그 시절에 대해 이렇게 말했다. "…저는 그냥 제가 여자라고 생각했고, 여자와 남자 사이에 차이가 없다고 생각했습니다. 사춘기에 이르면 여자가 되기 시작할 거라고 상상했던 것 같아요."

사춘기에 이르자 그녀는 여자가 아니라 남자를 좋아하는 남자가 되었고, 혼란과 수치심은 가중되었다. 이전에 이미 한 선생님은 어머니에게 라 번을 엄하게 가르쳐야 한다면서 그러지 않으면 "당신 아들은 뉴올리언스 에서 드레스를 입고 돌아다니게 될 겁니다"라고 말했었다. 라번은 그게 정 확히 무슨 의미인지는 몰라도, 부끄러운 것임은 알았다. 그녀는 할머니가 깊이 실망한 표정으로 천국에서 자신을 내려다보고 있을 거라고 상상했 다. 그래서 약장에서 발견한 약병 속 알약을 죄다 삼켰다. 할머니를 만나 게 될 거라고 기대하며 누웠지만, 잠에서 깨었을 때 그녀를 기다리는 건 극 심한 복통이었다. 그녀는 그 일을 누구에게도, 심지어 어머니에게도 말하 지 않았다.

결국 라번을 구한 것은 그녀의 창조 욕구와, 예술가가 되어 공연자로서 생계를 유지하겠다는 강한 열망이었다. 라번은 인디애나 대학교 블루밍턴 캠퍼스와 메리마운트 맨해튼 칼리지에서 춤과 연기를 배웠다. 〈오렌지 이 즈 더 뉴 블랙〉의 소피아 역을 맡기 전에는 성노동자 역할만 연기해 보았 다. 인생을 바꿀 배역은 일곱 번 창녀 역할을 맡은 뒤 찾아왔다. 2013년에 〈오렌지 이즈 더 뉴 블랙〉이 방영된 뒤로 그녀에게는 연달아 '최초'라는 수 식어가 붙었다. 프라임타임 에미상 후보에 오른 최초의 트랜스젠더(임을 공개적으로 밝힌) 여성, 주요 주간지(《타임》) 표지에 실린 최초의 트랜스 젠더 여성, 마담 투소 박물관에 밀랍인형이 전시된 최초의 트랜스젠더 여 성. 그녀는 2015년 백악관 출입기자단 연례 만찬에 참석하여 영부인 미셸 오바마의 포옹을 받았다. 2017년에는 지상파 방송 드라마에서 트랜스젠 더 역을 연기한 최초의 트랜스젠더가 되었다(CBS의 〈다우트(Doubt)〉였는 데, 두 회만 나가고 알 수 없는 이유로 폐지되었다).

라번 콕스는 분명히 성공했다. 어렸을 적부터 꿈꿨던 스타가 된 지금, 그녀가 긴장을 풀고 성공의 달콤한 과실을 즐긴다 해도 비난할 사람은 없을 것이다. 연기 커리어에 집중하고, 일급 파티에 참석하고, (2017년 그래미에서처럼) 시상을 하고, 잡지 표지 촬영을 하고, 그녀의 조각 같은 몸에 옷을 입히고자 하는 디자이너들에게서 근사한 의상을 받아 입을 수도 있었다. 자신이 트랜스젠더라는 점에 관한 (대체로 난감하고 불쾌하고 감 떨어지는) 질문들은 예의 바르게 피하면서 충분히 그렇게 할 수 있었다. 그러면 지금처럼 애쓰고 좌절하고 인내심을 바닥까지 긁어모으지 않아도 되었을 것이다. 그냥 자기 인생을 살아도 되었을 것이다. 트랜스젠더 이슈에 대응하지 않아도 되었을 것이다. 하지만 지금 그녀는 세상에 트랜스젠더도 사람임을 보이겠다는 단순하고 인간적인 대의에 헌신하고 있으며, 입을 다물거나 조용히 자리를 뜰 의향은 전혀 없다. 라번은 흔들리지 않는다.

2014년, 케이티 커릭이 토크쇼 〈케이티〉에서 라번과 트랜스젠더 모델 카먼 카레라를 인터뷰했다. 커릭은 아마도 직설적으로 파고드는 기자 노릇을 하겠다는 생각에서 "당신이 겪은 과정이 신체적으로 고통스러웠습니까?" "당신의 은밀한 부위는 이제 달라졌죠, 그렇죠?" 따위 질문을 던졌다.

시스젠더(cisgender, 타고난 신체적 성별과 본인이 정체화한 성별이 일치하는 사람 ─옮긴이)에게 던져지는 질문 가운데 이에 비견할 만한 걸 찾기는 불가능하다. 그나마 생각난 것이 내가 〈투데이 쇼〉에 출연했을 때의 일이다. 나는 어느 잡지에 16세 연하의 남자와 사귀는 것에 대한 글을 기고한 적이 있는데, 앤 커리가 이에 대해 질문했고 나는 방송에서 기대하는 대로 "잘 사귀어 봐야죠!" 하고 장난스러운 분위기로 답했다. 커리는 내가 본 조비 음악을 얼마나 많이 견뎌야 하는지, 남자가 자기 또래 여자와 눈이 맞을까 봐 걱정되지는 않는지에 대해 물었다(나의 대답: 당신이 예상하는 것보다 훨씬 많이. 그래도 자기 또래 여자와 눈이 맞으면 양반이고, 내 또래 여자와 눈이 맞아 나를 버린다면 죽여 버릴 거다). 하지만 만일 앤 커리가 중년에 접어든 내 질의 상태에 집중했더라면 어땠을까? 그녀가 "당신에게 섹스가 고통스럽습니까? 윤활제를 얼마나 사용해야 하나요?"라고 물었다면 어땠을까?

라번의 인터뷰가 공개되자 인터넷에서는 즉시 커릭의 인터뷰 방식을 무자비하게 비판하는 여론이 들끓었다.

그러나 라번은 속으로는 발끈했을지 몰라도, 커릭의 당황스럽고 공격적인 생식기 질문을 환영했다. 덕분에 대화를 의미 있는 방향으로 이끌 기회가 생겼기 때문이다. 만일 인터뷰어가 라번이 맡은 배역에 대해 진부하고 뻔한 질문만 던졌더라면 라번은 이런 말을 할 기회를 잡지 못했을 것이다. "수술에만 집중하면 트랜스젠더들을 대상화하게 됩니다. 그러면 트랜스젠더가 실제로 경험하고 있는 삶, 그들의 현실에 대해서는 생각하지 못하게 되죠. 저희는 자주 폭력의 대상이 됩니다. 실업률은 국민 평균의 두 배고, 유색인종 트랜스젠더의 경우는 네 배입니다. LGBT 공동체 내에서 살해당하는 비율은 트랜스젠더 여성에게서 가장 높게 나타납니다. 성전환에만 집중한다면 이런 주제에는 영영 이르지 못하게 됩니다."

〈케이티〉는 낮에 방송되는 여성 토크쇼였다. 아기를 낮잠 재우는 어머니, 독감에 걸려 일을 쉬는 회사원, 빨래를 개거나 저녁 식단을 짜면서 TV를 보는 주부들이 주요 시청자였다. 라번은 여성스럽다고 여겨지는 태도로 문제를 피해 갈 수도 있었다. 라번은 아주 재미있는 사람이니만큼 "오, 케이티, 그건 당신의 상상에 맡길게요"라고 답하고 화제를 바꾸는 것도 쉬웠을 테다. 하지만 그녀는 대중에게 트랜스젠더를 보여주고, 트랜스젠더에 대해 교육하는 걸 자기 일로 여긴다. 라번은 자신의 명성을 이용해 매일 트랜스젠더의 '삶의 체험'에 대한 사람들의 인식을 고취하고 있으며 《허핑턴 포스트》에 「투표자 억압과 트랜스젠더 공동체」, 「모두가 트랜스젠더다: 젠더 억압은 우리 모두를 해친다」 등의 제목으로 사려 깊은 블로그 글을 올리기도 한다.

2015년, 라번은 잡지 《얼루어(Allure)》에 누드 화보를 실었다. 이미 두 차례 제안을 거절한 뒤였다. 그녀는 이것이 커리어를 스스로 망치는 행동은 아닐지, 심각한 반발이 뒤따르진 않을지 두려웠을 것이다. 밴드 아이들에게 폭행당한 것과 비슷하거나 그보다 더 나쁜 일을 당할 수도 있었다. 그녀는 말했다. "하지만 저는 흑인 트랜스젠더 여성입니다. 흑인 여성은 특정한 기준들을 만족시키지 못하면 아름답다는 말을 쉽게 듣지 못하죠. 트랜스젠더 여성이 아름답다는 말을 듣지 못한다는 건 두말할 나위 없고요. 저는 흑인 트랜스젠더 여성이 자신의 모든 면을 수용하고 사랑하는 모습이 누군가에겐 용기를 불어넣을 거라고 생각했습니다. 우리가 스스로 불완전하다고 여기는 것들에 아름다움이 있지요."

말이야 옳은 말이지만, 사실 잡지에 실린 아름다운 흑백 화보에서 그녀는 그냥 완벽해 보인다. 알고 보니 라번은 화보에 적격인 인물이었던 거다. 2017년 여름, 비욘세가 자신의 브랜드 아이비 파크의 운동복 라인 모델로 라번을 기용했다. 라번은 정말로 숨이 막히도록 터무니없이 아름답다.

미국에서 트랜스젠더는 길거리를 걸으려면 목숨을 걸어야 한다. 과장이 아니다. 2014년에서 2015년 사이에 트랜스젠더를 대상으로 한 혐오범죄가 세 배로 늘었다. 그중에서도 아프리카계 미국인 트랜스젠더 여성을 대상으로 한 범죄의 발생률이 가장 높다. 2013년 8월, 이슬란 네틀스라는 이름의 여성이 뉴욕의 거리를 걷다가 살해당했다. 웬 남자가 그녀에게 수작을 걸다가 트랜스젠더임을 알고 때려죽인 것이다.

라번이 이런 위험을 온전히 이해하고 있다는 것, 그럼에도 불구하고 스스로를 위험에 내모는 선택을 했다는 것. 사람들의 편견에 딴죽을 걸고 다시 생각해 보도록 했다는 것. 여기엔 많은 용기가 필요하다. 그래서 라번은 만만찮은 여자다. 대담하고, 단호하고, 갈등과 불쾌한 상황을 피하고자 하는 많은 여자들과 달리 결코 움츠리지 않는다. 라번은 기품 있고 존엄하게 비판자들을 환영한다. 우리 모두 그녀에게서 배워야 할 교훈이다.

제26장

힐러리 로댐 클린턴

야심찬 여자

영부인 힐러리 클린턴이 등장하는 백악관 이야기를 하나 들려주겠다. 좀 더 정확히 말하면, 웨스트윙(대통령 집무공간이 있는 백악관의 서쪽 별관—옮긴이)에 있는 그녀의 사무실을 배경으로 하는 이야기다. 2000년 1월 24일 아침 나는 잠시 그곳에 차를 대고 있었다. 빌 클린턴 대통령이 미국 여성들을 위해 2,700만 달러를 들여 남녀 균등임금의 법제화를 추진하겠다고 발표하는 날이었다. 나는 잡지 기사 취재를 위해 백악관을 찾았는데, 오전 11시로 예정된 클린턴 대통령의 발표보다 훨씬 일찍 도착했다.

찰랑거리는 머리칼의 자그마한 사환이 나를 어떻게 해야 할지 고민하다가 일단 영부인 사무실에 들어가 있으라고 했다. 힐러리는 부재중이었지만, 여행에서 받은 선물들로 장식되고 직원들이 활기찬 모습으로 일하는 그녀의 사무실이 무척 친근한 분위기라서 놀란 기억이 난다. 진주 목걸이를 한 젊은 보좌관이 내게 물을 한 잔 권했다. 나는 시간을 때우고자 그녀에게 영부인 아래에서 일하는 게 재미있느냐고 물었고, 그녀는 너무 좋다고 답했다. 영부인과 일하는 것의 가장 큰 장점이 무엇인지 묻자 그녀가 활짝 미소 지었다. "그분은 제가 똑똑하다고 느끼게 하세요!" 영부인의 취미는 무엇이냐고 묻자 스테어마스터 운동기구라는 대답이 돌아왔다.

2016년 대통령 선거운동 기간, 사람들이 힐러리에게 사악한 독재자들에게나 쏟아야 할 증오를 퍼붓는 동안 나는 그날을 자주 떠올렸다. 진주 목걸이를 한 젊은 보좌관은 내가 무슨 일로 백악관을 찾았는지 몰랐을 것이다. 자기 일을 좋아하는 이유는 힐러리가 그녀를 똑똑하다고 느끼게 만들기 때문이라고 한 게 어떤 불순한 저의에서 나온 거짓 대답 같지는 않았다. 보좌관은 일이 그냥 괜찮다고, 힐러리 아래에서 일하는 것의 장점은 혜택이 많기 때문이라고 말했을 수도 있다. 하지만 그러지 않았다. 그날 나는 힐러리의 한 측면을 슬쩍 엿본 듯한 기분이 들었다. 젊은 부하 직원으로 하여금 상사가 자신의 지적 능력을 알아준다고 느끼게 만드는 힐러리 말이다. 나는 선거운동 기간 내내 이 기억을 떠올렸다. 힐러리가 실수를 하고, 김칫국부터 마시고, 내가 생각했던 여자의 모습을 보여주지 못했을 때조차 나는 이날의 작은 경험을 근거로 힐러리에 대한 믿음을 지켰다.

힐러리 다이앤 로댐은 1947년 10월 26일에 태어났다. 내가 판단하기에 그녀는 애초부터 만만찮은 여자였다. 아주 똑똑하고 성취욕이 강했다는 뜻이다. 전 과목 A를 받는 학생이었던 그녀는 브라우니단에 이어 걸스카 우트로도 활동했다. (물증은 없지만, 그녀가 자기 걸스카우트 대에서 배지를 가장 많이 모은 대원이었으리라는 심증이 간다.) 고등학교 2학년 때는 부학생회장으로 선출되었고 이듬해인 1964년에는 학생회장 선거에 나갔다가 남학생에게 패했다. 하나의 전조(前兆)랄까, 그 남학생은 힐러리에게 여자가 당선될 거라고 생각하다니 멍청하다고 말했다 한다. 싸구려 소설이라도 이런 복선은 안 쓸 거다. 공로 배지와 좋은 성적은 많은 사람이 얻을 수 있다. 하지만 모두가 원하는—권력과 위신 둘 다를 거머쥘 수 있는—딱 하나의 중요한 직위가 있을 때는 얘기가 달라진다. 여자들은, 아주 자신감 넘치고 야망 있는 여자가 아니라면, 웬만해선 그 직위를 노리지 않는다.

힐러리는 1969년 웰즐리 대학교를 (기립박수를 자아낸 연설을 하며 우등으로) 졸업한 뒤 예일 로스쿨에 입학했다. 그녀는 2016년 〈휴먼스 오브 뉴욕〉 블로그와의 인터뷰에서 말했다. "저는 하버드 대학교의 큰 강의실에서 로스쿨 시험을 봤습니다. 시험장 안에 여자는 저와 제 친구를 비롯해 몇 되지 않았습니다. 긴장이 되더군요. 저는 대학 졸업반이었고, 잘 할 수 있을지 확신이 서지 않았습니다. 시험 시작을 기다리고 있는데 한 무리의 남자들이 큰 소리로 지껄이기 시작했습니다. "'너희는 이 시험을 군이 볼 필요가 없잖아.' '다른 할 일도 많은데.' 비난은 점점 심해졌습니다. 한 사람은 심지어 이런 말까지 했습니다. '네가 내 자리를 차지하면 난 징병당할 테고, 베트남에 가서 죽겠지.' 농담이 아니었습니다. 격앙된 분위기였어요."

힐러리는 난처했지만 마음을 다스렸다. 오늘날 그녀가 밉보이는 이유 중 하나인 자기통제력을 발휘한 것이다. 그리고 시험을 잘 봐서 합격했다. 그녀는 계속해서 학업에 집중하며 절도 있는 생활을 했고, 같은 학교 학생이었던 빌 클린턴에게 구애를 받았다. 1971년경에 두 사람이 찍은 사진이 남아 있다. 빌은 머리숱이 많고 어울리지 않는 수염을 기르고 있다. 힐러리는 가운데 가르마를 탄 생머리에 가는 금속테 에이비에이터 선글라스를 낀 멋들어진 글로리아 스타이넘 풍 패션을 자랑하고 있다. 둘 다 코트 품이 맞지 않고 바짓단은 너무 짧다. 그러나 지성과 낙관으로 빛을 내고 있다. 2016년 민주당 전당대회를 본 사람이라면 들었겠지만, 청혼을 한 쪽은 빌이었다. 힐러리는 당시엔 청혼을 받아들이지 않았다.

두 사람은 1973년에 졸업했다. 빌은 컬럼비아 특별구 변호사 시험에 떨어지고, 대신 고향인 아칸소주의 변호사 시험에 붙었다. 힐러리는 동북부에 머물면서 빛나는 커리어를 시작할 수 있었으나 그녀 안의 만만찮은 여자 기질을 버리고 빌을 따라 아칸소로 갔다. 그토록 독립적이었던—벌써 상원의원, 나아가 대통령이 되겠다는 야심을 품고 있던—그녀가 '자기 남자를 따라간' 것이다. 그렇다고 뉴욕처럼 미국 정치의 다스 베이더(《스타워즈》에 나오는, 강력한 힘과 지배력을 지닌 인물의 전형-옮긴이)가 되겠다는 야심을 보다 쉽게 실현할 수 있을 엘리트 도시로 가는 것도 아니었다. 남자 친구의 고향 아칸소주에서(월마트가 첫 매장을 연 주다) 거침없는 양키 여자가 성공할 가능성은 불투명했다. 그럼에도 힐러리는 자신의 심장이 시키는 대로 따랐다.

힐러리가 좀 더 전통적인 여성이길 바라는 사람들이 왜 이 결정에 후한 점수를 주지 않는지 참 의문이다. 힐러리 혐오자들은 기꺼이 수십 년 전 자료를 뒤져서 그녀가 사악하고 급진적인 페미니스트라는 증거를 수집하지만, 남자를 뒷바라지하려고 자기 계획을 수정한 것이 지극히 인습적인 행동이라는 점은 인정하지 않는다. 반면 1975년 10월 11일 빌과 결혼하면서 힐러리가 자기 성을 버리지 않았다는 사실은 한바탕 논란을 일으켰다. 숱한 미국 여자들이 그런 선택을 하던 시대였는데 말이다. (나는 두 번 결혼했는데 한 번도 성을 바꾸지 않았다. 대통령에 출마할 의향이 없어서 다행이지.)

1978년, 빌이 아칸소 주지사로 선출되었다. 빌의 임기 동안 힐러리는 특허 및 지적 재산권 전문 변호사로 일했다. 아동보호단체를 공동 설립했고 농촌보건자문위원회 의장을 지냈다.

눈을 가늘게 뜨고 잘 보면 바로 여기서 힐러리를 괴롭힐 문제들의 씨앗이 움트고 있는 게 보일 거다. 그녀는 극빈층인 아칸소 농민들을 위해 보건의료 서비스를 개선했지만, 그녀가 애초에 농촌자문위원회 의장이 될 수 있었던 건 주지사인 남편에게 임명권이 있었기 때문이었다. 좋은 일을 하긴 했으나 선거로 뽑힌 사람으로서가 아니라 주지사의 '아내'로서였다. 소읍 헌츠빌의 무직 '상남자'가 온 가족을 끌고 무료 건강검진과 예방접종을 받고는 걷었던 소매를 내리며 건방진 주지사 부인을 욕하는 장면이 쉽게 상상된다.

1980년 2월 27일 딸 첼시가 태어났고, 11월에 빌 클린턴은 주지사 재선에 실패했다. 졸지에 신생아의 어머니이자 가장이 된 힐러리는 일을 계속했고, 아기를 돌보았다(시무룩해진 남편도 돌보았을 것이다). 빌 클린턴이

1982년에 다시 주지사 선거에 출마하자 그녀는 유세에 전념하기 위해 일을 그만두었고 자신을 '빌 클린턴 부인'으로 칭하기 시작했다. 1983년에 그녀는 아칸소주 '올해의 여성'으로 뽑혔고, 1984년에는 아칸소주 '올해의 어머니'로도 뽑혔다. 이제 상황이 좀 나아졌다. 아내답게 처신을 잘 했고 주지사 부인 역할에 충실했으니 말이다.

그런데도 힐러리는 점수를 따기는커녕 오히려 '리틀록의 맥베스 부인'이라는 멸칭을 얻었다. 기억하겠지만 셰익스피어의 상징적인 반영웅 맥베스 부인은 여성성을 억누르고 야망과 권력을 추구한 인물로 잘 알려져 있다. 수십 개의 매체에서 이 멸칭을 받아들여 사용했다. 힐러리 클린턴은 결혼 생활과 가족을 위해 많은 걸 포기했으나 모든 걸 포기하진 않았고, 그로 인해 요주의 인물이 되었다. 다시 말해 만만찮은 여자가 되었다.

1992년 말 빌 클린턴이 대통령으로 선출되었을 때 45세가 된 힐러리는 자신의 발언 하나하나가 좀비로 인해 세상이 멸망하는 날까지 그녀를 공격하는 수단이 될 수 있으며 실제로 그렇게 되리라는 사실을 아직 깨닫지 못하고 있었다. 그녀는 그해 초 CBS의 탐사보도 프로그램 〈60분〉과의 인터뷰 중 약간 신랄한 기분이 들었는지 이렇게 말했다. "전업 주부가 되어 쿠키를 굽고 차나 마실 수도 있었지만, 저는 남편이 공직에 나가기 전에 시작한 제 커리어를 완성하기로 했습니다." (알다시피, 당대의 수백만 대졸 여성처럼 말이다)

TV에서 이 인터뷰를 본 기억이 난다. 힐러리는 참으로 자신감 넘치고 솔직하고 시건방졌다. 이 말을 하면서 그녀는 웃지 않았다. 진지한 표정이었다. 믿기 어렵지만, 힐러리는 남부 주에서 12년 동안 주지사 부인 생활을 했는데도 항시 미소를 띠어야 한다는 사실을 깨닫지 못한 것이다. (남자의 경우 말하면서 미소 짓는 사람은 고문 의식을 시작하기 직전인 연쇄살인마뿐이니까 자기도 미소 지을 필요가 없다고 생각했을지도 모르겠다. 아니면 어차피 뭘 해도 용서받지 못한다는 걸 깨닫고, 신경 쓰지 않기로 했는지도 모르겠다.) 어쨌든 시간이 흐르며 힐러리는 솔직함과 건방짐을 누그러뜨리고 침착하고 신중하고 차분해지는 법을 배웠다. 그 결과 돌아온 건 신뢰할 수 없는 위선자라는 새로운 비난이었다.

사람들이 힐러리 클린턴을 극도로 경멸하는 이유 하나는 그녀가 결코 꺾이지 않기 때문이다. 남편이 불륜을 벌여도, 모니카 르윈스키 스캔들로 대중 앞에서 치욕을 당해도, 남편의 탄핵 서커스가 벌어져도 그녀는 야망을 꺾지 않았다. 끝나지 않는 화이트워터 사건 조사도, 소 선물거래와 관련된 스캔들도 그녀를 저지하기엔 어림없었다. 한데 그녀가 전통적인 '여자의 문제'로—남편이 바람을 피우고, 남편이 거짓말을 하는 문제로—괴로워하는 듯 보일 때는 해가 뜨듯 지지율이 올라갔다. 이 현상을 어떻게 분석하면 좋을지!

힐러리는 2000년에 뉴욕주 상원의원으로 선출되었고 2006년 재선에 성공했으며, 2008년 대선 때는 언론에 대대적으로 보도된 아주 거칠었던 예비선거에서 버락 오바마와 맞붙어 패배했다. 그리고 2016년 대선에 최초의 주요 정당 여성 후보로 출마했다. 그녀는 일반 투표에서 거의 300만 표차이로 이겼지만, 선거인단 투표에서 232표 대 306표로 패배했다. (당파색을 띠지 않은 뉴스레터 〈쿡 정치보고서(Cook Political Report)〉의 데이비드 와서먼에 따르면 힐러리의 득표수는 6,584만 4,610표로 48.2%, 트럼프의 득표수는 6,297만 9,636표로 46.1%였다. 기타 후보의 득표수는 약

5.7%였다.) 역대 대통령 후보 중 가장 경험 많고 노련한 사람이 가장 미숙한 사람에게 패배한, 미국사의 비참한 순간이었다.

힐러리의 많은 적들이 모두 선거운동 기간에 "안 그래도 개 같은 인생, 개년에게 투표하지 말자"라고 적힌 티셔츠를 입고 배지를 달고 다닌 여성 혐오자들은 아니다. 똑똑하고 세상 물정에 밝은 사람들도 많다. 일부는 실제로 소 선물거래 스캔들을 계속 추적했고, 그 건이 의심스러운 이유를 이해하고 있었다. 그러나 힐러리에 대한 그들의 혐오는 도를 넘는 것이었다. 과거에도 그랬고 지금도 그렇다. 진지하게 말하는데, 힐러리와 중매결혼을 하라는 게 아니잖은가. 힐러리는 단지 대통령 선거에 나온 후보였다. 그녀에게 투표를 하고 안 하고의 문제일 뿐이었는데, 공화국 시민들은 그녀의 신장을 이식받아야 하는 사람처럼 거부 반응을 보였다.

대통령 선거를 한 달 앞둔 2016년 10월 《애틀랜틱》 잡지에서는 「여성 대통령에 대한 공포」라는 제목의 특집 기사를 내보냈다. 기사에서는 '위태로운 남성성' 이론을 인용했는데, 이에 따르면 "대개 여성성은 자연적이며 영원한 것으로 간주되는 반면 남성성은 '획득하고 유지되어야' 하는 것으로 간주된다." 고로, 남성성은 획득하는 것이기 때문에 잃어버릴 수도 있다. 사우스플로리다 대학교와 일리노이 대학교 어배너-샘페인 캠퍼스 학자들의 공동 연구에서 대학생들에게 어떤 경우에 남성성을 잃게 되는지를 묻자 '실직'과 같은 사회적 실패들이 줄줄이 거론된 반면, 여성성을 잃는 경우를 물었더니 '성전환 수술'이나 '자궁 절제술'을 받는 것 등의 신체적인 사례가 주로 거론됐다.

남성들의 거세 공포 가운데 가장 극심한 것이 여성에게 복종하는 것이다. 이 공포를 완전히 비이성적이라고 할 수는 없다. 2011년 《실험사회심리학 저널(Journal of Experimental Social Psychology)》에 발표된 연구에 따르면 상사가 여성인 남자는 상사가 남성인 남자만큼 위신이 서지 않는다고 한다. 이를 감안하면 여성 상사가 '한 명이라도' 존재한다는 것 자체가 감사할 일이다. 한 현명한 친구가 말했듯이 "상황을 더 개선할 여지는 물론 많지만, 더 나쁠 수도 있으니까."

힐러리는 (아기를 낳는 등의) 자연스러운 여성의 일을 하는 동시에 (국가를 통치하는 등) 획득하고 유지하는 남성의 일도 하고 싶어 한다. 그녀는 세상에서 가장 큰 권력을 지닌 자리에 오르고 싶어 했고, 그것이 많은 미국인의 '도마뱀의 뇌'에서 공포를 자극했다(인간의 뇌구조를 진화학적 관점에서 '삼위일체뇌[삼중뇌]'로 설명하는 모델이 있는데 '파충류의 뇌' 혹은 '도마뱀의 뇌'는 그중 가장 먼저 발달한, 생존과 관련된 원초적인 부분을 말한다.—옮긴이).

그녀의 사설 이메일 서버를 둘러싼 광기 어린 논란도 그 연장선 위에 있다. 아마 인류 역사상 가장 지루한 스캔들임에도 불구하고 쉽게 수그러들지 않은 힐러리의 이메일 스캔들. 간략히 설명하자면 힐러리는 국무장관 시절 'state.gov'로 끝나는 이메일 주소 대신 사설 서버와 개인 계정을 사용했다. 이 같은 이례적인 설정이 발각되자—《뉴욕 타임스》의 보도였다—그녀는 국무부에 약 3만 건의 이메일을 제출했고 나머지 3만 건은 사적인 것이라며 삭제했다. 힐러리가 무슨 법 규정을 위반한 건 아니었지만 관점에 따라 허술해 보이거나 수상해 보일 수 있는 행동이다. 물론 힐러리를 비판하는 사람들은 이것이 광장에서 돌팔매질을 받아 마땅한 중죄라고 우겼다.

선거운동 기간에 나는 동네 스타벅스에서 즉흥적인 실험을 한 가지 벌였다. 테이블마다 돌아다니며 사람들에게 '사설 이메일 서버' 같은 말에서 서버가 무엇인지 아느냐고 물은 것이다. 나는 최신 기술에 가장 능통한 도시에 속하는 오리건주 포틀랜드에 산다. 내게 질문을 받은 열두어 명 가운데 절반은 서버를 책상 아래에 두는 가외의 컴퓨터쯤으로 생각하고 있었다. 한 여자는 웃음을 터뜨리더니 자기는 오랫동안 서버가 사람이라고 생각했다고 고백했다. 예를 들어 "저는 토드입니다. 당신의 이메일 서버(서빙하는 사람)지요"처럼.

네트워크 엔지니어라는 한 남자는 내게 서버에 관해 미니 TED 강연 비슷한 것을 해 주었다. 그의 설명에 따르면, 힐러리의 개인 이메일 시스템은 전문 IT 회사가 구축해 줬으리라는 거였다. 또한 최근의 모든 사설 호스팅 이메일 '서버'(이 말은 서비스를 뜻한다)는 정부에서 관리하는 서버들보다 보안 측면에서 여러 해 앞서 있다고 했다. 그는 사설 이메일 서버에 찬성하는 측이었다.

❀

나는 힐러리를 좋아한다. 예전부터 그랬다. 대학원 학위가 있는 최초의 영부인이라는 점도 좋았다. 안정적인 중류층 가정에서 성장해 오로지 내 힘으로 세상을 헤쳐 온 사람으로서 나는 그녀와 유대감을 느낀다. 그녀가 선거운동 중 몇 가지 실수를 한 건 사실이라고 생각한다. (인터넷에 급속히 퍼져 나가기에 딱 좋고 상대 진영에서 슬로건으로 역이용될 게 뻔한 "개탄스러운 집단"이라는 표현을 트럼프 지지자들의 절반에 대해 꼭 써야 했을까?) 무엇이 잘못되었는지 분석하고자 하는 건 자연스러운 욕구다. 하지만 궁극적으로 중요한 점은 힐러리 클린턴이 만만찮은 여자들 가운데서도 가장 만만찮은 유형이라는 것이다. 남자의 야망을 품고 그것을 당당하게 드러내는 여자. 트럼프와의 3차 TV 토론에서 흰 바지 정장에 붉은 립스틱을 바른 그녀는 빛이 났다. 활력이 넘쳤고 생기가 충만했으며 각성제를 복용한 래퍼처럼 통계를 줄줄 읊어 댔다. 말을 맞받아치고, 조금 무례하게 굴기도 했다. 그녀는 자신의 본모습을, 만만찮은 여자의 모습을 내보이고 있었다. 힐러리는 승리하지는 못했지만 이처럼 만만찮은 여자로서 살아남았고 만만찮은 여자로서 성공했다. 우리가 고통받을 때—일생일대의 실패를 겪을 때에도—만만찮은 태도가 힘이 되어 준다는 사실을 우리 모두에게 보여줬다. 덕분에 우리 나머지 수백만 명의 여자들은 한 걸음 더 나아갈 용기를 낼 수 있게 되었다.

제27장

재니스 조플린

반항하는 여자

1960년대 후반, 초등학생이었던 나는 동네 언니들의 귀염둥이였다. 16살이었던 그녀들은 마리화나를 피웠고 남부 캘리포니아 교외를 탈출해 모든 재미있는 일이 일어나는 샌프란시스코로 가기를 갈망했다. 그보다 더 쿨할 수 없는 소녀들이었다. 어느 날 우리는 쇼핑몰에서 놀다가 다른 어디도 아닌 싱어 재봉틀 가게에서 판매 중인 앨범들에 눈독을 들였다(가게에서는 젊은 사람들을 끌어들이는 미끼로 음반을 팔고 있었다). 패거리의 우두머리가 내게 빅 브라더 앤드 더 홀딩 컴퍼니(Big Brother and the Holding Company)의 새 앨범 〈칩 스릴스(Cheap Thrills)〉 한 장을 훔쳐 오라고 지시했다. 가게에 들어가 보니 점원이 자리를 비우고 없어서, 나는 앨범 두 장을 집어 들었다. 언니들이 내게 상으로 한 장을 주었다. 나는 그 앨범을 내 침실 전축으로 몇 번이고 반복해 들었고, 소금통을 마이크 삼아 「피스 오브 마이 하트」를 새된 소리로 열창하면서 얼굴을 찡그려 두 눈썹을 한데 모으고 머리칼을 마구 흩날렸다. 재니스 조플린은 그렇게 내게 계시처럼 찾아왔다.

엄마는 나를 예의 바르고 상냥한 소녀로 키워내려고 꾸준히 노력했다. 여자는 남의 말을 다소곳이 잘 들어 줘야 한다고 말했다. 감정을 너무 격하게 표출하면 사람들이 깜짝 놀랄 테니 그러지 말아야 한다고도 했다. 불평하는 건 전혀 매력적이지 않으므로 절친한 친구 앞에서만 해야 한다고 했다. 특히 우는 건 사람들을 불안하게 하니까 꼭 울어야 한다면 아무도 보지 않는 곳에서 울라고 했다. 우는 모습이 예뻐 보이는 사람은 없다면서 말이다. 그리고, 여자라면 응당 모든 순간에 가능한 한 예뻐 보여야 했다.

그때 재니스가 등장했다. 자신의 감정을 숨기기는커녕 살짝 누그러뜨리기조차 거부한 그녀. 재니스는 감정을 과시했다. 자기 몸의 모든 세포로써 감정을 내보였다. 신음하고 부드럽게 노래하고 끙끙대고 헐떡대고 절규하고 새된 비명을 질렀다. 나는 그런 그녀를 마냥 사랑했다.

재니스 조플린은 최초의 공인된 여성 록 스타였다. 그녀는 1960년대 후반 샌프란시스코의 사이키델릭 음악 신을 구성하고 있던 한 줌이 될까 말까 한 밴드 가운데 하나였던 빅 브라더 앤드 더 홀딩 컴퍼니의 리드 싱어였다. 1965년 초의 몇 달 동안은 이 밴드 하나가 사이키델릭 신의 전부였다. (그레이트풀 데드, 제퍼슨 에어플레인, 퀵실버 메신저 서비스 역시 낡은 빅토리아 양식의 집들에서 연습하면서 이웃들의 고막을 찢고 있었다. 자기만의 사운드를 찾으려면 몇 바가지의 욕을 먹어야 했다.) 1967년 몬테레이 팝 페스티벌에서 빅 브라더 앤드 더 홀딩 컴퍼니는 관객들을 초토화시켰다. 정확히 말해, 재니스가 그랬다. 마음을 후벼 파는 그녀만의 목소리로 울부짖고 소리치며 부른 고전 블루스 곡 「볼 앤드 체인(Ball and Chain)」은 거칠고 공격적이고 섹시했다. 중산층 백인 여성의 폐와 심장으로부터 우러나온 소리치고는 완전히 색달랐다. 당대 최고의 인기를 구가하던 여가수들은 안전하게 여성스러운 스타일을 택했다. 비단결 같은 머리칼에 감미로운 목소리를 지닌 존 바에즈와 주디 콜린스가 떠오른다. (그레이스 슬릭은 어디 갔느냐고 반문할지도 모르겠다. 뭐라 말해야 할까, 아무튼 그녀는 재니스가 아니었다.) 그들이 숲 속 깊은 곳 맑은 연못에 앙증맞은 발굽을 담그는 우아한 아기사슴이었다면, 재니스는 바퀴 자국과 구멍들이 잔뜩 파인 남부의 도로를 미친 듯 내달리는, 소음기가 고장 난 괴물 트럭이었다.

재니스 린 조플린은 제2차 세계대전이 끝나고 베이비붐이 공식적으로 시작되기 2년 전인 1943년에 텍사스주 포트아더에서 태어났다. 쾌활한 아이였고 탁월한 학생이었던 그녀는 고등학교 3학년 때 술과 비트 세대, 블루스와 십대의 반항, 그리고 거침없이 말해 대는 것의 매력을 배웠다. 졸업 후 건성으로 대학에 좀 다니다가 1962년 이후 오스틴, 로스앤젤레스, 뉴욕, 샌프란시스코 사이를 오갔고, 마침내 샌프란시스코의 헤이트-애시베리에 정착하여 베이 에어리어에서 이미 굳건히 자리 잡은 밴드 빅 브라더 앤드 더 홀딩 컴퍼니에 합류했다. 1967년 몬테레이 팝 페스티벌에서 그녀의 공연이 참석했던 음악 업계 간부의 시선을 끌었고, 이후 일 년 안짝에 재니스는 스타로 발돋움했다. 빅 브라더 앤드 더 홀딩 컴퍼니의 첫 메이저 음반은 걸작 사이키델릭 음반 〈칩 스릴스〉였다. 1968년 8월에 발매된 이 음반은 100만 장 이상이 팔리면서 (그리고 많은 모험적인 꼬맹이들에게 도둑질을 당하면서) 골드 앨범 인증을 받았다.

핫핑크와 보라색 깃털 장식을 꽂은 머리카락. 긴 구슬 목걸이 여러 개와 팔꿈치까지 주렁주렁 걸린 팔찌들. 노출이 심한 상의와 새틴 나팔바지와 마크라메 매듭 조끼를 입고 서던 컴퍼트 술 한 병을 늘 곁에 두었던 재니스는 짧은 기간 동안 이론의 여지가 없는 로큰롤의 여왕으로 군림했다. 그럼에도 그녀에겐 문제가 많았고, 그런 게 남들에게 알려지는 걸 개의치 않았다. 재니스는 사랑을 갈망했고, 그녀를 사랑할 수 없는 사람들과 어울렸고, 그녀를 사랑하고자 하는 사람들은 돌려세웠다. 자신이 일종의 사기꾼이라는 게 세상에 폭로될까 봐 조바심을 쳤다. 길거리에서 사람들이 자기를 알아보지 못하면 낙심했다. 자신이 못생겼다고 걱정했다. 술을 엄청나게 마셔댔고, 습관적으로 마약을 했으며, 27세이던 1970년 10월 4일에 의도치 않은 헤로인 과다 투여로 사망했다.

포트아더는 휴스턴에서 동쪽으로 145km 거리, 루이지애나주와 지척인 걸프 연안의 정유업이 발달한 도시다. 연기 기둥을 피워 올리는 높은 굴뚝들, 끝없이 타오르는 가스 불꽃, 심장처럼 쉼 없이 펌프질하는 오일 잭, 줄지어 선 땅딸막한 흰색 석유 저장 탱크. 미국에서 가장 습한 도시로 손꼽히는 이곳의 공기에선 썩은 계란과 폭죽과 녹은 플라스틱의 냄새가 난다(주민들은 시간이 지나면 익숙해진다고 들었다). 깔끔한 부촌도 있다. 그늘이 조성된 거리와 잘 관리된 앞뜰의 잔디, 교회에 다니는 주민들. 조플린 가족도 그런 동네에 살았다.

재니스의 아버지 세스는 텍사코 엔지니어였다. 어머니 도러시는 전업주부로서 맏딸 재니스와 로라, 마이클 남매를 기르는 데 집중했다. 시트콤 〈비버는 해결사(Leave It to Beaver)〉에 나올 법한 가족의 텍사스 판이었다. 로라보다 여섯 살 위였던 재니스는 주일학교에 다녔고 블루버드 소녀단에 가입했다. 노래에 재능을 보였지만 그걸 진지하게 여기는 사람은 없었다. 똑똑했지만(여자에게선 골칫거리로 여겨지는 특성이었다) 미래는 어차피 정해져 있었다. 가까운 보몬트의 러마 주립공과대학에 진학해서 교사나 간호사 교육을 받고 지역 남자와 결혼해서 정착하는 것. 그게 1950년대 말 텍사스 포트아더의 젊은 여성에게 거의 유일한 선택지였다.

지금처럼 그때도 여자가 타고날 수 있는 가장 큰 이점은 미모였다. 아름다움은 피상적이라고들 하지만 교사, 고용주, 구혼자는—심지어 부모까지도—예쁜 사람에게 시간을 더 내주고, 관심과 호의를 더 보이고, 승진을 시키거나 청혼을 한다. 14살이 되었을 때 재니스는 자신이 못생긴 쪽으로 분류되는 외모를 가졌다는 걸 확인했고, 평생 이 사실에 고통받았다.

사춘기에 남들보다 더 많은 변화를 겪는 소녀들이 있다. 재니스의 곱슬
곱슬한 금발은 먼지 뭉치 같은 갈색으로 변했고, 체중도 불었다. 제일 나
쁜 건 두터운 화장으로도 가려지지 않는 재난 수준의 여드름이었다. 어머
니의 손에 끌려 피부과에 갔지만 의사는 재니스를 탓했다. 얼굴을 건드리
지 말고 튀긴 음식을 피하라는 것이었다. 재니스는 시키는 대로 했지만 차
도가 없었다. 처음에 재니스는 학교에 적응하려고 무진 애를 썼다. '미래
의 미국 교사' 모임에 들었고 댄스파티가 열릴 체육관을 꾸미는 일에 자원
했고 학생회 선거 포스터를 만들었다. 하지만 어느 시점, 자신이 막후에서
선행을 하고 잡일을 도맡는 보이지 않는 여성 집단에 속하게 되었음을 깨
닫고 의기소침해졌다.

2학년 때 그녀는 예술가 기질과 무법자 성향을 갖춘 졸업반 남학생들
과 어울렸다. 재즈 음악을 하는 짐 랭던, 재니스가 텍사스를 떠난 뒤에도
친구로 지낸 데이비드 모리아티, 재니스에게 큰 영향과 영감을 줄 레드벨
리와 베시 스미스의 음악을 소개해 준 그랜트 라이언스. 남학생들은 재니
스에게 로런스 펄링게티, 앨런 긴즈버그, 게리 스나이더 등 비트파 시인들
도 소개했다. 이미 독서광이었던 그녀는 잭 케루악의 소설을 탐독했고 인
종차별에 관한 그의 생각을 마음으로 받아들였다. 포트아더는 1958년에
인종분리 정책을 도입했기에 이 도시 인구의 40%를 차지하는 아프리카계
미국인들은 형편없는 빈민가에 살았다. 어느 날 사회 수업 시간에 흑인 인
권이 주제로 떠올랐다. 모두가 근엄하게 인종분리가 옳다고들 하고 있는
데 재니스가 일어나서 말했다. "우리 사회는 흑인을 잘못 대우하고 있어.
흑인도 너희들이나 나처럼 사람이야."

그 후로 이어진 일에 비하면 이전의 괴롭힘은 장난이었다. 재니스는 괴
짜, 깜둥이 애호자, 돼지라고 놀림받았다. 그리고 물론 순종을 거부하는

여자에게 전천후로 붙는 멸칭인 '창녀'라고도 불렸다. 말 한마디 섞은 적 없는 남학생들이 자기 차 뒷자리에서 그녀를 따먹었다며 소문을 퍼뜨렸다 (부모들이 고등학교로 찾아가서 시정이나 처벌을 요구하는 시대가 아니었다). 하지만 재니스는 보통 여자와 달리 움츠러들지 않았다. 그녀는 끈질기게 맞섰다. 누군가 복도에서 그녀를 스쳐 지나가며 꿀꿀거리는 소리를 내면, 뒤를 돌아 그에게 꺼지라고 소리쳤다. 재니스는 포트아더의 선량한 사람들이 일찍이 본 적 없는 정도로 반항적이고 주장이 강한 여자였다. 재니스는 그 사실에 쾌감과 활력을 느꼈다.

포트아더에서 차로 40분이면 이웃 주 루이지애나였다. 그곳 빈턴의 바에서는 라이브 음악을 듣고 코가 비뚤어지도록 술을 마실 수 있었다. 바들은 백인 전용이었지만, 잘 숨어 들어가면 재니스와 친구들이 진정한 음악으로 여긴 흑인 음악가들의 연주를 들을 수 있는 곳도 몇 군데 있었다. 하지만 최고의 연주는 아니었다. 고등학생 반항아들 사이에선 최고의 음악을 들으려면 무려 4시간을 운전해서 뉴올리언스에 가야 한다는 사실이 널리 알려져 있었다. 그런 대담한 탈선을 할 용기가 있는 아이는 드물었다.

졸업반이 된 재니스는 어느 날 밤 평소 어울리던 무리의 남자들에게 같이 뉴올리언스에 가자고 제안했다(전통적인 관습에 따라 어머니에게는 여자 친구의 집에서 밤을 보낸다고 했다). 그들은 고주망태가 되도록 퍼마셨고, 새벽까지 여러 바를 전전하며 음악을 들었다. 그런데 집으로 돌아가는 길에 작은 충돌 사고가 났다. 경찰이 왔고, 부모가 소환되었고, 월요일이 되자 학교에 소문이 쫙 퍼져 있었다. 남학생들의 평판은 치솟은 반면—위험을 무릅쓰고 인생을 즐기는 멋진 녀석들이군!—재니스는 학교의 걸레로 낙인찍혔다. 그저 좋은 밴드의 음악을 들으러 그 먼 길을 갔다는 말을 아무도 믿지 않았다.

    그때까지 재니스가 학교 남학생들과 단 한 번도 연애를 해보지 못했음을 감안하면, 언뜻 생각에 재니스의 사회적 지위는 오히려 올라간 게 아닌가 할 수도 있었다—적어도 누군가 그녀와 섹스하고 싶어 했다는 뜻이니까! 하지만 편견에 찌든 포트아더에서 재니스는 완전히 배척당했다. 아이러니한 건 재니스가 어울리던 무리의 남자들이 사실 그녀에게 전혀 무관심했다는 것이다. 그들은 다른 여자애들—예쁜 여자애들—의 뒤꽁무니를 쫓아다녔고 재니스는 항상 집에 홀로 돌아갔다.

    재니스는 1960년에 고등학교를 졸업하고 1962년에 오스틴에 위치한 텍사스 대학교 미술대에 등록했다. 표면적으로는 화가가 되기 위해서였다. 그녀는 캠퍼스 근처 '게토'라는 이름의 아파트로 이주했는데, 거기엔 정치 활동가와 예술가와 포크 가수들이 살고 있었다. 재니스는 오토하프를 들고 월러 크리크 보이스(Waller Creek Boys)라는 이름의 블루그래스 밴드(전기 악기를 쓰지 않고 바이올린류의 현악기와 통기타, 밴조, 만돌린 등을 사용하는 컨트리 음악 밴드의 한 종류—옮긴이)에 들어갔다. 월러 크리크 보이스는 주유소를 개조한 음식점 스레드길 바 앤드 그릴에서 수요일 밤마다 공연을 했다. 이 음식점의 주인인 컨트리·요들송 가수 케네스 스레드길은 재니스의 재능을 믿고 그녀를 후원해 주었다. 재니스가 평생 잊지 못하게 되는 호의였다. 이곳에선 단돈 2달러로 새벽까지 맥주를 마시며 재니스가 레드벨리와 베시 스미스의 최고 히트곡들을 애절한 알토로 부르는 걸 들을 수 있었다.

1962년, 텍사스 대학교의 여학생들은 여전히 벌집처럼 높이 쌓은 머리를 하고 일자 스커트와 피터팬 칼라가 달린 흰 셔츠를 입고 플랫슈즈를 신었다. 남자들은 머리를 짧게 자르고 아버지처럼 옷을 입었다. 그해 최고 판매고를 기록한 백인 여가수는 「조니 에인절(Johnny Angel)」로 빌보드 차트 6위를 기록한 셸리 패브레이였다.

재니스는 이와는 전혀 딴판이었다. 밑단이 너덜너덜한 청바지와 데님 작업복 셔츠를 입었고 브라는 하지 않았다. 그녀는 《데일리 텍산(Daily Texan)》에 「그녀는 감히 다르고자 한다」라는 제목의 기사로 다뤄질 만큼 괴짜였다. (앞으로 재니스가 얼마나 더 달라지는지 아무도 상상하지 못했을 거다.)

재니스는 오스틴에 무한정 머물렀을 수도 있었다. 그녀는 스레드길에서 공연하는 걸 좋아했고 팬들도 생겼다. 사람들은 재니스가 아무리 괴짜여도 노래 실력만은 인정해야 한다고 생각하기 시작했다.

텍사스 대학교는 사교클럽 문화가 발달해 있었는데, 그중 알파파이오메가 클럽에서는 매년 자선기금 모금을 위해 교내에서 제일 못생긴 남자를 뽑는 대회를 열었다. 남학생들은 5달러씩 내고 서로를 지목했고, 여학생 클럽 멤버들은 자신에게 퇴짜를 놓은 남학생을 비밀스럽게 지목했다. 1960년대 초의 건전하고 선량한 즐길거리였다. 그런데 누군가 재니스를 지목했다. 흔히 얘기되어 온 것과는 달리 재니스가 1위로 뽑히지는 않았다. 하지만 그녀는 워낙 자신의 못생긴 외모를 의식하고 있었으니, 후보에 오른 것만도 충격이었을 것이다.

일주일 뒤 못생긴 남상의 재니스는 텍사스를 떠났다.

그녀는 베이 에어리어까지 히치하이킹을 해서 갔다. 그곳에 가본 적이 있는 장발의 친구 쳇 헬름스와 함께였다. 재니스의 목소리는 노스비치, 샌타크루즈, 팰로앨토 커피하우스의 사람들을 열광시켰다. 쾌활하게 기타를 퉁기는 소리에 익숙했던 샌프란시스코 사람들에게 불안과 고뇌에 찬 여드름 흉터투성이의 텍사스 여자가 영혼을 토해내는 소리는 아주 새로웠다. 처음 샌프란시스코로 진출한 이 시기에 재니스는 각성제와 헤로인을 복용하기 시작했다. 환각제 LSD는 사용하지 않았다. 이미 머리가 팽팽 돌고 있는데 거기에 환각까지 더할 필요는 없었으니까. 하지만 그녀는 욱신거리고 상처 받은 마음을 잠시라도 달랠 힘이 있는 것이라면 무엇이든 혈관에 주입하고자 했다.

아, 재니스는 몇 번이고 잘못된 선택을 했다. 헬스 에인절스 폭주족 무리에게 욕을 했다가 얻어맞았다. 양성애자였던 그녀는 자기를 너무 사랑하거나 충분히 사랑하지 않는 다양한 남녀와 어울렸다. 다행히 재니스에겐 그녀를 걱정하는 친구들도 있었다. 재니스가 약에 찌들어 풀린 눈으로 비쩍 마르고 더러운 팔을 긁고 있는 걸 발견한 친구들은 돈을 모아 포트 아더로 돌아가는 버스표를 사 주었다.

그리하여 재니스는 부모님 집으로 돌아갔다. 러마 주립대학교에 사회학 전공으로 등록했다. 얌전한 개더스커트와 주사 자국을 가려 줄 긴팔 블라우스를 구입했다. 그녀는 잠깐 만난 정신건강 사회복지사에게 올바른 포트아더 여자가 될 수만 있다면 야망과 노래에 대한 열정, 마약에 대한 갈망을 전부 묻어 두겠다고 말했다. 재니스는 무척이나 똑똑했음에도, 자신이라는 수수께끼를 파헤쳐볼 생각은 없었던 모양이다. 다른 가설은 이렇다. 그녀가 노래를 절절히 토해 내게 만든 건 말로 표현할 수 없는 감정의 쓰나미였다고. 그러니 감정을 전부 정리하면 자신의 재능 또한 정리되어 위축될 것임을 아마 직관적으로 알았을 거라고.

다른 이유도 있었다. 그녀는 샌프란시스코에서 지내던 시절 각성제 복용자들 사이에서 만난 피터 드 블랑과 사랑에 빠졌다(후에 벌어지는 일을 감안하면, 이 이름은 가명이었을 수도 있다). 재니스가 포트아더로 돌아오고 몇 주 뒤 피터가 방문하여 세스 조플린에게 딸을 주십사 부탁했다. 그는 무슨 일인가를 하러 뉴욕으로 가는 길이라고 했다. 조플린 가족은 피터에게서 썩 좋은 인상을 받진 못했으나 그건 중요한 게 아니었다. 재니스가 청혼을 받았으니까! 그녀는 예비 신부답게 전통적인 결혼 준비를 시작했다. 도자기 무늬를 정하고, 혼수품을 고르고, 웨딩드레스를 쇼핑하고, 어머니와 여동생과 함께 신혼 침대에서 사용할 텍사스주 깃발 모양 퀼트를 만들었다.

그러다가 돌연 피터에게서 연락이 끊겼다. 그는 그렇게 재니스의 인생에서 홀연히 사라졌다.

재니스는 다시 노래를 시작했고 또 한 번 탈출을 계획했다. 그녀는 오스틴으로 돌아가 스레드길에서 공연했다. 짧은 기간 동안 지킬과 하이드가 한 몸이 되었다. 그녀는 부풀린 머리에 얌전한 치마 차림으로 블루스를 열창했다. 텍사스 대학교 재학 시절 재니스를 알던 남자들은 그녀의 단정한 옷차림보다 부쩍 성장한 노래 실력에 더 주목했다. 재니스는 몸 밖으로 감정을 철철 쏟아냈다. 그녀의 목소리는 거칠고 꾸밈없었다. 그녀에게는 기묘하고 애처로운 카리스마가 있었다.

이 글만 읽으면 그저 단순하고 자유분방했던 시절로 보일지 모르겠으나 사실 텍사스 생활은 그녀에게 고통스러웠다. 그녀는 텍사스가 안전하고 자신에게 더 '낫다'고 생각했지만, 한편으로 텍사스는 지루하고 편협했으며 아티스트에게는 막다른 골목이었다. 그녀는 이 사실을 평안하게 받아들이지 못했다. 재니스는 어쩌면 오스틴에 무한정 머무를 수도 있었다. 그러나 1966년, 음악 프로모터를 자임하며 활동하던 재니스의 오랜 친구 첫 헬름스가(그는 1967년 샌프란시스코를 중심으로 진행된 '사랑의 여름 [Summer of Love]'의 '아버지'로 불리게 된다) 샌프란시스코로 돌아가서 빅 브라더 앤드 더 홀딩 컴퍼니의 오디션을 보라고 그녀를 설득했다.

수년 뒤 재니스는 그때의 일을 이렇게 회상했다. "제가 어쩌다가 빅 브라더 앤드 더 홀딩 컴퍼니에 합류했냐고요? 음, 첫 헬름스가 트래비스 리버스를 제게 보냈어요. 저는 그때 텍사스를 떠나고 싶었다고 늘 말해 왔지만, 사실은 그렇지 않았어요. 저는 떠나고 싶지 않았어요. 하지만 트래비스랑 자는 건 끝내줬어요! 제가 어떻게 가지 않을 수 있었겠어요?"

이보다는 덜 끝내주는 진실은—당대의 느긋한 분위기와는 정반대로—재니스가 목표 지향적이었고, 야망과 도전 정신이 있었고, 성공하고 싶어서 몸이 근질거렸다는 것이다.

그때 빅 브라더 앤드 더 홀딩 컴퍼니는 현대 록 콘서트의 할아버지 격이자 필모어 오디토리엄의 운영자인 빌 그레이엄이 관리하는 애벌론 볼룸과 전속 계약을 맺고 공연하고 있었다. 밴드 멤버는 사이키델릭 록 전문가 '위어드' 짐 걸리, 독학한 베이시스트 피터 앨빈, 샌프란시스코 주립대학교 학생 샘 앤드루, 화가이자 스파게티 팩토리 식당의 웨이터였던 드러머 데이브 게츠였다. 당대의 많은 밴드들처럼 그들은 연습만큼이나 밴드 이름을 정하는 데 많은 시간을 보냈다(유력했던 후보는 '톰 스위프트와 그의 전기 할머니'였다). 그들은 자기네 밴드의 사운드를 '프리크 재즈(freak jazz)'라고 불렀는데, 사람들의 말을 종합해 보면 이는 프로그레시브 록/하드 록/라가 리프/퍼즈 톤/피드백 디스토션/블루스를 합친 것이었다(이게 어떤 음악인지 나는 상상도 못하겠다. 독자들이 상상력을 발휘해 주길 바란다). 그들의 명시적인 목표는 "지구의 모든 어린이들에게 말하는 것"이었다. 아마 이 어린이의 51%가 여자라는 점에 기인해 '여자 보컬'을 영입해야겠다는 생각을 품게 되었는지도 모르겠다. 하지만 더 가능성이 높은 건 헤이트 스트리트의 마약용품점처럼 매일 생겨나는 여타 록밴드와 차별화하기 위해서였을 테다.

오디션을 봤을 때 재니스는 23세였고, 밴드에게서 특별히 좋은 인상을 받지는 못했는데, 그건 밴드 측에서도 마찬가지였다. 문제 하나는 음악적 스타일이 달랐다는 것이다. 이 외교적 표현을 해석하자면 재니스가 순전히 천재인 반면 빅 브라더 앤드 더 홀딩 컴퍼니는 시끄러운 소리를 내는 데에나 탁월했다는 뜻이다. 하지만 헬름스가 한 번 해 보자고 양측을 설득했다(헬름스는 당초 이 밴드의 결성을 주도했고, 이후 매니저를 맡았다. -옮긴이). 그래서 밴드에서는 재니스에게 영입 제안을 했고, 재니스는 기꺼이 응했다.

1966년 7월 빅 브라더 앤드 더 홀딩 컴퍼니는 마린 카운티의 전원적인 작은 마을 라구니타스의 큰 집으로 옮겼다. 프랭크 자파가 (아마 이즈음에) 이런 말을 한 적이 있다. "나이가 들수록 인생이 고등학교와 비슷하다는 걸 더 실감한다." 밴드의 남성 동료들과 그 아내나 여자친구들과 지내면서 재니스도 이렇게 느꼈을지 궁금하다. 그녀는 또 한 번 남자 무리의 일원이 되었지만, 본질적으로는 혼자였다. 밤 공연을 마치면 동료들은 자기 여자가 기다리는 침대로 기어 들어갔고 재니스는 세상이 얼마나 불공평한지를 곱씹었다. 밴드가 리허설을 하지 않는 날에 그녀는 지역의 가로변 식당 겸 술집에서 인사불성이 되도록 술을 마시고 같은 길 저편에 살던 그레이트풀 데드 멤버들과 당구를 쳤다.

라구니타스의 전원생활은 몇 달 가지 않았다. 그러나 재니스가 칙칙한 작업복 셔츠와 청바지 차림의 텍사스 비트족에서 생기 넘치는 히피 공주로 거듭날 준비를 하기에는 충분한 시간이었다. 그녀에게 영감을 준 사람은 짐 걸리의 아내 낸시였는데, 그녀는 영문학 석사 학위가 있는 자그마한 여자로서 대항문화에 어울리는 의상을 고위 여사제나 집시 여왕 식으로 설정하곤 했다. 아, 이 아름다운 벨벳 가운이라니! 새턴과 레이스, 줄줄이 늘어뜨린 반짝이는 목걸이가 자아내는 멋이라니! 재니스는 돈을 조금 모으면 이런 패션을 선보이겠노라고 다짐했다. 그녀는 낸시에 대한 선망과 헌신을 표현하기 위해 대놓고 짐과 잤다. 그런 시대였다. 낸시는 약간 짜증이 났지만, 마리화나 담배 한 대로 해결 못할 문제는 아니었다.

비즈 공예가 낸시의 취미였다(다른 취미로는 환각제 복용과 그에 뒤따르는 각성제 복용 등이 있었다). 비즈 공예를 제대로 하려면 가느다란 바늘로 작은 유리 비즈를 밀랍 입힌 가죽 실에 꿰고, 작게 매듭을 짓고 나서 다음 비즈를 꿰어야 한다. 재니스는 약에서 손을 떼기로 결심하고, 마약 대신 소일거리로 비즈 공예에 흥미를 붙였다. 하지만 어느 날은 그 결심이 약해져 다른 사람들과 마약을 했다. 그날 그녀와 낸시와 리타라는 다른 여자까지 세 사람은 각성제를 복용하고 팽팽 돌아가는 눈으로 비즈 커튼 450cm를 하루 만에 완성했다고 한다.

그 시대에는 모두가 둘러앉아 엄청나게 마약을 해 댔다. 아무리 여러 번 반복되어도 본질적으로는 똑같은 그 마약 파티들을 세세하게 재구성할 능력이 내겐 없다. 그냥, 사람들은 마약을 한다. 약에 취하면 자기가 심오하거나 재미있다고 생각하는 말들을 하는데, 사실은 둘 다 아니다. 누군가 레코드를 튼다. 음악에 맞춰 머리를 흔든다. 마약이 각성제 종류면 자리에서 일어나 미친 사람처럼 춤을 추다가 한 무더기로 쓰러진다. 각성제를 복용하든 진정제를 복용하든 남자 한 사람쯤은 맨손과 몸동작으로 기타 치는 시늉을 한다. 사람들은 서로 애무를 하다가 그 사실조차 금세 잊거나, 다른 방으로 사라져서 본격적으로 섹스를 시작한다. 시간이 흘러간다. 아주 긴 시간이. 누군가 피자를 주문한다. (내겐 1960년대와 1970년대의 이런저런 것들에 향수를 품은 친구가 많다. 그 음악과 펄럭이는 옷에, 그리고 요즘 같은 첨단 기술은 물론이요 자동응답기조차 없었다는 사실에 말이다.)

인터넷 없던 그 시대는 아직 축약어가 유행하기 전이었다. SMH(shaking my head, 어이가 없어서 머리를 절레절레하다), BTW(by the way, 그건 그렇고), LOL(laughing out loud, 소리 내어 웃다), YOLO(you only live once, 인생은 한 번뿐이다) 같은 축약어가 하나도 없었다. 안타까운 일인데, 왜냐하면 1960년대와 70년대에 사람들이 마약을 하던 여러 때, 여러 날, 여러 주 동안 벌어지던 일이야말로 보편적으로 받아들여지는 축약어로 대체하기에 적합하기 때문이다. 남들이 둘러앉아 마약을 하는 옆에 앉아 있는 것보다 더 지루한 일이 세상에 딱 하나 있다. '둘러앉아 마약을 하는 것(sitting around doing drugs)'에 관한 얘기들을 듣는 것. 이 시기 재니스의 삶을 있는 그대로 설명하려면 그렇게 지루한 얘기들을 꺼내야 할까 봐 두렵다. 이런 설명을 간편하게 대체할, 옥스퍼드 영어사전에도 올라 널리 쓰이는 축약어가 있다면 얼마나 유용하겠는가. 이를테면 'SADD' 같은 것. 'Sat Around Doing Drugs'의 약자다.

재니스와 주변 사람들이 한 게 바로 그거였다. SADD, SADD, SADD.

1967년 6월 16일에서 18일까지 열린 몬테레이 팝 페스티벌은 이후에 열릴 모든 야외 음악 페스티벌의 기준이 되었다. 참여 뮤지션은 거의 전부가 요즘도 지역의 클래식 록 방송에서 자주 들을 수 있는 이들이다. 캔드 히트, 스티브 밀러 밴드, 더 후, 지미 헨드릭스, 그레이트풀 데드, 더 마마스 앤드 더 파파스, 오티스 레딩, 라비 샹카르, 제퍼슨 에어플레인, 그리고 빅브라더 앤드 더 홀딩 컴퍼니. 바로 이 무대에서 지미 헨드릭스는 라이터 기름을 붓고 불붙인 기타를 무대에 족히 여섯 번은 내려치고 부서진 잔해를 청중에게 던졌다. 그럼에도 나는 재니스의 퍼포먼스가 더 기억할 만했다고 주장하고 싶다. 다큐멘터리 제작자 D. A. 페니베이커는 영화 〈몬테레이 팝(Monterey Pop)〉에서 예기치 못한 놀라운 순간들을 포착했다. 재니스가 목 놓아 열창할 때 키튼힐 샌들에서 빠져나온 발. 맨 앞줄에 앉아 입모양으로 "와우!"라고 말하는 더 마마스 앤드 더 파파스 멤버 캐스 엘리엇의 표정. 마지막에 얌전하고 어색하게 인사를 하고 소녀처럼 무대 아래로 뛰어 내려가는 재니스의 모습.

고작 몇 주 만에 재니스는 섹스와 마약, 로큰롤의 새 시대를 여는 총명하고 일탈적인 젊은이로 추앙받기 시작했다. 그녀는 어떠한 여과 장치도 없이 행동하고, 마약을 엄청나게 하고, 남자들과 엄청나게 자고, 억압받은 중산층 유소년기에 관해 비명을 지르고 저주를 퍼붓는 것으로 갈채와 사랑을 받았다.

❀

재니스의 동생 로라와 마이클은 그녀의 다른 면을 보았다. 심리학 석사 학위와 교육학 박사 학위가 있는 로라는 1992년에 언니의 이미지를 개선하고자 회고록 『사랑을 담아, 재니스(Love, Janis)』를 출간했다. 로라와 마이클은 재니스가 단지 '간 큰 여자'가 아니라 나쁜 무리에게 영향을 받은 착하고 평범한 여자라고 주장했다. 그들이 판단력이 흐리거나 현실을 부정한 건 아니었다.

재니스는 죽을 때까지 집으로 길고 아주 다정한 편지를 충실하게 보냈다. 공연, 버는 돈, 자기 아파트나 동네, 새로 산 옷, 반려견 조지 같은 것들에 대해 적었다. 헤이트-애시베리 신을 취재한 잡지 《룩(Look)》과 《뉴스위크》기사를 첨부하고, 기사 내용이 왜곡된 것이라며 가족을 안심시켰다. 발랄한 어조가 눈에 띈다. 1967년 4월에 쓴 편지에 그녀는 이렇게 적었다. "… 지난주에 누가 우리 동네에 왔는지 맞춰 봐―폴 매카트니!!!! (비틀스의 한 사람이야.)"

같은 편지에서 재니스는 사진작가 밥 사이더먼이 상의를 벗은 자기 모습을 흑백사진으로 담았다는 소식을 비밀스럽게 전한다. 이 유명한 사진에서 그녀의 가슴에는 여러 개의 비즈 목걸이가 치렁치렁 드리워져 있다. 젖꼭지 하나가 목걸이들 사이에서 수줍게 튀어나왔다. 그녀는 또 수다스럽게 적었다. "그리고, 내 사진으로 포스터를 만든대!《타임》에서 유명인 포스터 이야기를 읽었는지 모르겠네. 아주 큰 사진들이야. 진 할로, 아인슈타인, 벨몽도, 딜런, 그리고 조플린. 그래, 사진 속 나는 벗은 상체에 시퀸 망토와 몇 천 줄은 되는 비즈를 두르고 있어. 그래서 벗은 게 거의 안 보여. 사진은 아주 극적이고, 내 모습은 정말 아름다워!! 민망하지 않으면 포스터 한 장 보내 줄게. 너무 짜릿해!! 나는 헤이트-애시베리 출신의 첫 핀업걸이 될 거야."

카메라 반대편에 서 있던 밥 사이더먼의 관점은 조금 달랐다. 그는 재니스가 공격적이고 골칫거리라고 생각했다. 촬영 중 그녀는 상의를 벗은 채 시퀸 망토로 몸을 가리고 있었다. 그녀는 촬영 내내 소리쳤다. "아 씨발!

망할 놈의 옷 좀 벗고 싶어." 그녀는 사이더먼이 만류하는데도 불구하고 옷을 벗었다. 그리고 나중엔 포스터 판매 수익을 전혀 받지 못했다며 욕을 해댔다. "개새끼, 내가 벌어 준 돈을 당신이 다 가졌잖아."

어느 쪽이 '진짜' 재니스였을까? 글쎄, 둘 다일 수도 있지 않을까? 아니, 둘 이상일 수도 있다. 다정한 딸, 친절한 언니, 재치 있고 공감력 높은 친구, 상처받기 쉬운 연인, 반항적인 천재, 복잡하고 만만찮은 여자. 한 사람이 이 모든 것일 수 있지 않을까?

1967년 여름과 가을에 빅 브라더 앤드 더 홀딩 컴퍼니는 골든게이트 공원에서 열린 하지 축제(무료 진료소와 젠 마운틴 센터를 위한 자선 공연이었다)를 비롯해 여러 공연을 펼쳤다. 평화와 사랑이 넘실대는 분위기에도 불구하고 밴드는 사이가 좋지 않았다. '사이가 좋지 않았다'라는 건, 몬테레이 팝 페스티벌 이래 밴드가 재니스의 발목을 잡고 있다는 말이 퍼져 다른 멤버들이 분개했다는 뜻이다.

1968년 2월, 그들은 로어이스트사이드의 앤더슨 극장에서 미국 동부 데뷔 공연을 했다. 재니스는 뉴욕에서 공연을 한다는 생각에 겁을 집어먹고 마비 상태였다. 헤이트 출신의 "거리 괴짜들"로 치부되고 말까봐 조바심이 든 것이다. (과민 반응은 아니었다. 록 그룹 프랭크 자파 앤드 더 마더스 오브 인벤션은 몬테레이 팝 페스티벌에서 연주하길 거부했는데, 이유는 자파가 샌프란시스코 밴드들이 수준 이하라고 생각했기 때문이었다.)

하지만 새틴과 비즈, 깃털과 팔찌를 착용한 재니스는 이 공연에 자신의 모든 것을 쏟아 부었다. 그녀가 「피스 오브 마이 하트」를 성대가 갈라지도록 목 놓아 부르자 사람들은 자리에서 일어나 무대로 달려갔다. 재니스는 사람들이 무대로 오는 걸 부추겼고 아주 기뻐했다. 그날 밤 재니스는 앙코르로 네 곡을 불렀다. 《뉴욕 타임스》는 이 공연을 극찬했다. "지금부터 줄을 서야 할 것 같다. 미스 조플린은 지난 몇 년을 통틀어 최고로 재능 있는 신인 팝 뮤지션이기 때문이다." 재니스와 밴드는 보스턴, 프로비던스, 디트로이트 공연을 성공적으로 마치고 뉴욕으로 돌아와 필모어 이스트 극장 무대에 섰다. 사람들은 '정말로' 줄을 섰다. 몇 블록에 걸쳐 뱀처럼 기다란 줄이 형성되었다. 모두 재니스를 보러 온 사람들이었다. 그로부터 오래 지나지 않아 재니스와 밴드는 '재니스 조플린과 빅 브라더 앤드 더 홀딩 컴퍼니'라는 이름으로 공연을 다니기 시작했다(그게 멤버들에게 어떻게 받아들여졌을지는 상상에 맡기겠다).

1968년, 록 스타가 되어 돈이 좀 생긴 재니스는 3,500달러를 지불하고 1965년형 포르쉐를 구입했다. 그리고 악기를 나르는 기술에 더해 미술에도 상당한 재능을 보이던 밴드의 로드매니저 데이브 리처즈에게 차를 사이키델릭하게 꾸며 달라고 부탁했다. 그는 포르쉐를 청록색, 주황색, 분홍색 꽃들과 나비, 별자리 기호, 버섯, 해골, 심지어 밴드의 초상화 따위로 뒤덮었다. 이 차는 순식간에 주인만큼이나 유명해졌고, 2014년에 경매에서 176만 달러에 팔렸다.

1968년 가을―「칩 스릴스」 앨범이 대히트를 쳤음에도 불구하고―재니스의 매니저 앨버트 그로스먼은 재니스가 밴드를 떠날 계획이라고 발표했다. 빠르게 새로운 밴드가 구성되었다. 코즈믹 블루스 밴드(Kozmic Blues

Band)라는 이름이었지만 그들에겐 '코즈믹'한(즉 우주적인, 멋진) 점이 전혀 없었다. 사실 그들의 잘못은 아니었다. 재니스는 25세였고 경영에는 문외한이었다. 재니스의 밴드에 들어간다는 게 그냥 공연을 하는 거라고 생각한 뮤지션 네 사람을 그녀에게 붙여 주면서 아무도 생각지 않은 사실이었다. 게다가 재니스는 반쯤 취한 관객 앞에서 목 놓아 노래를 부르는 것 외에는 아무런 음악 교육도 받지 못했다. 그런 그녀가 잘 알지도 못하는 뮤지션들과 뭘 하겠는가? 또, 그들은 재니스와 뭘 하겠는가?

1969년 2월, 필모어 이스트 극장에서 열린 네 차례의 공연은 표가 전부 매진되었다. 〈60분〉의 마이크 월리스와 카메라맨 등 주류 언론 사람들도 그 자리에 와 있었다. 밴드는 형편없지 않았지만 재니스는 형편없었다. 대중문화 전문지 《롤링 스톤》은 커버스토리에서 재니스를 "록의 주디 갈랜드"로 칭했고 그녀의 공연을 "뻣뻣하고 실패가 예정된 것"이라고 선언했다. 3월에 재니스는 〈에드 설리번 쇼〉에 출연했고, 그녀의 음악적 고향인 샌프란시스코의 필모어 웨스트에서도 공연했다. 《샌프란시스코 크로니클》의 팝 음악 평론가인 랠프 글리슨은 재니스를 두고 "빅 브라더가 받아 준다면 그들에게 돌아가야 할 것"이라고 했다. 1969년 추수감사절에 롤링 스톤스와 티나 터너가 매디슨 스퀘어 가든에서 공연했다. 재니스는 티나와 듀엣을 하기로 되어 있었으나 똑바로 일어서지도 못할 만큼 만취하여 공연을 망쳤다.

1년 전만 해도 재니스는 신선하고 독창적이라고 평가받았다. 새 시대의 눈부시고 무정부주의적인 체현이라고 평가받았다. 섹슈얼하고 반항적이며 길들여지지 않은 에너지를 발산하는 그녀는 전대미문의 존재였다. 돌이켜 보면 그때 재니스는 스타일을 발전시켰어야 했다. 하지만 그녀는 관객의 사랑을 잃을 것이 두려워 변화를 겁냈고, 결과적으로 좀 빗나가기 시작했다. 재니스는 불안하거나 압도되는 기분을 느낄 때마다 으스대고 욕을 하고 쿵쿵거리며 돌아다니는 등 충동적으로 행동했다. 그녀는 정말이지 아주 불쾌하게 굴 수 있었다. 한 번은 로드매니저 면접을 하던 중 상대방의 이두박근을 세게 쥐어 보더니 너무 약해서 악기를 운반하기 어려울 거고 자기와 섹스는 더더욱 못 하겠다며 키득거렸다.

재니스는 이제 유명인이었다. 유명해지면 행복해질 거라고 상상한 많은 사람들이 그렇듯 재니스도 명성이라는 게 해결해 주는 문제보다 일으키는 문제가 더 많다는 것에 혼란스러워했고 아주 짜증이 나기도 했다. (유명인이 행복해지는 경우는 드문데 왜 다들 유명해지길 원하는 것인지는 다음 기회에 생각해 볼 문제다.) 같이 일하는 사람들과 함께 먹고 마시러 나가면 재니스는 자기가 돈을 내야 한다는 압박감을 느꼈고, 그러고는 사람들이 자기를 이용한다고 몹시 불평했다. 그녀는 마린 카운티의 라크스퍼에 집을 한 채 사서 삼나무 홈바와 바닥욕조, 사랑하는 개 조지가 드나들 전용 문을 설치했다. 마약 중독자들과, 콩고물이 떨어질까 싶어 그녀 곁을 어슬렁거리는 사람들이 그 집을 찾아와 머물렀다. 재니스는 종종 화가 치밀어 사람들을 전부 내쫓고는 외로움에 훌쩍이곤 했다. 모두가 자기가 누구인지 알 거라고 생각했고, 자기를 모르는 사람이 있으면 커리어가 곤두박질치고 있다며 공황에 빠졌다. 한 번은 밥 딜런에게 용건도 없이 전화를 걸었다. "안녕, 밥. 재니스예요!" 그녀의 우렁찬 인사에 밥은 대꾸했다. "재니스가 누구지?" 재니스는 울었다. 그녀는 혼자 있을 때나 시끌벅적한 파티 중에나 테킬라 한 쿼트쯤은 너끈히 마실 수 있었다. 그녀가 즐기던 서던 컴퍼트는 이제 홍보용 소품으로 전락했다. 재니스는 술을 바꾼 게 자기 형편이 나아진 걸 뜻한다고 믿었다.

정신이 멀쩡할 땐 친구들에게 자신이 심한 곤경에 처해 있음을 인정했다. 도움이 필요하다고, 술이 목소리와 공연 능력을 해치고 있다고 말했다(그녀는 마약 복용에 대해선 일절 언급하지 않았고, 지인들은 전부 그녀가 오래 전에 마약 주사를 끊은 걸로 알고 있었다). 하지만 제정신은 오래 가지 않았다. 금세 누군가가 술병을 들고는 집의 문을 확 열고 들어오거나, 음식점 같은 데서 그녀의 옆자리에 와 앉거나, 무대 뒤로 찾아갔다. 재니스는 거절하는 법이 없었다. 순회공연 중 그녀의 일과는, 바람직한 시각에 일어나 술을 마시고, 오후엔 뻗어서 공연 시간까지 '쉬다가' 정신을 차리고 공연을 한 뒤 다시 만취하여 휴식하는 것이었다.

1970년 1월, 상황이 나아졌다. 우리가 나이 들면서 배우는 게 있다면, 버티기만 하면 상황은 결국 나아진다는 것이다. 코즈믹 블루스 밴드는 해체했고 풀 틸트 부기 밴드(Full Tilt Boogie Band)가 그 자리를 채웠다. 재니스는 새 밴드와 더 잘 맞았다. 그녀의 목소리는 영글어가고 있었다. 더 깊고 뉘앙스가 풍부해졌다. 그러나 안타깝게도 그녀의 공연은 과거만큼 짜릿하지 못했고 청중 수도 이전만 못했다.

재니스의 문제라기보다는 시대가 변하고 있기 때문이었지만, 그녀는 이를 자신에 대한 비난으로 받아들였다. 1960년대의 엠블럼이었던 것치고 재니스는 특별히 정치적이지 않았다. 정확히 말해 정치에는 아무 관심 없었다. 11학년 때 사회 수업 중 일어나서 민권 이야기를 한 것이 재니스가 처음이자 마지막으로 한 정치적 행동이었다. 그녀는 세상에서 벌어지고 있는 일들에 관심이 전혀 없다시피 했다. 대통령 후보와 유명한 민권운동 지도자들이 속속 암살당하고, 고급 저택에 사는 임신한 여배우들이 광기 어린 히피들에게 살육당하던 시대였음을 감안하면, 대단한 업적이라 할 수 있다.

앨터몬트 사건이 록 스타들에게 일격을 가했다. 1969년 12월 6일에 열린 앨터몬트 스피드웨이 프리 페스티벌에서 네 사람이 죽었다. 한 사람은 용수로(用水路)에 빠져 익사했고, 두 사람은 뺑소니 사고를 당했고, 관객이었던 메러디스 헌터는 무대로 기어 올라가려다가 헬스 에인절스 폭주족에게 찔려 죽었다(당시 무대에서는 롤링 스톤스가 연주 중이었으며, 헬스 에인절스는 그들에게 임시로 고용돼 무대 주변을 지키고 있었다. ―옮긴이). 그 결과 콘서트 신은 침체하기 시작했다. 군중들의 행동에 엄격해진 콘서트 기획자들은 가수들이 열광한 관중을 부추겨 발을 쿵쿵거리거나 통로에서 춤을 추거나 무대로 달려들도록 유도하는 걸 금지했다. 야외 공연장에서는 질서 유지 차원에서 객석 맨 앞줄과 무대 사이에 장애물을 설치했다. 한데 재니스는 폭동 직전의 수준으로까지 군중을 자극하는 걸 세상에서 제일 좋아했다. 매니저, 홍보 담당자, 경호원 등이 한목소리로 재니스에게 살살 좀 하라고 부탁했다. 그녀는 답했다. "사람들에게 뛰어나와서 춤을 추라고 하진 않겠지만, 만약 그들이 그렇게 한다면 나는 한마디도 하지 않을 거예요! 장애물들을 부순다 해도 자리에 앉으라고 말하지 않을 거예요! 절대 안 그럴 거예요!"

재니스는 때때로 진솔하고 관대한 면을 내비쳤다. 7월에 그녀는 1만 5,000달러짜리 공연을 취소하고 오스틴으로 가서 켄 스레드길의 61세 생일잔치에 참석했다. 앞에서 얘기했듯이 스레드길은 재니스가 캠퍼스 최고의 '추남'으로 뽑힐 뻔한 괴짜 시절에 그녀를 믿고 지지해 준 사람이다. 재니스는 부기 밴드와 호놀룰루에서 안정적이고 노련한 공연을 펼치고 오스틴으로 직행해서는 켄 스레드길에게 「미 앤드 바비 맥기(Me and Bobby McGee)」 어쿠스틱 버전을 불러 주고, 하와이에서 가져온 선물을 주었다. "그가 좋아할 걸 확신한 선물이었어요. 예쁜 화환 목걸이였죠." 재니스는 스레드길의 목에 화환을 걸어 주고 소녀처럼 웃었다.

1970년 10월 초는 재니스에게 비교적 행복한 나날이었다. 일이 잘 풀리고 있었다. 재니스와 밴드는 로스앤젤레스의 선셋 사운드 레코딩 스튜디오에서 새 앨범 〈펄(Pearl)〉의 마무리 작업을 하고 있었다. 10월 1일, 그녀는 신곡 「메르세데스 벤츠」의 익살맞은 아카펠라 버전을 녹음했다. 재니스는 기분이 좋았다. 새 남자친구 세스 모건과는 결혼 이야기가 오가고 있었다.

살아서 보낸 마지막 밤에 재니스는 앨범에 들어갈 곡 「블루스에 산 채로 묻히다(Buried Alive in the Blues)」의 반주 트랙을 들었다. 그녀는 다음 날 이 곡의 보컬 트랙을 녹음할 생각에 들떠 있었다. 세션이 끝난 뒤에는 친구 몇몇과 술 약속이 있었다. 그녀는 자신의 유명한 사이키델릭 포르쉐를 타고 선셋 대로를 달려 바니스 비너리로 가서 스크루드라이버 두 잔을 마셨고, 밴드가 손발이 잘 맞고 있어서 기쁘고 새 앨범이 히트를 칠 것 같다며 즐거움을 표현했다. 그녀는 자정이 약간 지난 시각에 홀로 랜드마크 호텔 객실로 돌아왔다.

그날 밤의 헤로인이 특히 치명적이었던 이유에 관해선 여러 설이 있다. 당시 약을 끊고 있었기에 내성이 부족했다는 말도 있고, 그날의 헤로인이 유독 순도가 높아서 효과가 강력했다는 말도 있다.

10월 4일 새벽에 재니스는 세상을 떠났다.

재니스는 여자란 무엇보다도 착하고 예의 바르고 몸가짐이 단정해야 한다고 가르침 받은 세대에게 만만찮은 여자의 모습을 보여준 선구자였다. 그녀는 여가수가 천사 같지 않아도 된다고, 못되고 강렬하고 배짱 있어도 괜찮다고 음악계에 공표한 사람이었다. 재니스의 인생은 쉽지 않았고 때로는 자기 자신이 최악의 적이 되기도 했다. 하지만 재니스는 여자들이 끊임없이 감정을 단속하지 않아도 괜찮다고, 살아 있다는 건 마음속 모든 어두운 구석과 대화하며 지내는 것이라고 우리 모두에게 가르쳐 주었다. 마음을 자유롭게 온전히 표출하는 걸 겁내지 않아도 된다고 알려 주었다. 누군가는 그래서 그녀가 어려운 사람이었다고 말할 것이다. 나는 그녀가 인간다운 사람이었다고 말하고 싶다.

제28장

리나 더넘

불완전한 여자

2012년 봄, 나는 파리로 가는 길 경유지의 호텔 방에서 HBO의 코미디 시리즈 〈걸스(Girls)〉 첫 방송을 보았다. 이것이 끝내주게 쿨한 리나 더넘과, 성인기 초기 몇 년을 비틀거리며 헤쳐 나가고 있는 브루클린의 밀레니얼 세대 여자 넷을 그린 에미상 수상작 〈걸스〉에 관해 내가 유일하게 내세울 수 있는 쿨한 사실이다. 리나의 '쿨함 지수'는 사람들이 그녀의 최신 트윗, 인스타그램 업데이트, 경솔한 정치적 발언, 새 타투, 의문스러운 레드카펫 의상, 노출의 정도, 체중 감량 혹은 증가, 최근 잡지 표지에 실린 사진 등에 대해 어떻게 느끼느냐에 따라 요동친다. 하지만 그녀를 "힙하지 못하다"고 비난할 일이 결코 없을 한 가지 측면이 있다—그녀는 '중년 여자'가 아니다.

나는 리나 더넘의 어머니뻘이고, 심지어 내 딸은 현재 〈걸스〉 첫 시즌의 해나, 마니, 제사, 쇼샤나와 같은 나이다. 첫 시즌에서 미국인들은 배꼽 빠지게 자기중심적이고 답 없는 이 여자들에게 마음을 빼앗겼다—특히 해나와 애덤이 벌인 완벽하게 끔찍한 섹스에(그 무대였던 망가진 소파에도 콘돔을 끼워야 할 것 같았다). 기이하게 들리겠지만 나는 나이가 많은 덕분에 이 프로그램의 타깃 시청자인 젊은 여성들보다 〈걸스〉를 훨씬 잘 이해할 수 있다고 생각한다. (약간 끈적끈적한 사실 하나. 첫 시즌 시청자의 22%가 50대 이상 남성이었다고 한다. 이 점에 대해선 알아서 생각하시길.)

1970년대에 성년이 되고 1980년대에 영화학교에 다닌 나의 젊은 날 영화 식단은 이따금 수북한 음모나 축 늘어진 페니스가 등장하는, 조명이 엉망인 유럽 예술영화가 주종을 이뤘다(유명한 버터 신이 나오는 베르톨루치의 〈파리에서의 마지막 탱고〉는 말할 것도 없다). 학생들이 만든 영화도 웬만큼 봤는데, 많은 것들이 학생 감독의 평범해 보이는 친구들이 마약을 하고 형편없는 섹스를 하는 내용이었다. 그래서 〈걸스〉 첫 회에서 해나가 애덤의 소파에서 스타킹을 벗으려고 애쓰는 장면을 보고 내가 입을 떡 벌리는 일은 없었다. 리나는 그런 상황을 실감나게 연기했고, 나는 온갖 추억들을 떠올리며 배꼽이 빠지도록 웃었다. 30분짜리 짧은 첫 에피소드를 보며 시청자들은 깨달았다. 리나는 보통 사람처럼 보이지만, 우리에게 20대의 인생을 손발이 오글거리도록 솔직하게 보여주리라는 것을.

리나 더넘이 얼마나 많은 특권을 타고났는가에 관해선 이미 많은 말들이 오갔다. 마치 그녀의 추진력과 재능이, 그리고 HBO에서 파일럿 프로그램을 무사 통과시켰다는 사실이 전부 그녀가 뉴욕의 두 저명하고 인맥 좋은 예술가 사이에서 태어난 덕분이라는 식으로 말이다. 사진작가 로리 시먼스와 화가 캐럴 더넘의 딸인 그녀에게 삶이 부당하리만큼 친절했다는 점을 한눈에 보여주는 지표로 거론되는 것은 그녀와 여동생 그레이스가 뉴욕 트라이베카 지역의 로프트에서 자랐다는 사실이다. (리나의 어머니가 전에 섬유공장이었던 건물에 있는 이 로프트[빌딩의 다락, 교회 건물의 위층, 공장 등을 개조한 널찍한 아파트–옮긴이]를 산 것이 제이크루가 진출하기 전, 트라이베카가 아직 대수롭지 않은 동네였던 70년대였다는 사실은 간과된다.) 시크한 흰 벽과 흰 바닥이 특징인 이 로프트는 리나가 2009년에 3주 만에 찍은 예산 2만 5,000달러짜리 영화 〈타이니 퍼니처(Tiny Furniture)〉의 주역 중 하나다(리나가 주연을 맡고 어머니와 동생도 출연한 이 반자전적인 영화는 사우스 바이 사우스웨스트 뮤직 앤드 미디어 컨퍼런스에서 상을 타고 메릴랜드 영화제에서 상영되는 등 크게 호평을 받았다.–옮긴이). 리나는 이 영화를 계기로 HBO

와 〈걸스〉 계약을 맺게 됐으며, 성공이 성공을 불러 300만 달러가 넘는 책 계약도 맺고 2014년에 개인적 에세이집 『그런 종류의 여자가 아니야: 젊은 여자가 자신이 배운 것들을 들려주다(*Not That Kind of Girl: A Young Woman Tells You What She's Learned*)』를 펴냈다. 리나는 헬렌 걸리 브라운의 1982년 베스트셀러 자기계발서 『세상은 나에게 모든 걸 가지라 한다(*Having It All*)』에서 영감을 받았다고 했지만, 솔직히 나는 모르겠다. 리나의 책은 〈걸스〉 시즌 3에서 e북 계약 건이 성사되었더라면 해나가 썼을 법한, 질적으로 들쭉날쭉한 개인적 에세이 모음집일 뿐이다. 아무튼 돈을 받고 글을 썼으니, 리나에겐 잘 된 일이다.

리나의 진짜 이점은 부모님과 가까운 사이라는 것, 그리고 어린 나이부터 예술계의 삶이 어떤 건지를 근거리에서 목격했다는 것이다. 우리 대부분은 술과 마리화나, 대화와 괴로움이 넘쳐흐르는 창조적 삶이라는 낭만에 유혹되었다가 마침내 예술가라는 직업도 다른 모든 직업과 마찬가지로 고된 노동과 긴 작업 시간, 야근, 지루함, 수정과 수정과 수정으로 이루어진 고약한 일이라는 걸 깨닫는 학습 곡선을 겪는데, 리나는 그 일련의 과정을 피할 수 있었다. "우리 부모님은 창조적인 사고법이 거의 과학적일 수 있다는 걸 가르쳤습니다. 뮤즈의 자비는 불필요합니다. 필요한 건 자신이 거듭 되풀이하여 수행할 수 있는 내적인 사고 과정이죠."

TV에서 리나 더넘이 연기하는 해나 호바스는 그리 요령 있어 보이지 않는다. 아니, 끝없이 수다를 떨고, 자기 생각만 하고, 그러면서도 자기인식이 부족할 뿐 아니라 밉살스럽다는 중죄까지 저질렀다. 시청자들은 작중 인물 해나와 창작자 리나를 구별하는 걸 어려워하므로, 리나 역시 비호감으로 낙인찍었다. 시청자들이 제일 거북하게 여긴 건 해나가 정상 수준의 살짝 통통한 몸을 지니고 있음에도 자꾸 옷을 벗어던졌다는 것이다. 매주, 매 시즌 그녀는 완벽에 미치지 못하는 몸을 지니고도 감히 만족하는 젊은 여성의 모습을 보였다.

우습게도 리나 더넘은 바로 이 사실 때문에 만만찮은 여자가 되었다. 슈퍼모델이 아니면서도 나신을 드러내는 사람은 아주 혐오스러운 사람이거나 '용감한' 사람으로 간주되기 때문이다. 그녀는 인스타그램에 적었다. "한 가지만 확실히 합시다. 나는 내 외모가 싫은 게 아닙니다. 내 외모를 싫어하라고 하는 문화가 싫은 겁니다. 커리어 초기에 제 외모를 칭찬하는 사람들도 있었지만, 그건 언제나 '저 여자 용감하지 않아? 저런 몸을 TV에서 드러낼 생각을 하다니 정말 대담하지 않아?' 하는 식이었습니다."

어쩌면 사람들은 단순히 용기와 자신감을 혼동했는지도 모르겠다. 창작자로서 리나는 자신의 불완전한 몸이 시청자의 시선을 사로잡을 거라고 자신했다. 감독인 그녀가 예뻐 보이지 않는 행동을 하는 자신을 예뻐 보이지 않는 각도에서 포착하더라도 시청자들이 외면할 수 없으리라고 확신한 것이다. 그녀는 언젠가 스스로 가장 섹시하게 느껴질 때가 언제냐는 질문에 망설임 없이 답했다. "감독할 때요." 이게 바로 만만찮은 여자다운 대답이다. 그녀는 타인의 인식이 아니라 자신의 행동에 힘이 있다고 주장한다.

중년 백인 여성인 내게 리나 더넘의 행동 중 진실로 용감하게 여겨진 건 해나의 부모님을 공감 가능한 인물들로 그려낸 것이다. 로린(베키 앤 베이커 분)과 태드(피터 스콜라리 분)는 미시건 주립대학교로 추정되는 이스트랜싱의 한 대학에서 가르치는 50대 후반의 교수 부부다. 그들은 나름의 고통과 욕망, 비밀을 지닌 살아 있는 인간들이기도 하다. 두 사람은 〈걸스〉의 주인공은 아니지만 단지 소품이나 명대사 제조기 같은 역할에 그치지 않으며, 주인공들이 자신의 꿈을 따르지 않거나/어딘가에 열정을 퍼붓지 않거나/프랑스에서 온 교사직 제의를 받아들이지 않거나/안전하지만 지루한 남자친구를 차 버리지 않거나/나이듦을 수용하지 않으면 어떤 일이 일어나는지에 대한 반면교사용 인물로 소비되지 않는다.

TV에 다면적이고 설득력 있는 중년 인물이 부족하다는 건 아니다. 그러나 그들 대부분은 내가 아일린 피셔 스타일이라고 칭하는 드라마에 국한되어 있다. 잘 만들어졌고 세련되었지만 45세 이하는 보지 않을 게 뻔한 드라마 말이다. (릴리 톰린과 제인 폰다가 출연하는 〈그레이스와 프랭키(Grace and Frankie)〉가 곧장 떠오른다. 그리고 〈VEEP〉의 줄리아 루이드라이퍼스처럼 몸에 착 붙는 민소매 드레스를 입어도 더는 매력적으로 보이지 않는 50세 이상의 여성이 등장하는 여러 드라마가. 맹세하건대, 릴리와 제인의 팔뚝을 헐뜯으려는 건 아니다.)

〈걸스〉 시즌 1의 6회에서 해나는 부모님과 주말을 보내러 이스트랜싱에 간다. 그녀가 로린의 약(호르몬 대체요법과 관련 있는 것으로 추정되는)을 사러 갔다가 만난 귀여운 약사 에릭과 우울한 파티에 가 있는 동안 로린과 태드는 결혼기념일을 자축하며 근사한 저녁을 먹고 함께 샤워하면서 섹스를 한다.

"축축하고 야성적이군!" 태드가 외친다. 로린은 가슴을 출렁이며 신음한다. 하지만 그날 저녁은 태드에게 지나친 자극이었던 모양이다. 고열량 외식과 알코올, 정력적인 섹스, 뜨거운 물까지. 그는 섹스 도중 기절해서 바닥으로 쓰러진다. 약사 에릭과 끔찍한 원나이트 스탠드를 하고 집으로 돌아온 해나는 어머니의 고통스러운 비명을 듣는다. 급히 욕실로 달려가 보니 아버지가 기절해 있다. 아버지는 벌거벗었고, 어머니도 벌거벗었다. 해나는 처음으로 상황을 빠르게 판단하고 주도적으로 행동한다. 아버지의 몸을 덮고 그를 침실로 옮긴다. 로린과 태드의 이야기는 남은 게 더 있지만, 스포일러는 자제하겠다. 하지만 그들을 복잡한 인물로 만든 것에 대해, 그리고 그들에게 난감한 신체 노출을 포함해 〈걸스〉 특유의 민망한 서사를 선사한 것에 대해선 리나를 칭찬할 수밖에 없다.

〈걸스〉가 막바지를 향해 달려가고 있던 2015년(최종 시즌은 2017년에 방영되었다) 리나와 친구 제니퍼 코너는 젊은(그리고 아주 젊지는 않은) 페미니스트들을 위한 주간 뉴스레터 〈레니(Lenny)〉를 시작했다. 뉴스레터 구독 신청을 하며 나는 생각했다. '리나 더넘이라면 뉴스레터를 다시 쿨하게 만들 수 있겠지.' 「신앙인으로서 생식권 지지하기」, 「정말 특별한 여자: 성적 판타지의 치유력에 대해」, 「아주 미국적인 월경 오두막」 등 트위터에서 한바탕 논란을 일으킨 그녀의 글들을 생각해 보면 자명한 사실이다. 리나는 공개적으로 낙태권을 지지해 왔으며, 자신이 현재진행형으로 맞서 싸우고 있는 자궁내막증에 대해서도 터놓고 얘기한다(멧 갈라에 참석한 직후 자궁내막증으로 무시무시한 통증을 겪고 입원해서 치료받는 자신의 사진을 인터넷에 올린 적도 있다).

이런 솔직함 때문에 리나는 사람들의 눈엣가시가 되었다. "왜 저 여자는 그냥 꺼지지 않는 거지?" 사람들에게 호감을 사기 위해 입 다물 의향이 없다는 것이 리나를 믿음직한 인물로 만든다. 전격 고백 하나. 나 역시 가끔은 리나가 짜증스럽다. 그녀는 만만찮은 여자고, 만만찮은 여자는 우리의 신경을 바닥까지 긁곤 한다. 하지만 급진적으로 생각해 보자. 그래도 괜찮지 않을까?

낙태를 한 여자들과 더 잘 공감하기 위해 자신도 낙태를 해 봤더라면 좋았겠다는 리나의 발언에 뒤따른 분노의 함성은 우주까지 들렸을 것이다. 그 말을 하지 않는 게 좋았을까? 그렇다. 그런데, 멍청한 말을 하고서 내가 이 문장을 쓰는 데 걸리는 것보다 짧은 시간에 용서받은 남자가 없을까? 답은 독자도 알 것이다.

최근 vogue.com에 올라오는 〈73개의 질문(73 Questions)〉이라는 동영상에서 리나를 보았다. 카메라를 든 남자가 대상을 쫓아다니면서 사적인 질문을 쏟아 붓는 포맷의 시리즈 중 한 편이다. 리나는 줄무늬 탱크톱과 골반에 걸치는 청바지를 입고 하이힐을 신었다. 그녀는 귀엽고 똑똑해 보였다. 완벽하진 않았지만, 완벽하게 괜찮았다. 이토록 제멋대로인 리나를 보면서 나는 그녀가 유명인 기계에 빨려 들어가 올바른 메시지가 적힌 티셔츠를 입을 줄은 알지만 논란을 일으킬 일은 하지 않는, 모두에게 호감 가는 44 사이즈 스타로 변신할 일은 없으리라는 사실에 안심한다. 리나는 그러기에는 너무 만만찮은 여자다.

제29장

캐리 피셔

익살스러운 여자

2016년 크리스마스 이틀 뒤, 캐리 피셔의 사망 소식을 듣고 나는 울었다. 온 우주의 사람들이 울었을 것이다. 〈스타워즈〉 광팬, 캐리 피셔 표 소설과 회고록의 애독자, 정신건강 운동가, 흥을 깨는 페미니스트로 자처하는 사람들까지. 6개월 뒤 공개된 부검 보고서에는 체내에 헤로인과 코카인 사용 흔적이 남아 있다고 기록되어 있었다. 몇몇 팬들은 캐리가 단지 피시 앤드 칩스를 너무 많이 먹고(캐리는 런던을 방문하고 집으로 돌아가는 길이었다) 논란의 소지 없는 단순한 심장마비로 죽은 게 아니라는 사실에 격분하여 팬클럽을 탈퇴했다. 하지만 캐리는 일생 만만한 사람이 아니었고, 행실이 바른 사람도 아니었고, 자기 내부의 악마들을 숨긴 적도 없었다. 사람들은 평생 논란을 달고 산 그녀가 죽음만큼은 순순히 맞길 바란 걸까?

나는 언제나 캐리를 아주 먼 사촌 격이라고 주장해 왔는데, 그건 레아 공주의 창조자 조지 루카스가 나와 동문이기 때문이다. 내가 서던캘리포니아 대학교 영화학교에 입학한 건 〈스타워즈〉가 할리우드 블록버스터로 등극하고 기존의 무엇과도 비견할 수 없는 문화적 현상이 되고 있을 때였다. 영화사에 일찍이 〈스타워즈〉와 같은 작품은 없었다. 우리 영화학교 학생들은 이 작품을 성서처럼 연구했고, 다른 이들보다 앞서 이 작품과 관련된 진기한 잡학적 사실들을 수집했다. (내겐 아직도 초기 각본이 있는데 거기서 R2-D2는 삑삑거리는 소리가 아니라 말로 의사소통한다.) 나는 이 영화를 강의 중 여러 번, 그라우먼스 차이니즈 시어터에서 두 번 보았다. 한 번은 스위스에서 만난 (진짜 스위스 양치기인) 남자와 함께였는데, 그는 이 영화의 경이로움에 감격해 흐느꼈다. 또 한 번은 엔지니어이자 산업 디자이너인 우리 아빠와 함께였는데, 그는 영화를 즐기는 듯했으나 나오는 길에 한 말은 한마디뿐이었다. "알다시피 우주엔 소리가 없어."

410

당시엔 영화학과에 여자가 많지 않았다. 너드 같은 남학생들이 득실거리는 가운데 내가 유일한 여자였던 제작 수업이 기억난다. 레아 공주에 대해 뭔가 할 말이 있는 남자는 전혀 없었다. (〈제다이의 귀환(Return of the Jedi)〉이 나오려면 아직 1년쯤 남았던 때여서, 자바 더 헛 옆에 황금 비키니를 입고 서 있는 그녀의 모습을 아직 보지 못했으니까.) 그들은 카메라 앵글과 음향효과에 대해 열을 올렸다. 반면 나는 레아 공주에게 홀딱 반해 있었다. 아이라이너를 짙게 그린 겁 없고 고결하고 신랄한 말괄량이. 그녀는 권위 앞에서 움츠러들지 않았고 고문에도 끄떡하지 않았다. 필요한 땐 거짓말을 했고, 귀찮게 질문을 던질 것 없이 바로 총을 쏘았고, 누군가에게 구출되면서도 감사한 마음에 눈시울을 적시지 않았다. 그녀는 강렬하면서 다감했다. 나는 캐리 피셔가 위대한 여배우였다고 생각지는 않았지만 그녀가 대사를 칠 때면 능글맞은 미소가 눈에 보이는 듯했다. 그녀는 나와 동류였다.

1956년 10월 21일 영화배우 데비 레이놀즈와 스타 가수 에디 피셔의—할리우드에서 가장 유명한 부부의—딸로 태어난 캐리는 연예계에는 얼씬도 할 생각이 없었다. 유명세로 인한 재앙들을 일어나 앉을 수 있던 나이부터 맨 앞줄에서 슬로모션으로 관람한 셈이니까. 하지만 연예는 가업이었기에, 이를테면 로스쿨에 진학하는 것보다는 훨씬 쉬운 길이었다. 1975년에 캐리는 워런 비티가 출연한 〈샴푸(Shampoo)〉에서 단역을 맡았다. 1977년 〈스타워즈〉가 개봉하자 대중의 눈을 피해 살아 보겠다는 캐리의 희망은 레아 공주의 고향인 알데란 행성과 함께 산산조각이 났다. 그녀는 다른 영화에도 출연했고, 그중엔 썩 괜찮은 영화도 있었다. 하지만 영화 팬들에게 캐리 피셔는 언제까지나 치렁치렁한 흰 가운을 입고 머리를 시나몬 번 모양으로 말아 올린 당돌한 공주 레아였다.

1987년, 캐리는 대단히 훌륭한 자전적 첫 소설 『가장자리에서 온 엽서(Postcards From the Edge)』를 출간했다. 이 소설은 같은 제목의 영화로도 만들어졌는데, 셜리 매클레인이 매일 다시 한 번 인기 스타가 될 기회만 노리는 자기중심적인 어머니를 연기했고 메릴 스트립이 그 어머니의 그늘에 가린, 마약중독에서 벗어나고자 하는 딸 역할을 맡았다(한국 개봉 제목은 〈헐리웃 스토리〉였다.-옮긴이). 이 소설과 그 후의 다른 소설 세 편, 회고록 세 편이 모두 《뉴욕 타임스》 베스트셀러에 올랐다. 그녀의 일인극 〈위시풀 드링킹(Wishful Drinking)〉은 브로드웨이에서 히트를 쳤다. 2015년, 캐리는 〈스타워즈: 깨어난 포스(The Force Awakens)〉에서 다시 레아 공주 역을 연기해 격찬을 받았다. (배역을 맡기로 결정한 데 대해 그녀는 말했다. "지난 40년 동안 레아 공주로 살았는데 어쩌겠어요. 이제 와서 갑자기 그만둬요?") 2016년에는 어머니와 함께 감동적인 다큐멘터리 〈브라이트 라이츠: 캐리 피셔와 데비 레이놀즈(Bright Lights: Starring Carrie Fisher and Debbie Reynolds)〉에 출연했다. 『가장자리에서 온 엽서』 시대의 균열은 대체로 치유된 것처럼 보였다.

이런 성공들 사이사이에 캐리는 많이 고통받고 고투했으며 그 모습이 대중에 낱낱이 공개되었다. 캐리는 28세의 나이에 약물 과용으로 재활 치료소에 다녀왔고, 조울증을 진단받았다. 그녀는 자신의 이상행동이 단순히 중독 때문이라고 눈가림하지 않고—그러는 편이 대놓고 정신질환을 앓고 있다고 밝히는 것보다 매력적인 선택지다—조울증에 걸렸다는 사실을 공개했다. 그뿐 아니라 조울증을 비롯한 정신질환에 대한 인식 개선 운동을 시작했으며, 특유의 통렬한 유머 감각을 발휘해 우아하게 자신의 질병을 얘기하곤 했다. 그녀는 말했다. "실은 이상심리학 교과서에 제 사례가 나옵니다. 저희 가족이 얼마나 자랑스럽겠어요. 생각해 보세요. 페즈(PEZ) 사탕 디스펜서에 제 머리 인형이 붙어 있는가 하면, 이상심리학 교과서에 제 사례가 나온다고요. 모든 걸 다 가질 순 없다고 누가 말했죠?"

레아 공주로 캐스팅되었을 때 캐리는 고작 19세의 아가씨였다—어머니가 영화 〈싱잉 인 더 레인(Singing in the Rain)〉에 캐시 셀든 역으로 캐스팅되었을 때와 같은 나이였다. 캐리를 낳은 1956년에 데비는 이미 미국의 연인으로 떠오른 확실한 A급 영화배우였다. 그녀는 십대들의 우상이자 1950년대 초반 차트를 지배한 가수 에디 피셔(1950년에서 1956년 사이 탑 40 차트에 그의 곡이 35개였다)와 결혼함으로써 명성에 광채를 더했다. 두 사람의 연애는 에디가 어느 인터뷰에서 자기가 원하는 아무나와 데이트할 수 있다면 데비 레이놀즈와 하고 싶다고 발언한 데서 시작되었다. 매니저들이 두 사람의 만남을 주선했다. 데비는 금발머리에 아주 명랑했다. 에디는 어둡고 소년처럼 잘생긴 외모였다. 두 사람은 그야말로 빛나는 커플이었다. 현대의 유명인 커플들은 그들에 비할 바 아니다. 브리트니 스피어스와 저스틴 팀버레이크? 킴 카다시안과 카녜이 웨스트? 브랜젤리나? 이들에게는 인터넷 없던 시대에 데비와 에디 커플을 감싸고 있던 달콤하고 순수한 아우라가 없다. 캐리가 태어나고 16개월 뒤 아들 토드가 태어나자 완벽한 가족이 완성되었다.

그들은 홈 비디오를 많이도 찍었다. 〈위시풀 드링킹〉과 〈브라이트 라이츠〉에서 금발의 데비가 빛나는 캘리포니아의 태양 아래서 귀여운 아기들과 노는 장면을 볼 수 있다. 수영장 파티, 부활절 달걀 찾기, 세발자전거를 타고 빙글빙글 도는 캐리와 토드. 우리가 어른이 된 후의 그녀를 알기 때문이겠지만, 캐리는 남동생보다 더 표현이 풍부하고 생기 있어 보인다. 그녀는 찡그리고 미소 짓고 노려보고 소리친다. 어두운 색깔의 눈동자는 영특한 빛을 낸다. 몇몇 장면에서 캐리는 토드의 발목을 끌고 다닌다. 데비는 그 모든 걸 보면서 그저 미소 짓는다. 그게 스타가 하는 일이니까.

캐리가 두 살 때인 1958년에 에디 피셔는 데비를 버리고 엘리자베스 테일러에게로 떠났다(2장 참조). 데비는 해리 칼과 재혼했다. 사랑해서가 아니라 그가 에디와 정반대라서였다. 신발 장사를 하던 '백만장자 사업가'였던 그는 잘못된 투자와 노름빚으로 돈을 잃고 데비의 재산을 갉아먹으며 살았다. 두 사람은 캐리가 열일곱 살이 되던 해에 이혼했다.

내가 알기로 부모가 세기의 스캔들에 휩쓸린 할리우드 커플일 때 자녀가 겪는 고통을 측량한 연구는 없다—아마 연구 대상자가 캐리와 토드뿐이기 때문일 것이다. 얼마나 외로웠을까, 얼마나 기이한 경험이었을까. 영화 팬들을 위한 잡지 《포토플레이》의 한 호 표지에는 데비와 어린 캐리와 아기 토드의 사진이 실렸다. 표지와 본문 기사에는 '아이들 덕분에 내가 죽음을 면한 밤'에서 '데비가 자녀들에게 리즈와 에디에 대해 들려주는 이야기'까지 별의별 헤드라인이 다 나와 있다.

캐리의 가장 이른 기억 하나는 잔디밭에 앉아 있을 때, 사진을 찍으려다가 관목 수풀 속으로 넘어지는 카메라맨을 본 것이다. 걸음마를 뗀 어린아이 시절에는 어머니와 악수를 하거나 그녀의 몸을 건드려 보려고 밀려든 팬들에게 밀쳐지곤 했다. 캐리는 어머니가 자신만 빼고 모든 사람의 것이라고 믿었다. 아버지가 떠난 건—그가 사망하기 석 달 전인 2010년에 그에게 고백한 건데—자기가 충분히 재미있지 않아서라고 생각했다. 그렇게 어린 나이였는데도 아버지를 붙잡아 두고자 즐겁게 구는 아이가 되려고 애썼던 것이다.

〈브라이트 라이츠〉에는 1971년 즈음 나이트클럽에서 공연을 하는 데비의 모습이 담겨 있다. 데비는 검은 재킷과 핫팬츠를 입고 스타킹을 신고, 기묘하게도 영화 〈뮤직 맨(The Music Man)〉에서 튀어나온 것 같은 흰색 밀짚모자를 썼다. 데비는 객석에 앉아 있던 캐리에게 "늙은 어미를 위해" 노래 한 소절 뽑아 보라고 시킨다(데비는 39세였다). 열다섯 살 나이보다 어려 보이는 캐리는 윤기 나는 긴 머리에 특별한 날을 위한 벨벳 드레스 차림이다. 주디 갈랜드에 비견될 법한 연극적 콘트랄토로 「브리지 오버 트러블드 워터(Bridge Over Troubled Water)」를 열창하는 캐리의 모습에서 성인이 된 후 그녀의 평소 태도를 엿볼 수 있다. 그 태도를 한마디로 요약하자면, '진살스럽다(facerious)'다—캐리의 독특한 태도를 묘사하기 위해 내가 방금 만들어낸 '진지하다(serious)'와 '익살스럽다(facetious)'의 합성어다. 그녀는 이렇게 말하는 듯하다. "엄마, 이것 봐요. 나는 겨우 베이비시터 아르바이트를 할 나이지만, 비즈가 수놓인 앙상블 드레스 차림으로 한물 간 나이트클럽 디바처럼 심장을 토해내듯 노래하고 있어요."

그때까지 캐리는 발성 훈련을 받지 않았다—그 뒤로도 그랬다. 가창 재능을 무시하는 것이 부모에게 반항하는 그녀만의 방법이었다. 당대에 가장 사랑받은 유명 가수 두 사람의 자식이 노래를 거부한다니! 좀 더 정확히 말하자면, 그녀는 목소리를 직업적으로 사용하기를 거부했다. 1982

년 시트콤 〈라번 앤드 셜리(Laverne & Shirley)〉에 게스트로 출연했을 때가 한 번의 예외였고(그때 캐리는 녹색 새틴 토끼 의상을 입고 함께 게스트로 나온 휴 헤프너에게 「마이 가이」를 불러주었다), 보통 때 캐리는 자신의 목소리를 마치 장화에 숨겨 둔 단도처럼 비밀 무기로 사용했다.

캐리는 1973년에 런던의 왕립중앙연극담화원(Royal Central School of Speech & Drama)에 등록했다. 그녀의 나이 17세, 무슨 대가를 치르더라도 연예계를 피하겠다는 목표가 난항을 겪고 있었다. 캐리는 어머니의 간청으로 고등학교를 중퇴하고 어머니가 출연하는 브로드웨이 뮤지컬 〈아이린(Irene)〉에 앙상블의 일원으로 등장했다. 야한 영화 〈샴푸〉에서는 워런 비티가 연기한 미용사의 한 고객의 '성적으로 해방된' 십대 딸 역을 연기했다. 머리에 반다나를 두른 노브라의 캐리가 고전적인 대사로 미용사를 유혹한다. "나랑 한판 뜰래?(Wanna fuck?)" (데비는 이 대사를 같은 뜻의 "Wanna screw?"로 바꾸려고 로비를 했지만 실패였다.) 캐리가 런던의 연극원에 등록한 것은 그게 생활비와 학비를 대 주는 어머니를 만족시키면서 집에서 최대한 멀리 떠날 수 있는 방법이었기 때문이었다.

1975년 크리스마스 휴가에 캐리는 〈스타워즈〉 오디션을 보았다. 안 볼 이유가 없었다. 엉뚱한 저예산 SF 영화라니, 나쁠 것 없지 않은가? 오디션 대본을 받고 레아 공주가 "행성 하나를 완전히 파괴하기에 충분한 화력을 갖춘 우주 전투기지로군!" 따위 대사를 읊는 걸 본 캐리는 생각했다. '바로 이거지.' 감독인 루카스는 캐리가 아직 18세였는데도 공주이자 전사인 역할에 걸맞게 만만찮으면서도 따뜻하고 영민했기 때문에 그녀를 캐스팅했다.

〈스타워즈〉의 제작에 관해 아직 알려지지 않은 사실이 하나라도 있을까? 아마존에 들어가 스크롤해 보면 수십 권의 백과사전, 지도, 각종 전서, 그리고 제작 과정의 결정적 비화를 담은 책들이 나온다. 서던캘리포니아 대학교 출신인 나의 지식과 인맥을 활용한다 해도, 여기 더할 수 있는 새로운 정보는 없는 것 같다.

아, 잠깐만. 하나 생각났다.

캐리는 세상을 떠나기 한 달 전 출간된 회고록 『프린세스 다이어리스트 (The Princess Diarist)』에서 영화 촬영 중 해리슨 포드와 눈이 맞았다고 고백했다. "〈스타워즈〉 첫 편을 찍는 동안 해리슨과 연애를 했는데, 워낙 오랜 세월 동안 비밀로 한 터라 이제 와서 정확히 어떻게 얘기를 꺼내야 할지 잘 모르겠다."

사건의 전개는 이러했다. 두 사람은 조지 루카스의 32번째 생일을 맞아 연 깜짝 파티가 끝난 뒤 차 안에서 서로의 몸을 더듬기 시작했고, 이어서 캐리의 아파트에서 애무를 계속했다. 그날 밤은 "석 달을 가는 원나이트 스탠드"로 이어졌다. 34세의 해리슨 포드는 기혼이었고 이미 스타 영화배우 비슷한 존재였다. 19세의 캐리는 그때까지 진지하게 사귄 남자친구가 한 명뿐이었고(연극원에서 만난 남자였다), 세상 물정에 훤한 노련한 여자 시늉을 하고 있었지만 사실은 긴장하고 불안해하고 있었다. 그녀는 십대 소녀다운 사고방식으로 그가 자신을 "좋아"하는 것이 자신이 그를 "좋아"하는 것과 과연 같은지 고민했다. 두 사람은 주중이면 연애를 하지 않는 척하는 걸 통해 진정한 연기 기술을 연마했고, 주말에는 캐리의 아파트에서 섹스를 했다.

해리슨은 과묵했다. 캐리에게 그는 절대적인 수수께끼였다. 그는 여자들이 오로지 자신만이 탐사할 수 있는 동굴처럼 깊은 마음과 영혼을 지녔다고 생각하는 강하고 조용한 유형의 남자였다. (대부분의 경우 이런 남자들은 그냥 따분하다. 우리는 비싼 수업료를 내고 그 사실을 깨닫게 된다.) 캐리는 회고록에 그를 미소 짓게 만들려고 노력하며 많은 시간을 보 냈다고 적었다. ("…나는 청소년 근로기준법에 대해선 들어 본 적도 없었 던 거다.") 한 번은 술집에서 해리슨 특유의 힘이 잔뜩 들어간 걸음걸이를 따라 했더니 해리슨이 어깨를 흔들며 소리 없이 웃었다고 한다. 캐리는 그 순간이 평생의 연애사에서 가장 좋은 순간에 속했다고 회상한다. 영화 촬 영이 끝나자 연애도 끝났다. 캐리의 회고록에 따르면 해리슨은 "당신은 사 슴의 눈과 사무라이의 배짱을 지닌 여자야"라는 말로 캐리를 달랬다고 한 다. 미안하지만 이 말은 거짓 같다. 너무나 전형적인 캐리 피셔 스타일의 대사라서.

1983년에 캐리는 사이먼 앤드 가펑클의 폴 사이먼과 결혼했다(결혼은 딱 11개월 만에 파탄이 났다). 두 사람이 만난 건 천재 작사·작곡가인 사이먼이 〈스타워즈〉 세트장을 방문했을 때였다. 사이먼은 캐리의 아버 지 에디 피셔처럼 키 작은 유대인 가수였다. 두 사람은 시작부터 격정적이 었다. 언어에 대한 열정, 서로에 대한 열정, 그리고 많은 양의 코카인을 공 유했다. 공정을 기해 말하자면, 1980년대 초반 연예계에선 거의 모든 일에 다량의 코카인이 수반되었다. 그때 나는 영화학교를 갓 졸업한 참이었는 데, 회의 중에 페리에와 코카인 한 줄을 권유받는 게 드문 일이 아니었다.

캐리/레아가 코카인 흡입을 시작한 건 〈제국의 역습(The Empire Strikes Back)〉('〈스타워즈〉 최고의 편'으로도 알려져 있다) 촬영 중 얼음행성 호 트에서였다—그러니까, 호트 세트장에서 말이다. 1982년에 마약 과용으 로 사망하게 될 존 벨루시조차 캐리에게 약을 조금 줄이라고 권유했다고 한다. 캐리가 코카인을 특별히 좋아한 건 아니었지만 코카인은 주위에 널려 있었고, 그녀는 캐리 피셔로 살아가기의 괴로움에서 한숨 돌릴 수 있게 해주는 것이라면 뭐든 복용할 의향이 있었다. 매일 아침 눈을 뜨면—밤에 잠깐이라도 눈을 붙인 경우에 말이다—생각과 감정의 쓰나미가 밀려들었다. 깨어 있는 매 순간 문자 그대로 머릿속에서 폭풍이 일었다. LSD를 복용하면 좀 더 정상이 된 기분이 들었다. 머릿속을 빙빙 도는 독백이 시각적 환영으로 바뀌었다. 변화는 휴식만큼이나 좋은 것이었다! 게다가 친구들과 약을 하면 함께 정신을 놓으니까 평소처럼 외롭지도 않았다. 처방약 가운데 캐리가 선호한 건 퍼코셋이었는데, 그녀는 단지 정신을 가라앉히기 위해 하루에 그걸 30정까지 복용한 적이 있다고 고백했다.

캐리는 24세가 되던 1980년에 의사에게서 조울증(양극성 기분장애)을 진단받았다. 캐리는 믿지 않았다. 감히 레아 공주에게 흔해빠진 약물중독이라고 말할 수 없어서 그렇게 말했으려니 생각했다. 터무니없는 졸작 〈언더 더 레인보우(Under the Rainbow)〉를 촬영할 당시 캐리는 체중이 40kg 나갔고—모두 그녀가 섹시하고 근사해 보인다고 생각했을 거다—수면부족으로 세트장에서 발작을 일으켰다.

우디 앨런의 1985년작 〈해나와 그 자매들(Hannah and Her Sisters)〉 촬영을 마친 뒤 캐리는 실수로 앞서 언급한 퍼코셋과 수면제를 과다 복용했다.

그제야 의사의 말이 진지하게 들렸다. 캐리의 병은 우울증 삽화가 더 잦고 극심하게 나타나며 조증은 가벼운 조울증 II형이었다. 여기에 멋대로 자가 투여한 약물이 더해지자 연애도 자기존중감도 커리어 관리도 전부 엉망이 되었다. (잘못된 작품 선택의 예: 〈언더 더 레인보우〉. 체비 체이스와 함께 주연한 작품으로, 나치 스파이와 일본인 자객이 등장하며 다수의 배우들이 작은 사람들의 마을 먼치킨빌 시민으로 캐스팅되고, 영화 속에서 이들이 〈오즈의 마법사〉를 찍는 동안 같은 호텔에 묵는다는 설정의 끔찍하게 재미없는 패러디 영화다. 1980년대에 마약에 절어 있던 사람은 캐리만이 아니었다.)

캐리는 흔한 약물중독에 빠진 유명인이 아니라, 정신질환을 가진 여성이었다. 정신질환은 약물중독보다는 훨씬 덜 근사해 보였다.

1987년 캐리는 첫 책『가장자리에서 온 엽서』를 펴냈다. 첫 문장은 이렇다. "내 위를 세척한 남자에게 전화번호를 주지 말았어야 할지도 모르겠지만, 무슨 상관인가?" 읽다 보면 이런 문장이 나온다. "즉각적인 만족감은 너무 오래 걸린다." 더 읽다 보면 이런 문장도 나온다. "꼭 그래야만 하는 상황이 아닌데도 나는 항상 애태우며 애쓰는 것 같아, 무슨 뜻인지 알지?"

『가장자리에서 온 엽서』가 출판되었을 때 나는 캐리를 질투했다. 〈스타워즈〉에 출연하더니, 이젠 어마어마한 관심을 받는 베스트셀러가 된 데다 메릴 스트립 주연의 영화로 제작될 예정인 배꼽 빠지게 웃기는 첫 소설을 썼다고? 어째서 저 여자는 모든 걸 가지게 되는 거야? 이게 그녀의 성공에 대한 나의 관대한 반응이었다.

1990년대에 캐리는 소설을 몇 권 더 썼고 각본을 손봐주는 일로 상당한 돈을 벌어 통장을 불렸다. 〈아웃브레이크(Outbreak)〉, 〈웨딩 싱어(The Wedding SInger)〉, 〈리썰 웨폰 3(Lethal Weapon 3)〉에 그녀의 재능과 기지가 녹아 있다. 캐리는 또한 새로운 남자와 사랑에 빠졌다. 상대는 할리우드의 '파워' 에이전트 브라이언 루어드였는데, 그는 3년 뒤 캐리를 차고 남자와 결혼한 것으로 유명하다. ("후에 그는 자기가 게이가 된 게 내가 코데인을 다시 복용했기 때문이라고 말했다. 나는 답했다. '자기도 알겠지만 내가 라벨에 적힌 경고문을 통 안 읽잖아.'")

캐리와 브라이언이 이혼하기 전 아기가 생겼다. 캐리는 1992년에 빌리를 낳고 혼자 키웠다. 아버지가 떠난 뒤 어머니 손에 큰 캐리는 자신 역시 남편 없이 아이를 키우게 되었다는 것에 상심했고, 이 사실만은 끝까지 웃음거리로 승화시키지 못했다.

캐리는 치료를 받았다. 그녀의 질환은 대체로 통제 가능했지만, 조울증은 깔끔하게 완치되는 병이 아니다. 약이 잘 통하다가도 돌연 통하지 않는다. 가끔은 조증이 둑을 뚫고 홍수처럼 밀어닥친다. 1998년, 유독 심했던 조증 삽화 이후 캐리는 입원했다. 내가 이 사실들을 아는 건 캐리가 2000년 12월에 〈프라임타임 위드 다이앤 소여〉에서 작가답게 세세한 이야기를 풀어놓았기 때문이다. 나는 그 인터뷰를 생생하게 기억한다.

44세의 캐리는 젊었을 때보다 더 예쁘고 카리스마가 넘쳤다. 그녀는 원래도 머리카락이 갈색이었지만 전략적으로 좀 더 밝게 염색하고 대담하게 단발로 잘랐다. 나이가 들면서 그녀의 목소리는 한결 거칠어졌다.

그녀는 진을 빼는 광적인 생각들이 어떻게 강박적인 독백으로 이어지고 그것이 어떻게 주위 사람 전부의 진을 빼 놓는지 묘사했다. 잠들지 못하는 밤들이 때로는 연속으로 찾아왔다. 쇼핑, 여행, 섹스와 관련된 나쁜 아이디어들을 전부 실행에 옮기고자 하는 충동이 일었다. ("와! 처음 뵙지만 갑자기 당신과 섹스를 하고 싶은데요.") 캐리는 자신에게 두 가지 면이 있다고 밝혔다. '까부는 로이'는 파티의 활력소였고, '축 처진 팸'은 "바닷가에 서서 훌쩍였다." 캐리를 '사랑'한다고 말하는 사람들이 실제로 사랑하는 건 로이였다. 캐리는 친구들에게 전화해서 속삭이곤 했다. "로이가 왔어." 그러면 파티가 시작되었다.

"〈해리가 샐리를 만났을 때〉를 촬영하는 동안 저는 밤새 헤로인을 흡입하곤 했습니다. 부모님이 얼마나 자랑스러워하셨을지 아시겠죠." 그녀가 말했다.

캐리는 정신병동에서 보낸 시간에 대해서도 이야기했다. 매일 그녀의 목표는 조금이라도 덜 느끼는 것이었다. 병원에서 그녀는 엿새 동안 잠을 자지 못했다. 환각을 보았고 텔레비전에 대고 무의미한 말을 지껄였다. 팔을 뻗으면 손바닥으로 자신의 기분을 만질 수 있었다(차가운 느낌이었다). 창밖에는 빛을 발하는 미래적인 도시들이 펼쳐졌다. 브라이언이 병문안을 왔을 때 캐리는 그에게 자신이 돌아갈 수 있을지 모르겠으니 딸을 데려다 달라고 간청했다. 하지만 물론 캐리는 돌아갔다.

"그래서, 이 이야기는 '영원토록 행복하게 살았습니다'로 끝나나요?" 소여가 물었다.

"그런 건 없어요. 영원토록 온갖 일들이 벌어졌습니다, 라면 모를까요."

덜 만만찮은 여자였다면 이 모든 것에 대해 말을 아꼈을 것이다. 캐리는 공개된 삶을 살았지만 의료기록은 대중에 공개되지 않으니, 처방받은 진통제를 애용한다고 둘러댔으면 다들 그러려니 했을 것이다. 약물 과용에는 일말의 매력이 서려 있으나 완전히 미친 것은 그렇지 못하다.

하지만 캐리는 과도한 공유 문화의 최전선에 서 있었다. TMI(too much information, 과다한 정보)라는 약어가 나오기도 전에 TMI를 뿌려 댔다. 그녀는 섹시한 우주 공주, 혹은 소위 할리우드 왕족 부부의 공주라는 자신의 이미지를 보호하는 데에는 아무 관심이 없었다. 그녀는 전기충격요법(ECT)을 받은 경험까지 포함해 모든 걸 밝혔다. 이 고백은 솔직한 캐리에게도 부담스러웠을 것이다. 캐리가 성장하던 시대엔 ECT를 받았다고 인정하는 것은 커리어가 끝장나는 걸 의미했다. (부연 설명을 하자면, 1972년 대선에서 대통령 후보 조지 맥거번과 짝을 이루어 부통령 후보로 나섰던 상원의원 토머스 이글턴은 우울증을 앓고 ECT를 받았다는 사실을 인정한 뒤 〈뻐꾸기 둥지 위로 날아간 새〉를 말하는 시간보다 더 빠르게 후보에서 잘렸다.)

　캐리의 솔직함을 모두가 좋게 본 건 아니었다. 솔직한 고백이 너무 과하다고 생각하는 이들도 있었다. 《워싱턴 포스트》에서는 『프린세스 다이어리스트』의 서평에서 그녀의 솔직함이 독자들의 손발을 오그라들게 만들 거라고 평했다. 내가 스물네 명가량을 대상으로 비과학적인 조사를 시행한 결과, 〈스타워즈〉의 광팬일수록 캐리 피셔를 레아 공주 이외의 역할로 보는 데 관심이 없었다. 대부분의 사람은 캐리가 정신질환이 인간의 다른 여러 결함보다 더 낫거나 나쁠 것 없는 하나의 결함일 뿐이라고 옹호하는 영향력 있는 운동가가 되었다는 사실을 모르고 있었다. 그녀는 말했다. "나는 정신적으로 아픕니다. 그건 사실입니다. 그 사실이 부끄럽지 않습니다. 나는 질환에 굴하지 않았고, 지금도 극복하고 있습니다. 덤벼 보라고 해요. 당신보다는 내가 당하는 편이 낫죠."

　사람들은 〈스타워즈〉 삼부작이 워낙 대히트였으니 캐리네 집에 일주일에 한 번씩 돈 자루가 배달될 거라고 생각했다. 하지만 떼부자가 된 사람은 조지 루카스뿐이었다. 레아 공주 역할로 계약을 했을 때 막 선거권을 얻은 나이였던 캐리는 '초상권'과 모든 상품화권을 루카스에게 넘겨줬다. 그녀는 급여를 받았으나 수익 분배는 전혀 받지 못했다.

　2008년 일인극 〈위시풀 드링킹〉에서 그녀는 이런 불공평한 대우에 대해 입을 열었다. 샴푸 병에 자기 얼굴이 쓰이는 걸 낙천적으로 받아들일 수 없다고도 말했다(레아 공주, 즉 캐리의 머리를 비틀어 따면 목에서 샴푸가 흘러나왔다). PEZ 디스펜서와 도시락통 등등 레아 공주가 그려진 온갖 물건들이 그녀를 따라다녔지만 그 대가로 캐리의 손에 땡전 한 푼도 더 들어오는 건 아니었다. 캐리는 자신에겐 초상권이 없으므로 거울을 볼 때마다 조지 루카스에게 돈을 줘야 한다고 특유의 '진살스러운' 농담을 했다.

그래도 캐리는 스무 살치고는 상당한 돈방석에 앉아 있었다. 누군가의 추천을 받고 별 생각 없이 매니저 한 사람을 채용한 다음 까맣게 잊어버린 일도 있었다. 돈이 필요하면 쓰는 생활의 연속이었다. 40대에 들어선 어느 날, 빈털터리가 되었다는 걸 깨달은 때까지.

그래서 캐리는 수익 좋은 부업으로 '랩댄스(lap dance)'를 시작했다. 그녀가 랩댄스라고 부른 부업은 전 세계 수백 개의 코믹콘(Comic-Con)에서 팬들에게 사인을 해주는 일이었다. 장당 70달러짜리 사인을 해주는 것만으로 생계를 꾸릴 수도 있었다('코믹콘'은 'comic book convention'의 약칭으로, 만화 팬들과 작가, 전문가들이 모여 다양한 행사를 벌이는 컨벤션/박람회다. ─옮긴이). 그녀는 언젠가 〈스타워즈〉로 얻은 명성을 "인구밀도가 낮고 공감을 얻을 수 없는 영역"이라고 칭했다. 여배우로서 그 영역은 더욱 인적이 드물어서, 캐리/레아가 그 영역의 여왕이자 유일한 국민이었다.

코믹콘이 열리는 컨벤션 센터들의 조명은 대개 촉촉한 스무 살짜리의 피부조차 누르스름하고 얼룩덜룩해 보이게 만들었다. 캐리는 중년 여성의 몸에다 숱이 줄어드는 머리, 떨어지는 시력, 갱년기 증상으로 예민해진 성격까지 갖추고 성실하게 이런 컨벤션 센터들에 출석했다. 주말마다 몇 시간씩 촉촉하고 빛나던 시절의 자기 사진에 사인을 하느라 손에 쥐가 나곤 했다. 상상이 가는가? 여성의 다른 모든 특성보다 외모가 가치 있게 여겨지는 이 문화에서, 자신이 황금색이건 아니건 비키니를 입기는커녕 랜즈엔드 원피스 수영복에 몸을 욱여넣을 용기조차 내지 못할지 모른다는 사실을 잘 알면서, 그 망할 황금 비키니를 입은 자기 모습을 용맹하게 바라보

는 캐리. 줄 선 남자들에게서—솔직히 말해 그들도 빼어난 외모는 아니다
—그녀가 자신의 첫사랑이었다는 고백을 지겹도록 듣는 건 논외로 하더
라도 말이다.

어느 날은 모녀가 줄을 섰다. 어린 딸은 작은 로브를 입고 작은 귀 위로
머리를 말아 올리고 레아 코스프레를 하고 있었다. 딸은 캐리를 흘긋 보더
니 울기 시작했다. "늙은 레아 공주는 싫어!"

캐리는 자신이 레아인 동시에 레아의 관리인이라고 느꼈다. 게다가 그
녀는 로이이자 팸이기도 했으니, 캐리의 삶이 얼마나 힘겨웠을지 상상이 갈
것이다.

2008년, 캐리는 〈위시풀 드링킹〉 순회공연을 시작했다. 그 해 초 로스
앤젤레스에서 시작된 공연은 버클리, 시애틀, 워싱턴 D.C.에서도 무대에
올랐고 브로드웨이의 스튜디오 54 극장에서 한시적으로 상연되었다(그래,
바로 그 유명한 나이트클럽이었던 곳 말이다). 공연은 2010년 1월에 막을
내렸는데 내가 굳이 날짜를 정확히 기록하는 이유는 신장 156cm의 자그
마한 캐리 피셔가 몸무게 81kg을 찍음으로써 우리의 신성한 땅에서 가장
용서받을 수 없는 여성의 중죄를 짓게 된 경위를 독자들이 이해하는 데 보
탬이 되기 위해서다. 그녀는 2년 동안 순회공연을 했다. 2년 동안 운동을
하지 않고, 밤늦게 푸짐한 식사를 했다는 뜻이다(여기 룸서비스 부탁해
요). 내일 없이 사는 중독자의 눈에는 이따금, 아니 바로 지금 아이스크림
파인트들이 한 통을 해치우는 것이 완전히 무해해 보였다.

캐리가 그 사실을 의식하지 못했던 건 아니다. 그녀는 자신이 청바지와

몸에 달라붙는 티셔츠는 옷장 뒤에 처박아두고 레깅스와 튜닉만 입고 산다는 걸 알았다. 하지만 그녀가 자기 관리를 시작해야 할 때임을 절감한 건 구글에서 자기 이름을 검색하다 "캐리 피셔에게 대체 무슨 일이 일어난 거야? 전엔 그렇게 섹시했는데 지금은 엘튼 존 판박이잖아"라는 글을 발견한 때였다.

살을 빼는 길밖엔 없었다. 그래서 캐리는 살을 뺐다. 54세의 나이에 아홉 달 동안 23kg 가까이를 뺐다. 남녀를 불문하고 이만큼 살을—더군다나 60을 향해 가는 나이에—뺄 수 있는 사람은 슈퍼히어로에 가까운 위인이다. (건강을 위해서 살을 빼야 한다고들 하지만 어느 시점에 이르면 사람들은 건강도 필요 없으니 저 케이크를 먹겠다고 말하는 경향이 있다.) 캐리는 농담을 했다. "나이가 드는 건 줄 알았는데 그냥 살이 찌는 거더군요."

하지만 캐리는 나이도 먹고 있었다(누구나 나이를 먹으니까).

2015년 개봉한 〈스타워즈: 깨어난 포스〉에서 캐리가 다시 레아 공주를 연기하자 트위터는 평소처럼 무의미하고 못된 모욕들로 폭발했다. 공정하게 말하자면, 캐리가 황금 비키니 차림의 날씬한 개미허리 아가씨라는 환상을 지켜내는 데 일생을 바치길 거부함으로써 오리지널 3부작의 모든 남성 팬을 실망시킨 건 사실이다. 그럴 수도 있었다. 책을 집필하고 각본들을 손보고 정신질환 환자들을 대변해 목소리를 내고 최선을 다해 아이를 키우고 노망난 에디와 데비를 돌보는—캐리는 어릴 적 그토록 고생을 시킨 부모님을 원망하지 않고 사랑했다—대신 강박적으로 몸매를 가꿀 수도 있었다. 하루 몇 차례씩 운동을 하고 현직 슈퍼모델들처럼 공기와 담배만 먹고 살 수도 있었다. 캐리는 그러지 않고, 대신 충만하고 엉망진창이고 불완전한 삶을 살았다.

남의 몸매와 나이를 두고 이러쿵저러쿵하는 멍청이들이 트위터에서 공격을 해오자 캐리는 잠자코 있지 않았다. 자신의 연기가 아니라 몸매와 얼굴과 목소리와 자세를—그리고 또 뭐가 있더라?—비판하는 소위 '팬'들에게 캐리는 다음과 같이 쏘아붙였다.

@carrieffisher: "[내가] 잘 늙었는지 아닌지를 두고 토론하는 건 그만두시죠. 내 세 가지 감정에 다 상처가 되니까요. 내 '몸'이 나만큼 잘 늙진 않았지만, 어쩌라고요."

캐리 피셔는 최초의 레아 공주가 아니었다. 1975년 캐스팅 과정 중 조지 루카스가 레아 공주 역으로 점찍었던 테리 넌이라는 훨씬 어린 여배우가 있었다. 그녀는 15세였고 뼈대가 가늘었고 태도가 쿨했다. 교과서에서 튀어나온 공주 같았던 그녀가 레아 공주를 연기했어도 괜찮았을 것이다. 사실 캐리 피셔보다는 테리 넌이 마크 해밀의 쌍둥이 역으로 적격이었다. 조지 루카스는 배우 선정에 젬병인 것으로 유명하다. 선지자적 재능을 타고났지만 그의 전문 분야는 우주 전함과 드로이드와 폭발이다. 그러나 그는 캐리를 대하자마자 그녀 안에서 무언가를 보았다. 그녀가 따뜻하고 재미있는 동시에 강인하고 격렬할 수 있다는 걸 꿰뚫어 본 것이다. 캐리는 블래스터 총을 든 공주였지만 민중의 지도자가 될 자질이 있는 소녀이기도 했다.

레아 공주를 만만찮은 여자이자 불후의 인물로 만든 것은 캐리 자신의 넓은 마음과 유머 감각, 복잡한 성격이었다는 걸 캐리가 우리를 떠나기 전에 깨달았길 소망한다.

감사의 말

편집자 힐러리 블랙에게 내가 느끼는 깊은 고마움을 표현하려면 그저 감사하다는 말로는 부족하다. 보통 편집자들은 그냥 편집을 한다. 하지만 힐러리는 내가 글을 쓰고 생각하고 글을 고치고 수제 도넛을 지나치게 많이 먹고(나는 포틀랜드에 산다) 눈꺼풀에 경련이 일고 광인처럼 이메일을 보내는 내내 나를 든든하게 지지해 주었다. 그런 사람은 그녀뿐이다. 프로젝트 에디터인 앨리슨 존슨도 연봉을 크게 인상 받고 일주일, 아니 두 주일 휴가를 누려야 마땅하다. 내셔널 지오그래픽 사의 모두에게—멜리사 패리스, 니콜 밀러, 앤 데이, 켈리 포사이스, 다닌 굿윈, 제시 키리코에게 감사한다. 원고를 두고 승강이를 벌이는 과업을 맡아 준 주디스 클라인에게 감사한다. 킴벌리 글라이더의 눈부시게 아름다운 삽화는 감동이었다.

나를 한없이 믿어 준 데이비드 포러에게 빚을 졌다. 잉크웰의 킴 위더스푼, 리처드 파인, 마이클 칼라일, 너새니얼 잭스, 코린 설리번에게도 감사한다.

지난 몇 년 동안 '내 여자들' 이야기를 들어준 '고명한 작가들' 앨리슨 프로스트, 앤지 무레산, 뎁 스톤, 콜린 스트롬, 댄 번, 피터 윌리스, 로라 우

428

드, (면도날처럼 예리하게 교열도 봐 준) 데비 가올에게 감사한다. 대나 셰이퍼의 현명한 조언과 날카로운 평은 1년치 키르로열 칵테일로 갚아야 마땅하다. 데브 나이스와 멜리아 수어드에게, #감사합니다 #당신들없이어떻게살죠?

콜리우르 직원들 제임스 앨런, 캔디스 킹, 젠 오버마이어, 웨인 오버마이어, 스콧 호르냑, 호르헤 아르곤스, 댄 번, 알리자 베슬라미, 캐시 부다스, 랜디 롤리슨에게, 힘겨웠던 순간 내 곁에 있어 주고 응원을 보내준 것에 대해 감사한다. 자, 이제 와인 한 잔 할 시간이다.

소중한 친구 킴 다워에게, 레몬빵을 나눠 먹던 시절 이래로 네 애정과 격려가 나를 지탱해 주었어. 말로 다 할 수 없을 만큼 고마워.

마지막으로 우리 집 남자 제러드 앨런과 내 작은 토마토 피오나에게. 내 가족이 되어 주어서 고마워.

옮긴이의 말

이 책의 원제는 'In Praise of Difficult Women'이다. 새빨간 표지에 흰 글씨로 적힌 단어 하나를 한참 노려보았다. 책을 펼치기도 전부터 일차 난관에 맞닥뜨린 셈이다. 쉬워 보이는 단어가 제일 어렵다. 'Difficult'라, 이걸 뭐라고 번역한담?

메리엄웹스터 온라인 사전의 정의에 따르면 'difficult'의 의미는 "hard to deal with, manage, or overcome"이다. 영한사전에서는 'difficult'에 해당하는 한국어로 "완고한, 성가신, 괴팍한, 대처하기 어려운, 다루기 힘든, 비협조적인" 등을 제안하고 있다. 그런데 이 단어들은 일반적으로 남을 헐뜯을 때 쓰이지, 칭찬할 때 쓰이지 않는다는 게 문제였다. 나는 책을 읽어 나가면서 이 목록에 입에서 나오는 대로 "호락호락하지 않은", "감당하기 어려운", "쩌는", "장난 아닌", "문제적"을 추가했다. (보다시피 입에서 툭 튀어나왔기 때문에 트위터라면 모를까 지면에는 쓸 수 없었다.)

결국 "만만찮은"으로 마음이 기운 건 표준국어대사전에 올라 있는 뜻풀이에서 누군가가 만만찮은 이유를 "보통이 아니어서"라고 설명하고 있기 때문이었다. 보통이 아닌 여자라고 하면 어떤 여자인지 곧장 감이 오지 않는가. 괜찮은 역어를 찾았다고 기뻐하던 중, 그렇다면 우리가 말하는 '보통 여자'란 어떠한지에 생각이 미쳤다. 그 말에 담긴 함의를 곱씹으며 나는 이내 씁쓸해졌다.

자고로 만만찮은 여자보다는 보통 여자 이야기가 흔하다. 오랫동안 우리의 보통 여자는 자신의 욕망보다 남을 먼저 위하는 착한 여자였다. 케케묵은 동화 속 공주들부터 우리 모두 읽어야 했던 위인전 속 현모양처 신사임당과 클래식한 한국 드라마의 캔디형 여주인공까지, 마음씨 곱고 상냥했던 그들에게도 본받을 점은 있다. 그런데, 그 본받을 점이라는 게 대개 엇비슷하다. 남을 먼저 배려하고, 희생하고, 불평하지 않고, 어려운 상황에서도 낙관하고, 품위를 지키고…. 그들이 착하게 산 보상으로 다다르는 목적지도 거기서 거기다. 좋은 남자와 결혼해서 안정적인 가정을 꾸리는 것, 혹은 그 몇 가지 변주.

물론 그런 욕망을 가진 여자들도 있다. 그리고 물론, 그와는 다른 욕망을 가진 여자들도 있다.

이 책의 저자는 다른 욕망을 가진 여자들의 이야기를 들려준다. 남이 상을 주기만을 기다리고 있지 않았던 여자들. 사실은 그들의 이야기가 더 솔깃하다. 원래 모범생보다는 살짝 삐딱선을 탄 인생이 흥미진진한 법이다.

그래서 다른 길에 오른 그들은, 어떤 목적지에 다다랐을까? 20세기 전반에 영화배우이자 희곡작가로 활동했던 메이 웨스트(Mae West)가 일찍이 답한 바 있다. "착한 여자는 천국에 가고, 나쁜 여자는 어디든 간다." 이 말은 이 책에 소개된 《코스모폴리탄》 편집장 헬렌 걸리 브라운이 생전에 제일 좋아했다고 알려진 말이기도 하다. 헬렌 걸리 브라운은 당대 미혼 여성들과 달리 빠르게 가정에 안착하는 대신 자신의 욕망에 솔직하게 자유로운 연애를 했고, 비서직을 전전하다가 세계적인 잡지의 편집장이 되었다. 자기가 원하는 대로 살았을 뿐 아니라 남들에게도 그런 라이프스타일을 전파했다. 나는 그의 철학에 동의하지는 않지만, 그가 자신의 철학을 지키며 살아간 방식에 '리스펙트'를 보내고 싶다.

이 책에서 소개된 스물아홉 명의 여자들이 얼마나 만만찮은가 하면, 베스트 프렌드의 남편을 빼앗아 결혼했고 (그 다음엔 버렸고), 쥐뿔도 없는 학력으로 주제넘게 학자가 되겠다고 나섰고, 남자가 닥치라는데 감히 닥치지 않았고, 아이 열두 명을 입양해 키우다가 파산했다. 사랑받는 어린이 책 작가라는 이미지를 지키기보다는 하고 싶은 말을 속 시원하게 하는 편을 택했다. 그래서 욕도 꽤나 먹었지만—여자들은 워낙에 트집을 잡히기가 쉽지 않던가—신경 쓰지 않았다. 그들에겐 남들의 눈치를 보는 것보다 할 일이 훨씬 많았으니까.

각자 다른 방식으로 만만찮은 이 여자들의 공통점은 성공했다는 것도 아니고 열심히 살았다는 것도 아니다. 그들은 다만 자기답게 살았다. 더 얌전하고 고분고분한 '보통 여자'가 되라는 사회의 요구에 꺾이지 않았다. 어쩌면 터무니없는 사회적 요구 따위, 들은 체도 하지 않았을지도 모르겠다.

이렇듯 획일적인 여성상을 거부하고 만만찮은 나를 있는 그대로 받아들이라고 고집한 여자들 덕분에 세상은 변하고 있다. 요새는 어린이 책에서 신사임당을 현모양처가 아니라 여성 예술가로 소개한다는 이야기를 들었다. 그러니, 우리가 용기를 내야 할 이유도 알겠다. 만만찮은 자신의 모습을 지키는 것은, 뒤에 올 다양한 여성들을 위해 더 많은 갈래의 길을 열어주는 일이다.

만만찮은 여자는 어디든 가므로 어디에나 있다. 책 속에도, 과거에도,

우리 곁에도 있다. 나 역시 '그 사람 보통 아니지' 싶은 몇몇 얼굴을 떠올릴 수 있다. 이 책의 저자는 서던캘리포니아 대학교에서 영화학을 전공했다. 그가 소개하는 여자들이 연예계로 치우쳐 있는 건 그래서이기도 하고, 자신을 드러내야 하는 여자들이 어떤 식으로든 대중의 심사를 거스르기가 무척 쉽기 때문이기도 하다. 사소한 이유로 역사의식이며 상식이며 인성 등을 의심받은 여자 연예인의 이름이 숱하게 떠오른다.

만일 이 책의 한국 버전이 있다면, 이효리에게 한 꼭지가 할애될 거라고 상상해 본다. 이효리는 90년대에는 청순한 콘셉트의 걸그룹에서 활동했고, 솔로로 전향하며 섹스 심벌이자 문화적 아이콘으로 떠오른 동시에 많은 안티팬을 모았고, 그 후에는 뜻밖의 행보를 택했다. 유기견 보호에 앞장섰으며 채식과 요가로 대표되는 친환경 라이프스타일을 트렌드로 만들었다. 얼마 전 그는 TV에 화장기 없는 민낯으로 출연하여 시골집에서 남편과 반려동물들과 함께 소탈하게 사는 모습을 있는 그대로 보여주었다. 그의 다음 목적지가 어디일지는 알 수 없다. 어디든 갈 수 있는 여자니까.

최근 인터넷에서 화제가 된 TV 클립이 하나 있다. 길거리에서 마주친 어린아이에게 중년의 남자 연예인이 묻는다. "어떤 사람이 될 거예요? 어른이 되면." 또 다른 중년의 남자 연예인이 옆에서 거든다. "훌륭한 사람이 돼야지." 이효리가 말했다. "뭘 훌륭한 사람이 돼? 그냥 아무나 돼." 그 말을 듣는 순간, 나는 숨통이 틔었다.

이 책을 번역하는 동안, 독자들도 조금은 숨통이 틔기를 바랐다. 이 스물아홉 사람의 이야기가 자기 자신이 될 용기를 내는 데 있어 격려가 되었으면 한다. 남들이 우리를 정의하고 우리의 이상을 대신 결정하도록 허락하지 말자. 그것만으로도, 우리는 이미 만만하지 않다.

—박다솜

참고 문헌

이 책을 쓰면서 요긴한 참고 문헌을 상당수 찾았다. 다음은 내가 이 책의 주제 인물들을 이해하기 위해 페이지 귀퉁이를 접고 밑줄을 친 책과 기사의 목록이다. 아이디어와 열정, 지혜와 권위를 관대하게 세상과 공유해 준 저자들에게 큰 빚을 졌다.

이는 내가 탐구한 만만찮은 여자들에 관한—때로는 그들에 의한—저작들의 전체 목록은 아니다. 완전한 서지 목록은 내 웹사이트 www.karenkarbo.com에 올려 두었다.

J. K. 롤링(Joanne Kathleen Rowling)

J. K. Rowling (@jk_rowling) | Twitter

J. K. Rowling: *A Bibliography 1997-2013*, Philip W. Errington (Bloomsbury Academic, 2015)

"Mugglemarch: J. K. Rowling Writes a Realist Novel for Adults," Ian Parker (*New Yorker*, October 1, 2012)

Very Good Lives: The Fringe Benefits of Failure and the Importance of Imagination, J. K. Rowling (Little, Brown and Company, 2015)

엘리자베스 테일러(Eilzabeth Taylor)

The Accidental Feminist: How Elizabeth Taylor Raised Our Consciousness and We Were Too Distracted By Her Beauty to Notice, M. G. Lord (Walker Books, 2012)

Elizabeth Taylor: A Private Life for Public Consumption, Ellis Cashmore (Bloomsbury Academic, 2016)

Elizabeth Takes Off: On Weight Gain, Weight Loss, Self-Image, and Self-Esteem, Elizabeth Taylor (G. P. Putnam's Sons, 1988)

How to Be a Movie Star: Elizabeth Taylor in Hollywood, William Mann (Houghton Mifflin Harcourt, 2009)

글로리아 스타이넘(Gloria Steinem)

"Here's the Full Transcript of Gloria Steinem's Historic Women's March Speech," Diana Bruk (*ELLE*, January 21, 2017)

My Life on the Road, Gloria Steinem (Random House, 2015) (『길 위의 인생』, 글로리아 스타이넘/고정아 옮김, 학고재, 2017)

Outrageous Acts and Everyday Rebellions, Gloria Steinem (Random House, 1987)

"Road Warrior," Jane Kramer (*New Yorker*, October 19, 2015)

"Showgirls, Pastrami and Candor: Gloria Steinem's New York," John Leland (*New York Times*, October 7, 2016)

에이미 폴러(Amy Poehler)

"Amy Poehler and Tina Fey: When Leaning In, Laughing Matters," Melena Ryzik (*New York Times*, December 3, 2015)

"Amy Poehler: Sweet Queen of Comedy with a Wicked Streak," Hephzibah Anderson (*The Guardian*, October 18, 2014)

Yes Please, Amy Poehler (Dey Street Books, 2014) (『예스 플리즈』, 에이미 폴러/김민희 옮김, 책덕, 2017)

루스 베이더 긴즈버그(Ruth Bader Ginsburg)

"Heavyweight: How Ruth Bader Ginsburg Has Moved the Supreme Court,"

Jeffrey Toobin (*New Yorker*, March 11, 2013)

My Own Words, Ruth Bader Ginsburg (Simon and Schuster, 2016)

Notorious RBG: The Life and Times of Ruth Bader Ginsburg, Irin Carmon and Shana Knizhnik (Dey Street Books, 2015) (『노터리어스 RBG』, 아이린 카먼 · 셔나 크니즈닉/정태영 옮김, 글항아리, 2016)

Sisters in Law: How Sandra Day O'Connor and Ruth Bader Ginsburg Went to the Supreme Court and Changed the World, Linda Hirshman (Harper Perennial, 2015)

"What Ruth Bader Ginsburg Taught Me About Being a Stay-at-Home Dad," Ryan Park (*The Atlantic*, January 8, 2015)

조세핀 베이커(Josephine Baker)

Jazz Cleopatra: Josephine Baker in Her Time, Phyllis Rose (Doubleday, 1989)

Josephine, Josephine Baker and Jo Bouillon (Harper & Row, 1977)

Josephine Baker in Art and Life: The Icon and the Image, Bennetta Jules-Rosette (University of Illinois Press, 2007)

Josephine Baker and the Rainbow Tribe, Matthew Pratt Guterl (Belknap Press, 2014)

The Many Faces of Josephine Baker: Dancer, Singer, Activist, Spy, Peggy Caravantes (Chicago Review Press, 2015)

레이철 매도(Rachel Maddow)

Drift: The Unmooring of American Military Power, Rachel Maddow (Crown, 2012)

"Rachel Maddow, the Lovable Wonk," John Powers (*The American Prospect*, March 26, 2012)

"Rachel Maddow: The Rolling Stone Interview," Janet Reitman (*Rolling Stone*, June 14, 2017)

코코 샤넬(Coco Chanel)

Coco Chanel: A Biography, Axel Madsen (Bloomsbury, 1990)

Chanel and Her World: Friends, Fashion, and Fame, Edmonde Charles-Roux (Vendome Press, 2005) (『코코 샤넬』, 에드몽드 샤를-루/강현주 옮김, 디자인이음,

2011)

Coco Chanel: An Intimate Life, Lisa Chaney (Viking, 2011)

The Secret of Chanel No. 5: The Intimate History of the World's Most Famous Perfume, Tilar Mazzeo (Harper, 2010)

마사 겔혼(Martha Gellhorn)

Gellhorn: A Twentieth-Century Life, Caroline Moorehead (Henry Holt & Co, 2003)

Hemingway & Gellhorn, directed by Philip Kaufman (HBO, 2012)

Selected Letters of Martha Gellhorn, Caroline Moorehead (Henry Holt & Co, 2006)

Travels With Myself and Another: A Memoir, Martha Gellhorn (Viking, 1978)

숀다 라임스(Shonda Rhimes)

"Shonda Rhimes Opens Up About 'Angry Black Woman' Flap, Messy Grey's Anatomy Chapter and the 'Scandal' Impact," Lacey Rose (The Hollywood Reporter, October 17, 2014)

"Shonda Rhimes on Power, Feminism, and Police Brutality," Robbie Myers (ELLE, September 23, 2015)

Year of Yes: How to Dance It Out, Stand in the Sun and Be Your Own Person, Shonda Rhimes (Simon & Schuster, 2015)

에바 페론(Eva Perón)

Evita, First Lady: A Biography of Evita Perón, John Barnes (Grove Press, 1978)

Evita: In My Own Words, Eva Perón (Mainstream Publishing, 1997)

Evita: The Real Life of Eva Perón, Nicholas Fraser and Marysa Navarro (W. W. Norton & Company, 1996)

Perón and the Enigmas of Argentina, Robert Crassweller (W. W. Norton & Company, 1987)

헬렌 걸리 브라운(Helen Gurley Brown)

Bad Girls Go Everywhere: The Life of Helen Gurley Brown, the Woman Behind Cosmopolitan *Magazine*, Jennifer Scanlon (Oxford University Press, 2009)

Enter Helen: The Invention of Helen Gurley Brown and the Rise of the Modern Single Woman, Brooke Hauser (Harper, 2016)

I'm Wild Again: Snippets From My Life and a Few Brazen Thoughts, Helen Gurley Brown (St. Martin's Press, 2000)

Not Pretty Enough: The Unlikely Triumph of Helen Gurley Brown, Gerri Hirshey (Farrar, Straus and Giroux, 2016)

Sex and the Single Girl: The Unmarried Woman's Guide to Men, Careers, the Apartment, Diet, Fashion, Money, and Men, Helen Gurley Brown (Bernard Geis Associates, 1962; reprinted Barricade Books, 2003)

이디 세지윅(Edie Sedgwick)

Edie: An American Biography, Jean Stein with George Plimpton (Knopf, 1982)

Edie: Girl on Fire, David Weisman and Melissa Painter (Chronicle Books, 2006)

"Happy Birthday, Edie Sedgwick," Lynn Yaeger (*Vogue*, April 20, 2015)

앙겔라 메르켈(Angela Merkel)

Angela Merkel: The Authorized Biography, Stefan Kornelius (Alma Books, 2013) (『위기의 시대 메르켈의 시대: 앙겔라 메르켈 공인 전기』, 슈테판 코르넬리우스/배명자 옮김, 책담, 2014)

Angela Merkel: A Chancellorship Forged in Crisis, Alan Crawford and Tony Czuczka (Bloomberg Press, 2013)

Angela Merkel: Europe's Most Influential Leader, Matthew Qvortrup (The Overlook Press, 2016) (『앙겔라 메르켈』, 매슈 크보트럽/임지연 옮김, 한국경제신문, 2017)

"The Quiet German," George Packer (*New Yorker*, 2014)

빌리 진 킹(Billie Jean King)

Billie Jean, Billie Jean King with Frank Deford (Viking, 1982)

Game, Set, Match: Billie Jean King and the Revolution in Women's Sports, Susan Ware (The University of North Carolina Press, 2011)

A Necessary Spectacle: Billie Jean King, Bobby Riggs, and the Tennis Match That Leveled the Game, Selena Roberts (Crown, 2005)

Pressure Is a Privilege: Lessons I've Learned From Life and the Battle of the Sexes, Billie Jean King and Christine Brennan (LifeTime Media, 2008)

제인 구달(Jane Goodall)

Beyond Innocence: An Autobiography in Letters - the Later Years, Jane Goodall, edited by Dale Peterson (Houghton Mifflin Harcourt, 2001)

In the Shadow of Man, Jane Goodall (Houghton Mifflin, 1971) (『인간의 그늘에서』, 제인 구달/최재천 · 이상임 옮김, 사이언스북스, 2001)

Jane Goodall: The Woman Who Redefined Man, Dale Peterson (Houghton Mifflin Harcourt, 2006) (『제인 구달 평전: 인간을 다시 정의한 여자』, 데일 피터슨/박연진 · 이주영 · 홍정인 옮김, 지호, 2010)

My Friends, the Wild Chimpanzees, Jane Goodall (National Geographic Society, 1969)

비타 색빌웨스트(Vita Sackville-West)

Behind the Mask: The Life of Vita Sackville-West, Matthew Dennison (St. Martin's Press, 2015)

Portrait of a Marriage: Vita Sackville-West and Harold Nicolson, Nigel Nicolson (Weidenfeld & Nicolson, 1973) (『어느 결혼의 초상』, 나이젤 니콜슨, 움직이는책, 1993)

Sissinghurst: Vita Sackville-West and the Creation of a Garden, Vita Sackville-West and Sarah Raven (St. Martin's Press, 2014)

Violet to Vita: The Letters of Violet Trefusis to Vita Sackville-West, 1910-1921, edited by Mitchell A. Leaska (Viking, 1990)

Vita: The Life of V. Sackville-West, Victoria Glendinning (Alfred A. Knopf, 1983)

엘리자베스 워런(Elizabeth Warren)

Elizabeth Warren (@SenWarren) | Twitter

A Fighting Chance, Elizabeth Warren (Metropolitan Books, 2014) (『싸울 기회: 민주당 상원의원 엘리자베스 워런 자서전』, 엘리자베스 워런/박산호 옮김, 에쎄, 2015)

This Fight Is Our Fight: The Battle to Save America's Middle Class, Elizabeth Warren (Metropolitan Books, 2017) (『이 싸움은 우리의 싸움이다: 무엇이 중산층을 무너뜨리고 있는가』, 엘리자베스 워런/신예경 옮김, 글항아리, 2018)

"The Outsider," Glenn Thrush and Manu Raju (*Politico Magazine*, March/April 2015)

마거릿 조(Margaret Cho)

I Have Chosen to Stay and Fight, Margaret Cho (Riverhead, 2005)

I'm the One That I Want, Margaret Cho (Ballantine Books, reprint 2002)

"Shaved and Savage: Has Comedian Margaret Cho Finally Gone Too Far?" Ann Friedman (*The Guardian*, November 3, 2015)

어밀리아 에어하트(Amelia Earhart)

20 Hrs., 40 Min.: Our Flight in the Friendship, Amelia Earhart (G. P. Putnam's Sons, 1928; reprinted National Geographic Adventure Classics, 2003)

East to the Dawn: The Life of Amelia Earhart, Susan Butler (Da Capo Press, 1997)

The Fun of It: Random Records of My Own Flying and of Women in Aviation, Amelia Earhart (G. P. Putnam's Sons, 1932; reprint edition Academy Chicago Publishers, 1977)

The Quotable Amelia Earhart, edited by Michele Wehrwein Albion (University of New Mexico Press, 2015)

프리다 칼로(Frida Kahlo)

The Diary of Frida Kahlo: An Intimate Self-Portrait, Carlos Fuentes (Abrams, 2005)

Devouring Frida: The Art History and Popular Celebrity of Frida Kahlo, Margaret A. Lindauer (Wesleyan University Press, 1999)

Frida: A Biography of Frida Kahlo, Hayden Herrera (HarperCollins, 1983) (『프리다 칼로』, 헤이든 헤레라/김정아 옮김, 민음사, 2003)

Frida Kahlo: Face to Face, Judy Chicago (Prestel, 2010)

Frida Kahlo: The Paintings, Hayden Herrera (HarperCollins, 1991)

Kahlo, Andrea Kettenmann (Taschen, 2015) (『프리다 칼로』, 안드레아 케텐만/이영주 옮김, 마로니에북스, 2005)

노라 에프론(Nora Ephron)

Crazy Salad and Scribble Scribble: Some Things About Women and Notes on the Media, Nora Ephron (Vintage, 2012)

I Feel Bad About My Neck: And Other Thoughts on Being a Woman, Nora Ephron (Knopf, 2006) (『내 인생은 로맨틱 코미디』, 노라 에프론/박산호 옮김, 브리즈(토네이도), 2007)

I Remember Nothing: And Other Reflections, Nora Ephron (Knopf, 2010) (『철들면 버려야 할 판타지에 대하여』, 노라 에프론/김용언 옮김, 반비, 2012)

Nora Ephron: The Last Interview and Other Conversations, Nora Ephron (Melville House, 2015)

"Seeing Nora Everywhere," Lena Dunham (*New Yorker*, June 28, 2012)

She Made Me Laugh: My Friend Nora Ephron, Richard Cohen (Simon & Schuster, 2016)

다이애나 브릴랜드(Diana Vreeland)

"The Cult of Diana," Amy Fine Collins (*Vanity Fair*, November 1993)

Diana Vreeland, Eleanor Dwight (William Morrow, 2002)

Diana Vreeland: The Eye Has to Travel, directed by Lisa Immordino Vreeland and Bent-Jorgen Perlmutt (Glass Studio, 2011)

Diana Vreeland: The Modern Woman: The Bazaar Years, 1936-1962, edited by Alexander Vreeland (Rizzoli, 2015)

DV, Diana Vreeland (Knopf, 1984)

Empress of Fashion: A Life of Diana Vreeland, Amanda Mackenzie Stuart (Harper, 2012)

Diana Vreeland Memos: The Vogue Years, edited by Alexander Vreeland (Rizzoli, 2013)

케이 톰슨(Kay Thompson)

Eloise: A Book for Precocious Grown-Ups, Kay Thompson and Hilary Knight (Simon & Schuster Books for Young Readers, reissue edition, 1969) (『엘로이즈』, 케이 톰슨 · 힐러리 나이트/홍민경 · 김동미 옮김, 예꿈, 2007)

"Eloise at 55: The Legacy of Kay Thompson," NPR staff (Weekend Edition, NPR, December 4, 2010)

It's Me, Eloise: The Voice of Kay Thompson and the Art of Hilary Knight, Jane Bayard Curley and Kay Thompson (The Eric Carle Museum of Picture Book Art, 2017)

Kay Thompson: From Funny Face to Eloise, Sam Irvin (Simon & Schuster, 2010)

"Oh Kay! Rex Reed Recalls Kay Thompson," Rex Reed and *New York Observer* staff (*New York Observer*, July 20, 1998)

라번 콕스(Laverne Cox)

"Laverne Cox: The G2 Interview," Rebecca Nicholson (*The Guardian*, June 14, 2015)

"Laverne Cox's Most Revealing Interview Yet," Melissa Maerz (*Entertainment Weekly*, June 10, 2015)

"The Transgender Tipping Point: Laverne Cox Talks to *TIME* About the Transgender Movement," Katy Steinmetz (*TIME*, May 29, 2014)

힐러리 로댐 클린턴(Hillary Rodham Clinton)

The Destruction of Hillary Clinton, Susan Bordo (Melville House, 2017)

Hard Choices: A Memoir, Hillary Rodham Clinton (Simon & Schuster, 2014) (『힘든 선택들』, 힐러리 로댐 클린턴/김규태 · 이형욱 옮김, 김영사, 2015)

Living History, Hillary Rodham Clinton (Simon & Schuster, 2003) (『살아 있는 역사』, 힐러리 로댐 클린턴/김석희 옮김, 웅진지식하우스, 2007)

A Woman in Charge: The Life of Hillary Clinton, Carl Bernstein (Knopf, 2007) (『힐러리의 삶』, 칼 번스타인/조일준 옮김, 현문미디어, 2007)

Hillary's America: The Secret History of the Democratic Party, Dinesh D'Souza (Regnery Publishing, 2016)

재니스 조플린(Janis Joplin)

Buried Alive: The Biography of Janis Joplin, Myra Friedman (William Morrow & Company, 1973) (『평전 제니스 조플린』, 마이라 프리드만/황우진 옮김, 자음과모음(이룸), 2005)

Love, Janis: A Revealing New Biography of Janis Joplin with Never-Before-Published Letters, Laura Joplin (Villard, 1992)

Pearl: The Obsessions and Passions of Janis Joplin, Ellis Amburn (Warner Books, 1992)

Scars of Sweet Paradise: The Life and Times of Janis Joplin, Alice Echols (Metropolitan Books, 1999)

리나 더넘(Lena Dunham)

"Downtown's Daughter," Rebecca Mead (*The New Yorker*, November 15, 2010)

"Is It Evil Not to Be Sure?: An Excerpt from Lena Dunham's College Diary," Lena Dunham (*Lenny*, May 17, 2016)

"Lena Dunham Is Not Done Confessing," Meghan Daum (*The New York Times Magazine*, September 10, 2014)

Not that Kind of Girl: A Young Woman Tells You What She's "Learned," Lena Dunham (Random House, 2014)

캐리 피셔(Carrie Fisher)

Carrie Fisher (@carrieffisher) | Twitter

"Carrie Fisher Opened Up About Her Demons—And Knew She Wouldn't Have a Hollywood Ending," Joe Mozingo, Soumya Karlamangla, and Richard Winton (*Los Angeles Times*, June 20, 2017)

Postcards From the Edge, Carrie Fisher (Simon & Schuster, 1987)

Shockaholic, Carrie Fisher (Simon & Schuster, 2011)

The Princess Diarist, Carrie Fisher (Blue Rider Press, 2016)

Wishful Drinking, Carrie Fisher (Simon & Schuster, 2008)

저자 소개

캐런 카보(Karen Karbo)는 소설가이자 논픽션 작가로 다수의 장편과 단편 소설, 창조적 논픽션, 회고록을 펴냈다. 논픽션 중 대표 저작은 장르를 넘나드는 〈킥애스 우먼(Kick-Ass Women)〉 시리즈로, 『줄리아 차일드가 지배한다: 인생을 맛보는 수업(Julia Child Rules: Lessons on Savoring Life)』, 『조지아는 어떻게 오키프가 되었는가: 삶의 예술에 대한 수업(How Georgia Became O'Keeffe: Lessons on the Art of Living)』, 『헵번이 되는 법: 위대한 케이트에게 듣는 인생 수업(How to Hepburn: Lessons on Living from Kate the Great)』, 세계적인 베스트셀러 『코코 샤넬 복음서: 세상에서 가장 우아한 여자에게 듣는 인생 수업(The Gospel According to Coco Chanel: Life Lessons from the World's Most Elegant Woman)』 등이 나와 있다. 장편소설인 『무단침입자 환영(Trespassers Welcome Here)』, 『다이아몬드 길(The Diamond Lane)』, 『어머니가 되면서 나는 사나이가 되었다(Motherhood Made a Man Out of Me)』와 회고록 『인생이라는 것(The Stuff of Life)』은 모두 《뉴욕 타임스》에서 '주목할 만한 책'으로 선정되었다. 카보는 《엘르》, 《보그》, 《에스콰이어》, 《뉴 리퍼블릭》, 《아웃사이드》, 《뉴욕 타임스》, 《로스앤젤레스 리뷰 오브 북스》, 《컨데나스트 트래블러》, 《살롱닷컴》, 《슬레이트》 등 여러 매체에 기고해 왔다. 국립예술기금 픽션 부문 지원금과 오리건 북어워드 창조적 논픽션 상, 제너럴 일렉트릭 젊은 작가상을 받았다. 캐런은 그녀가 '우리 집 남자'라고 부르는 16년 된 파트너와 개 세 마리와 함께 오리건주 포틀랜드에 살고 있다.

독자에게 던지는 질문

1. 캐런 카보가 누군가에게 '만만찮은 여자'라는 꼬리표를 붙이는 기준들은 무엇인가? 이 기준들에 동의하는가? 아니라면, 어째서인가? (만만찮은 독자가 되길 두려워 말길!)

2. 당신이라면 '만만찮은 여자'를 어떻게 정의하겠는가?

3. 진정 자기답게 행동하는 것과, 남에게 받아들여지고 사랑받는 것 사이에서 선택해야 했던 적이 있는가?

4. 당신은 직장에서나 사생활에서나 당신의 생각대로 살고 있는가? 아니면 자신의 뜻을 꺾고 의견을 바꾸고 남에게 맞춰 주는 편인가?

5. 과감하게 규칙을 깬 일이 있는가? 만일 있다면, 어떤 규칙이었는가? 만일 없다면, 깨는 편이 더 좋았겠다고 생각하는 규칙이 있는가?

6. '히로인'을 어떻게 정의하겠는가?

7. 여성으로 산다는 건 어떤 의미라고 생각하는가?

8. '똑똑하게' 대답하는 걸 망설이거나, '지나치게' 잘나 보일까 봐 자제한 적이 있는가?

9. '야심가'라는 단어가 남성을 수식할 때와 여성을 수식할 때 의미가 다르다고 생각하는가? '열정적인', '거침없는', '자기주장이 강한', '집요한' 같은 단어들은 어떤가?

10. 이 책에서 소개된 여자들 중 셋을 선택해 저녁식사를 함께할 수 있다면, 누구를 택하겠는가? 산 사람도 죽은 사람도 괜찮다.

11. 이 책에 소개된 여자들 가운데, 성장기에 롤 모델로 삼았던 사람이 있는가? 만일 있다면, 어떤 이유였는가?

12. 이 책에 소개된 여자들 가운데 높이 평가하지 않는 사람이 있는가? 만일 있다면, 그 이유는 무엇인가?

13. 이 책에 소개된 29명의 만만찮은 여자들 가운데 당신이 가장 동일시할 수 있는 사람은 누구인가? 당신이 되고 싶은 사람은 누구인가? 그 이유는 무엇인가?

찾아보기

만만찮은 여자들
–세상의 룰을 깬 여성 29인의 인생수업

초판 인쇄 : 2019년 2월 7일
초판 발행 : 2019년 2월 13일

지은이 : 캐런 카보
옮긴이 : 박다솜

펴낸이 : 박경애
펴낸곳 : 모멘토
등록일자 : 2002년 5월 23일
등록번호 : 제1-3053호
주 소 : 서울시 마포구 만리재 옛4길 11, 나루빌 501호
전 화 : 711-7024
팩 스 : 711-7036
E-mail : momentobook@hanmail.net
ISBN 978-89-91136-33-5   03300